Uni-Taschenbücher 1230

UTB
FÜR WISSEN
SCHAFT

Eine Arbeitsgemeinschaft der Verlage

Wilhelm Fink Verlag München
Gustav Fischer Verlag Jena und Stuttgart
Francke Verlag Tübingen und Basel
Paul Haupt Verlag Bern · Stuttgart · Wien
Hüthig Verlagsgemeinschaft
Decker & Müller GmbH Heidelberg
Leske Verlag + Budrich GmbH Opladen
J. C. B. Mohr (Paul Siebeck) Tübingen
Quelle & Meyer Heidelberg · Wiesbaden
Ernst Reinhardt Verlag München und Basel
Schäffer-Poeschel Verlag · Stuttgart
Ferdinand Schöningh Verlag Paderborn · München · Wien · Zürich
Eugen Ulmer Verlag Stuttgart
Vandenhoeck & Ruprecht in Göttingen und Zürich

N. Wagner · M. Kaiser

Ökonomie der Entwicklungsländer

Eine Einführung

3., neubearbeitete und erweiterte Auflage
50 Abbildungen und 45 Tabellen

Gustav Fischer Verlag · Stuttgart · Jena

Anschrift der Verfasser:

Dr. Norbert Wagner
Talstr. 26
64625 Bensheim-Auerbach

Dipl.-Vw. Martin Kaiser
Comeniusstr. 33
69181 Leimen

Die Deutsche Bibliothek – CIP-Einheitsaufnahme

Wagner, Norbert:
Ökonomie der Entwicklungsländer : eine Einführung ; 45 Tabellen / N. Wagner ; M. Kaiser. – 3., neubearb. und erw. Aufl. – Stuttgart ; Jena : G. Fischer, 1995
(UTB für Wissenschaft : Uni-Taschenbücher ; 1230)
ISBN 3-8252-1230-0 (UTB)
ISBN 3-437-40323-0 (G. Fischer)

NE: Kaiser, Martin:; UTB für Wissenschaft / Uni-Taschenbücher

Satz: Typomedia Satztechnik GmbH, Scharnhausen.
Druck: Karl Grammlich, Pliezhausen.
Einband: Clemens Maier, Leinfelden-Echterdingen.
Einbandgestaltung: Alfred Krugmann, Stuttgart.
Printed in Germany

UTB-Bestellnummer: ISBN 3-8252-1230-0

Inhalt

Abkürzungsverzeichnis

AASM	Assoziierte afrikanische Staaten und Madagaskar
AKP	Afrikanische, karibische und pazifische Staaten
ASEAN	Association of Southeast Asian Nations
BIP	Bruttoinlandsprodukt
BMZ	Bundesministerium für wirtschafliche Zusammenarbeit
BSP	Bruttosozialprodukt
COMECON	Council for Mutual Economic Assistance
DAC	Development Assistance Committee
ECU	European Currency Unit
EEF	Europäischer Entwicklungsfonds
EIB	Europäische Investitionsbank
EL	Entwicklungsländer
ERE	Europäische Rechnungseinheit
EU	Europäische Union
FZ	Finanzielle Zusammenarbeit
GATT	General Agreement on Tariffs and Trade
GSP	Generalized System of Preferences
GTZ	Gesellschaft für Technische Zusammenarbeit
HDI	Human Development Index
IBRD	Intern. Bank for Reconstruction and Development, Weltbank
IMF, IWF	Internationaler Monetary Fund, Intern. Währungsfonds
IL	Industrieländer
ILO	International Labour Office/Organisation
IR	Integriertes Rohstoffprogramm
KfW	Kreditanstalt für Wiederaufbau
LIBOR	London Interbank Offered Rate
LIC	Low Income Countries
LDC	Least Developed Countries
MIC	Middle Income Countries
MSAC	Most Seriously Affected Countries
NAC	Non Aligned Countries
NGO	Non-governmental Organization
NIC	Newly Industrialised Countries
NWWO	Neue Weltwirtschaftsordnung
OAU	Organisation of African Unity
ODA	Official Development Assistance
OECD	Organisation for Economic Cooperation and Development
OPEC	Organization of Petroleum Exporting Countries
PKE	Pro-Kopf-Einkommen
SYSMIN	Système Minerais
SITC	Standard International Trade Classification

STABEX	System zur Stabilisierung der Exporterlöse
SZR	Sonderziehungsrechte
TOT	Terms of Trade
TZ	Technische Zusammenarbeit
UNCTAD	United Nations Conference on Trade and Development
UNDP	United Nations Development Programme
UNIDO	United Nations Industrial Development Organisation
UNO/UN	United Nations Organisation
WTO	World Trade Organisation/Welthandelsorganisation
ZOPP	Zielorientierte Projektplanung

Abbildungsverzeichnis

Tabellenverzeichnis

1 Einführung

Die Entwicklungsprobleme der Länder der Dritten Welt und die Wirtschaftsbeziehungen zwischen den Industrie- und den Entwicklungsländern sind schon seit einigen Jahren zu einem beherrschenden Thema der Wirtschaftswissenschaften und der internationalen Wirtschaftspolitik geworden. Viele Entwicklungsländer stehen vor wirtschaftlichen, sozialen, kulturellen und politischen Schwierigkeiten, die kaum noch überwindbar scheinen. Die Folgen früherer wirtschaftspolitischer Fehler und die notwendige Anpassung an veränderte weltwirtschaftliche Rahmenbedingungen legen diesen Ländern nur noch schwer tragbare Lasten auf. Andere zu den Entwicklungsländern gezählte Länder werden dieser Bezeichnung nicht mehr gerecht; ihre wirtschaftliche Situation verschlechtert sich, sie sind durch Stagnation und Rück-Entwicklung gekennzeichnet. Schließlich gibt es eine Reihe von Entwicklungsländern im echten Wortsinne, die für die Industrieländer bereits zu ernst zu nehmenden Wettbewerbern auf dem Weltmarkt geworden sind und die im Begriff sind, wirtschaftlich zu den Industrieländern aufzuschließen.

Auch wächst die Einsicht, daß Industrie- und Entwicklungsländer in ein System interdependenter internationaler Verflechtungen eingebunden sind. Die gravierenden Probleme der Entwicklungsländer bleiben daher nicht allein auf diese Ländergruppe begrenzt, sondern sie haben auch tiefgreifende Auswirkungen auf die Industrieländer – zukünftig wohl noch in verstärktem Maße. Das gilt um so mehr seit dem Zusammenbruch des Kommunismus/Sozialismus in den Staaten Mittel- und Osteuropas. Die Folgen des früheren Systems sind eine schwere Bürde für die Entwicklung dieser Staaten. In weiten Bereichen weisen sie Eigenschaften von Entwicklungsländern auf. Zugleich werden diese Länder für die übrigen Entwicklungsländer zu Konkurrenten um Entwicklungshilfeleistungen und Investitionen aus den Industrieländern und drängen mit ihren Exporten, insbesondere mineralische Rohstoffe und Eisen- und Stahlerzeugnisse, auf den Weltmarkt.

Zwar wurden im Rahmen der Wirtschaftswissenschaften sowie der nationalen und internationalen Wirtschaftstheorie und -politik vielfältige Anstrengungen unternommen, die Probleme der Entwicklungsländer zu untersuchen, die Ursachen der Probleme zu erklären und Maßnahmen zur Lösung dieser Probleme zu ergreifen. Dennoch scheint eine grundlegende Besserung der Situation nicht in Sicht, verschlechtert sich sogar die Lage mancher Entwicklungsländer zusehends. Das kann natürlich auch in der grundsätzlich begrenzten und von Fehlschlüssen nicht freien menschlichen Erkenntnisfähigkeit begründet sein, wohl aber nicht ausschließlich. Andere Faktoren kommen hinzu. So verändern sich die internen und weltwirtschaftlichen Rahmenbedingungen, die das Entwicklungspotential eines Landes beeinflussen, kontinuierlich. Entwicklung ist ein multidimensionales Phänomen, entsprechend vielschichtig sind die Faktoren, die den Entwicklungserfolg oder -mißerfolg beeinflussen. Die Wirtschaftswissenschaften können nur einen Teilbereich des Gesamtproblems analysieren, zunehmend wird indes die Bedeutung kultureller und sozialer Rahmenbedingungen erkannt. Schließlich darf auch nicht übersehen werden, daß sowohl auf seiten der Industrieländer als auch auf seiten der Entwicklungsländer selbst schwerwiegende wirtschaftspolitische Fehler begangen wurden, teils wider besseres Wissen, teils mit der festen Überzeugung, das Richtige zu tun. Die Prämisse, daß die Regierung eines Landes nur im wohlverstandenen Interesse der Allgemeinheit handelt, kann nicht vorbehaltlos hingenommen werden. Wirtschaftspolitische Maßnahmen zielen vielmehr häufig darauf ab, bestimmten Bevölkerungsgruppen Vorteile zu verschaffen, um dadurch den Machterhalt zu sichern. Gerade in Entwicklungsländern haben auf diese Weise häufig die städtischen Eliten auf Kosten der Landbevölkerung profitiert, sind die Probleme der Nahrungsmittelknappheit eine unmittelbare Folge der Vernachlässigung oder gar Benachteiligung des Agrarsektors durch die nationale Wirtschaftspolitik. In den Industrieländern werden bestehende Handelsbarrieren nicht abgebaut oder gar zusätzliche errichtet, weil ein unerträglicher Verlust an Arbeitsplätzen befürchtet wird. Da ist es leichter durchsetzbar, mit Entwicklungshilfeleistungen aus Steuermitteln Maßnahmen in Entwicklungsländern zu finanzieren.

Aus der Vielfalt der Probleme, mit denen die Entwicklungsländer offenkundig konfrontiert sind, kann das vorliegende Buch nur einen Ausschnitt behandeln. Es wird der Versuch unternommen, in die ökonomischen Probleme der Entwicklungsländer einzuführen und dabei insbesondere auch die Bedeutung der nationalen Wirtschaftspolitik sowie der internationalen Wirtschaftsbeziehungen für die wirtschaftliche Entwicklung dieser Länder aufzuzeigen. Die wirtschaftliche Dimension besitzt im Entwicklungsprozeß eine herausragende Bedeutung. Das Verständnis der «Ökonomie der Entwicklungsländer» ist eine wesentliche Voraussetzung für eine umfassendere Betrachtung der Probleme der Entwicklungsländer.

Aber auch die rein ökonomischen Aspekte der Unterentwicklung bzw. Entwicklung sind zu vielschichtig, als daß sie hier vollständig und umfassend behandelt werden könnten; das wäre im Rahmen eines in die Ökonomie der Entwicklungsländer einführenden Lehrbuches auch wohl kaum möglich und sinnvoll. So werden die Agrarprobleme der Entwicklungsländer an verschiedenen Stellen nur gestreift, aber keineswegs systematisch behandelt. Vielmehr werden jene Problembereiche, denen innerhalb der Entwicklungsökonomie besondere Bedeutung zukommt, herausgegriffen, um Interesse zu wecken und eine Grundlage zu bieten für ein weiter- und tiefergehendes Studium dieser Materie.

Das Buch ist in fünf Fachkapitel unterteilt. Die begrifflichen Grundlagen werden im zweiten Kapitel gelegt. Der Begriff «Entwicklungsland» wird präzisiert, und es wird die Frage diskutiert, was «Entwicklung» ist und ob und wie sie gemessen werden kann. Die Einteilung der Entwicklungsländer in Ländergruppen nach ökonomischen, politischen und regionalen Kriterien wird erörtert.

Im Anschluß an die begriffliche Klärung steht dann im dritten Kapitel die

Frage nach den Ursachen der Unterentwicklung bzw. Nicht-Entwicklung im Vordergrund. Denn nur eine sorgfältige Analyse der Verursachungsfaktoren bietet eine Grundlage für entwicklungspolitische Maßnahmen, die zur Überwindung der Unterentwicklung geeignet sind. Ziel dieses Kapitels ist es vor allem, einen konzisen und systematischen Überblick über die verschiedenen Entwicklungstheorien zu geben sowie ihre wechselseitigen Bezüge aufzuzeigen. Viele dieser Theorien werden dann im Rahmen der folgenden Kapitel implizit oder explizit erneut aufgegriffen und hinsichtlich ihrer aktuellen Bedeutung diskutiert.

Kapitel 4 ist dem Internationalen Handel gewidmet. Die Eingliederung der Entwicklungsländer in die weltwirtschaftliche Arbeitsteilung wird theoretisch und empirisch untersucht sowie der Verlauf ihrer Terms of Trade und Exportpreise und -erlöse analysiert. In diesem Zusammenhang spielt auch die internationale Handelspolitik, insbesondere der Protektionismus der Industrie- und der Entwicklungsländer, eine wichtige Rolle. Die Entwicklungsländer sehen seit vielen Jahren in Rohstoffabkommen einen Hauptansatzpunkt, ihren Anteil am internationalen Handel zu verbessern. Diese Analyse bildet dann auch die Grundlage dafür, einige der Vorschläge der Entwicklungsländer zur Neuordnung der Weltwirtschaft und einige der Alternativen zu diesen Forderungen einer genauen Beurteilung zu unterziehen und auf ihre ökonomische Ratio hin zu überprüfen.

Der zweite große Bereich der internationalen Wirtschaftsbeziehungen, der Internationale Kapitaltransfer, wird in Kapitel 5 behandelt. Ausgehend von der Analyse der Ursachen des Kapitalmangels werden die Möglichkeiten der externen Finanzierung im Rahmen der Entwicklungshilfe und der marktmäßigen Transfers (Kredite, Schuldverschreibungen, Direktinvestitionen) untersucht. Es schließt sich an eine eingehende Untersuchung der Auslandsverschuldung der Entwicklungsländer, der Ursachen von Verschuldungskrisen sowie der Möglichkeiten, Verschuldungskrisen zu lösen.

Kapitel 6 schließlich ist der nationalen Wirtschafts- und Entwicklungspolitik gewidmet. Es werden die verschiedenen entwicklungsökonomischen Ziele, die Bedeutung der Wirtschaftsordnung, die Rolle der gesamtwirtschaftlichen (makroökonomischen) Politik erörtert sowie die verschiedenen Verfahren der Steuerung und Bewertung von Entwicklungsprojekten vorgestellt.

Besonderes Augenmerk wird in den einzelnen Kapiteln nicht nur darauf gelegt, die Fragestellungen theoretisch aufzuarbeiten, sondern auch, sie empirisch zu veranschaulichen. Das soll es erleichtern, eine Brücke zu schlagen, zwischen theoretischer Analyse und empirischem Befund – zwei Bereiche, die leider allzu oft zu sehr getrennt betrachtet werden. Der empirische Bezug soll auch dazu beitragen, das Verständnis der Probleme und ihrer Dimension zu vertiefen.

Bei der Analyse der verschiedenen Problembereiche wird vielfach anhand von Graphiken argumentiert. Diese Graphiken sollen das Verständnis der Zusammenhänge gegenüber der meist für den Ungeübten weniger verständlichen, allerdings exakteren mathematischen Darstellungsweise erleichtern.

Ausführliche Literaturhinweise finden sich am Ende des Bandes in einem nach Kapiteln unterteilten Literaturverzeichnis.

2 Grundlagen

2.1 «Entwicklungsland» – Eine Eingrenzung

Eine einheitliche Definition der Länder vorzunehmen, die gemeinhin als «Entwicklungsländer»[1] bezeichnet werden, ist in einer allgemein gültigen Form unmöglich. Zu vielfältig ist diese bezeichnenderweise größte Ländergruppe unseres Planeten in ihren Ausprägungen. Alte Kulturstämme stehen «primitiven» Kulturen gegenüber, rohstoffreiche Länder liegen unmittelbar neben Staaten, die nahezu keine Bodenschätze besitzen, karge Wüstenlandschaften und paradiesische Inselstaaten sind ebenso anzutreffen, ohne den im Sprachschatz eingebürgerten Begriff überstrapaziert zu haben. Einer Begriffsabgrenzung muß folglich eine größere Anzahl von Merkmalen zugrunde gelegt werden, die entweder meßbar sind oder auf allgemeinen Beobachtungen beruhen und nicht unbedingt quantitativ erfaßt werden können.

Wird aus dieser Vielzahl von Merkmalen eines herausgegriffen, das besonders typisch erscheint, spricht man von sog. **Realdefinitionen**. Eine solche partielle Betrachtungsweise kann dem zu beschreibenden Gegenstand nur bedingt gerecht werden. Trotzdem erfreut sich dieses Vorgehen allgemein größter Beliebtheit[2], da ein einziger meßbarer Indikator überschaubar ist und die statistische Illusion vermittelt, «geordnete Verhältnisse» erstellt zu haben.

Um die Unvollkommenheiten der Realdefinitionen zu überwinden, wurden generaltypische Kriterien nach übergeordneten Gesichtspunkten zusammengefaßt und als **Kriterienkataloge** zur Identifizierung von Entwicklungsländern betrachtet. Der Vorteil solcher Kataloge liegt zum einen in der Berücksichtigung ökonomischer und nicht-ökonomischer Aspekte und zum anderen darin, daß nicht notwendigerweise alle Kriterien in jedem Entwicklungsland relevant sein müssen. Den individuellen Gegebenheiten wird somit ein größerer Raum beigemessen.

Für spezielle Anforderungen wurden **Typisierungen** vorgenommen, die die heterogene Masse der Entwicklungsländer unter verschiedenen Gesichtspunkten zu ordnen versuchen. Die Einteilung in verschiedene Regionen[3]

[1] Losgelöst von der Feststellung, was dieser Überbegriff und der damit verbundene Begriff «Entwicklung» bedeuten soll, möge er hier zunächst als Leerformel dienen. Andere Begriffe wie «rückständige», «unterentwickelte», «unentwickelte» oder «arme» Länder wurden nicht zuletzt aus diplomatischen Gründen verdrängt. Entwicklungsland ist der heute am meisten benutzte Ausdruck.

[2] Das typische Beispiel für eine solche Vorgehensweise ist die Einteilung der Staaten nach ihrem BSP pro Kopf.

[3] Der Begriff «Region» wird im internationalen Sprachgebrauch sowohl für Kontinent, Subkontinent und Region im geographischen Sinne benützt.

(Lateinamerika, Asien, Afrika), nach Bevölkerungsdichte, kultursoziologischen Merkmalen oder Entwicklungspotential sind nur einige Beispiele vieler Möglichkeiten.

Es ist nicht immer möglich, Typisierungsansätze von Einteilungen nach Kriterienkatalogen zu trennen, da zum Teil eine bewußte Verbindung dieser beiden Ansätze eingegangen wird. Über die Identifikation anhand von Kriterienkatalogen wird eine Typisierung der betrachteten Länder möglich.

2.1.1 Typologie der Entwicklungsländer

Eine der wohl bekanntesten Einteilungen ist die Zweiteilung der Erde in Nord und Süd (Nord-Süd-Konflikt, Nord-Süd-Gefälle, Nord-Süd-Problem, Nord-Süd-Dialog etc.). Verknüpft mit einem ökonomischen Indikator[4], werden im Norden die reichen und im Süden die armen Länder ausgemacht.

Bei dieser **geographischen Typologisierung** fällt auf, daß sie nicht konsistent ist, da sowohl «reichere» Länder im Süden (z.B. Australien oder Südafrika) als auch «ärmere» Länder im Norden (z.B. Portugal, Spanien oder Griechenland) zu finden sind. Ein solch grobes Raster eignet sich höchstens dazu, als politisches Schlagwort verwendet zu werden und als Gegensatz zu den Ost-West-Auseinandersetzungen zu dienen.

Einen umfangreichen Kriterienkatalog liefert H. LEIBENSTEIN bereits im Jahre 1957, um eine **wirtschaftliche Typologisierung** vorzunehmen. Für ihn werden die Entwicklungsländer hauptsächlich charakterisiert durch ein geringes durchschnittliches Einkommen pro Kopf. Es liegt nahe dem Existenzminimum und läßt nur eine geringe Ersparnis zu. Die Arbeitsproduktivität (Produktionsergebnis/Arbeitseinsatz) ist ebenfalls niedrig. Bezeichnend ist weiterhin der hohe Anteil der Bevölkerung, der in der Landwirtschaft tätig ist. Dieser Anteil liegt über 50 vH und kann bis zu 80 vH betragen. In Ausnahmefällen liegen diese Werte noch beträchtlich höher[5]. Demgegenüber ist der Anteil der Landwirtschaft am BSP zwar hoch, jedoch ohne Ausnahme geringer als der Anteil der Beschäftigten in diesem Sektor[6]. Die Landwirtschaft produziert vorwiegend Getreide und pflanzliche Rohstoffe und nur in geringem Maße tierisches Eiweiß, da hier zu hohe Veredelungskosten bestehen. Der größte Teil der Ausgaben der Haushalte dient der Nachfrage nach Nahrungsmitteln. Trotzdem ist der Ernährungszustand der Bevölkerung in quantitativer und qualitativer Hinsicht unbefriedigend. Die außenwirtschaftliche Tätigkeit beschränkt sich vorwiegend auf den Export landwirtschaftlicher und mineralischer Rohstoffe.

Leibenstein schließt in seinen Kriterienkatalog außer den wirtschaftlichen Merkmalen weitere Kriterien mit ein, die eine **demographische und sozio-**

[4] Das Indikatoren-Problem wird noch ausführlich behandelt werden.

[5] Der Anteil der Erwerbsbevölkerung, der in der Landwirtschaft tätig ist, betrug 1980 in Nepal und Bhutan 93 vH, in Ruanda und Niger 91 vH und in Madagaskar 90 vH.

[6] Die entsprechenden Anteile betrugen 1980 für Nepal 57 vH, Ruanda 48 vH, Niger 33 vH und Madagaskar 36 vH. Für Bhutan liegen keine Angaben vor.

logische Typologisierung zulassen. Für die Wachstumsrate der Bevölkerung gibt er einen Wert zwischen 2 und 3 vH an, wobei eine insgesamt geringe Lebenserwartung besteht, die vor allem durch die schlechte gesundheitliche Situation bedingt ist.

Das Bildungswesen ist unterentwickelt, und es besteht eine hohe Analphabetenquote. Die Möglichkeiten der beruflichen Ausbildung sind begrenzt und führen zu einem Mangel an qualifizierten Arbeitskräften. Kommunikationsmöglichkeiten und vor allem die Anbindung des ländlichen Raumes an die Verkehrswege sind unzureichend. Nicht zuletzt ist die (Rechts-)Stellung der Frau ungesichert.

Die Liste der Typologisierungsansätze könnte noch beliebig weitergeführt werden[7]. Weitere relativ konkrete und kohärente Vorstellungen würden sichtbar werden. Diese «konzeptionellen Modelle» basieren auf Vorstellungen, die, bewußt oder unbewußt, bestimmte Begriffe ordnen und sie auf ein angestrebtes Ziel ausrichten. Ist eine Definition des Begriffes «Entwicklungsland» letztendlich nicht zu finden, können diese Vorstellungen der Begriffsfestlegung dennoch dienlich sein. Die Abgrenzung der Entwicklungs- von den Industrieländern bleibt, unter Anwendung der aufgeführten Kriterienkataloge, offensichtlich ein subjektives Bewertungsproblem und kann nur als grobe Vereinfachung eines komplexen Sachverhaltes verstanden werden.

2.1.2 Der Begriff «Entwicklung»

Die weltpolitische Umstrukturierung, die die Entlassung der emanzipierten Staaten aus ihrem kolonialen Dasein mit sich brachte, führte zu einer Belebung des Entwicklungsbegriffes. Die Orientierung der jungen Staaten an ihren einstigen Mutterländern setzte einen Prozeß in Gang, der zunächst vom Industrialisierungsgedanken geprägt wurde. Der Grund für diese Leitbildfunktion der industrialisierten Staaten ist hauptsächlich darin zu sehen, daß jene die grundlegenden ökonomischen Probleme der Entwicklungsländer, wie Arbeitslosigkeit, absolute Armut oder Analphabetismus, zu diesem Zeitpunkt weitgehend im Griff hatten. Es war daher eine naheliegende Vorstellung, den Entwicklungsweg dieser Länder einfach zu kopieren. «Fortschritt» und «Modernisierung» wurden zu den wichtigsten Vokabeln der Wirtschaftsplanung.

Da sich die Erfolge der einseitigen Wachstums- und Industrialisierungspolitik nur bedingt einstellten (Ausbleiben des «trickle-down-Effektes») und die «Wohlstandskrankheiten» der Industrieländer offenkundiger wurden, bedurfte es einer präziseren Fassung der übergeordneten Zielvorstellung «Verbesserung der allgemeinen Lebensbedingungen». Mit der Einbeziehung

[7] Es wären noch die Ansätze von E. SALIN (Einteilung der Entwicklungsländer nach ihrer «Sprungfähigkeit»), B. HIGGINS (Entwicklungspotential und seine Nutzung – Wachstumsansatz), B. HOSELITZ (patterns of economic growth), D. LORENZ (Einteilung unter verschiedenen Aspekten nach der Größe der Volkswirtschaft) und B. KNALL (Aufstiegschancen aufgrund qualitativer/quantitativer Bestimmungsfaktoren) zu erwähnen.

dieser Ziele, die letztlich Mittel darstellen, um das Oberziel zu erreichen, hofft man, die unerwünschten Nebenwirkungen einzudämmen und der einseitigen Betonung rein ökonomischer Interessen entgegenzuwirken. NOHLEN und NUSCHELER betonen mit dem «**magischen Fünfeck von Entwicklung**» die Begriffe Wachstum, Arbeit, Gleichheit/Gerechtigkeit, Partizipation und Unabhängigkeit, die als «Zielgefüge» den Entwicklungsbegriff ausmachen. SEERS sieht in dem «normativen Begriff Entwicklung» vornehmlich die drei Grundziele Nahrung, Arbeit und soziale Gleichheit verborgen. Zwischen diesen Grundzielen, die nach dem zugrundeliegenden Wertsystem differieren, kann ein Entwicklungsland unterschiedliche Zielprioritäten setzen. Erst die positive Veränderung aller Grundziele wird als Entwicklung bezeichnet. Besteht zwischen den Grundzielen Zielharmonie, d.h. die positive Veränderung eines Zieles bewirkt die positive Veränderung eines oder mehrerer weiterer Ziele, würde die Auffächerung des Entwicklungsbegriffes keine zusätzlichen Probleme bereiten. Bedeutend schwieriger wird die Aufgabe jedoch dann, wenn Zielkonflikte bestehen[8].

Ganz gleich, welche Vorstellungen dem Entwicklungsbegriff zugrunde liegen, läßt er sich in zweifacher Weise begreifen, und zwar als

- Entwicklungsprozeß (dynamische Betrachtungsweise) und als
- Entwicklungsstand (statische Betrachtungsweise).

Sieht man den **Entwicklungsprozeß** als eine intertemporale Verbindung einer Vielzahl von Entwicklungsständen, steht die Aufgabe im Vordergrund, «Entwicklungsstand» inhaltlich so auszufüllen, daß er zu einer meßbaren Instanz wird.

Der **Entwicklungsstand** ist eng damit verbunden, welches Lebensniveau die Bewohner einer bestimmten Einheit (z.B. Land) realisiert haben oder welcher Lebensstandard für sie erzielbar ist. Die gegenwärtigen und zukünftigen Lebensbedingungen, d.h. der Entwicklungsstand und das Entwicklungspotential, stehen somit im Mittelpunkt der Betrachtung. Diese Eingrenzung der umfassenden Problematik ist nur dann hilfreich, wenn es gelingt, «Lebensbedingung» zu operationalisieren, d.h. wenn es möglich ist, relevante und quantifizierbare Elemente zu ermitteln. Die Besetzung dieser Elemente durch geeignete Repräsentanten (Platzhalter), die dem Zielkatalog Entwicklung entsprechen, mündet in das Indikatoren-Problem ein.

2.2 Entwicklung – Problem der Erfassung

Das Problem der Messung der gesellschaftlichen Entwicklung wurde bereits reduziert auf die Erfassung des gegenwärtigen Lebensniveaus einer bestimmten gesellschaftlichen Gruppierung. Diese Reduktion vereinfacht bedauerlicherweise das Problem nicht, da nach wie vor die Aufgabe besteht, dem multi-dimensionalen Charakter des Begriffes Lebensniveau in irgendeiner Weise gerecht zu werden. Es gilt, die Designate des Begriffes zu erfassen und

[8] Einen kurzen Einblick in diesen Konfliktbereich bietet Abschnitt 6.2.4.

sie für analytische Zwecke zugänglich zu machen. Gelingt dies, kann über die vergleichende Betrachtung des Entwicklungsstandes zu verschiedenen Zeitpunkten der Entwicklungsprozeß nachvollzogen werden[9].

Die Unterteilung des Lebensniveaus in verschiedene Komponenten hat notwendigerweise zu gegensätzlichen Klassifikationen geführt. Die letztendliche Überprüfung jeder dieser Einteilungen muß an ihrer Praktikabilität gemessen werden, was die Vielzahl der vorgeschlagenen Möglichkeiten rasch zusammenschmelzen läßt.

Aufgrund ihres umfassenden Datenmaterials, das sowohl zur Festlegung von Programmen als auch zur internen Überprüfung der erzielten Erfolge dient, zeichnen sich die UN und ihre Sonderorganisationen besonders dadurch aus, praxisorientierte Einteilungen vorgenommen zu haben.

Die von der ILO (International Labour Office) vorgeschlagenen Hauptkomponenten[10] haben große Anerkennung von einer Expertenkommission der UN erfahren und wurden in einigen Punkte modifiziert. Folgender Katalog wurde als Komponenten des Lebensniveaus zusammengestellt:

(1) Gesundheit und Bevölkerung
(2) Nahrung und Ernährung
(3) Erziehung und Bildung
(4) Arbeitsbedingungen
(5) Beschäftigungssituation
(6) Gesamtnachfrage und Ersparnisse
(7) Transport
(8) Wohnung
(9) Kleidung
(10) Erholung und Freizeit
(11) Soziale Sicherheit
(12) Menschliche Freiheit

Gemessen an den Grundzielen der Entwicklung, die im vorangegangenen Abschnitt erläutert wurden, ist dieser Katalog umfangreicher und bietet mehr Möglichkeiten – was die Aufgabe keineswegs erleichtert –, geeignete Indikatoren zu finden.

Da **Indikatoren** etwas anzeigen, was sie selbst nicht sind, trifft man bereits bei der Auswahl und Validierung eine gewisse Vorentscheidung über das Untersuchungsergebnis. So ist es erklärbar, daß bei Länderstudien völlig unterschiedliche Lebensniveaus der Bevölkerung festgestellt wurden und werden können.

Werden soziale oder ökonomische Variablen als Indikator benutzt, sind sie weder Indikator an sich noch «operationale Definition» dessen, was sie anzeigen. Zur Erläuterung ein Beispiel: Die Quote der immatrikulierten

[9] Die Messung des Lebensniveaus (-standards) und die damit verbundenen Problembereiche (Grundbedarfs-Feststellung, Kriterien sozialer Ziele etc.) sind nicht nur in jüngster Zeit Gegenstand sozialwissenschaftlicher Forschung. Aus der Fülle der Literatur sind im Anhang zu diesem Kapitel einige einführende Artikel angegeben.

[10] Gesundheit, Nahrung und Ernährung, Bildung, Wohnung, Arbeitsbedingungen, Beschäftigung, allgemeines Konsumniveau, individuelle Sicherheit und Wohlfahrt.

Studenten einer Fakultät ist zunächst eine Maßeinheit. Sie kann Indikator für Bildungsniveau sein, wenn verschiedene Voraussetzungen erfüllt sind. Ein Kenner der spezifischen Mentalität von Studenten würde einwenden, daß die Einschreibequote keinerlei Indiz für das Bildungsniveau sei. Dieses würde sich weit besser «messen» lassen, wenn die Quote der besuchten Vorlesungen und Seminare berücksichtigt würde[11].

Der kleine Exkurs möge genügen, um zu veranschaulichen, daß ökonomische und soziale Indikatoren nicht einfach Statistiken sind und, vice versa, Statistiken nicht immer Indikatoren. Es muß eine Theorie oder Annahme bestehen, die die Variable (hier: Indikator) zu einem Phänomen in Beziehung setzt, das nicht das ist, was sie selbst mißt.

Wird das BSP pro Kopf als eine operationale Definition von Entwicklung begriffen, bedeutet dies, daß Entwicklung einzig und allein das (positive) Ergebnis der Veränderung (Erhöhung) des BSP pro Kopf ist. Wird jedoch das BSP pro Kopf als ein Indikator für Entwicklung betrachtet, so bedeutet dies nur, daß eine empirisch überprüfbare Relation zwischen BSP pro Kopf und anderen definierten Aspekten von Entwicklung besteht.

Bei der Auswahl der Indikatoren sind mehrere Kriterien zu berücksichtigen. Hierbei steht vor allem die **Vergleichbarkeit** der relevanten Bezugsgrößen im Vordergrund. Die Daten müssen zwischen den Ländern, innerhalb der Länder, zwischen den Sektoren und zu verschiedenen Zeitpunkten (intertemporal) vergleichbar sein.

Dies setzt voraus, daß die Daten in jedem Land zu jedem Zeitpunkt **verfügbar** sind, wobei die Datenqualität **konsistent** und **vollständig** sein muß. Bezüglich der Datenquelle (Erhebung und Fortschreibung) muß eine absolute Zuverlässigkeit gegeben sein.

Die Vergleichbarkeit verlangt ebenfalls eine einheitliche operationale Definition der Indikatoren (**Komparabilität**) und den Nachweis, ob der Indikator die zu messen gewünschte Größe überhaupt mißt (**Validität**). Um einen tatsächlich aussagekräftigen Indikator zu besitzen, ist ferner seine **Unterscheidungskraft** zu prüfen, d.h. ob es möglich ist, verschiedene Entwicklungsstufen zu erkennen.

Die meisten Komponenten des Lebensniveaus können durch mehrere Indikatoren repräsentiert werden. Deshalb ist es notwendig, eine **Ausgewogenheit** herzustellen und **Doppelzählungen** zu vermeiden.

Viele dieser Kriterien sind, bei den noch unausgebildeten Daten-Erhebungs- und Daten-Sammelstellen in den Entwicklungsländern, schwer zu erfüllen. Aus diesem Grunde muß, auch wenn nur wenig Datenmaterial zur Verfügung steht, stets darauf geachtet werden, daß die **begriffliche Signifikanz** gewährleistet ist. Mit anderen Worten, ist der Sachverhalt, der durch den Indikator angezeigt wird, tatsächlich ein wesentlicher Aspekt von Entwicklung?

Ein weiteres methodisches Problem tritt bei der Anwendung der Indikatoren zutage. Einige Indikatoren messen reine Inputs oder gehen von Er-

[11] Die Güte dieses Indikators wird, so bleibt zu hoffen, durch die Betroffenen selbst in Frage gestellt.

gebnissen eines Prozesses aus, andere spiegeln Durchschnittswerte wider oder sind als Dichotome zu verstehen. Ansatzweise lassen sich drei Typen unterscheiden:

(1) Prozent-Typ
Dieser Indikator geht von einem erstrebenswerten Zustand aus, den es zu erreichen gilt. Der normative Zustand wird als Zielgröße angesehen und der positive Zustand in eine prozentuale Relation gesetzt.

Beispiel: Prozentsatz der Bevölkerung, die in Wohnungen lebt; Prozentanteil der Erwachsenen, die lesen und schreiben können.

(2) Pro-Kopf-Typ
Hier wird eine Bestandsgröße durch die Bevölkerung geteilt, wobei es gleichgültig ist, ob dies tatsächlich pro Kopf oder pro 1000 Einwohner etc. vorgenommen wird. Die Verteilung bleibt jedoch immer unberücksichtigt.

Die Pro-Kopf-Typ-Indikatoren sind deshalb eine mehr oder weniger willkürliche Maßeinheit.

Beispiel: Anzahl der Ärzte pro 1000 Einwohner; BSP pro Kopf.

(3) Struktur-Typ
Strukturelle Indikatoren teilen die Grundgesamtheit in verschiedene Gruppen auf. Dies kann auch in Prozentzahlen geschehen. Im Gegensatz zum Prozent-Typ ist aber eine Orientierung nicht gegeben.

Beispiel: Anteil der öffentlichen Ausgaben am Volkseinkommen; Anteil der Erwerbsbevölkerung nach Geschlecht.

Je genauer man «Entwicklung» zu messen wünscht, um so ausführlicher wird die Liste der Indikatoren. Vorausgesetzt, alle Auswahlkriterien sind erfüllt, ist der Ländervergleich schwierig, da die Fülle der Partialindikatoren ein schwerlich funktionales System darstellt. Hier setzt der Versuch ein, die Partialindikatoren auf einen «Totalindikator» zu reduzieren.

Dem Wunsche nachkommend, ein einfaches Maß für «Entwicklung» zu besitzen, das gleichwohl einfach zu interpretieren und zu erheben ist, ohne dabei einen zu großen Informationsverlust zu erleiden, wurden diverse Versuche unternommen, über die Aggregation und teilweise Gewichtung einen synthetischen **Totalindikator** («integrierter Index») zu entwickeln.

Einerseits kann diese Vorgehensweise nicht wertfrei sein, andererseits beinhaltet sie den Verlust der Detailinformation, d.h. Länder können denselben quantitativen Wert eines Totalindikators besitzen, obgleich sie große Unterschiede in ihrer Struktur aufweisen, da sich die Partialindikatoren kompensieren können.

MORRIS[12] verfolgt mit seinem Physical Quality of Life Index (PQLI) das Ziel, ein zusätzliches Meßinstrument zu schaffen, das sich an den Verteilungseffekten von Projekten und an der Erfüllung des Grundbedarfs orientiert. Er geht von drei sozialen Indikatoren aus:

[12] M.D. Morris, Measuring the Conditions of the World's Poor, The Physical Quality of Life Index, New York 1973.

– Lebenserwartung nach dem ersten Lebensjahr,
– Kindersterblichkeit und
– Alphabetenrate.

Kindersterblichkeit und Lebenserwartung spiegeln für Morris die Summe von Effekten aus Ernährung, Gesundheit, Einkommen und Umwelt wider. Die Alphabetenrate wird als «Partizipationsmaß» betrachtet, das die Möglichkeit und die tatsächliche Teilhabe der Bevölkerung an der ökonomischen und soziologischen Entwicklung ausdrückt.

Die Einzelindikatoren werden gemäß ihrer «Erfüllung» auf einer Skala (0 bis 100) abgetragen, wobei 0 die niedrigste «Erfüllung» repräsentiert. Der Gesamtindex wird dann aus dem arithmetischen Mittel der drei Indikatoren gebildet.

Morris leistete wichtige Vorarbeiten zur Verbesserung der Messung von Entwicklung. Die OECD und UN haben den PQLI in modifizierter Form übernommen.

Mit dem Human Development Report, den das Entwicklungsprogramm der Vereinten Nationen (UNDP) 1990 erstmals vorlegte, wurde international eine neue Meßgröße vorgestellt, der **Human Development Index (HDI)**. Dieser Index für die menschliche Entwicklung kombiniert Indikatoren für Lebenserwartung bei der Geburt, Bildungszugang (Alphabetisierungsquote der Erwachsenen und durchschnittliche Anzahl der absolvierten Schuljahre) und Einkommen (modifiziertes reales Pro-Kopf-Einkommen). Die beobachteten Länderwerte werden für jeden Einzelindikator auf eine Skala von 0 (niedrigster Wert) bis 1 (höchster Wert) übertragen. Auf diese Weise entsteht für jeden der vier Einzelindikatoren eine von 0 bis 1 reichende Reihe von skalierten Indikatorenwerten. Die vier skalierten Indikatorenwerte werden für jedes Land sodann mit den von der UNDP festgelegten Gewichten multipliziert. Die Indikatoren «modifiziertes reales Pro-Kopf-Einkommen» und «Lebenserwartung bei der Geburt» gehen jeweils mit einem Gewicht von einem Drittel in den HDI ein, die Indikatoren «Alphabetisierungsquote» und «Zahl der absolvierten Schuljahre» werden mit zwei Neuntel bzw. einem Neuntel gewichtet. Der HDI-Wert der einzelnen Länder liegt somit ebenfalls auf einer Skala von 0 bis 1.

Die Reihenfolge der Länder unterscheidet sich in diesem Index zum Teil erheblich von der Reihenfolge nach dem BSP – ein weiterer Hinweis dafür, daß Einkommen nur einer der Aspekte für soziales Wohlergehen ist und nicht als einziger Maßstab für Lebensstandard dienen kann.[13] 27 Länder – darunter Algerien, Angola, Gabun, Guinea, Namibia, Saudi-Arabien, Senegal, Südafrika und die Vereinigten Arabischen Emirate – rangieren zum Beispiel im Index der menschlichen Entwicklung um 20 oder mehr Plätze tiefer als bei der Auflistung nach dem Pro-Kopf-Einkommen. Dies zeigt, daß diese Länder ein beträchtliches Potential besitzen, um den Grad ihrer menschlichen Entwicklung zu verbessern, indem die nationalen Einkünfte effizienter in diesem Sinne eingesetzt werden. 25 Staaten – wie z.B. Chile, China, Kolumbien, Costa Rica, Madagaskar, Sri Lanka, Tansania und Uru-

[13] Siehe Tabelle 2.1

Tabelle 2.1 Index der menschlichen Entwicklung (HDI) und BSP pro Kopf

Land	Rang nach HDI	Rang nach Pro-Kopf-Einkommen	BSP pro Kopf – Rang minus HDI Rang[1]
Japan	1	3	2
Kanada	2	11	9
Norwegen	3	6	3
Schweiz	4	1	–3
Schweden	5	5	0
USA	6	10	4
Australien	7	20	13
Frankreich	8	13	5
Niederlande	9	17	8
Großbritannien	10	21	11
Island	11	9	–2
Deutschland	12	8	–4
Dänemark	13	7	–6
Finnland	14	4	–10
Österreich	15	14	–1
Belgien	16	16	0
Neuseeland	17	23	6
Luxemburg	18	2	–16
Israel	19	27	8
Barbados	20	34	14
Irland	21	29	8
Italien	22	18	–4
Spanien	23	28	5
Hongkong	24	24	0
Griechenland	25	35	10
Tschechoslowakei	26	49	23
Zypern	27	30	3
Ungarn	28	52	24
Litauen	29	51	22
Uruguay	30	54	24
Trinidad und Tobago	31	46	15
Bahamas	32	25	–7
Korea, Rep.	33	37	4
Estland	34	42	8
Lettland	35	43	8
Chile	36	75	39
Rußland	37	47	10
Weißrußland	38	50	12
Malta	39	33	–6
Bulgarien	40	67	27
Portugal	41	38	–3
Costa Rica	42	76	34
Singapur	43	26	–17
Brunei	44	19	–25
Ukraine	45	58	13
Argentinien	46	62	16

Tabelle 2.1 Fortsetzung

Land	Rang nach HDI	Rang nach Pro-Kopf-Einkommen	BSP pro Kopf – Rang minus HDI Rang[1]
Armenien	47	63	16
Polen	48	80	32
Georgien	49	72	23
Venezuela	50	56	6
Dominica	51	70	19
Kuwait	52	15	–37
Mexiko	53	60	7
Kasachstan	54	55	1
Katar	55	22	–33
Mauritius	56	68	12
Malaysia	57	66	9
Bahrein	58	32	–26
Grenada	59	71	12
Antigua und Barbuda	60	41	–19
Kolumbien	61	93	32
Aserbaidschan	62	82	20
Seychellen	63	39	–24
Moldawien	64	61	–3
Surinam	65	48	–17
Turkmenien	66	81	15
Ver. Arab. Emirate	67	12	–55
Panama	68	77	9
Jamaika	69	86	17
Brasilien	70	53	–17
Fidschi	71	78	7
St. Lucia	72	64	–8
Türkei	73	83	10
Thailand	74	89	15
Kuba	75	101	26
St. Vincent	76	79	3
Rumänien	77	84	7
Albanien	78	90	12
St. Kitts und Nevis	79	45	–34
Usbekistan	80	92	12
Syrien	81	105	24
Belize	82	74	–8
Kirgisien	83	85	2
Saudi Arabien	84	31	–53
Südafrika	85	57	–28
Sri Lanka	86	130	44
Libyen	87	40	–47
Tadschikistan	88	94	6
Ecuador	89	108	19
Paraguay	90	97	7
Korea, DVR	91	103	12
Philippinen	92	114	22

Tabelle 2.1 Fortsetzung

Land	Rang nach HDI	Rang nach Pro-Kopf-Einkommen	BSP pro Kopf – Rang minus HDI Rang[1]
Tunesien	93	88	–5
Oman	94	36	–58
Peru	95	95	0
Irak	96	73	–23
Dominikan. Rep.	97	112	15
Samoa	98	109	11
Jordanien	99	91	–8
Mongolei	100	104	4
China	101	142	41
Libanon	102	87	–15
Iran	103	59	–44
Botswana	104	69	–35
Guyana	105	141	36
Vanuatu	106	96	–10
Algerien	107	65	–42
Indonesien	108	122	14
Gabun	109	44	–65
El Salvador	110	102	–8
Nicaragua	111	133	22
Malediven	112	131	19
Guatemala	113	110	–3
Kap Verde	114	116	2
Vietnam	115	156	41
Honduras	116	118	2
Swasiland	117	99	–18
Salomonen	118	121	3
Marokko	119	106	–13
Lesotho	120	123	3
Simbabwe	121	117	–4
Bolivien	122	119	–3
Myanmar	123	152	29
Ägypten	124	120	–4
Sao Tome/Principe	125	137	12
Kongo	126	100	–26
Kenia	127	144	17
Madagaskar	128	157	29
Papua Neuguinea	129	111	–18
Sambia	130	134	4
Ghana	131	140	9
Pakistan	132	136	4
Kamerun	133	107	–26
Indien	134	146	12
Namibia	135	98	–37
Côte d'Ivoire	136	113	–23
Haiti	137	143	6
Tansania	138	172	34

Tabelle 2.1 Fortsetzung

Land	Rang nach HDI	Rang nach Pro-Kopf-Einkommen	BSP pro Kopf – Rang minus HDI Rang[1]
Komoren	139	129	–10
Zaire	140	158	18
Laos	141	161	20
Nigeria	142	153	11
Jemen	143	124	–19
Liberia	144	127	–17
Togo	145	135	–10
Uganda	146	167	21
Bangladesch	147	159	12
Kamputschea	148	168	20
Ruanda	149	151	2
Senegal	150	115	–35
Äthiopien	151	170	19
Nepal	152	166	14
Malawi	153	162	9
Burundi	154	160	6
Äquatorialguinea	155	147	–8
Zentralafrik. Rep.	156	139	–17
Mosambik	157	173	16
Sudan	158	138	–20
Bhutan	159	163	4
Angola	160	126	–34
Mauretanien	161	128	–33
Benin	162	145	–17
Dschibuti	163	125	–38
Guinea-Bissao	164	165	1
Tschad	165	164	–1
Somalia	166	171	5
Gambia	167	148	–19
Mali	168	154	–14
Niger	169	150	–19
Burkina Faso	170	149	–21
Afghanistan	171	169	–2
Sierra Leone	172	155	–17
Guinea	173	132	–41

[1] Eine positive Zahl zeigt an, daß das Land nach dem HDI eine höhere Rangstelle belegt als nach dem BSP pro Kopf, eine negative Zahl zeigt das Gegenteil. – **Quelle:** UNDP, Human Development Report 1993, New York-Oxford 1993.

guay – waren erfolgreich bei der Übertragung von Einkommen in menschliche Lebensqualität. Bei der Rangfolge nach der menschlichen Entwicklung nehmen sie eine Stelle ein, die um mehr als 20 Plätze höher liegt, als bei der Rangfolge nach dem Pro-Kopf-Einkommen.

Der HDI ist ein Durchschnittswert für jedes einzelne Land, der die Disparitäten zwischen verschiedenen sozialen, wirtschaftlichen oder regionalen Gruppierungen nicht erkennbar macht. Falls entsprechende Daten vorhanden sind – und dies ist für eine ausgewählte Gruppe von Ländern möglich – können gesonderte HDIs erstellt werden, die geschlechtsspezifische, Einkommens- und regionale Disparitäten berücksichtigen.

Der HDI hat große politische und akademische Aufmerksamkeit auf sich gezogen, und es zeichnet sich ab, daß er seinen Platz in der Entwicklungsdiskussion und Entwicklungspolitik erhalten wird. Das wirtschaftliche Wachstum als alleiniges Entwicklungskriterium anzusehen, scheint mit diesem Indikator überwunden zu sein.

Die Probleme, die mit dem Einsatz von Indikatoren verbunden sind, sollen hier nur ansatzweise dargestellt werden, ebenso wie auf ein Auflisten diverser Indikatorensysteme bewußt verzichtet wurde[14]. Offenkundig wurde jedoch auch bei dieser verkürzten Darstellung, daß Entwicklung in ihrer ganzen Komplexität zu erfassen und zu quantifizieren, gegenwärtig noch utopisch erscheint. Trotzdem dürfte der eingeschlagene Weg, die Verbesserung des Lebensstandards der Menschheit an mehreren Grundzielen auszurichten, erfolgversprechender und realitätsbezogener sein als die eindimensionale Betrachtung des Phänomens Entwicklung.

2.3 Einteilung der Entwicklungsländer

Die Bestimmung des Entwicklungsstandes einer Volkswirtschaft geht in der Praxis von einem bis drei Indikatoren aus, die meist ökonomischer Natur sind und für alle Länder zur Verfügung stehen. Nach bestimmten festgelegten Normwerten wird dann eine Klassifikation vorgenommen. Eine andere Einteilung läßt sich aufgrund der verschiedenen, meist politisch begründeten Zusammenschlüsse der Entwicklungsländer vornehmen.

Vorweg sei auf die häufig gebrauchte Dreiteilung der Erde verwiesen. Die westlichen Industriestaaten werden hierbei als Erste Welt, die Staatshandelsländer als Zweite Welt und die Entwicklungsländer als Dritte Welt bezeichnet. Ob diese Einteilung nach geographischen (Westen, Osten, Süden), politischen (Regierungsform) oder wirtschaftlichen (BSP pro Kopf) Kriterien vorgenommen wurde, bleibt undurchsichtig.

[14] Eine ausführliche Betrachtung sowohl der Indikatoren-Diskussion als auch gängiger Indikatorensysteme findet sich vor allem bei Nohlen/Nuscheler, vgl. Literaturhinweise zu diesem Kapitel.

2.3.1 Ökonomische Einteilung

Aus operationalen und analytischen Gründen verwendet die **Weltbank** das BSP pro Kopf als Hauptkriterium für die Einstufung einzelner Länder. Jedes der Länder wird einer der folgenden Gruppen zugewiesen:

- Länder mit niedrigem Einkommen
- Länder mit mittlerem Einkommen (unterteilt in solche der unteren und der oberen Kategorie)
- Länder mit hohem Einkommen.

Den nach ökonomischen Kriterien gebildeten Ländergruppierungen liegen folgende Definitionen zugrunde:[15] **Länder mit niedrigem Einkommen** sind jene, deren BSP pro Kopf im Jahr 1992 675 US$ oder weniger betrug. **Länder mit mittlerem Einkommen** sind jene, deren BSP pro Kopf im Jahr 1992 mehr als 676 US$, aber weniger als 8355 US$ betrug. Des weiteren wird unterschieden zwischen der unteren und oberen Kategorie der Länder mit mittlerem Einkommen, wobei die Trennungslinie bei einem BSP pro Kopf von 2600 US$ im Jahr 1992 gezogen wurde. **Länder mit hohem Einkommen** sind jene, deren BSP pro Kopf im Jahr 1992 8356 US$ oder mehr betrug.

Als Entwicklungsländer werden die Länder mit niedrigem und mittlerem Einkommen bezeichnet.

Neben den geographisch abgegrenzten Ländergruppen werden zu analytischen Zwecken verschiedene sich überschneidende Gruppen verwendet, wobei die Klassifizierung sich hauptsächlich nach den Exporten oder den Auslandsschulen richtet. Als **Brennstoffexportierende Länder** werden die Länder bezeichnet, deren Exporte (und Re-exporte) von Erdöl und Erdgas mindestens 50 vH der Waren- und Dienstleistungsausfuhr im Zeitraum 1987 bis 1989 ausmachen, nämlich Algerien, Angola, Irak, Islamische Republik Iran, Kongo, Libyen, Nigeria, Oman, Saudi-Arabien, Trinidad und Tobago, Venezuela und Vereinigte Arabische Emirate. Obgleich die ehemalige UdSSR das zugrundeliegende Kriterium erfüllt, ist sie aufgrund der Datenlage nicht in dieser Gruppe vertreten. **Länder mit mittlerem Einkommen und gravierenden Schuldenproblemen** sind fünfzehn Länder, von denen angenommen wird, daß sie sich in ernsthaften Schuldendienstschwierigkeiten befunden haben. Hierunter fallen Länder, in denen im Durchschnitt der Jahre 1988 bis 1990 drei der vier Schlüsselrelationen ein kritisches Niveau überschreiten: Schuldenstand zu BSP (50 vH), Schuldenstand zu Exporten von Waren und Dienstleistungen (275 vH), aufgelaufener Schuldendienst zu Exporten (30 vH) und aufgelaufene Zinsverpflichtungen zu Exporten (20 vH). Die fünfzehn Länder sind: Algerien, Argentinien, Bolivien, Brasilien, Bulgarien, Côte d'Ivoire, Ecuador, Kongo, Marokko, Mexiko, Nicaragua, Peru, Polen, die Syrische Arabische Republik und Venezuela.

Die früheren Gruppen der Marktwirtschaftlichen Industrieländer und Staatshandelsländer sind seit 1989 aufgegeben.

[15] Vgl. Weltbank, Weltentwicklungsbericht 1994.

Von den insgesamt 166 Mitgliedern der **Vereinten Nationen** (Stand 1992) werden 132 Staaten als Entwicklungsländer bezeichnet, 20 Staaten den westlichen Industriestaaten zugeordnet und 14 Staaten als ehemalige Staatshandelsländer kategorisiert. Als allgemeines Kriterium der UN-Klassifikation wird das Einkommen pro Kopf herangezogen. Ein Land gilt dann als Entwicklungsland, wenn das durchschnittliche Einkommen pro Kopf der Bevölkerung nicht mehr als 25 vH des Einkommens der hochentwickelten Länder beträgt.

Von wichtiger Bedeutung für die Entwicklungsländer sind zwei von den UN gesondert geführten Listen besonders benachteiligter Länder.

Von der UN wurde 1971 der Begriff der «am wenigsten entwickelten Länder» (**least developed countries, LDC**)[16] eingeführt, um auf den Entwicklungsstand der ärmsten Länder hinzuweisen. Die UN-Generalversammlung entscheidet nach Prüfung durch den UN-Ausschuß für Entwicklungsplanung, ob ein Land auf die Liste der LDC gesetzt wird. 1990 wurde der Ausschuß beauftragt, die Kriterien für den LDC-Status zu überprüfen. Bis dahin waren ausschlaggebend das Pro-Kopf-Einkommen gemäß einem jeweils fortgeschriebenen unteren und oberen Schwellenwert, ein Industrieanteil von höchstens 10 vH am BIP sowie eine Alphabetisierungsrate von höchstens 20 vH.

Ein Land konnte auf die LDC-Liste kommen, wenn es die letztgenannten Kriterien erfüllte, obwohl sein Pro-Kopf-Einkommen den unteren (aber nicht den oberen) Wert überschritt. Ebenso, wenn sein Pro-Kopf-Einkommen unter den unteren Schwellenwert fiel und der Industrieanteil erfüllt wurde, auch wenn die Alphabetisierungsrate über 20 vH stieg.

Der Ausschuß für Entwicklungsplanung stellte fest, daß diese drei Kriterien als Faktoren für die Einstufung als LDC nicht mehr ausreichten. Als LDCs sollen vielmehr jene Niedrigeinkommensländer definiert werden, die an langfristiger Armut durch Wachstumshemmnisse und besonders an einem niedrigen Niveau von «human resource development» und/oder gravierenden Strukturschwächen leiden. Die Messung der Armut eines Landes soll weiterhin anhand des Pro-Kopf-BIPs (Durchschnitt der letzten 3 Jahre) stattfinden.[17] Für die Messung von «human resource development» wird der «Augmented Physical Quality of Life Index» (APQLI) herangezogen. Er besteht aus Lebenserwartung, Kalorienversorgung pro Kopf, Einschulungsrate in Primar- und Sekundarschule sowie Alphabetisierungsrate der Erwachsenen. Wirtschaftliche Diversifikation wird durch einen «Economic Diversification Index» (EDI) gemessen, der die Anteile der Industrie am BIP, die Beschäftigtenzahl in der Industrie, den Stromverbrauch pro Kopf und die Ausrichtung der Exporte zugrunde legt. Darüber hinaus ist festgelegt, daß nur Länder mit maximal 75 Mio. Einwohnern als LDCs in Frage kommen.

[16] Häufig auch als LLDC bezeichnet, wobei das Doppel-L für den Superlativ von «less» steht, um eine Unterscheidung von dem früher benutzten Begriff «Less Developed Countries» vorzunehmen. Seit der Bezeichnung «Developing Countries» für Entwicklungsländer ist eine solche Unterscheidung nicht mehr notwendig.

[17] Für 1991 galt die Grenze von 600 US-$ im Referenzjahr 1987.

Um auf die Liste der LDCs zu kommen, darf ein Land bei der Bevölkerungsgröße, dem Pro-Kopf-Einkommen, APQLI und EDI Obergrenzen nicht überschreiten; außerdem wird der Prozentsatz der ODA am BIP in die Beurteilung miteinbezogen. Ein Land wird von der LDC-Liste gestrichen, wenn es die Obergrenzen beim Pro-Kopf-Einkommen sowie beim APQLI und EDI überschreitet. Ebenso, wenn es die Obergrenzen beim APQLI und beim EDI übertrifft, auch wenn sein Pro-Kopf-Einkommen weiter unterhalb des Schwellenwertes bleibt.

Diese neuen Kriterien wurden erstmals 1991 angewandt. Von den 42 bisherigen LDCs wurde Botswana gestrichen; 6 Länder – Kambodscha, Ghana, Madagaskar, die Salomon-Inseln, Zaire und Sambia – kamen hinzu.[18]

Die zweite Sondergruppe bilden die sog. «**Most Seriously Affected Countries (MSAC)**», die vom UN-Generalsekretariat festgelegt wurde, nachdem die 6. Sondergeneralversammlung im Mai 1974 ein Sonderprogramm für die von der wirtschaftlichen Krise am meisten betroffenen Länder beschlossen hat. Die Identifikationskriterien sind:

a) Niedriges Einkommen pro Kopf
b) Scharfer Preisanstieg bei wichtigen Importen im Vergleich zu den Exporten
c) Gestiegene Transport- und Transitkosten
d) Schwierigkeiten, ausreichende Exporterlöse zu erzielen
e) Hoher Schuldendienst
f) Niedrige Währungsreserven
g) Relativ große Bedeutung des Außenhandels für den Entwicklungsprozeß.

Ursprünglich standen 28 Länder auf der MSAC-Liste.

Die Zugehörigkeit zu einer Sondergruppe wirkt sich für die Entwicklungsländer positiv aus, da vor allem zinslose oder zinsgünstige bzw. rückzahlungsfreie Darlehen vergeben werden. Ferner werden durch die UN Spezialprogramme durchgeführt, die die Geberländer an bestimmte Vergabenormen binden.

Einen besonderen Status streben ferner zwei Gruppen von Entwicklungsländern an: Die «**developing landlocked countries**» (Binnenländer) und die «**developing island countries**» (Inselstaaten). Sie wünschen wegen ihrer ungünstigen geographischen Lage und der daraus resultierenden besonderen Transportprobleme eine bevorzugte Behandlung. In den Abkommen, die die Europäische Gemeinschaft mit 66 Entwicklungsländern geschlossen hat, wird dieser Forderung Rechnung getragen.

Entwicklungsländer mit einem verhältnismäßig fortgeschrittenen Entwicklungsstand gelten als **Schwellenländer** oder «take-off»Länder, die auch häufig als «newly industrializing countries» bezeichnet werden. Ihre wirtschaftliche Eigendynamik wird es ihnen voraussichtlich erlauben, die Strukturmerkmale eines typischen Entwicklungslandes mehr und mehr zu überwinden. Unter Berücksichtigung verschiedener Kriterien (Industrieanteil am

[18] Die LDC sind in Tabelle 2.2 aufgeführt.

BIP, Energieverbrauch, Alphabetisierung, Lebenserwartung) wird als Hauptindikator das Einkommen pro Kopf beibehalten. Typisch für viele dieser Länder ist es jedoch, daß ihre gesellschaftliche und soziale Entwicklung mit der wirtschaftlichen nicht Schritt halten kann. Auf der internationalen Ebene gibt es keine verbindliche Liste von Schwellenländern. Bei allen Bemühungen der verschiedenen Organisationen konnten Grenzfälle nicht vermieden werden.

2.3.2 Politische Gruppierungen

Die Bewegung der **blockfreien Staaten** hat eine bis in das Jahr 1947 zurückgehende Entstehungsgeschichte. Die zwei Asienkonferenzen (Neu Delhi 1947, 1949), die asiatisch-afrikanische Konferenz in Bandung (1959) und die erste Gipfelkonferenz der Staats- und Regierungschefs (Belgrad, 1961), bei der erstmals auch die lateinamerikanischen Länder vertreten waren, bilden die Grundlage der non-aligned-countries. Die wichtigsten Kriterien, um als blockfreies Land zu gelten, sind:

(1) Betreiben einer unabhängigen Politik, die auf einem friedlichen Nebeneinander und Blockfreiheit beruht oder eine Neigung zur Begünstigung solcher Politik besitzt.
(2) Beständige Unterstützung nationaler Unabhängigkeitsbewegungen.
(3) Kein Mitglied multilateraler Militärbündnisse, die im Zusammenhang mit Auseinandersetzungen der Großmächte stehen.
(4) Die Zugeständnisse für Militärstützpunkte im Lande dürfen nicht im Zusammenhang mit Auseinandersetzungen von Großmächten gemacht worden sein.
(5) Eine Mitgliedschaft bei bilateralen oder regionalen Verteidigungsabkommen darf nicht im Zusammenhang mit Auseinandersetzungen von Großmächten stehen.

Sukzessive haben sich die blockfreien Staaten auf ihren Konferenzen (Belgrad 1961, Kairo 1964, Lusaka 1970, Algier 1973, Colombo 1976, Havanna 1979, Neu Delhi 1983, Harare 1986, Belgrad 1989) von einer zunächst lockeren Runde politisch Gleichgesinnter zu einer nachhaltigen Interessenvertretung der Entwicklungsländer formiert. Bei der letzten Konferenz waren mehr als 100 Staaten vertreten, d.h. die Mehrheit der Entwicklungsländer gehört dieser Gruppierung an, wenngleich einige wichtige Länder[19] nicht vertreten sind.

Die blockfreien Länder besitzen keine formale Organisationsstruktur. Die Kriterien für eine Mitgliedschaft sind sehr weit gefaßt, sie besitzen weder ein ständiges Sekretariat noch einen Generalsekretär. Abstimmungen werden nach dem Konsensusprinzip vorgenommen. Falls ein Land gegenteiliger Meinung sein sollte oder sich der Stimme enthält, wird weiterverhandelt, bis schließlich alle Länder der Schlußresolution zustimmen können.

[19] Brasilien, Mexiko, Philippinen, Thailand und Venezuela.

Die Blockfreien verstehen sich weder als «dritter Block» zwischen Osten und Westen, noch streben sie eine Politik der «Äquidistanz» zwischen diesen Blöcken an.

Die UNCTAD I (Genf, 1964) wird als Geburtsstunde der **Gruppe der 77** bezeichnet. Die Vertreter der Entwicklungsländer erkannten im Verlauf der Verhandlungen, daß ein Durchsetzen ihrer Forderungen gegenüber den Industrieländern nur gemeinsam erzielt werden könne und schlossen sich zu einer Interessengruppe zusammen[20].

Die Gruppe, die vornehmlich eine ökonomische Interessengemeinschaft bildet, stellt bei internationalen Verhandlungen einen offiziellen Sprecher, der als Verhandlungsführer die Interessen der Entwicklungsländer formuliert und durchzusetzen bemüht ist. Da die Gruppe weder Büro oder Sekretariat noch einen permanenten Generalsekretär besitzt, ist sie auf die Unterstützung des UNCTAD- und UNIDO-Sekretariats angewiesen. Diese organisatorische Verflechtung führt zu entsprechenden Auswirkungen auf die Programmgestaltung.

Vor jeder UNCTAD wird eine Konferenz der Gruppe der 77 auf Ministerebene einberufen, wobei ein Programm verabschiedet wird, welches die gemeinsame Position der Entwicklungsländer bei den internationalen Zusammenkünften bildet.

Die Geschlossenheit der Gruppe der 77 wird ursächlich durch zwei Dinge hervorgerufen. Erstens bilden die Entwicklungsländer einen Block gegenüber den besser organisierten Industrieländern, denen sie zahlenmäßig überlegen sind, da der Abstimmungsmodus pro Land eine Stimme vorsieht. Zweitens werden die Programme so zusammengestellt, daß sie eine Aufaddierung der Einzelforderungen jedes Landes oder jeder Region darstellen.

Ein gutes Beispiel einer solchen Addition der Forderungen stellt das bei der UNIDO II verabschiedete sog. Lima-Ziel dar, welches einen Anteil der Entwicklungsländer an der Weltindustrieproduktion von 25 vH im Jahre 2000 fordert. Die regionalen Vorkonferenzen der Entwicklungsländer (innerhalb der Gruppe der 77) verdeutlichen eine starke Disparität bezüglich der Industrialisierungsstrategien. Die Lateinamerikaner betonen die nationalen Interessen im Vergleich zu den Möglichkeiten der internationalen Kooperation und Interdependenz. Die Afrikaner bevorzugen «large-scale, low-cost industries», und die Asiaten zielen auf «labour intensive small-scale rural industries» ab. Sowohl Afrikaner als auch Asiaten betonen die Nord-Süd-Interdependenzen zum gemeinsamen Nutzen aller Beteiligten. Die Afrikaner fordern 2 vH, die Asiaten 10 vH, und die Lateinamerikaner zielen auf einen Anteil von 13,5 vH an der Weltindustrieproduktion bis zum Jahr 2000 ab. Abgerundet ergibt sich so die Forderung von 25 vH.

Diese unterschiedlichen Ausgangspositionen und die damit verbundene

[20] Der Begriff «Entwicklungsland» war zu diesem Zeitpunkt noch so unpräzise gefaßt, daß sich auch Neuseeland zunächst dieser Gruppierung anschloß. Erst gegen Ende der Konferenz schied es wieder aus, dafür unterzeichneten drei weitere Entwicklungsländer die veröffentlichte «Gemeinsame Erklärung» der nunmehr 77 Staaten.

Interessendifferenzierung erschweren die Konsensbildung der Gruppe, die heute 127 Länder zählt. Die VR China gehört nicht zur Gruppe der 77.

2.3.3 Regionale Gruppierungen

Das Aufeinandertreffen verschiedener internationaler Krisen in den 70er Jahren veranlaßte die Entwicklungsländer, sich über die vorwiegend diplomatische Zusammenarbeit innerhalb der Bewegung der Blockfreien oder der Gruppe der 77 hinaus zusammenzuschließen. Diese im Rahmen der politischen Diskussion als Süd-Süd-Kooperation (Cooperation among Developing Countries) bezeichnete Interaktion wurde konzeptionell stark beeinflußt von der Ideologie der kollektiven Eigenständigkeit (Collective Self-Reliance). Die regionale Integration soll, so die Vorstellung, die wirtschaftlichen, politischen, technologischen und kulturellen Beziehungen umfassen, um komparative Vorteile auf horizontaler Ebene auszunutzen. Waren die Leitgedanken in diesem Bereich indirekt geprägt von der EWG, so erhoffte man sich, nach dem Muster der OPEC, durch gemeinsames Handeln eine Gegenmacht zu den Industrieländern bilden zu können.

Die anfängliche Euphorie hat zahlreiche regionale Vereinigungen der Entwicklungsländer hervorgebracht. Es zeigte sich jedoch sehr rasch, daß sich zwischen politischen Willensbekundungen und wirtschaftspolitischer Umsetzung eine große Kluft auftat. Eine lange Phase der Stagnation war Ausdruck dieser Erkenntnis. In jüngster Zeit ist eine Reaktivierung der regionalen Kooperation und Integration erkennbar. Diese neuen Bemühungen werden im Gegensatz zu früher als Komplement zu den Nord-Süd-Beziehungen verstanden und stehen nicht mehr unter dem Zeichen, ein Ersatz für diese sein zu wollen. Ebenso wird offensichtlich, daß der globale Anspruch der ursprünglichen Idee sich nicht umsetzen läßt, da die Gegensätze zwischen den Ländern einer Entwicklungsregion zu groß sind.

Einige der wichtigsten Zusammenschlüsse der Entwicklungsländer, die politische und/oder wirtschaftliche und/oder andere Ziele verfolgen, sind:

ALADI: Nach langen Verhandlungen ging 1980 aus der Lateinamerikanischen Freihandelsvereinigung (LAFTA) die Lateinamerikanische Integrationsassoziation hervor und ist deren Rechtsnachfolgerin. Obwohl der Zeitplan für die Verwirklichung der Ziele (Abschaffung von Binnenzöllen) nicht eingehalten wurde, setzt die neue Vereinigung kein Datum, sondern sieht als Oberziel die Gründung eines gemeinsamen lateinamerikanischen Marktes auf lange Sicht. Der neue Vertrag räumt den Mitgliedern eine größere Flexibilität ein, um den sozioökonomischen Bedingungen Rechnung tragen zu können. Diese Flexibilität birgt aber auch die Gefahr, daß angesichts der Schuldensituation der Mitgliedstaaten die individuellen Lösungsversuche dem Integrationsgedanken entgegenstehen.

Andenpakt: 1969 gegründete Wirtschaftsgemeinschaft zur Förderung einer ausgewogenen Entwicklung der Mitglieder. Die Hauptinstrumente zielen auf eine Harmonisierung der Wirtschafts- und Sozialpolitik ab. Ferner werden gemeinsame Programme zur Förderung der Industrialisierung angestrebt, Liberalisierung des subregionalen Handels und Errichtung eines gemeinsamen Außenzolls. Ab 1981 geriet der Andenpakt in eine schwere Krise, da sich Bolivien zeitweilig zurückzog und es Grenzkonflikte zwischen den Mitgliedern (Ecuador/Peru) gab. Seit 1983 besteht ein Kooperationsabkommen zwischen dem Andenpakt und der EG.

Arabische Liga: Die Liga wurde 1945 von 7 damals unabhängigen Staaten gegründet. Die Ziele entsprachen dem losen Zusammenschluß. Sie waren eher vage formuliert und wurden, wie die Geschichte zeigt, in ähnlicher Weise umgesetzt: Vertiefung der Beziehungen zwischen den Mitgliedern, Koordinierung der Politik zwecks Erhaltung der Unabhängigkeit und Souveränität. Heute umfaßt die Liga 22 Mitglieder (21 souveräne Staaten sowie Palästina). Die arabische Liga nimmt in der arabischen Welt einen eher marginalen Platz ein, da die reale Politik dieser Länder stark durch die Einzelstaaten geprägt wird.

ASEAN: Die Vereinigung südostasiatischer Nationen, die 1967 ins Leben gerufen wurde, hat allgemein die politische, ökonomische und kulturelle Zusammenarbeit zum Ziel. Instrumente hierzu sind der Abbau von Handelshemmnissen innerhalb der ASEAN-Region, die Durchführung von Industrieprojekten mit regionaler Bedeutung, Förderung der industriellen Kooperation durch Zollpräferenzen. Die Kooperation wird durch die gravierenden Unterschiede in den Außenhandelspolitiken erschwert. Ferner ist zu erkennen, daß die wirtschaftliche Zusammenarbeit sich nicht schneller entwickeln kann als die Entwicklung ihres schwächsten Mitgliedes.

CARICOM: Die Karibische Gemeinschaft (1973) ersetzte die Karibische Freihandelszone mit dem Ziel, nicht nur die Handelsliberalisierung und ökonomische Integration weiter zu betreiben, sondern auch die nationalen Entwicklungspläne gegenüber Dritten zu koordinieren. Dies betrifft hauptsächlich gemeinsame Außenhandelstarife und protektionistische Maßnahmen. Versuche, eine gemeinsame Investitionspolitik durchzuführen, konnten nicht einmal im Ansatz verwirklicht werden. Die Gemeinschaft befindet sich, gemessen an den ursprünglichen Vorstellungen, in einer Krise.

ECOWAS: Die 1975 gegründete Wirtschaftsgemeinschaft westafrikanischer Staaten beabsichtigte, innerhalb eines fünfzehnjährigen stufenartigen Vorgehens einen gemeinsamen Markt und eine Zollunion zu schaffen, die Wirtschaftspolitik zu harmonisieren und bis 1989 die Binnenzölle abgebaut zu haben. Aufgrund der Heterogenität der Mitglieder, die sich nicht nur bezüglich Bevölkerungszahl und Wirtschaftskraft extrem unterscheiden, sondern auch völlig unterschiedlichen politischen Systemen angehören, ist die Gemeinschaft kaum über Absichtserklärungen und Studien hinausgekommen.

Tabelle 2.2 Länder der Dritten Welt: Politische, ökonomische und regionale Gruppierungen

Land	LDC	MSAC	NIC	OPEC	AKP	G77	Regionale Vereinigungen
Afghanistan	X	X				X	
Ägypten		X				X	Arab. Liga
Albanien							
Algerien				X		X	Arab. Liga
Angola					X	X	SADCC
Antigua und Barbuda					X		CARICOM
Äquatorialguinea	X				X	X	
Argentinien			X			X	ALADI
Äthiopien	X	X			X	X	
Bahamas					X	X	CARICOM
Bahrein						X	Arab. Liga
Bangladesch	X	X				X	
Barbados					X	X	CARICOM
Belize					X		CARICOM
Benin	X	X			X	X	ECOWAS
Bhutan	X					X	
Bolivien						X	ALADI, Andenpakt
Botswana					X	X	SADCC
Brasilien			X			X	ALADI
Brunei							ASEAN
Burkina Faso	X	X			X	X	ECOWAS
Burundi	X	X			X	X	
Chile						X	ALADI
China VR							
Costa Rica						X	
Côte d'Ivorie		X			X	X	ECOWAS
Dominica					X	X	CARICOM
Dominikan. Republik					X	X	
Dschibuti	X				X	X	Arab. Liga
Ecuador				X		X	ALADI, Andenpakt
El Salvadore		X				X	
Fidschi					X	X	
Gabun				X	X	X	
Gambia	X	X			X	X	ECOWAS
Ghana	X	X			X	X	ECOWAS
Grenada					X	X	CARICOM
Guatemala		X				X	
Guinea	X	X			X	X	ECOWAS
Guinea-Bissao	X	X			X	X	ECOWAS
Guyana		X			X	X	CARICOM
Haiti	X	X			X	X	
Honduras		X				X	
Indien						X	

Tabelle 2.2 Fortsetzung

Land	LDC	MSAC	NIC	OPEC	AKP	G77	Regionale Vereinigungen
Indonesien				X		X	ASEAN
Irak				X		X	Arab. Liga
Iran				X		X	
Israel							
Jamaika					X	X	CARICOM
Jemen	X	X				X	Arab. Liga
Jordanien						X	Arab. Liga
Kamerun		X			X	X	
Kamputschea	X	X				X	
Kap Verde	X	X			X	X	ECOWAS
Katar				X		X	Arab. Liga
Kenia		X			X	X	
Kiribati	X				X	X	
Kolumbien			X			X	ALADI, Andenpakt
Komoren	X				X	X	
Kongo					X	X	
Korea DVR						X	
Korea, Republik			X			X	
Kuba						X	
Kuwait			X	X		X	Arab. Liga
Laos	X	X				X	
Lesotho	X	X			X	X	SADCC
Libanon						X	Arab. Liga
Liberia	X				X	X	ECOWAS
Libyen			X	X		X	Arab. Liga
Madagaskar	X	X			X	X	
Malawi	X				X	X	SADCC
Malaysia			X			X	ASEAN
Malediven	X					X	
Mali	X	X			X	X	ECOWAS
Marokko						X	Arab. Liga
Mauretanien	X	X			X	X	Arab. Liga, ECOWAS
Mauritius					X	X	
Mexiko			X			X	ALADI
Mongolei							
Mosambik	X	X			X	X	SADCC
Myanmar	X	X				X	
Namibia					X		SADCC
Nauru							
Nepal	X	X				X	
Nicaragua						X	
Niger	X	X			X	X	ECOWAS
Nigeria			X	X	X	X	ECOWAS
Oman						X	Arab. Liga
Pakistan		X				X	
Panama						X	

Tabelle 2.2 Fortsetzung

Land	LDC	MSAC	NIC	OPEC	AKP	G77	Regionale Vereinigungen
Papua-Neuguinea					X	X	
Paraguay						X	ALADI
Peru						X	ALADI, Andenpakt
Philippinen						X	ASEAN
Ruanda	X	X			X	X	
Salomonen	X				X	X	
Sambia	X				X	X	SADCC
Samoa	X	X			X	X	
Sao Tomé/Principe	X	X			X		
Saudi Arabien			X	X		X	Arab. Liga
Senegal		X			X	X	ECOWAS
Seychellen					X	X	
Sierra Leone	X	X			X	X	ECOWAS
Simbabwe					X	X	SADCC
Singapur			X			X	ASEAN
Somalia	X	X			X	X	Arab. Liga
Sri Lanka		X					
St. Kitts und Nevis					X		CARICOM
St. Lucia					X	X	CARICOM
St. Vincent					X	X	CARICOM
Sudan	X	X			X	X	Arab. Liga
Surinam					X	X	
Swasiland					X	X	SADCC
Syrien						X	Arab. Liga
Taiwan			X				
Tansania	X	X			X	X	SADCC
Thailand			X			X	ASEAN
Togo	X				X	X	ECOWAS
Tonga					X	X	
Trinidad u. Tobago					X	X	CARICOM
Tschad	X	X			X	X	
Tunesien						X	Arab. Liga
Tuvalu	X				X		
Vanuatu	X				X		
Uganda	X	X			X	X	
Uruguay			X			X	ALADI
Venezuela			X	X		X	ALADI, Andenpakt
Ver. Arab. Emirate				X		X	Arab. Liga
Vietnam						X	
Zaire					X	X	
Zentralafrikan. Rep.	X	X			X	X	

Zusammengestellt nach: BMZ, Journalisten-Handbuch 1993, Bonn 1992; OECD Development Co-operation, 1992 review, Paris 1992; Hüfner, K., Die Vereinten Nationen und ihre Sonderorganisationen, Bonn 1991.

3 Entwicklungstheorien

3.1 Einführung

Die weitverbreitete Armut in den Entwicklungsländern bei gleichzeitigem Wohlstand – teils sogar Überfluß – in den Industrieländern wirft zwangsläufig die Frage auf nach den Verursachungsfaktoren der Unterentwicklung, der Entwicklungstheorie, und den geeigneten Maßnahmen zu ihrer Überwindung, der Entwicklungsstrategie.

Die ökonomische Theorie hält zwar eine Reihe von Erklärungsansätzen für die Ursachen des Wachstums einer Volkswirtschaft bereit. Diese Ansätze sind aber mehr oder minder an den spezifischen Bedingungen in den entwickelten Ländern orientiert und daher nicht ohne weiteres oder nur schwer auf Entwicklungsländer übertragbar. Insbesondere seit in den fünfziger und sechziger Jahren und in direktem Zusammenhang mit dem Dekolonialisierungsprozeß die Entwicklungsländerforschung zunehmend an Bedeutung gewann, wurde indes eine Vielzahl von Bestimmungsgründen und Kausalzusammenhängen, welche Unterentwicklung zu erklären versuchen, analysiert und wurden die unterschiedlichsten Wege zu ihrer Überwindung vorgeschlagen. In der jüngsten Vergangenheit hat diese Fragestellung zusätzlich an Brisanz gewonnen angesichts der in vielen Teilen der Welt trotz langjähriger Anstrengungen noch immer unbefriedigenden Entwicklungserfolge und in Anbetracht der zumindest absolut wachsenden Kluft zwischen vielen Entwicklungsländern und den Industrieländern. Dagegen zeigen die Entwicklungserfolge einiger Länder, insbesondere in Südostasien, aber auch in Mittel- und Südamerika, daß Entwicklung möglich und Unterentwicklung kein unentrinnbares Schicksal ist. Die Erfahrungen dieser Länder enthalten sowohl für die entwicklungstheoretische Diskussion als auch die wirtschaftspolitische Praxis aufschlußreiche Erkenntnisse.

Die relative Erfolglosigkeit vieler Länder der Dritten Welt bei der Beschleunigung ihrer wirtschaftlichen, kulturellen, sozialen und politischen Entwicklung mag auch darin begründet sein, daß es eine umfassende, alle relevanten Aspekte einbeziehende Theorie der Entwicklung/Unterentwicklung bisher nicht gibt. Vielmehr stehen die verschiedenen Theorien oder Theorieansätze, welche jeweils nur einen Teilaspekt der Unterentwicklung betrachten, unverbunden und teils auch widersprüchlich nebeneinander. Abbildung 3.1 veranschaulicht dieses Nebeneinander unterschiedlicher Theorien und Theorieansätze, vermag aber auch die Einordnung einzelner Theorien in den Gesamtrahmen der im folgenden aufgeführten Entwicklungstheorien zu erleichtern.

Eine Integration oder Synthese der verschiedenen Partialtheorien fehlt noch immer. Dies mag einerseits begründet sein in den grundlegenden Problemen der Theoriebildung in den Wirtschafts- und Sozialwissenschaften;

andererseits in der **Multidimensionalität** des Untersuchungsgegenstandes, wie sie bereits bei der Beschreibung dessen, was Unterentwicklung bzw. Entwicklung sei, deutlich wurde[1]. Diese Multidimensionalität des Untersuchungsgegenstandes bedingt auch eine **Multikausalität** bei seiner Erklärung, wodurch die Analyse zudem sehr rasch unübersichtlich wird.

Hinzu kommt, daß viele der sogenannten Entwicklungstheorien nicht den Anspruch erheben können, Theorien im streng wissenschaftstheoretischen Sinne zu sein. Zum einen ist ihr Gültigkeitsanspruch häufig nicht universell, d.h. unabhängig von Raum und Zeit – sie sind nach einer Bezeichnung von ALBERT nur «Quasi-Theorien», und die enthaltenen Hypothesen sind meist nicht streng deterministisch, sondern probabilistisch formuliert, Ausnahmen sind also zugelassen. Zum anderen wird bei vielen Theorien nicht ausreichend differenziert zwischen den verschiedenen Bereichen der Theorieanwendung: **Erklärung, Prognose, Programm.** Eine leistungsfähige empirische Theorie der Unterentwicklung oder Entwicklungstheorie hat demnach zur wichtigsten Aufgabe die **Erklärung der Verursachungsfaktoren**, die zu Unterentwicklung bzw. Nicht-Entwicklung führen. Mit Hilfe dieser Ausgangsleistung einer empirischen Theorie besteht dann zugleich die Möglichkeit der **Prognose**, d.h. es kann vorhergesagt werden, ob bestimmte Gegebenheiten und Konstellationen Unterentwicklung bzw. Nicht-Entwicklung zur Folge haben. Schließlich wird in einer tautologischen Umkehrung die Erklärung der Unterentwicklung zu einem **Programm.** Denn die Erklärungen der Ursachen der Unterentwicklung enthalten zugleich die Handlungsanweisungen, wie Unterentwicklung vermieden und damit Entwicklung erreicht werden kann[2].

Ein weiteres wichtiges Kriterium für eine Theorie im streng wissenschaftstheoretischen Sinne ist ihre **Falsifizierbarkeit.** Das beinhaltet, daß eine leistungsfähige empirische Theorie Aussagen enthalten muß, die überprüfbar und in der Realität auch widerlegbar sein müssen. Viele sog. Theorien enthalten indes Aussagen, die kaum empirisch faßbar sind, und sind damit nicht überprüfbar. Andere beruhen auf Annahmen, die implizit schon das Ergebnis enthalten – sie sind damit tautologisch und empirisch nicht gehaltvoll.

Nur wenige Theorien erfüllen alle diese Anforderungen und können daher im strengen Sinn des Theoriebegriffs als **Entwicklungstheorien** oder **Theorien der Unterentwicklung** gelten. Bei einigen steht dagegen der programmatische Aspekt besonders im Vordergrund: welche Maßnahmen sind geeignet, Unterentwicklung zu überwinden? Die Erklärung der Unterentwicklung wird vernachlässigt oder ist nur implizit enthalten. Diese Ansätze werden

[1] Vgl. Kapitel 2.

[2] Dabei ist unterstellt, wie meist auch in der entwicklungstheoretischen Literatur, daß nur die Alternative Entwicklung-Unterentwicklung besteht, daß also die Beseitigung der Ursachen der Unterentwicklung automatisch Entwicklung zur Folge hat. Wegen des überwiegend partialanalytischen Ansatzes der meisten Theorien ist diese Zwangsläufigkeit jedoch keineswegs immer vorhanden.

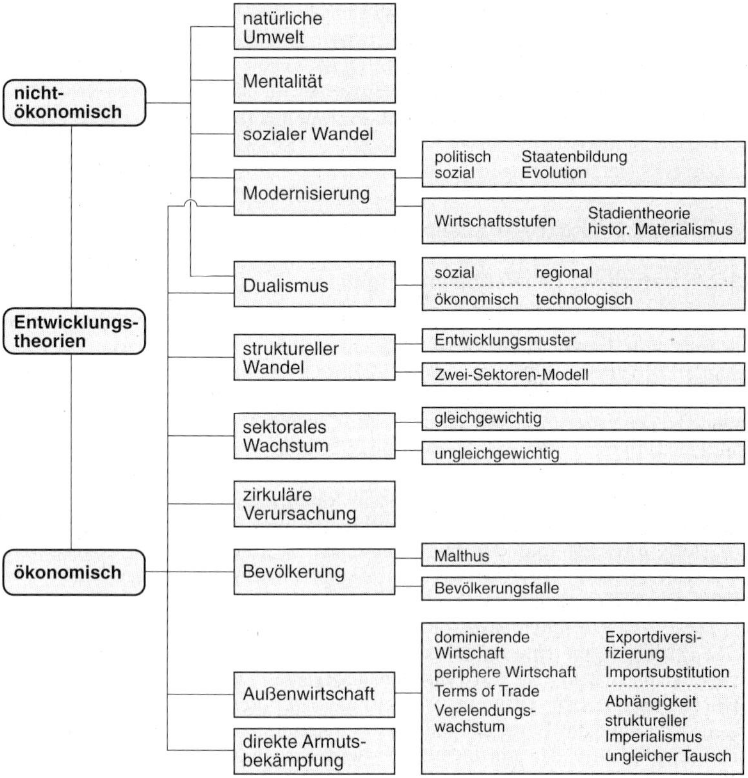

Abbildung 3.1 Entwicklungstheorien

meist als **Entwicklungsstrategien** bezeichnet[3]. Diese Bezeichnung kann jedoch nicht darüber hinwegtäuschen, daß die Ableitung einer erfolgversprechenden Strategie der Erklärung der relevanten Zusammenhänge als Grundlage bedarf.

Im folgenden seien zunächst die nicht-ökonomischen Ansätze skizziert, die zur Erklärung der Ursachen der Armut in den Ländern der Dritten Welt entwickelt wurden. Im Anschluß daran sollen jene Theorien- und Theorieansätze erörtert werden, bei denen ökonomische Erklärungszusammenhänge im Vordergrund stehen.

[3] Mitunter werden diese Entwicklungsstrategien gar als Strategietheorien bezeichnet. Dies ist jedoch eine unzulässige Begriffsbildung, weil – wie dargelegt – zum einen eine Theorie strenggenommen immer eine Strategie oder ein Programm enthalten muß, zum andern diese Strategien kaum als Theorien bezeichnet werden können.

Auch wenn dabei die einzelnen Theorien aus Gründen der Übersichtlichkeit getrennt dargestellt werden müssen, bestehen vielfältige Verbindungen und Bezüge zwischen ihnen, zahlreiche Theorien bauen auf Vorläufern auf und/oder beziehen Teile anderer Ansätze ein, einige Theorien sind Antithesen zu früheren Erklärungen. Im Verlauf der Erörterung dürften diese Zusammenhänge deutlich werden.

3.2 Nicht-ökonomische Theorien

3.2.1 Natürliche Umweltbedingungen

Klimatische Einflüsse sind seit den frühesten Versuchen, die Bestimmungsgründe von Entwicklung bzw. Unterentwicklung zu analysieren, von besonderer Bedeutung. Schon MONTESQUIEU vertrat in seinem Hauptwerk «De l'esprit des lois» (1748) die These, die Arbeitsbereitschaft nehme um so mehr zu, je weiter man sich vom Äquator entferne[4]. Ähnliche Überlegungen sind auch in einer These des Geographen E. HUNTINGTON enthalten. Danach wirkt sich heißes Klima nachteilig auf die menschliche Leistungskraft und das Leistungsstreben aus. Umgekehrt beinhaltet das Klima in kälteren Regionen eine Herausforderung, da der Mensch, um zu überleben, gezwungen ist, sich physisch und psychisch diesen Umweltbedingungen anzupassen. Sparsamkeit und Vorsorge werden beispielsweise hierdurch gefördert und wirken sich günstig auf die Entwicklung aus.

Diese Ansätze scheinen jedoch kaum eine stichhaltige und allgemeingültige Erklärung für Unterentwicklung zu enthalten. Denn einerseits arbeiten viele Menschen in den Entwicklungsländern sehr hart, scheint der geringe Erfolg ihrer Arbeit eher ein Problem geringer Produktivität, andererseits stellt sich aber die Frage, weshalb in den gemäßigten Breiten der südlichen Halbkugel keine der nördlichen vergleichbare Entwicklungserfolge anzutreffen sind[5]. Neuerdings wird daher weniger der Einfluß klimatischer Bedingungen auf die Leistungsfähigkeit des Menschen als Entwicklungshindernis in den Vordergrund gestellt, sondern es werden beispielsweise die negativen Wirkungen des Klimas auf die Landwirtschaft hervorgehoben. So kann feucht-tropisches Klima zur Verschlechterung der Böden und zu Lagerhaltungsproblemen führen, trocken-heißes Klima hat Versteppung oder Ausbreitungen von Wüsten zur Folge.

Aber auch dieser Erklärungsversuch scheint wenig gehaltvoll. Denn die Entwicklungserfolge sind keineswegs in dem Maße über die Erde verteilt, wie die vermeintlich günstigen oder ungünstigen klimatischen Bedingungen. Wie könnte etwa der Entwicklungsvorsprung eines Landes nahe dem Äqua-

[4] Zur Festigung seiner wissenschaftstheoretischen Kenntnisse sei dem Leser die Aufgabe gestellt, aus dieser These ein geeignetes Programm, eine Strategie zur Überwindung der Unterentwicklung abzuleiten. Welche Implikationen beinhaltet diese Theorie für das Entwicklungsniveau der Eskimos?

[5] Ausnahmen bilden Südafrika, Australien und Neuseeland.

tor mit feucht-heißem Klima (z. B. Singapur) gegenüber einem weiter nördlich gelegenen Land (z. B. Pakistan) oder einem Land mit gemäßigten Klimazonen (z. B. Türkei, VR China) erklärt werden? Der Theorieansatz ist auch nicht in der Lage, Entwicklungsunterschiede zwischen Ländern mit nahezu identischen klimatischen Bedingungen zu erklären, wie sie beispielsweise bestehen zwischen Kenia und Tansania, der Elfenbeinküste und Ghana, Malaysia und Indonesien.

Natürlich kann nicht übersehen werden, daß das Klima Wirkungen auf die menschliche Leistungsfähigkeit ausübt und daß extreme Temperaturen für die Entwicklung nicht unbedingt förderlich sind. Aber die Menschen reagieren und reagierten offensichtlich in sehr unterschiedlicher Weise auf die ungünstigen Bedingungen: fatalistisch oder angespornt und zu Gegenmaßnahmen herausgefordert. Die Kulturen der Inkas und Azteken auf Hochebenen, die Kultur der Mayas in tropischen Niederungen, das sagenhafte Ghana im feucht-heißen Westafrika oder die Hochkulturen Indiens oder Ägyptens sind deutliche Hinweise hierfür. Klimatische Bedingungen können demnach **ein Element** in der Kette von Verursachungsfaktoren für Unterentwicklung sein. In Verbindung mit anderen Faktoren können sie Unterentwicklung verfestigen und Entwicklung behindern. So etwa, wenn ungünstige klimatische Bedingungen zusammentreffen mit raschem Bevölkerungswachstum. Schaden an den natürlichen Umweltbedingungen, wie Raubbau an Wäldern, Erosion der Böden und das Entstehen von Steppen sind dann oft kaum vermeidbar. Die Zerstörung der Lebensgrundlage der Bevölkerung, der Landwirtschaft, ist gleichbedeutend mit Armut und Unterentwicklung.

Den natürlichen Umweltbedingungen wird seit einiger Zeit wieder größere Aufmerksamkeit bei der Untersuchung der Ursachen und Folgen der Unterentwicklung geschenkt. Dabei werden sowohl die Auswirkungen bestimmter natürlicher Gegebenheiten auf das Entwicklungsniveau als auch die Konsequenzen von Unterentwicklung für die natürliche Umwelt analysiert.

So sind viele Menschen in den Entwicklungsländern vorwiegend auf Holz als Energiequelle angewiesen, Petroleum oder andere Erdölderivate sind für sie zu teuer. In früheren Jahren konnte bei einer geringeren Bevölkerungsdichte die geschlagene Menge Holz durch nachwachsende Bäume wieder ausgeglichen werden. Das ist heute in vielen Gegenden der Dritten Welt nicht mehr der Fall. Die hohe Bevölkerungsdichte führt dazu, daß dem Wald mehr Holz entnommen wird, als nachwachsen kann. Diese Verringerung der Baumbestände begünstigt die Erosion, verschlechtert den Wasserhaushalt des Bodens und hat schließlich auch Auswirkungen auf das örtliche und überörtliche Klima. Diese Folgen des zu großen Holzverbrauchs führen wiederum in der Landwirtschaft zu geringeren Erträgen bis hin zum Verlust ganzer Ackerflächen, deren Humusschicht durch Erosion abgetragen wurde. Topographische und klimatische Bedingungen (beispielsweise Gebirge mit steilen Hängen, hohe Temperaturen, starker Wind) fördern diese Erosion.

Bei dieser Ursachenkette der Unterentwicklung ist ein Teufelskreis der Armut erkennbar: Die Menschen sind arm und daher auf Holz als Energiequelle angewiesen. Infolge des Bevölkerungswachstums wird zu viel Holz verbraucht. Das wiederum trägt zur Zerstörung der Lebensgrundlage dieser Menschen, der Landwirtschaft, bei. Die Armut verfestigt sich und wird mitunter sogar noch größer.

Typische Beispiele für eine derartige Zerstörung der eigenen Lebensgrundlage durch das Zusammentreffen von Bevölkerungswachstum und ungünstigen natürlichen Umweltbedingungen sind die Länder südlich der Sahara (Sahel) oder die Himalayagebiete Nordindiens und Nepals. Auch die tropischen Regenwälder Zentralafrikas, Südostasiens und Lateinamerikas werden als Beispiele genannt.

3.2.2 Psychologische Theorien

Vertreter psychologischer Theorien sehen eine wesentliche Ursache von Unterentwicklung darin, daß bestimmte menschliche Voraussetzungen für die Wirtschafts- und Sozialentwicklung nicht vorhanden sind. Einer der bekanntesten Ansätze geht auf den Sozialpsychologen McClelland zurück. Unterentwicklung ist danach vor allem im **Fehlen des individuellen Bedürfnisses nach Leistung** (mangelnde Leistungsmotivation) begründet.

Dieser Ansatz ist eng verbunden mit den Gedanken, die Max Weber im Jahre 1904 in seiner Untersuchung «Die protestantische Ethik und der Geist des Kapitalismus» formulierte. Darin legte er die Zusammenhänge dar zwischen protestantischer (calvinischer) Ethik und Lebensführung einerseits und der Leistungsbereitschaft der Menschen und damit letztlich der Entstehung des Kapitalismus andererseits.

Die raschen Entwicklungserfolge verschiedener Länder in Südostasien werden unter anderem auch darauf zurückgeführt, daß ein ähnlicher Zusammenhang besteht zwischen konfuzianischer Ethik und Leistungsbereitschaft der Anhänger des Konfuzianismus. McClelland versuchte, den vermuteten Zusammenhang zwischen Leistungsmotivation und wirtschaftlicher Entwicklung empirisch zu testen. Hierzu untersuchte er Kindergeschichten aus Lesebüchern der Jahre 1925 und 1950 aus 23 Ländern (darunter 4 Entwicklungsländer) darauf hin, ob sie zur Leistungsbereitschaft motivieren. Diese Ergebnisse stellt er der Entwicklung der Elektrizitätserzeugung in den Folgejahren (als Maß für die wirtschaftliche Entwicklung) gegenüber. Seine Berechnungen ergaben einen positiven (signifikanten) Korrelationskoeffizienten von rund 0,5.

Dieses Ergebnis sowie die gesamte Beweisführung haben jedoch Anlaß zu Kritik gegeben. So ist fraglich, ob Leistungsmotivation oder eine leistungsmotivierende Erziehung lediglich anhand von Kindergeschichten festgestellt werden kann, ob nicht Leistungsmotivation eher durch Verhaltensweisen erlernt wird. Dieser Einwand gilt um so mehr, als in Ländern mit hoher Analphabetenquote mündliche Tradierung eine wesentlich wichtigere Rolle spielt. Der verwendete Indikator für wirtschaftliche Entwicklung erscheint wenig aussagefähig. Zudem wurden nur vier Entwicklungsländer in die Untersuchung aufgenommen. Schließlich ist fraglich, ob fehlende Leistungsmotivation allein zur Erklärung der Unterentwicklung ausreicht, ob nicht vielmehr andere nicht-ökonomische oder auch ökonomische Faktoren von Bedeutung sind.

Ein weiterer Ansatz zur Erklärung der Unterentwicklung durch das Fehlen bestimmter menschlicher Voraussetzungen stammt von LERNER. Nach seiner Auffassung setzt die moderne, auf ökonomischer und politischer Beteiligung aufbauende Gesellschaft eine Vielzahl von Individuen mit der Fähigkeit der **Empathie** voraus. Darunter ist die Fähigkeit eines Menschen zu verstehen, sich selbst in einer anderen Situation als der gegebenen vorzustellen, geistig beweglich zu sein, Einfühlungsvermögen zu besitzen, sich in die Situation eines anderen Menschen zu versetzen und sich mit den neuen («modernen») Aspekten seiner Umwelt zu identifizieren. Diese Fähigkeit ist nach LERNER in der traditionellen, auf keiner Beteiligung beruhenden Gesellschaft nicht erforderlich und folglich auch nicht ausgeprägt.

Voraussetzung für die Fähigkeit der Empathie ist geistige Mobilität. Diese wiederum setzt ein ausgebautes Schulsystem und Erwachsenenbildung voraus. Urbanisierung, Massenmedien und die Beteiligung der Bevölkerung an den sie betreffenden Entscheidungen tragen ebenfalls zur Entwicklung dieser Fähigkeit bei. Die Gefahr zunehmender Konflikte infolge der größeren Empathie schätzt LERNER als gering ein, da die wachsende psychische Mobilität der Menschen diese auch offener und anpassungsfähiger mache. Insgesamt seien sozialstrukturelle Veränderungen die Folge, die letztlich Grundlage seien für den Aufbau einer modernen Gesellschaft.

3.2.3 Theorie des sozialen Wandels

Nach der von HAGEN formulierten Theorie des sozialen Wandels kann wirtschaftliche Entwicklung nur stattfinden, wenn in einer Gesellschaft **schöpferische und unternehmerische Menschen** vorhanden sind, die zur Überwindung der Schwierigkeiten in der Lage sind, welche mit dem Entwicklungsprozeß einhergehen. Eine weitere Bedingung ist, daß die Mehrheit der Bevölkerung – insbesondere die Eliten – zur manuellen Arbeit und zur natürlichen Umwelt positiv eingestellt sind. Die schöpferischen Energien sollen sich weniger auf Kunst, Philosophie, Krieg und ähnliches richten, sondern vielmehr auf die produktiven wirtschaftlichen Bereiche. Nach Auffassung von HAGEN sind in den traditonellen Gesellschaften die Kindererziehung sowie die gesamte geistige Umwelt eine wesentliche Ursache dafür, daß es an schöpferischen und initiatorischen Menschen mangelt.

Sozialer Wandel entsteht nicht aus sich selbst heraus, sondern braucht einen Anstoß. Diesen erhält er dadurch, daß im Verlauf der wirtschaftlichen Entwicklung soziale Spannungen entstehen. Einige soziale Klassen oder Schichten erleiden einen Statusverlust, ihr bisher beanspruchtes Sozialprestige wird ihnen streitig gemacht (withdrawal of status respect). Neue Elitegruppen treten auf mit größeren schöpferischen und innovativen Fähigkeiten. Auch äußere Einflüsse können diesen Statusentzug bewirken[6].

[6] Ein geeignetes Beispiel hierfür ist möglicherweise Japan, wo die Herrschaftsstrukturen durch die Vereinigten Staaten nach dem Zweiten Weltkrieg zwangsweise geändert wurden.

Insgesamt beschreibt die Theorie des sozialen Wandels somit einige wesentliche Bestimmungsgründe, die für wirtschaftliche Entwicklung relevant sind, ihre empirische Überprüfung erscheint jedoch sehr schwierig.

3.2.4 Modernisierungstheorien

Mit dem Begriff «Modernisierung» werden die unterschiedlichsten Vorstellungsinhalte verbunden, je nachdem ob er aus der Sicht der Soziologen, Politologen, Sozialpsychologen, Ethnologen, Historiker und – was seltener der Fall ist – der Ökonomen betrachtet wird. Häufig werden «Kulturwandel», «sozialer Wandel» oder «Verwestlichung» mit «Modernisierung» gleichgesetzt. «Modernisierung» wird heute meist verwendet als Synonym für den Entwicklungsprozeß der Entwicklungsländer. Die Industrieländer sind die Norm für den Aufholbedarf dieser «Nachzüglergesellschaften». Modernisierung ist damit ein möglichst direkter, vornehmlich evolutionärer Prozeß in Richtung auf die gesetzte Norm (Modernität). Abweichungen von dieser Norm werden als Fehl- oder Unterentwicklung interpretiert. Wichtige Elemente des Modernisierungsprozesses sind nach MYRDAL: Rationalität, sozio-ökonomische Entwicklung und Entwicklungsplanung, Anstieg der Produktivität, Anhebung des Lebensstandards, soziale und wirtschaftliche Chancengleichheit, effizientere Institutionen und Verhaltensweisen, nationale Konsolidierung und Unabhängigkeit, Demokratie und Partizipation sowie soziale Disziplin. Einige der modernisierungstheoretischen Ansätze seien im folgenden kurz skizziert.

Der **Evolutionsansatz** geht zurück auf die Soziologen PARSONS, LEVY, MOORE und EISENSTADT und impliziert einen bruchlosen, evolutionären Modernisierungsprozeß. Er geht einher mit zunehmender Differenzierung von sozialen Funktionen und gesellschaftlichen Institutionen.

Nach PARSONS sind bestimmte evolutionäre Universalien notwendig, um eine Gesellschaft als wirklich menschlich bezeichnen zu können: bestimmte Technologien, sprachliche Kommunikation, Religion und eine Verwandtschaftsorganisation, die auf dem Inzesttabu beruht. Um die traditionelle Gesellschaft in einen Modernisierungsprozeß zu führen, müssen zwei weitere evolutionäre Universalien hinzukommen: die Entwicklung sozialer Schichten sowie ein Legitimierungssystem. Grundlage der modernen Gesellschaften bilden die folgenden Universalien: bürokratische Organisationsformen zur Realisierung kollektiver Ziele, Geld- und Marktsysteme, ein allgemeingültiges Rechtssystem (Rechtsstaat) und demokratische Wahl der Führung.

Die optimistische Vorstellung eines linearen, bruchlosen Aufstiegs erscheint jedoch wenig realistisch. So wird heute auch anerkannt, daß Differenzierung nicht zwangsläufig Mobilisierung zur Folge hat; sie kann auch zu Stagnation oder zum Zusammenbruch führen. Mobilisierung wiederum muß nicht immer zu erhöhter Partizipation führen.

Nach der **Theorie der politischen Modernisierung** (ALMOND, PYE, COLEMAN u.a.) ist wichtige Voraussetzung für Entwicklung ein **Wandel im politischen System** – analog dem sozialen Wandel –, indem bestimmte «Handlungskapazitäten» (performance capabilities) entwickelt und vergrößert werden. Nach ALMOND gehören dazu: die Kapazität der Integration und Mobilisierung, der internationalen Anpassung, der Partizipation und der Wohlfahrt bzw. Umverteilung.

Neben dem Aufbau dieser Kapazitäten können im politischen Modernisierungsprozeß aber auch Spannungen entstehen, da in den Menschen Erwartungen geweckt werden, die vom politischen System nicht erfüllt werden können. Spannungen und Krisen sind dann unvermeidlich. Sechs solcher Krisen können nach PYE unterschieden werden: die Identitäts-, Legitimitäts-, Penetrations-, Integrations-, Partizipations- und Verteilungskrise. Politische Modernisierung ist demnach kein zwangsläufig störungsfreier, aufwärtsgerichteter Prozeß, Rückschläge sind vielmehr möglich.

Ein anderer Ansatz der politischen Modernisierung stammt von S. P. HUNTINGTON. Ihm zufolge ist Modernisierung gleichbedeutend mit **Staatenbildung (nation building)**. Die Ausweitung der politischen Beteiligung ist daher wichtigste Voraussetzung der politischen Modernisierung.

Interessant ist im Zusammenhang mit der Theorie der politischen Modernisierung der Nachweis (ALMOND, COLEMAN), daß zwischen wirtschaftlicher Entwicklung und dem Übergang von einer autoritären zu einer demokratischen, wettbewerbsmäßig orientierten Politik ein enger Zusammenhang besteht.

Die **Theorie der sozialen Mobilisierung** (DEUTSCH) stellt den Wandlungsprozeß in den Vordergrund, den ein Großteil der Bevölkerung auf dem Weg zu modernen Lebensformen durchläuft. Dazu zählen beispielsweise Berufswechsel, Änderung von Rollen und Verhaltensweisen, Erwartungen, Bedürfnissen u. ä. Die Theorie untersucht, wie sich dieser Wandlungsprozeß auf das politische Verhalten auswirkt. Anhand sozialer Indikatoren versucht DEUTSCH, die Wechselwirkungen von sozialer Mobilisierung und Ausweitung der politischen Beteiligung zu quantifizieren.

3.3 Wirtschaftsstufentheorien

Schwer einzuordnen in die Reihe der Entwicklungstheorien sind die Wirtschaftsstufentheorien. Im streng wissenschaftstheoretischen Sinne sind sie keine Theorien, denn sie enthalten meist nur einen mehr oder minder ausgeprägten historischen Determinismus, ohne eine Erklärung für das beobachtete Phänomen geben zu können. Da Wirtschaftsstufentheorien in ihrer Struktur den Modernisierungstheorien gleichen, sind sie gewissermaßen die ökonomische Ausprägung der Modernisierungstheorie. Wirtschaftliche Entwicklung wird als ein mehr oder minder linear aufwärtsgerichteter Prozeß verstanden. Wie sich die heutigen Industrieländer von rückständigen, landwirtschaftlich geprägten Volkswirtschaften zu hochindustrialisierten und technologisch fortgeschrittenen Ländern entwickelten, so werden auch die heutigen Entwicklungsländer die Stufenleiter der Entwicklung erklimmen. Auch in bezug auf die wirtschaftspolitischen Instrumente, die Entwicklung bewirken, sind die Erfahrungen der heutigen Industrieländer Vorbild.

Schon von jeher haben die Menschen versucht, die historische Entwicklung in Abschnitte (Stufen, Stadien, Zeitalter) zu unterteilen – es sei nur an die vier Zeitalter im antiken Rom (Ovid) oder an den von Spengler behaupteten zyklischen Aufstieg und Niedergang der Kulturen erinnert.

Ansätze zu Wirtschaftsstufentheorien finden sich bereits bei Thukydides (460–396 v. Chr.) und Aristoteles (384–322 v. Chr.); später etwa bei Montesquieu oder Quesnay. Die eigentliche Wirtschaftsstufentheorie geht jedoch zurück auf die «Historische Schule» des 19. Jahrhunderts. Diese Schule vorwiegend deutscher Nationalökonomen wurzelte in den Gedanken der Romantik und war entstanden aus der scharfen Kritik an der «Klassischen Schule». Bemerkenswerte stufentheoretische Ansätze stammen etwa von List, Hildebrand und Schmoller; jüngere Ansätze wurden von Sombart und Max Weber entwickelt.

Die **Stadientheorie** von Rostow steht in der unmittelbaren Tradition der historischen Stufentheoretiker. Sie wird am häufigsten auf den Entwicklungsprozeß der Länder der Dritten Welt angewendet.

Rostow unterteilt fünf Stadien, die eine traditionelle Gesellschaft auf ihrem Weg zur Modernität durchlaufen muß.

(1) Die **traditionelle Gesellschaft**, die gekennzeichnet ist durch ein Überwiegen der Landwirtschaft, durch eine hierarchische Gesellschaftsstruktur und durch geringe vertikale Mobilität.

(2) Das **Anlaufstadium** oder die **Gesellschaft im Übergang.** In diesem Stadium werden die Voraussetzungen für den Beginn des Wirtschaftswachstums geschaffen. Die Investitionsquote steigt an, die Verhaltensweisen der Bevölkerung ändern sich.

(3) Der **wirtschaftliche Aufstieg (take off)**. Hierfür müssen mehrere Voraussetzungen erfüllt sein: die Investitionsquote muß von 5 vH auf 10 vH oder mehr ansteigen, ein oder mehrere Wirtschaftszweige/-sektoren (etwa die Industrie) müssen sich mit hohen Wachstumsraten zu führenden oder **Leitsektoren** entwickeln, es müssen ein politischer, sozialer und institutioneller Rahmen sowie dynamische Unternehmer vorhanden sein.

(4) Das **Reifestadium.** In diesem Stadium wächst die Volkswirtschaft stetig, die Investitionsquote liegt zwischen 10 und 20 vH, so daß das Wirtschaftswachstum die Zunahme der Bevölkerung übertrifft. Neue Techniken werden genutzt, die Industriestruktur ändert sich.

(5) Im Anschluß an das Reifestadium stehen der Gesellschaft drei Möglichkeiten offen. Mit Hilfe von Militär- und Außenpolitik kann sie nach **äußerer Macht** streben oder sie konzentriert ihre Anstrengungen darauf, einen **Wohlfahrtsstaat** zu errichten. Schließlich bleibt als dritte Wahlmöglichkeit eine **Massenkonsumgesellschaft**, insbesondere hinsichtlich Dienstleistungen und dauerhaften Konsumgütern (Zeitalter des Massenkonsums). Diese Wahl dürften vor allem die USA, aber auch Westeuropa und Japan getroffen haben.

Rostow stellt auch einige Spekulationen an über die Art des Stadiums, das auf das fünfte folgen soll. Zuerst nannte er es sehr vage «**Jenseits des Massenkonsumzeitalters**» (beyond high mass-consumption, post-maturity). In einer späteren Studie bezeichnet er es «**the search for quality**», die Suche nach Lebensqualität: Vom Massenkonsum verlagert sich das Schwergewicht auf soziale Wohlfahrt, Freizeit, Bildung usw.

Abbildung 3.2 veranschaulicht die Grundzüge der ROSTOWschen Stadientheorie graphisch. Dabei sind an der Ordinate das Pro-Kopf-Einkommen (Y/B) und an der Abszisse die Zeit abgetragen.

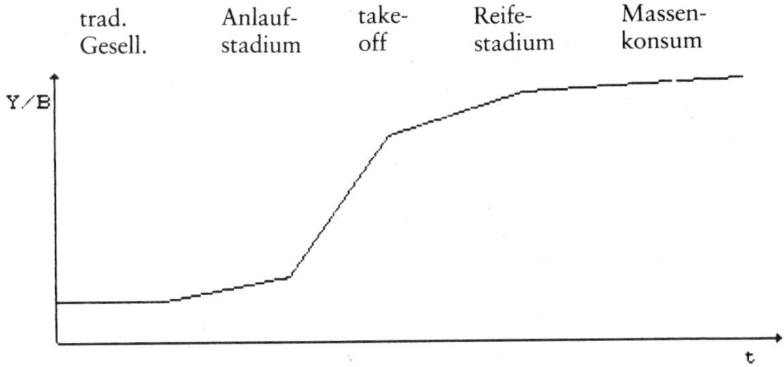

Abbildung 3.2 Stadien wirtschaftlicher Entwicklung

Wichtiger Kritikpunkt an der ROSTOWschen Stadientheorie ist ihr geringer Erklärungsgehalt. Die Hinweise darauf, wie Entwicklung zustande kommt oder weshalb Unterentwicklung besteht, sind nur unzureichend und zudem zu wenig präzis. Unklar bleibt beispielsweise, wodurch die traditionelle Gesellschaft den Anstoß zum «Übergang» oder zum «take off» erhält. Der einzige konkrete Hinweis ist die Steigerung der Investitionsquote auf 10 vH im dritten Stadium. ROSTOW behauptet vielmehr – wohl aus der historischen Beobachtung – einen quasi-gesetzmäßigen Verlauf der wirtschaftlichen Entwicklung. Die Stadientheorie ist damit aber auch zur Erstellung einer Prognose oder eines Programms im wissenschaftstheoretischen Sinne ungeeignet.

Die Stadientheorie – wie auch die Modernisierungstheorie insgesamt – wird vor allem auch kritisiert, weil sie den Entwicklungsländern gewissermaßen die soziale, politische und ökonomische Entwicklung der Industrieländer als Norm vorgibt, der diese nun nacheifern sollen (Modernisierungs-Teleologie). Diese Kritik gilt auch gegenüber marxistischen Modernisierungstheoretikern. Nach MARX zeigt «das industriell entwickeltere Land ... den minder entwickelten nur das Bild der eigenen Zukunft» (Vorwort zu: «Das Kapital»). In neomarxistischer Vorstellung sind demnach die sozialistischen Staaten das anzustrebende Vorbild für die Länder der Dritten Welt.

Damit werden jedoch Normen auf die Entwicklungsländer übertragen, die diesen möglicherweise nicht angemessen sind oder von ihnen nicht akzeptiert werden. Modernität im westlichen oder sozialistischen Sinne ist zweifellos nicht die einzige Alternative zu Tradition oder Unterentwicklung. Wie die Schwierigkeiten der Definition, was Entwicklung bzw. Unterentwicklung sei, deutlich gemacht haben[7], sind vielmehr die unterschiedlichsten Wege der Entwicklung denkbar. Vor allem die in jüngster Zeit wachsende Rückbesinnung auf eigene kulturelle Werte in vielen Entwicklungsländern weist darauf hin, daß diese von außen kommenden Normen nicht mehr ohne weiteres akzeptiert werden.

Schließlich vernachlässigt die Stadientheorie – wie auch die Modernisierungstheorie – exogene Faktoren und konzentriert sich auf interne Verursachungsfaktoren und den endogenen sozio-ökonomischen Wandel. Die Bedeutung der kolonialen Vergangenheit der meisten Entwicklungsländer oder der gegenwärtigen weltwirtschaftlichen Bedingungen wird nicht berücksichtigt oder doch zumindest als gering angesehen.

3.4 Dualismustheorien

Dualismustheorien versuchen, Unterentwicklung dadurch zu erklären, daß in einem Land miteinander unverbundene und strukturell verschiedenartige Wirtschaftssektoren, Regionen, Techniken oder Sozialordnungen existieren. Je nachdem welcher Aspekt besonders hervorgehoben wird, unterscheidet man den sozialen, ökonomischen, technologischen oder regionalen Dualismus. Allerdings treten diese Dualismen meist nicht unabhängig voneinander auf, sondern sie sind unterschiedliche Erscheinungsformen eines generellen Phänomens.

Sozialer Dualismus entsteht durch das Aufeinandertreffen eines importierten – meist westlichen – Sozialsystems auf das traditionelle Sozialsystem eines Entwicklungslandes. «Östliche» und «westliche», kapitalistische und nicht- bzw. vorkapitalistische Verhaltensweisen, begrenzte und unbegrenzte Bedürfnisse treffen aufeinander. Gewöhnlich herrschen beim überwiegenden Teil der Bevölkerung eines Entwicklungslandes statisch-traditionelle Verhaltensweisen (z.B. in bezug auf Religion, Tabus, Brauchtum usw.), Sippenverbundenheit und geringe Mobilität vor. Gelangen westliche Wertvorstellungen und Gewohnheiten ins Land und werden diese von einem Teil der Bevölkerung (meist den Eliten) angenommen, dann entwickelt dieser Bevölkerungsteil andere, «moderne» Verhaltensweisen. Diese stehen den Verhaltensweisen und Wertvorstellungen des traditionellen Teils der Bevölkerung entgegen. Soziale Spannungen sind unausweichlich.

Gesellschaften, die durch sozialen Dualismus gekennzeichnet sind, haben nach Boekes pessimistischer, auf Erfahrungen aus Indonesien gestützter Auffassung nur geringe Aussichten, diesen Dualismus in absehbarer Zeit zu überwinden. Dualismus muß vielmehr als andauerndes Charakteristikum vieler Entwicklungsländer akzeptiert werden. So ist Boeke auch sehr zurückhaltend bezüglich des Programms, das aus seiner Theorie abgeleitet werden könnte. Vor allem empfiehlt er die Erneuerung des Dorfes.

Fraglich ist, ob Boekes Theorie des sozialen Dualismus zur Erklärung der

[7] Vgl. Kapitel 2.

Unterentwicklung geeignet ist. Seine Theorie gibt eher eine Beschreibung «östlicher» Gesellschaften und zeigt auf, daß ihnen die Eigenschaften «westlicher» Gesellschaften fehlen, die dort wirtschaftlichen und sozialen Fortschritt bewirkt haben. Dieser Mangel macht nach BOEKE den «östlichen» Gesellschaften eine wirtschaftliche und soziale Entwicklung nach westlichem Muster unmöglich. Das Aufeinandertreffen dieser beiden unterschiedlichen Sozialsysteme kann aber nicht erklären, weshalb das «zurückgebliebene» existiert. Bezweifelt wird ferner, daß «begrenzte» Bedürfnisse und Schwierigkeiten der Anwendung fortschrittlicher Technologie charakteristisch seien für Entwicklungsländer (HIGGINS). Schließlich wird angeführt, daß Dualismus bis zu einem gewissen Grade in jeder Volkswirtschaft besteht, auch in den hochentwickelten Industrieländern. Als Beschreibung der Situation in vielen Entwicklungsländern erscheint «sozialer Dualismus» aber durchaus zutreffend.

Sozialer Dualismus geht in vielen Entwicklungsländern einher mit **ökonomischem Dualismus**. Ein traditioneller, selbstversorgender Wirtschaftssektor (Subsistenzsektor) ohne oder mit nur geringen Marktkontakten besteht neben einem (bezogen auf den Produktionswert) erheblich kleineren, modernen Sektor, der für eine kleine einheimische Käuferschicht und/oder für den Export produziert. Darüber hinaus werden in den beiden Sektoren für gleiche Leistungen der Produktionsfaktoren auch unterschiedliche Faktorentgelte gezahlt (MYINT).

Eng verbunden mit dem ökonomischen ist der **technologische Dualismus**. Hauptmerkmal des unverbundenen Nebeneinander von traditionellem und modernem Sektor ist die Verwendung unterschiedlicher Produktionstechniken. Hierdurch kann die in vielen Entwicklungsländern auftretende technologische oder strukturelle Unterbeschäftigung erklärt werden, die nicht Folge zu geringer Nachfrage ist, sondern Ergebnis technologischer Restriktionen und zu geringer Kapitalausstattung (ECKAUS, HIGGINS).

Technologischer Dualismus beruht auf der Annahme unterschiedlicher Produktionsbedingungen in den beiden Sektoren. Im traditionellen (landwirtschaftlichen) Sektor sind eine substitutionale Produktionsfunktion, eine relativ reichliche Ausstattung mit dem Produktionsfaktor Arbeit und eine nur geringe Kapitalausstattung (arbeitsintensive Produktionsverfahren) kennzeichnend. Im modernen Sektor dagegen gilt eine limitationale Produktionsfunktion, die Faktoreinsatzverhältnisse sind nur innerhalb enger Grenzen variierbar oder völlig fixiert. Die Produktionsverfahren sind vergleichsweise kapitalintensiv. Abbildung 3.3 veranschaulicht die unterstellten Produktionsbedingungen des traditionellen Sektors.

Die gleiche Ausbringungsmenge (gegeben durch eine Outputisoquante I) kann mit Hilfe einer Vielzahl unterschiedlicher Kombinationen der Produktionsfaktoren Arbeit (A) und Kapital (K) erstellt werden.

Im modernen Sektor (Abbildung 3.4) sind die Faktoreinsatzverhältnisse durch technologische Beschränkungen starr vorgegeben (Expansionspfad E_1, Walras-Leontief-Produktionsfunktion) oder nur innerhalb eines eng begrenzten Substitutionsraums veränderbar (Bereich zwischen E_1 und E_2).

Wird nun etwa im modernen Sektor die Kapitalmenge K_1 eingesetzt, dann

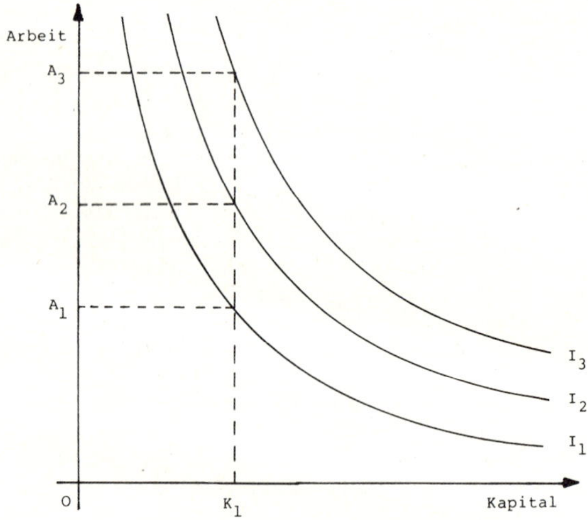

Abbildung 3.3 Produktionsbedingungen im traditionellen Sektor (hohe Substituierbarkeit der Faktoren)

können nur maximal A_1 Arbeitskräfte beschäftigt werden. Eine Beschäftigungsausweitung im modernen Sektor (etwa von A_1 nach A_2) ist wegen der geltenden Produktionsbedingungen nur möglich, wenn auch der Kapitaleinsatz (mindestens auf K_2) wächst.

Wegen der Kapitalknappheit in den Entwicklungsländern und der unterstellten Kapitalintensität der Produktionsverfahren sind die Beschäftigungsmöglichkeiten sehr begrenzt. Den Arbeitskräften, die keine Beschäftigung im modernen Sektor finden, bleibt nur die Abwanderung in den traditionellen Sektor. Sind dort die Möglichkeiten der Kultivierung bisher ungenutzten Bodens ausgeschöpft, so können neue Arbeitsplätze nur geschaffen werden durch Substitution von Kapital (Boden) durch Arbeit. Angesichts einer natürlichen Obergrenze an kultivierbarem Boden (K_1 in Abb. 3.3) und bei anhaltendem Bevölkerungsdruck ohne entsprechende Beschäftigungsmöglichkeiten im modernen Sektor nimmt die Arbeitsintensität im traditionellen Sektor kontinuierlich zu (der Arbeitseinsatz steigt von A_1 über A_2 auf A_3).. Im gleichen Maße sinkt die Grenzproduktivität der Arbeit (Ertrag je zusätzlich eingesetzter Arbeitskraft). Sie kann im Extremfall auf Null zurückgehen oder gar negative Werte annehmen. Es entsteht offene und versteckte[8] Arbeitslosigkeit. Bei anhaltendem Arbeitskräfteüberschuß (labour surplus) besteht im traditionellen Sektor kein Anreiz zur Kapitalintensivierung oder

[8] Unter versteckter Arbeitslosigkeit (disguised unemployment) versteht man eine Situation, in der eine Arbeitskraft zwar beschäftigt ist, ihr Beitrag zum Produktionsergebnis aber geringer ist als ihre Entlohnung.

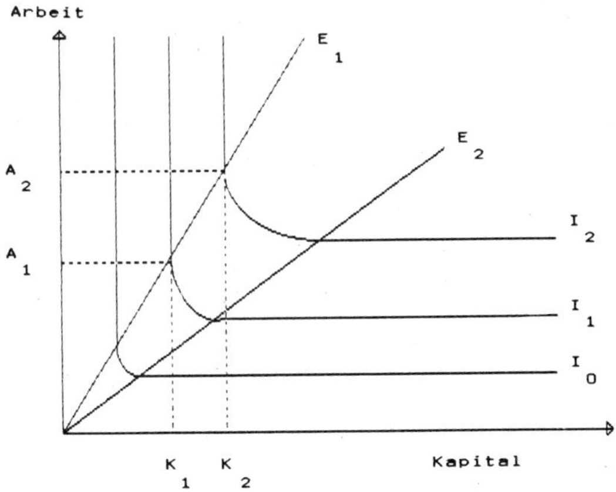

Abbildung 3.4 Produktionsbedingungen im modernen Sektor (geringe Substituierbarkeit der Faktoren)

zur Einführung neuer, arbeitssparender Techniken. Die Arbeitsproduktivität bleibt folglich niedrig. Findet im modernen Sektor arbeitssparender technischer Fortschritt statt, so erhöht sich der Angebotsdruck an Arbeitsuchenden im traditionellen Sektor zusätzlich.

Der technologische Dualismus kann somit die Entstehung offener und versteckter Arbeitslosigkeit, wie sie in vielen Entwicklungsländern festgestellt werden kann, erklären. Fraglich ist jedoch, ob für den modernen Sektor tatsächlich limitationale Produktionsbedingungen angenommen werden können. Das mag kurzfristig zwar gelten, langfristig dürften jedoch auch bei modernen Produktionsverfahren Substitutionsmöglichkeiten bestehen. In jüngerer Zeit werden diese Substitutionsmöglichkeiten durch die Entwicklung und Anwendung **angepaßter Technologien** zu nützen versucht.

Regionaler Dualismus impliziert, daß ein Land zweigeteilt ist in eine entwickelte und eine zurückgebliebene Region. Diese Zweiteilung geht oft einher mit ökonomischem Dualismus. Es bestehen keine oder nur unbedeutende wirtschaftliche Austauschbeziehungen zwischen den beiden Regionen.

Im Gegensatz dazu sind MYRDAL und HIRSCHMAN der Auffassung, daß zwischen den verschiedenen Regionen eines Landes durchaus Beziehungen bestehen. Diese können sowohl positive Wirkungen (Ausbreitungs- oder Sickereffekte) aufweisen als auch negative (Konter- oder Polarisierungseffekte). MYRDAL ist der Ansicht, daß in Entwicklungsländern die **Kontereffekte** (backwash-Effekte) die **Ausbreitungseffekte** (spread-Effekte) überwiegen, so daß sich die regionalen Disparitäten vergrößern. HIRSCHMAN dagegen schätzt die **Sickereffekte** als stärker ein und erwartet daher langfristig die Konvergenz regionaler Einkommensdisparitäten. Ähnlich argumentiert PERROUX, der die positiven Wirkungen von **Wachstumszentren** (pôle de croissance) auf die umliegende Region hervorhebt.

Die Kritik an der Dualismustheorie richtet sich vor allem dagegen, daß jeweils nur ein einzelner Aspekt zur Erklärung der Unterentwicklung herangezogen wird. Die Verursachungsfaktoren der Unterentwicklung seien dagegen vielfältig, so wird argumentiert, und es müßten neben den ökonomischen Faktoren auch nicht-ökonomische, neben den internen auch externe berücksichtigt werden. Ein wesentlicher Kritikpunkt ist ferner, daß die Dualismustheorie die strukturellen Disparitäten zwischen den unverbundenen Sektoren, Sozialordnungen oder Regionen beschreibt, aber nicht erklärt, worin ursprünglich diese Unterschiede begründet sind, weshalb es neben einem modernen überhaupt einen traditionellen Sektor gibt.

3.5 Theorien des strukturellen Wandels

Die Theorien des strukturellen Wandels untersuchen den Prozeß, in dem sich eine traditionelle, landwirtschaftlich geprägte Volkswirtschaft hin zu einer modernen, auf Industrie und Dienstleistungen beruhenden Wirtschaft verändert. Im Vordergrund der Analyse steht der Übergang zum modernen wirtschaftlichen Wachstum (**transition to modern economic growth**, KUZNETS) und die Faktoren, die diesen Prozeß beeinflussen. Die Theorien versuchen also weniger zu erklären, weshalb eine Volkswirtschaft traditionell, landwirtschaftlich geprägt ist, sondern, unter welchen Voraussetzungen der Übergangsprozeß zur modernen Volkswirtschaft in Gang kommt. Reduziert auf zwei Sektoren, Landwirtschaft und Industrie, ist der Untersuchungsgegenstand jener Zeitraum, in dem der Anteil der Landwirtschaft am Bruttoinlandsprodukt zurückgeht, während jener der verarbeitenden Industrie wächst, und die Industrie sowie eventuell auch der Dienstleistungssektor zu den bedeutendsten Sektoren der Wirtschaft werden (Abbildung 3.5).

3.5.1 Entwicklungsmuster

Vorwiegend empirisch geprägt ist jene Analyse des strukturellen Wandels, die aus der Beobachtung bisheriger Entwicklungsprozesse gewissermaßen Entwicklungsmuster zu erkennen versucht (CHENERY et al.). Dabei werden zahlreiche Variablen einbezogen, die als bedeutsam für den Entwicklungsprozeß erachtet werden. So etwa der Anteil von Industrie, Dienstleistungen und Landwirtschaft am BIP, die Investitions- und Sparquote, der Anteil der Schüler an einem Altersjahrgang, Ex- und Importquote, Exportstruktur u. ä. Mit Hilfe von Querschnitts- und Zeitreihenanalysen werden typische Entwicklungsmuster abgeleitet. Beispielsweise ist eine charakteristische Veränderung der Anteile der Sektoren Industrie, Dienstleistungen und Landwirtschaft am BIP bei wachsendem Pro-Kopf-Einkommen zu beobachten. Die jeweilige Position eines Landes im Entwicklungsmuster erlaubt dann Rückschlüsse darauf, welche Maßnahmen ergriffen werden müssen, um weitere Entwicklungserfolge zu erzielen. Dabei ist jedoch Vorsicht geboten, denn die Abweichungen einzelner Länder vom «Idealpfad» können beträchtlich sein,

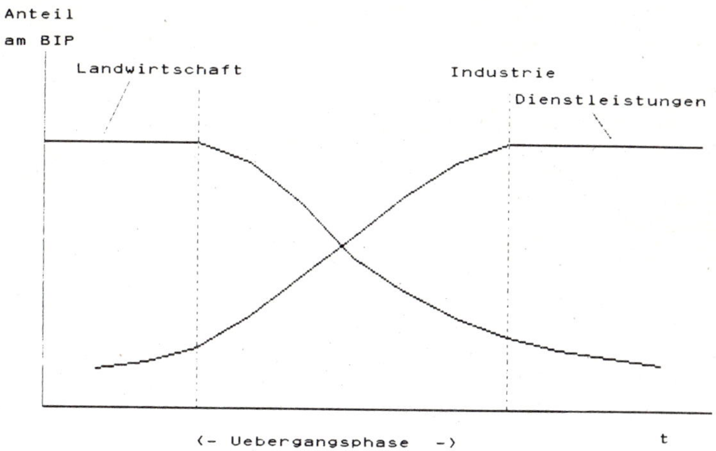

Abbildung 3.5 Übergang zu modernem wirtschaftlichen Wachstum

man denke etwa an China und Kenia, die zwar ähnliche Pro-Kopf-Einkommen, aber deutliche Strukturunterschiede aufweisen.

3.5.2 Zwei-Sektoren-Modelle

Die Bedeutung der Sektoren in einer Volkswirtschaft kann beispielsweise an ihrem jeweiligen Anteil am Bruttoinlandsprodukt (BIP) oder am Anteil der in einem Sektor Beschäftigten (A_L, A_I = Beschäftigte in der Landwirtschaft, Industrie) an der gesamten Zahl der Beschäftigten (A) gemessen werden. In einer völlig landwirtschaftlich geprägten Volkswirtschaft ist gemäß der zweiten Definition $A_L = A$, und folglich $A_I = 0$. Es werden nur Nahrungsmittel produziert, die auch völlig konsumiert werden. Die Produktion (an Nahrungsmitteln) je Arbeitskraft in der Landwirtschaft (p) begrenzt die durchschnittlichen Konsummöglichkeiten (c):

$$p = P_L/A_L = c = P_L/A,$$

mit P_L = landwirtschaftliche Produktion (Nahrungsmittel).

Voraussetzung für den Übergangsprozeß und den strukturellen Wandel ist, daß nicht mehr alle Arbeitskräfte in der Landwirtschaft beschäftigt werden, sondern daß Arbeitskräfte freigestellt werden können für nicht-landwirtschaftliche, d.h. in der Regel für industrielle Produktion ($A_L < A$), die zu Investitionszwecken verwendet werden kann. Der strukturelle Wandel vollzieht sich um so rascher, je geringer bei gegebener durchschnittlicher landwirtschaftlicher Produktion (p) der durchschnittliche Nahrungsmittelkonsum (c) ist.

Der Anteil der nicht in der Landwirtschaft Beschäftigten an allen Beschäftigten sei mit Θ bezeichnet,

$$\Theta = A_I/A.$$

Da in der Industrie (annahmegemäß) nur Investitionsgüter produziert werden, können die dort Beschäftigten nur mit Nahrungsmitteln entlohnt werden. Das heißt, der durchschnittliche Nahrungsmittelkonsum ist entsprechend der Zahl der Industriebeschäftigten geringer als die durchschnittliche Nahrungsmittelproduktion,

$$p = c/(1 - \Theta).$$

Der Allokationsparameter Θ ist gewissermaßen der Indikator dafür, wie rasch sich der Strukturwandel vollzieht. Seine Größe wird von p und c bestimmt, je größer p und je kleiner c, um so mehr Beschäftigte können aus der Landwirtschaft in den Industriesektor wechseln und die für den Strukturwandel erforderlichen Investitionsgüter produzieren. Abbildung 3.6 veranschaulicht die Wahlmöglichkeiten, denen eine Gesellschaft gegenübersteht.

Vor Beginn des Strukturwandels sind durchschnittliche Nahrungsmittelproduktion und durchschnittlicher Nahrungsmittelkonsum gleich ($p_0 = c_0$). Es sind keine Arbeitskräfte im Industriesektor beschäftigt ($\Theta = 0$). Es sei nun angenommen, daß die Produktion je Beschäftigten in der Landwirtschaft auf p_1 angehoben werden kann, etwa infolge verbesserter Agrartechniken, des Einsatzes von Düngemitteln oder der Ausweitung der landwirtschaftlichen Fläche. Die Gesellschaft hat dann die Möglichkeit, den durchschnittlichen Nahrungsmittelkonsum in gleichem Ausmaß anzuheben. Es verbessert sich dann natürlich die Nahrungsmittelversorgung der Bevölkerung, Strukturwandel kann aber nicht stattfinden. Das ist nur möglich, wenn die mögliche Erhöhung des Nahrungsmittelkonsums nicht voll realisiert wird. Der Strukturwandel ist am größten, wenn der Pro-Kopf-Verbrauch überhaupt nicht angehoben wird ($c_0 = c_1$) und alle frei werdenden Arbeitskräfte in den Industriesektor wechseln (Allokationsanpassung Θ_1). Entsprechendes gilt für eine weitere Produktionssteigerung in der Landwirtschaft auf p_2. Sobald also eine Volkswirtschaft eine Nahrungsmittelproduktion pro Kopf erzielt, die eine bestimmte Untergrenze, etwa das Existenzminimum, überschreitet, bestehen die erläuterten Wahlmöglichkeiten, die auf der einen Seite durch völlige Konsumanpassung, auf der anderen durch ausschließliche Allokationsanpassung begrenzt sind. In der Realität wird, wie in Abbildung 3.6 angedeutet, vermutlich eine Kombination von konsumptiver und allokativer Anpassung erfolgen.

Es sei unterstellt, in der Landwirtschaft gelte eine Produktionsfunktion vom Typ Cobb-Douglas

$$P_L = e^{\pi t} A_L{}^{\alpha} B^{(1-\alpha)},$$

mit A_L = Arbeitskräfte in der Landwirtschaft, B = bebaubare landwirtschaftliche Fläche, $e^{\pi t}$ repräsentiert den Einfluß des technischen Fortschritts auf die Produktion P_L. Die Wachstumsrate der Agrarproduktion ist dann gegeben durch:

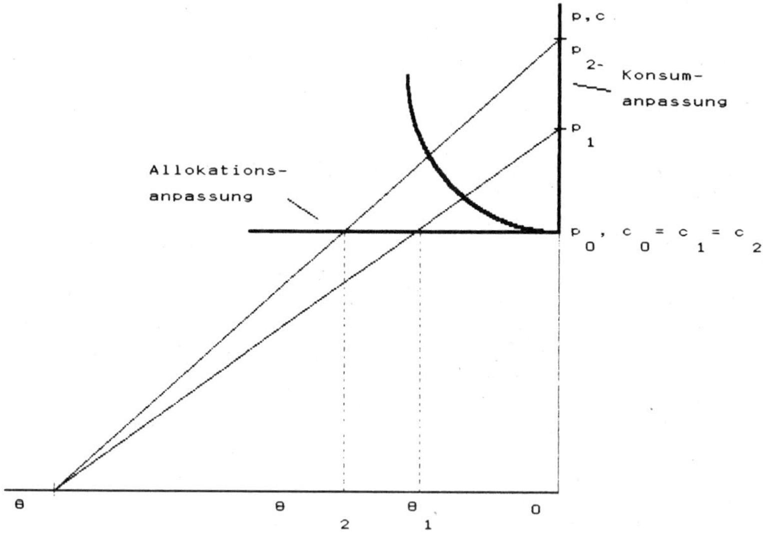

Abbildung 3.6 Wahlmöglichkeiten beim Strukturwandel

$$w_{PL} = \Pi + \alpha\ w_{AL} + (1 - \alpha)\ w_B.$$

Ist das bebaubare Land begrenzt, gilt $w_B = 0$. Die Wachstumsrate der landwirtschaftlichen Produktion pro Kopf wird dann ausschließlich von der Wachstumsrate der Beschäftigten in der Landwirtschaft (w_{AL}) und der Wachstumsrate des technischen Fortschritts (Π) bestimmt (es wird angenommen, daß die Wachstumsrate der Bevölkerung der Wachstumsrate der Beschäftigten in der Landwirtschaft entspricht),

$$w_p = w_{PL} - w_{AL} = \Pi + \alpha\ w_{AL} - w_{AL}$$
$$w_p = \Pi - (1 - \alpha)\ w_{AL}.$$

Die **kritische Wachstumsrate der Bevölkerung**, bei der die Nahrungsmittelproduktion je Kopf nicht wächst ($w_p = 0$), ist demzufolge

$$w^*_B = \Pi/(1\text{-}\alpha).$$

Wächst die Bevölkerung mit dieser oder gar höheren Raten, dann ist kein Strukturwandel mehr möglich, die traditionelle, von der Landwirtschaft geprägte Wirtschaftsstruktur besteht fort. Die Produktionselastizitäten ($1\text{-}\alpha$) können zumindest kurz- bis mittelfristig kaum geändert werden. Strukturwandel kann dann nur stattfinden, wenn entweder das Wachstum der Bevölkerung (w_B) reduziert und/oder die Wachstumsrate des technischen Fortschritts (Π) erhöht wird. Es genügt nicht, daß der technische Fortschritt zunimmt, sondern die Rate, mit der diese Zunahme erfolgt, muß kontinuierlich erhöht werden, wenn trotz dieses Bevölkerungswachstums Strukturwandel möglich sein soll. Beispielsweise ist es denkbar, daß die Zunahme des technischen Fortschritts vom Anteil der außerhalb der Landwirtschaft beschäftigten beeinflußt wird:

$$\Pi = f(\Theta).$$

Ein Kernproblem des Strukturwandels ist offenbar, ob überhaupt ein landwirtschaftlicher Überschuß entsteht und, wenn ja, was mit diesem geschieht. Landwirtschaftlicher Überschuß ist jener Teil, der Agrarproduktion (Nahrungsmittel), der die Entlohnung der Arbeitskräfte in der Landwirtschaft übersteigt. Ein solcher Überschuß impliziert folglich $p > c$. In einer landwirtschaftlich geprägten Volkswirtschaft, in der noch kein Strukturwandel stattgefunden hat, gilt dagegen $p = c$. Grundsätzlich ist möglich, daß durch technischen Fortschritt und/oder durch Ausweitung der Agrarfläche die landwirtschaftliche Produktion erhöht und eventuell auch ein entsprechender Überschuß erzielt werden kann. Angesichts der wirtschaftlichen Lage, in der sich viele Entwicklungsländer befinden, ist das indes kaum realistisch. Dennoch können diese Länder unter bestimmten Voraussetzungen den strukturellen Wandel vollziehen.

Ausgangspunkt dieses zwei-sektoralen Wachstumsmodells (Lewis, Fei/Ranis) ist ein organisatorischer Dualismus zwischen dem modernen (Industrie) und dem traditionellen Sektor (Subsistenz-Landwirtschaft). In der Industrie ist die neoklassische Gleichgewichtsbedingung, Grenzprodukt der Arbeit gleich Lohnsatz erfüllt. Das gilt dagegen nicht für die Landwirtschaft. Diese ist durch **Arbeitskräfteüberschuß (labour surplus)** gekennzeichnet. Die Entlohnung zum Grenzprodukt ist nicht möglich, da es zu gering oder gar negativ ist. Die Arbeitskräfte werden mit einem (institutionellen) Lohnsatz entlohnt, der über dem Grenzprodukt (etwa beim Existenzminimum) liegt; es besteht verschleierte Arbeitslosigkeit (**disguised unemployment**). Das Ausmaß dieses Arbeitskräfteüberschusses wird bestimmt von der Differenz zwischen institutionellem Lohnsatz und Grenzprodukt der Arbeit.

In der Landwirtschaft werden Arbeit (A) und Boden (B) als Produktionsfaktoren eingesetzt. Die verfügbare landwirtschaftliche Fläche ist begrenzt (B_0). Da die Produktionsfaktoren nur in gewissen Grenzen substituierbar sind, führt eine Erhöhung des Arbeitseinsatzes über A_1 hinaus nicht mehr zu einer Zunahme der Produktion; das Grenzprodukt jeder zusätzlichen Arbeitskraft ist Null oder gar negativ. In der Ausgangssituation werden alle Arbeitskräfte (A_0) in der Landwirtschaft eingesetzt. Wegen der begrenzten Agrarfläche kann allerdings nur die Produktionsisoquante I_0 erreicht werden. Bei dieser hohen Arbeitsintensität ist das Grenzprodukt der Arbeit bereits Null, d.h. zusätzliche Arbeitskräfte erhöhen nicht das Produktionsergebnis. Die Arbeitskräfte werden zu einem institutionellen Lohnsatz entlohnt, der beispielsweise dem Durchschnittsprodukt entspricht, abzüglich eines Produktionsanteils, der eventuell an den Landeigentümer (landlord) oder die herrschenden Schichten fließt. Es besteht ein Arbeitskräfteüberschuß (disguised unemployemt) in Höhe von A_2 A_0, denn der institutionelle Lohnsatz entspricht dem Grenzprodukt der Arbeit in der Landwirtschaft bei einem Arbeitseinsatz von A_2. Tatsächlich werden aber Arbeitskräfte in Höhe von A_0 eingesetzt. Alle Arbeitskräfte, die über A_2 hinaus beschäftigt werden, erhalten demzufolge einen Lohnsatz, der über ihrem Grenzprodukt liegt, und sind folglich «versteckt» oder «verschleiert» arbeitslos. Die Aufteilung der landwirtschaftlichen Produktion (P_0) wird dargestellt durch die Gerade aus dem Ursprung, deren Steigung dem institutionellen Lohnsatz entspricht. Bei einem Arbeitseinsatz A_0 entfällt auf die Arbeitskräfte ein Produktionsanteil entsprechend der Strecke P_{0A} A_0. Der Rest (P_0 P_{0A}) geht beispielsweise an die Landeigentümer oder die herrschenden Eliten.

Wird nun beispielsweise der Einsatz von Arbeitskräften in der Landwirtschaft von A_0 auf A_1 reduziert, geht die Agrarproduktion nicht zurück, $P_1 = P_0$; mit einem geringeren Arbeitseinsatz wird das gleiche Produktionsergebnis erzielt. Bleibt der (institutionelle) Lohnsatz in der Landwirtschaft konstant, beträgt der Produktionsanteil der in der Landwirtschaft beschäftigten Arbeitskräfte nun P_{1A} A_1. Wenn sich auch der Anteil der Landeigentümer am Produktionsergebnis nicht ändert, entsteht ein landwirtschaftlicher Überschuß in Höhe von P_{1S} P_{1A}. Dieser Überschuß kann dazu verwendet werden, die aus dem Agrarsektor abgezogenen Arbeitskräfte zu entlohnen und so den Strukturwandel einzuleiten. Der Strukturwandel ist in diesem Fall besonders groß, weil den Arbeitskräften, die aus der Landwirtschaft abgezogen werden sollen, nur ein Lohnsatz gezahlt werden muß, der geringfügig über dem in der Landwirtschaft geltenden institutionellen Lohnsatz liegt, um sie zur Abwanderung in die Industrie zu bewegen. Der landwirtschaftliche Überschuß reicht dann nahezu aus, die Beschäftigten in der Industrie zu entlohnen, während der größte Teil der Industrieproduktion zu Investitionszwecken verwendet werden kann, um so den Strukturwandel noch mehr zu beschleunigen.

Die Landwirtschaft finanziert gewissermaßen den Strukturwandel, d.h. die Industrialisierung, indem sie den landwirtschaftlichen Überschuß zur Entlohnung der Industriearbeiter zur Verfügung stellt. Dieser Prozeß kann so lange fortgesetzt werden, bis ein Punkt auf der Produktionsfunktion erreicht wird, bei dem der institutionelle Lohnsatz dem Grenzprodukt der Arbeit entspricht. Denn bis zu diesem Punkt geht durch jede Arbeitskraft, die aus der Landwirtschaft abgezogen wird, ein geringerer Betrag an landwirtschaftlicher Produktion verloren, als diese Arbeitskraft an Entlohnung erhält. Erst bei einem Arbeitseinsatz A_2 in der Landwirtschaft sind institutioneller Lohnsatz und Grenzprodukt der Arbeit gleich. Wenn auch in der Landwirtschaft die Arbeitskräfte entsprechend ihrem Grenzprodukt entlohnt werden, ist der organisatorische Dualismus überwunden und der durch den landwirtschaftlichen Überschuß finanzierte Strukturwandel vollzogen. Denn ab dem Punkt A_2 verursacht jede Arbeitskraft, die aus der Landwirtschaft abwandert auch einen Verlust an Agrarproduktion, welcher der Entlohnung dieser Arbeitskraft entspricht. Durch technischen Fortschritt könnte dann etwa sichergestellt werden, daß weiterhin Arbeitskräfte aus der Landwirtschaft abgezogen werden können, ohne daß damit jeweils ein Verlust an landwirtschaftlicher Produktion in Höhe des Lohns dieser Arbeitskraft einhergeht (unterbrochen dargestellte Produktionsfunktionen).

Der Strukturwandel fällt dagegen um so geringer aus, je weniger es

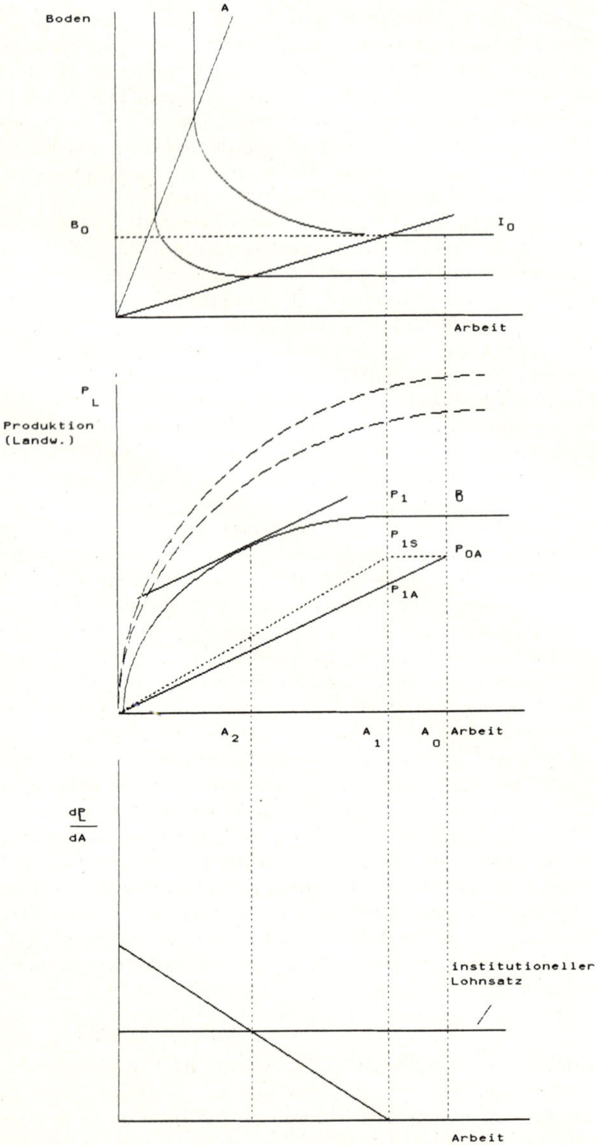

Abbildung 3.7 Zwei-sektorales Wachstum bei Arbeitskräfteüberschuß

gelingt, den möglichen landwirtschaftlichen Überschuß zu realisieren und zur Finanzierung der Industrialisierung einzusetzen. So können etwa die Beschäftigten in der Landwirtschaft ihren Nahrungsmittelkonsum erhöhen (auf P_{1S}), mit der Folge, daß kein landwirtschaftlicher Überschuß entsteht. Oder die Landeigentümer bzw. die herrschenden Eliten verwenden den Überschuß für Luxuskonsum, zum Kauf importierter Konsumgüter (Demonstrationseffekt), für kriegerische Abenteuer und andere unproduktive Zwecke. Die Chancen der Realisierung des Überschusses werden insbesondere von der jeweiligen **Agrarverfassung** bestimmt. In einer kleinbäuerlich geprägten Landwirtschaft ist die Wahrscheinlichkeit sehr hoch, daß der Nahrungsmittelkonsum ausgedehnt wird und ein Überschuß nicht entsteht. Herrschen in der Landwirtschaft Großgrundbesitz und kleine Pachtbauern vor, sind die Chancen, den Überschuß zu realisieren, günstiger. Es ist dann aber noch keineswegs sichergestellt, daß der Überschuß auch zur Finanzierung des Strukturwandels verwendet wird.

Denkbar ist schließlich auch, daß der landwirtschaftliche Überschuß zusätzlich erhöht wird, indem der institutionelle Lohnsatz in der Landwirtschaft gesenkt wird. Das wird allerdings angesichts der oft kaum das Existenzminimum erreichenden landwirtschaftlichen Einkommen nur schwer möglich sein.

Beispiele für einen solchen, durch landwirtschaftliche Überschüsse finanzierten Strukturwandel, sind der Aufbau der Industrie in Japan nach der Meji-Restauration (1867) und die Industrialisierung in der Sowjetunion in den zwanziger Jahren. Während die Entwicklung in Japan darauf beruhte, daß die Großgrundbesitzer («absentee» oder «dualistic» landlords) den Aufbau der Industrie aus dem landwirtschaftlichen Überschuß finanzierten, wurde in der Sowjetunion die Abgabenlast der Landwirtschaft zusätzlich erhöht, und zwar so sehr, daß das Existenzminimum der Agrarbevölkerung unterschritten wurde und viele Millionen Menschen verhungerten.

Kern dieses zwei-sektoralen Wachstumsmodells ist die Annahme, daß in den Entwicklungsländern ein Arbeitskräfteüberschuß besteht. Diese Annahme ist allerdings in den Entwicklungsländern nicht immer erfüllt. Zur Erntezeit kann im Agrarsektor durchaus ein Mangel an Arbeitskräften bestehen, eine geringere Zahl von Arbeitskräften hätte entsprechende Produktionseinbußen zur Folge. Ein Arbeitskräfteüberschuß scheint indes im Agrarsektor einiger Länder Südasiens und manchen, von Großgrundbesitz geprägten Ländern Lateinamerikas zu bestehen. In vielen Entwicklungsländern ist jedoch der städtische Arbeitskräfteüberschuß bereits bedeutender als der landwirtschaftliche.

3.6 Theorien des sektoralen Wachstums

Auch die Theorien des sektoralen Wachstums untersuchen die Verbindungen zwischen den verschiedenen Sektoren der Wirtschaft im Wachstumsprozeß. Jedoch steht dabei die relative Bedeutung der Sektoren im Vordergrund. Auch heben sie stärker den programmatischen oder strategischen Aspekt der

Theorie hervor, weshalb sie häufig auch als Strategien bezeichnet werden. Diese Strategien beruhen indes auf einer Analyse der Ursachen der Unterentwicklung.

3.6.1 Gleichgewichtiges Wachstum

Vertreter der Theorie des ausgewogenen oder gleichgewichtigen Wachstums (balanced growth) sind ROSENSTEIN-RODAN, LEWIS, vor allem aber NURKSE. Die Erklärung der Unterentwicklung beruht auf einem **Teufelskreis der unzureichenden Investitionsnachfrage**. Wegen der **Enge der Märkte** (geringe Absatzchancen) sind die Unternehmer nur zu geringen Investitionen bereit. Aufgrund dieser unzureichenden Investitionsbereitschaft der Unternehmer können die offen oder versteckt vorhandenen Ersparnisse nicht in produktive Investitionen überführt werden. Niedrige Einkommen und geringe Absatzchancen sind die Folge.

Durch punktuelle Investitionen kann die Stagnation nicht überwunden werden. Vielmehr muß die Ursache der unzureichenden Investitionsbereitschaft, die geringen Absatzchancen (Marktenge), beseitigt werden. Nach der Theorie des ausgewogenen Wachstums ist das möglich, wenn alle Wirtschaftszweige eines Landes in einem ausgewogenen Verhältnis zueinander wachsen. Hierzu muß ein Bündel aufeinander abgestimmter, komplementärer Investitionsvorhaben für die gesamte Wirtschaft geplant und durchgeführt werden. Diese Investitionen, die gleichzeitig in den verschiedenen Wirtschaftssektoren getätigt werden, schaffen sich – so die Argumentation – wechselseitig ihre Nachfrage (SAYsches Theorem), vermindern das Absatzrisiko und sind damit die Voraussetzung für weitere Investitionen und schließlich eine stetige Wirtschaftsentwicklung. Die optimale Wachstumsrate ist dann erreicht, wenn die Investitionen derart auf die einzelnen Sektoren verteilt werden, daß das Produktionswachstum mit dem Wachstum der Nachfrage übereinstimmt.

Die Theorie des gleichgewichtigen Wachstums weist einige wichtige Schwachstellen auf. So beruht die Theorie auf der Annahme, daß ein Entwicklungsland unter Kapitalknappheit leidet, wichtigstes strategisches Element ist indes, daß auf breiter Front eine Vielzahl von Investitionsprojekten durchgeführt wird. Es muß folglich bezweifelt werden, ob es überhaupt möglich ist, die hierzu notwendigen Investitionsmittel zu mobilisieren. Hinzu kommt, daß Investitionsmittel nicht nur für den direkt produktiven Bereich bereitgestellt werden müssen, sondern auch für den Aufbau einer leistungsfähigen Infrastruktur. Eine ausgewogene Wirtschaftserschließung erfordert außerdem eine ausreichende Zahl von qualifzierten Führungskräften für Wirtschaft und Verwaltung. Denn zum einen muß der Verwaltungsapparat in der Lage sein, die Investitionen so zu steuern, daß alle Sektoren ausgewogen wachsen können; hierzu müssen sie beispielsweise die Nachfragefunktionen der Konsumenten und die Produktionsfunktionen der Anbieter kennen. Zum anderen müssen tatkräftige und risikofreudige Unternehmer fähig sein, die bereitgestellten Investitionsmittel auch effizient zu nutzen. Diese Voraussetzungen sind aber in den Entwicklungsländern meist nicht oder nur ungenügend erfüllt.

3.6.2 Ungleichgewichtiges Wachstum

Im Gegensatz zur Theorie des gleichgewichtigen Wachstums empfehlen die Verfechter der Theorie des ungleichgewichtigen Wachstums (v.a. HIRSCHMAN und STREETEN) die **Konzentration der Investitionsmittel** auf wenige Schwerpunktbereiche. Auch diese Theorie beruht auf einer unzureichenden Investitionsbereitschaft der Unternehmer. Während sie aber von den Befürwortern der Theorie des gleichgewichtigen Wachstums auf die Enge der Märkte zurückgeführt wird, ist sie nach Auffassung der Anhänger der Theorie des ungleichgewichtigen Wachstums auf die mangelnde Fähigkeit der Unternehmer zurückzuführen, die tatsächlichen und potentiellen Ersparnisse produktiven Investitionsmöglichkeiten zuzuführen. Der **Mangel an fähigen Unternehmern** stellt somit den zentralen Entwicklungsengpaß dar.

Das Potential an leistungsfähigen Unternehmern kann jedoch durch einen Prozeß des «learning by doing» ausgeweitet werden. Das ist möglich, indem einige Industrien gezielt und einseitig gefördert werden. Dadurch entstehen Ungleichgewichte und Engpässe in den Zulieferer- und den Abnehmerindustrien, die die unternehmerische Aufmerksamkeit auf sich ziehen und Anreize zu verstärkter Investitionstätigkeit enthalten. Der Entwicklungsprozeß ist gewissermaßen eine **Kette von Ungleichgewichten**, und es sollte nach Auffassung von HIRSCHMAN die Aufgabe der Entwicklungspolitik sein, «Spannungen, Verzerrungen und Ungleichgewichte aufrechtzuerhalten», da sie immer wieder entwicklungsfördernde Entscheidungen auslösen.

Diese Ungleichgewichte können jedoch nur dann die erhofften Wirkungen zeigen, wenn die Investitionen in solchen Sektoren vorgenommen werden, die **Verkettungseffekte** zu den vor- und nachgelagerten Sektoren aufweisen. Bei den Verkettungseffekten können **Rückwärtskopplungseffekte** (backward linkages, das sind Wirkungen der Inputbeschaffung in den vorausgehenden Produktionsstufen) und **Vorwärtskopplungseffekte** (forward linkages, Wirkungen der Outputverwendung in den nachgelagerten Produktionsstufen) unterschieden werden.

Es muß jedoch bezweifelt werden, ob in einem Entwicklungsland eine ausreichende Zahl leistungsfähiger und risikofreudiger Unternehmer vorhanden ist, die in der Lage sind, die von den Ungleichgewichten ausgehenden Anreize wahrzunehmen und die erforderlichen Investitionen durchzuführen. Falls es solche Unternehmer nicht in ausreichender Anzahl gibt, dürften sie wohl kaum durch entsprechende Staatsbeamte ersetzt werden können; denn weshalb sollten unternehmerische Fähigkeiten, die ansonsten in der Bevölkerung eines Landes nicht vorhanden sind, ausgerechnet bei Staatsbeamten anzutreffen sein.

Ein schwerwiegender Einwand ist ferner, ob die «Spannungen, Verzerrungen und Ungleichgewichte» in vielen Entwicklungsländern nicht eher schon zu groß denn zu klein sind, ob nicht gerade sie Unterentwicklung begründen (z.B. fachliche Unzulänglichkeiten der Entscheidungszentren, soziale, regionale und sektorale Dualismen, unzureichende Infrastruktur, sozio-ökonomische und politische Spannungen, weltwirtschaftliche Störungen u.ä.m.). Entwicklungspolitische Maßnahmen, die zusätzliche Ungleichgewichte verursachen, wären dann aber unangebracht.

In einer realistischen Entwicklungspolitik scheint infolgede[...] auf der Theorie des gleichgewichtigen noch eine au[...] gleichgewichtigen Wachstums beruhende Strat[...] Wohl aber können bestimmte Elemente [...] den. Die Art und Intensität dieser e[...] sowie die Zusammensetzung der Elemen[...] der jeweiligen Wirtschafts- und Sozialstru[...] ten.

3.7 Theorien der zirkulären Veru[...]

In den Modernisierungstheorien und den The[...] dels und des sektoralen Wachstums steht die [...] einer stagnierenden zu einer wachsenden Volksw[...] Die Theorien der zirkulären Verursachung und [...] rungstheorien untersuchen dagegen vornehmlich U[...] entwicklung bewirken und Entwicklung behindern [...] chen. Solche Ursachenketten oder Regelkreise, deren[...] gleich Ergebnis und Ursache der Unterentwicklung [...] **Teufelskreis der Armut** (circulus vitiosus) bezeichnet.

Singer hat bereits 1950 auf diese Erklärung für U[...] merksam gemacht. Auf Nurkse geht der **Teufelskreis d[...]** zurück. Eine unzureichende Ausstattung mit Sachkapita[...] Arbeitsproduktivität zur Folge, diese wiederum niedrige [...] durch wird die Sparfähigkeit verringert, das schließlich [...] geringe Kapitalbildung – der Teufelskreis ist geschlossen. [...] kommen sind somit zugleich Ursache des Kapitalmangels, ab[...] Ergebnis. Es besteht ein zirkulärer Kausalzusammenhang, aus [...] chen – nach Auffassung der Vertreter dieser Theorie – nicht m[...] sei denn der Teufelskreis wird an einer Stelle – etwa durch ein[...] Kapitalzufluß aus dem Ausland – aufgebrochen.

Nach dem Muster des Teufelskreises der Kapitalknappheit si[...] Teufelskreise abgeleitet worden. Sie beschreiben den Zusammenh[...] schen mangelnder Ausbildung und Armut, zwischen ungenügende[...] rung, geringer körperlicher Leistungsfähigkeit und niedriger Produk[...] Weitere ähnliche Teufelskreise dürften ohne weiteres ableitbar sein.

Myrdal hat die schon aus seiner Theorie des regionalen Duali[...] bekannten Begriffe «Ausbreitungs-» und «Kontereffekte» zu einer Erw[...] rung des Teufelskreises verwendet. Nach seinem Prinzip der **zirkulären [...] kumulativen Verursachung** verstärkt sich ein sozialer Prozeß in negati[...] Richtung, sofern die Kontereffekte die Ausbreitungseffekte überwiegen. D[...] System bewegt sich immer weiter weg vom Gleichgewicht, wenn es dem freien Spiel der Kräfte überlassen wird. Interventionistische Maßnahmen sind folglich unerläßlich.

Die Kritik an den Versuchen, Unterentwicklung durch Teufelskreise zu erklären, richtet sich vor allem gegen den unterstellten unüberwindbaren[...]

Ersparnisse in den privaten Haushalten zu finden, ihre Mobilisierung ist jedoch problematisch.

Ebenso verbergen sich im **öffentlichen Haushalt** Einsparungsmöglichkeiten. Die hohen Militärausgaben und prachtvollen Prunkbauten in einigen Entwicklungsländern sind gerne angeführte Beispiele für ineffizienten Einsatz von Ressourcen. Die Umschichtung dieser Mittel für investive Zwecke mit entwicklungsorientierter Zielsetzung wäre wünschenswert, läßt sich aber schwer realisieren, da anderen Zielen Priorität eingeräumt wird.

(2) Der Staat verfügt, neben der eben erwähnten Senkung der Staatsausgaben für unproduktive Zwecke, über weitere Instrumente, die Kapitalakkumulation zu stimulieren. Mit Hilfe **fiskalpolitischer Maßnahmen** können Investitionsanreize geschaffen werden, die durch Steuermehreinnahmen finanziert oder durch Minderausgaben kompensiert werden. Von staatlicher Seite werden über Subventionen «Zwangsersparnisse» der direkten produktiven Verwendung (Investitionsförderung) zugeführt. Das Steuersystem der meisten Entwicklungsländer ist durch eine fiskalische Unergiebigkeit gekennzeichnet. Die Steuerlastquote (Verhältnis zwischen BSP und Gesamtsteuereinnahmen einer Rechnungsperiode) der Entwicklungsländer ist wesentlich geringer als in den Industrieländern. Vor allem die Möglichkeit der direkten Besteuerung wird in den Entwicklungsländern kaum genutzt. Das liegt zum einen an den bereits bekannten Gründen (niedriges BSP pro Kopf, Einkommensverteilung), zum anderen aber auch an einer ineffizienten Finanzverwaltung. Allein durch die Reform der Steuerverwaltung konnte das Steueraufkommen in Kolumbien um 30 vH, auf den Philippinen um 80 vH gesteigert werden. Im Gegensatz zu den direkten Steuern bilden die indirekten Steuern in den meisten Entwicklungsländern eine bedeutsamere Einnahmequelle, da ihre Erhebung wesentlich einfacher ist. Indirekte Steuern sind in der Regel Verbrauchsteuern. Eine Steuererhöhung geht somit zu Lasten der Verbraucher. Gewährt der Staat Steuererleichterungen für Investitionen, sind Mindereinnahmen im Staatshaushalt zu verzeichnen, die wiederum über Minderausgaben die Verbraucher treffen, da die staatlichen Leistungen eingeschränkt werden müssen.

Steuern können auch die Form von «Diensten» annehmen, d.h. die kostenlose oder nicht den realen Lohnverhältnissen entsprechende Zurverfügungstellung der Arbeitskraft (wie sie z.B. die Wehrpflicht darstellt). Wäre es beispielsweise möglich, unterbeschäftigte Arbeitskräfte aus dem Agrarsektor eines Entwicklungslandes abzuziehen und, bei gleichbleibender Entlohnung, zu Arbeiten innerhalb eines Entwicklungsprojektes einzusetzen, würde sich der gesamtwirtschaftliche Output erhöhen. Die Investitionen werden (kostenlos) durch die eingesetzten Arbeitskräfte geleistet.

(3) Untersucht man die **potentiellen Sparquoten** der Bezieher höherer Einkommen in den Entwicklungsländern, gelangt man zu der Feststellung, daß hier durchaus eine höhere Sparquote zu erzielen wäre. Der Vergleich mit den Sparquoten in den Industrieländern bestätigt diese These. Für die höheren Konsumquoten der reicheren Schichten werden drei Faktoren verantwortlich gemacht:

– Traditioneller feudaler Lebenstil der Landoligarchie mit hohen Ausgaben für unproduktive Zwecke (Reisen, prunkvolle Gebäude etc.);

- Nationaler Demonstrationseffekt (Nachahmungseffekt) der Landoligarchie auf die städtischen «Neureichen»;
- Internationaler Demonstrationseffekt (Nachahmungseffekt) durch die Übernahme der Konsummuster hochentwickelter Staaten.

Eine Umverteilung könnte mehrere Effekte nach sich ziehen. Zunächst werden den Beziehern hoher Einkommen Konsummöglichkeiten (und Sparmöglichkeiten) entzogen. Die Staatseinnahmen können für Investitionen eingesetzt werden oder ärmeren Schichten als Subvention zugute kommen. Vom ökonomischen Standpunkt aus betrachtet wäre der sinnvolle investive Einsatz der Mittel zu befürworten, da die Erhöhung des Einkommens der ärmeren Schichten in der Regel zu einer insgesamt höheren Konsumquote führen würde. Andererseits kann es aus humanitären Gesichtspunkten unabdingbar sein, diese Subventionen zu gewähren, sofern das Existenzminimum noch nicht erreicht ist.

Das zweite Segment des Teufelskreises ist bedingt durch die Identität (ex post) von Sparen und Investieren. In einer geschlossenen Volkswirtschaft[9], bei der die Möglichkeit der Fremdfinanzierung ausgeschlossen ist, können nur heimische Ressourcen für Investitionen eingesetzt werden. Als Investitionen sind hier die Bruttoinvestitionen (Netto- + Ersatzinvestitionen) zu verstehen. Werden nur die tatsächlichen Abschreibungen des Kapitalstocks erwirtschaftet, also nur Reinvestitionen vorgenommen, bleibt dieser konstant. Wie die Nettoinvestitionen sind auch die Ersparnisse gleich null. Das Volkseinkommen wird vollständig für den Kauf von Konsumgütern eingesetzt. Dieser Fall wird als **stationäre Wirtschaft** bezeichnet. Der Regelfall ist jedoch die **wachsende oder fortschreitende Volkswirtschaft** mit positiven (wenn auch teilweise geringen) Nettoinvestitionen.

Die zu geringen Investitionen führen zum dritten Segment, der unzureichenden Kapitalausstattung der Produktionsfaktoren[10]. Wie bereits dargestellt wurde, findet der Produktionsprozeß im komplementären Zusammenwirken mehrerer Faktoren statt. Substitutionsprozesse sind möglich, doch sind auch ihnen Grenzen gesetzt. Werden diese erreicht, d.h. tendiert die Grenzproduktivität des relativ reichlicher vorhandenen Faktors gegen null, ist eine Produktivitätssteigerung nicht mehr möglich.

Die geringe Produktivität (Produktionsergebnis/Faktoreinsatz) der Nicht-Kapitalfaktoren führt zu einer geringen Faktorenentlohnung derselben (viertes Segment). Da in der Regel die Kapitalproduktivität sehr hoch und die Arbeitsproduktivität gering ist, führt dies zu einer geringen Entlohnung der Arbeit.

Das fünfte Segment ist die Folge dieser geringen Entlohnung. Das durchschnittliche Einkommen ist gering. Da das Bevölkerungswachstum den Nenner des Quotienten (Y/B) ständig vergrößert, bewirkt das Wachstum des BSP keinen entsprechenden Anstieg der Pro-Kopf-Einkommen. Im Tschad, in Uganda, Ghana, Niger und Zaire schrumpfte das durchschnittliche Pro-

[9] Diese Annahme ist natürlich unrealistisch und wird im weiteren Verlauf der Betrachtung auch aufgehoben.

[10] Im hier betrachteten Zwei-Faktoren-Modell nur der Faktor Arbeit.

Kopf-Einkommen im Zeitraum 1965 bis 1985 sogar um mehr als 2 vH pro Jahr.

Mit dem letzten Segment schließt sich der Kreis des mangelnden Kapitalangebots. Jedes Segment hat ein weiteres verursacht und letztendlich zur Ausgangssituation zurückgeführt. Der geeignetste Ansatzpunkt für ein Einbrechen in diesen Kreislauf liegt im ersten Segment und muß auf die Erhöhung der Sparquote ausgerichtet sein.

Diese Erhöhung, die in der betrachteten, geschlossenen Volkswirtschaft nur durch die Mobilisierung interner Ressourcen möglich ist, kann in einer offenen Volkswirtschaft auch von externen Faktoren bewirkt werden. Dies setzt voraus, daß in anderen Volkswirtschaften der entsprechende Konsumverzicht stattfindet und Kapitalakkumulation betrieben wird.

Die Entwicklungsländer haben in den vergangenen Jahren ihre Spar- und Investitionsquoten beträchtlich erhöht. Die Zielvorstellungen für das Ende der dritten Entwicklungsdekade (1990) lagen bei 24 vH für die Sparquote und 28 vH für die Investitionsquote. Die ehrgeizigen Wachstumsraten des BSP der Entwicklungsländer von 4,5 vH jährlich, erforderten diese Quoten. Die Weltbank berechnete unter alternativen Annahmen realistischere, wenngleich immer noch hochgesteckte Ziele. Auch wenn die Entwicklungsländer mit niedrigen Einkommen ihre Bruttoinvestitionen von 21,2 vH (1980) auf ein Niveau von 25 vH (1990) anheben wollen, so kann im gleichen Zeitraum die Sparquote von 18,7 vH (1980) auf nur 21,2 vH (1990) erhöht werden. Der Fehlbetrag würde somit steigen, d.h. die wesentlich höheren Investitionen lassen sich nur durch die Unterstützung mit ausländischem Kapital erreichen. Die Anteile betragen für die Länder mit niedrigem Einkommen in Afrika rund 40 vH, in Asien ca. 13 vH. Die Länder mit mittlerem Einkommen vermögen dagegen eher ihre Sparquoten zu erhöhen, so daß für sie im betrachteten Zeitraum der Fehlbetrag abnimmt.

3.7.2 Kapitalnachfrage

Mit Ausnahme des ersten Segmentes des Teufelskreises der unzureichenden Kapitalnachfrage (Abbildung 3.9) sind bereits alle Zusammenhänge der zirkulären Verursachung aus dem Teufelskreis des geringen Kapitalangebotes bekannt. Es genügt daher, die Analyse auf dieses erste Segment zu beschränken.

Die Nachfrage nach Gütern wird in der Regel von der Höhe der verfügbaren Einkommen bestimmt. Sind die verfügbaren Einkommen gering, fällt auch die Güternachfrage entsprechend gering aus.

Für den Unternehmer ist es nicht lohnend Investitionsvorhaben durchzuführen, da er keine Anreize sieht und der Absatz der Produkte nicht gesichert ist. Betriebswirtschaftlich kann dies dadurch begründet sein, daß eine bestimmte Mindestbetriebsgröße für die Inbetriebnahme einer Produktionsstätte erforderlich ist. Sind die fixen Kosten höher als die durch den Absatz zu erwartenden Erlöse und scheint die Ausdehnung der Produktion auf eine rentable Betriebsgröße nicht sinnvoll, unterbleiben bei rationaler Vorgehensweise diese Investitionen. Dieser Zusammenhang läßt sich unter verschiedenen Gesichtspunkten betrachten:

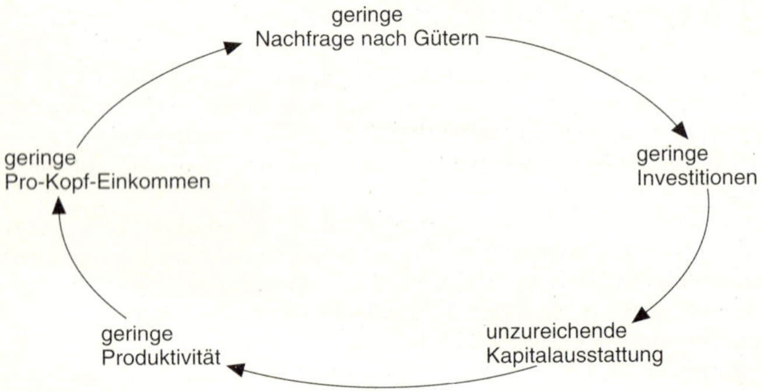

Abbildung 3.9 Teufelskreis der unzureichenden Kapitalnachfrage

(1) Der Mangel an Grundbedarfsgütern ist in den Entwicklungsländern offensichtlich. Eine an diese Produktpalette angepaßte Produktion trifft in der Regel auch auf eine entsprechende Nachfrage. Unterbleibt die Nachfrage, ist dies nicht unbedingt ein Hinweis dafür, daß diese Produkte nicht gewünscht werden, sondern kann auch auf die geltenden Marktpreise und die unzureichende Kaufkraft zurückgeführt werden. Es besteht eine Diskrepanz zwischen den (Wünschen) Präferenzen der Individuen und der tatsächlichen Nachfrage.

(2) Für einen zu «hohen» Marktpreis kann nicht nur die Betriebsgröße oder das Gewinnstreben verantwortlich gemacht werden, sondern auch das fehlende Vermarktungssystem. Unzureichende oder fehlende Transportwege und unzulängliche Kommunikationsmöglichkeiten führen zu Fehlplanungen. Dezentralisierte, regionale Kleinstmärkte sind zwar den individuellen Konsummustern angepaßt, der Produktpreis liegt jedoch häufig weit über dem Preis, der bei rationellen Herstellungsverfahren ermöglicht werden könnte.

(3) Die geringe Nachfrage läßt sich nicht nur aus der Sicht der Haushalte, sondern auch durch mangelnde Nachfrage anderer Industrien begründen. Die geringe interindustrielle Verflechtung kann eine mögliche Ursache sein. Von der Produktion eines Sektors gehen stimulierende Wirkungen auf andere Sektoren aus. Sie können sowohl vorgelagert als auch nachgelagert sein. Unter **Rückwärtskopplungseffekten (backward linkages)** versteht man die Erhöhung der Nachfrage bei vorgelagerten Industrien. Diese stellen Vorprodukte für die hier betrachtete Produktion her. Dient dieses Produkt nun wiederum als Vorprodukt für eine andere Industrie, spricht man von **Vorwärtskopplungseffekten (forward linkages)**.

Aufgrund der verschiedenen Produktionsstrukturen ist zu erwarten, daß von verarbeitenden Industriezweigen (Fertigwarenindustrie) hauptsächlich Rückwärtskopplungseffekte ausgehen. Die rohstoffverarbeitende und Halbfertigwaren-Industrie werden eher Vorwärtskopplungseffekte bewirken.

Geht man davon aus, daß der größte Teil der Bevölkerung in den Entwicklungsländern im landwirtschaftlichen Sektor tätig ist (geringe Kopplungseffekte) und zudem die Produktion häufig nur für den Eigenverbrauch bestimmt ist (Subsistenzwirtschaft), kann nur ein geringes Nachfragevolumen von seiten anderer Sektoren bestehen.

Schließlich kann ein Teufelskreis der unzureichenden Kapitalakkumulation auch entstehen aufgrund einer nicht ausreichend leistungsfähigen **finanziellen Infrastruktur.** Wenn das indländische Bankensystem seine Funktion als Kapitalsammel- und als Kapitalvermittlungsstelle nicht effizient erfüllt, unterbleiben bestimmte Investitionen und werden geringere Ersparnisse getätigt als bei gegebener Sparfähigkeit, Sparwilligkeit und Investitionsbereitschaft möglich wäre. Die Folge ist ein Verlust an wirtschaftlichem Wachstum.

Bereits SCHUMPETER hebt die wichtige Rolle der Finanzinstitutionen im Entwicklungsprozeß hervor. Der Beitrag zur Kapitalakkumulation besteht aus zwei Komponenten:
- Bereitstellung von Krediten für Investoren und
- Bildung von Depositen (Spar-, Sicht-, oder Termineinlagen).

Da in der Regel Sparer und Investor nicht identisch sind (ausgenommen sei hier die Selbstfinanzierung eines Unternehmens), ergibt sich die Notwendigkeit einer Kapitalsammel- und einer Kapitalverteilungsstelle. Diese Funktion wird vom Bankensystem übernommen. Können potentielle Sparguthaben nicht angelegt werden, werden sie dem inländischen Kapitalmarkt entzogen, indem sie ins Ausland transferiert oder «ineffizient» angelegt werden.

Andererseits können die Investoren bei einem unfähigen Bankensystem keine oder nur begrenzt Kredite aufnehmen, um die notwendigen Anlagegüter zu finanzieren. Leistungsfähige Bankensysteme nehmen außerdem eine Risikostreuung vor, indem sie ihre Ausleihungen auf verschiedene Objekte verteilen. Die Kommunikation zwischen den Banken ermöglicht nach Rentabilität und Risiko gestaffelte, aber dennoch nicht einheitliche Kredit- und Anlagekosten.

3.8 Ökonomisch-demographische Theorien

Der Zusammenhang zwischen wirtschaftlicher Entwicklung einerseits und Bevölkerungswachstum andererseits ist, insbesondere für die Entwicklungsländer, von großer Tragweite. Zahlreiche Entwicklungsländer sind durch hohe Wachstumsraten der Bevölkerung bei gleichzeitig niedrigen oder gar negativen Wachstumsraten der Pro-Kopf-Einkommen gekennzeichnet. Dies wird zumeist dahingehend interpretiert, daß das Bevölkerungswachstum die wirtschaftliche Entwicklung dieser Länder behindere oder gar völlig zunichte mache; das Bevölkerungswachstum wird somit als eine (mitunter die bedeutsamste) Ursache von Unterentwicklung angesehen. Auf dieser Interpretation beruhende entwicklungspolitische Programme setzen folglich in erster Linie auf Maßnahmen zur Reduzierung des Bevölkerungswachstums (z. B. Familienplanungsprogramme).

Der Zusammenhang zwischen wirtschaftlicher Entwicklung und Bevölkerungswachstum ist indes keineswegs eindeutig. Vielmehr ist es äußerst schwierig, Ursache und Wirkung deutlich zu trennen. Beeinflußt das Bevölkerungswachstum die wirtschaftliche Entwicklung oder umgekehrt die wirtschaftliche Entwicklung das Bevölkerungswachstum oder besteht gar ein wechselseitiger Zusammenhang? Auch Richtung und Stärke des Zusammenhangs sind unklar: Bewirkt das Bevölkerungswachstum eine Verringerung oder eine Beschleunigung der wirtschaftlichen Entwicklung; oder trägt wirtschaftliche Entwicklung zu einem erhöhten oder verringerten Bevölkerungswachstum bei?

Die Theorie der Falle des niedrigen Gleichgewichtseinkommens (Bevölkerungsfalle) unterstellt einen wechselseitigen Zusammenhang zwischen Bevölkerungswachstum und wirtschaftlicher Entwicklung, wobei sich die Beschleunigung der wirtschaftlichen Entwicklung in einer Zunahme der Bevölkerung niederschlägt, eine Zunahme der Bevölkerung wiederum in einer Verringerung der wirtschaftlichen Entwicklung. Bevölkerungswachstum und wirtschaftliche Entwicklung sind dabei jeweils zugleich Ursache und Wirkung eines Prozesses, der Unterentwicklung bewirkt und aufrecht erhält. Die Theorie der Bevölkerungsfalle kann daher auch als eine Ausprägung der Theorien der zirkulären Verursachung (vgl. Abschnitt 3.7) angesehen werden.

3.8.1 Die Bevölkerungstheorie von Malthus

Die Theorie der Bevölkerungsfalle und die darin unterstellten Wirkungszusammenhänge zwischen Bevölkerungswachstum und wirtschaftlicher Entwicklung beruhen auf der Bevölkerungstheorie von THOMAS ROBERT MALTHUS (1798). Er stellte die These auf, die Bevölkerung eines Landes wachse, sofern keine Hemmfaktoren wirksam werden, entsprechend einer geometrischen Reihe (z.B. 1, 2, 4, 8, 16, 32, ...); die Nahrungsmittelproduktion könne dagegen wegen der Unvermehrbarkeit des Faktors Land nur entsprechend einer arithmetischen Reihe (1, 2, 3, 4, 5, 6, ...) ansteigen. Hungersnöte, Epidemien und Kriege seien unvermeidlich, um das Gleichgewicht zwischen Bevölkerung und Nahrungsmittelproduktion wiederherzustellen, es sei denn, die Menschen selbst würden durch Enthaltsamkeit und Geburtenbeschränkung für eine ausgeglichene Entwicklung sorgen (Malthus ist somit gewissermaßen ein Vater der heutigen Familienplanungsprogramme). In dieser Hinsicht war MALTHUS jedoch wenig zuversichtlich, denn er war der Überzeugung, daß eine Erhöhung der Nahrungsmittelversorgung automatisch das Bevölkerungswachstum anregen würde.

Die Entwicklung in Großbritannien und den übrigen Industriestaaten, auf die sich seine pessimistischen Erwartungen bezogen, hat MALTHUS nicht recht gegeben. Vielmehr konnte durch verbesserte Agrartechniken, durch den Einsatz von künstlichen Düngemitteln und durch die Verwendung von Maschinen die Nahrungsmittelproduktion in einem Maß gesteigert werden, welches das Wachstum der Bevölkerung weit übertraf, so daß selbst bei wachsender Bevölkerung eine Verbesserung der Nahrungsmittelversorgung möglich wurde. Dagegen scheint sich für zahlreiche Entwicklungsländer, insbesondere in Asien und Afrika, die Befürchtung von MALTHUS zu bestätigen.

3.8.2 Die Theorie der Bevölkerungsfalle

Die Auffassung, die wirtschaftliche Stagnation vieler Entwicklungsländer sei in ihrem raschen Bevölkerungswachstum begründet, wird vom sog. Neo-Malthusianismus vertreten. Zur Erklärung der relativen Stabilität der Subsistenz-Pro-Kopf-Einkommen wird dabei von den «Neomalthusianern» eine Art Bevölkerungsfalle angeführt, in der die Entwicklungsländer gefangen seien. Insbesondere die Ökonomen LEIBENSTEIN und NELSON haben sich mit den Wirkungszusammenhängen zwischen Bevölkerungswachstum und wirtschaftlicher Entwicklung und der Gefahr einer **Bevölkerungsfalle** in Entwicklungsländern auseinandergesetzt.

So geht etwa LEIBENSTEIN in seiner **Theorie der kritischen minimalen Investitionsanstrengung** davon aus, daß jeder Mechanismus, der die Pro-Kopf-Einkommen erhöht, automatisch einkommenssenkende Mechanismen in Bewegung setzt. Diese einkommenssenkenden Effekte sind nach LEIBENSTEIN bei niedrigen Pro-Kopf-Einkommen größer als die einkommenserhöhenden, überkompensieren diese somit. Dagegen erwartet er bei höheren Pro-Kopf-Einkommen entgegengesetzte Verhältnisse: Die einkommenserhöhenden Effekte überwiegen nun die einkommenssenkenden. Daraus leitet er die These des «critical minimum effort», der kritischen minimalen Investitionsanstrengung ab. Soll die Wachstumsrate des Sozialprodukts die der Bevölkerung übersteigen, bedarf es einer oder mehrerer aufeinanderfolgender Anstöße, eines «**big push**» (ROSENSTEIN-RODAN), der ein bestimmtes kritisches Minimum übersteigen muß. Wird diese Grenze nicht erreicht oder überschritten, so bewirken Maßnahmen zur Erhöhung der Pro-Kopf-Einkommen keine wirtschaftliche Entwicklung, die Volkswirtschaft verharrt vielmehr auf ihrem gleichgewichtigen Subsistenzniveau.

Die **Theorie der Falle des niedrigen Gleichgewichtseinkommens** nimmt ähnlich wie MALTHUS einen wechselseitigen Zusammenhang zwischen Bevölkerungswachstum und Pro-Kopf-Einkommen an. Die Vertreter dieser Theorie (insbes. NELSON) leiten daraus eine Falle des niedrigen Gleichgewichtseinkommens (low-level equilibrium trap) ab, in der die Entwicklungsländer gefangen seien und die die wirtschaftliche Stagnation dieser Länder erklären könne.

Die Theorie der Falle der niedrigen Gleichgewichtseinkommen beruht auf folgenden Annahmen:

(1) Die gesamtwirtschaftliche Sparfunktion hat die Form

$S/B = -a + s\,Y/B$;

Die Ersparnisse pro Kopf wachsen mit steigendem Pro-Kopf-Einkommen; erst ab einem bestimmten Pro-Kopf-Einkommen (z. B. Existenzminimum = X) kann gespart werden. Sinkt das Pro-Kopf-Einkommen unter diese Grenze, wird die Ersparnis negativ, d. h. das gesamte Einkommen und Teile früherer Investitionen werden konsumiert (Abbildung 3.10)

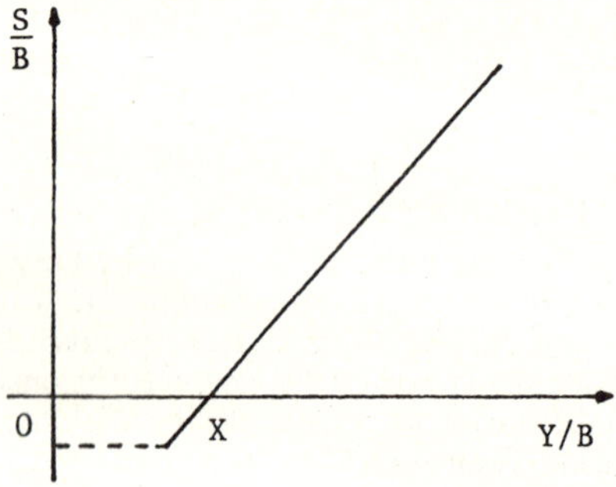

Abbildung 3.10 Gesamtwirtschaftliche Sparfunktion

(2) Mit steigenden Pro-Kopf-Einkommen wächst die Bevölkerung. Kurz- bis mittelfristig ist die Geburtenrate konstant, Änderungen der Wachstumsrate der Bevölkerung (w_B) sind daher Folge von Änderungen der Sterberate. Da die Menschen nicht unsterblich sind, ist die Reduktion der Sterberate auf ein bestimmtes, natürliches Niveau begrenzt. Mit wachsendem Pro-Kopf-Einkommen steigt zunächst w_B, dieser Anstieg schwächt sich jedoch mehr und mehr ab, bei weiter steigendem Einkommensniveau ist auch eine Reduktion von w_B möglich (Abbildung 3.11).

(3) Die gesamtwirtschaftliche Produktionsfunktion ist gegeben durch

$$Y = f(A, K, L, T);$$

wobei A und K die Faktoren Arbeit und Kapital bezeichnen, L die kultivierbare landwirtschaftliche Fläche und T den technischen Fortschritt. Ferner wird unterstellt:

- die Kapitalintensität kann nicht beliebig erhöht werden;
- das verfügbare kultivierbare Land ist begrenzt;
- der technische Fortschritt ist kurzfristig konstant;
- die Produktionsfunktion ist linear homogen.

Aufgrund der getroffenen Annahmen ergibt sich der in Abbildung 3.12 beschriebene Zusammenhang zwischen der Wachstumsrate des Sozialprodukts (w_Y) und dem Pro-Kopf-Einkommen.

Liegt das Pro-Kopf-Einkommen unterhalb des Existenzminimums, schrumpft der Kapitalbestand und nimmt infolgedessen auch das Sozialprodukt ab. Eine Zunahme des Sozialprodukts ist erst möglich, wenn das Pro-Kopf-Einkommen das Existenzminimum übersteigt, da nur dann positive Ersparnisse und damit auch Investitionen möglich werden. Die Zunahme des Sozialprodukts wird indes bei steigendem Pro-Kopf-Einkommen gebremst, zum einen durch die begrenzte Substituierbarkeit von Arbeit durch Kapital, zum anderen durch die Unvermehrbarkeit der bebaubaren landwirtschaftlichen Fläche.

Zur Ableitung der Bevölkerungsfalle des niedrigen Gleichgewichtseinkommens werden die Abbildungen 3.11 und 3.12 in ein gemeinsames Koordinatensystem übertragen (Abbildung 3.13). Bei Pro-Kopf-Einkommen klei-

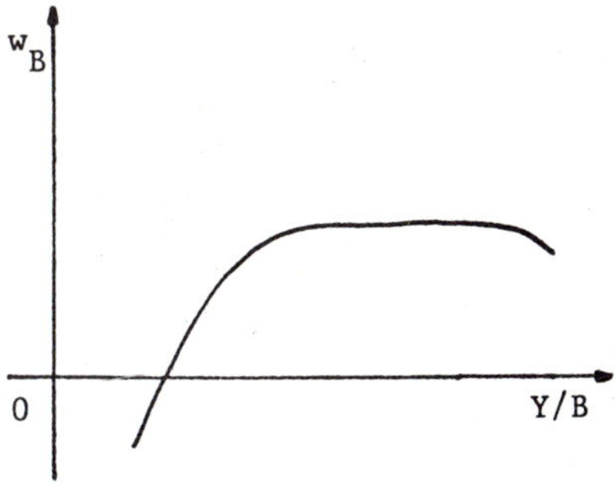

Abbildung 3.11 Wachstumsrate der Bevölkerung und Pro-Kopf-Einkommen

ner als y_1 ist die Wachstumsrate des Sozialprodukts größer als die der Bevölkerung ($w_Y > w_B$). Infolgedessen nimmt das Pro-Kopf-Einkommen zu. Liegt das Pro-Kopf-Einkommen zwischen y_1 und y_2, nimmt die Bevölkerung dagegen schneller als das Sozialprodukt zu ($w_Y < w_B$). Das Pro-Kopf-Einkommen sinkt infolgedessen wieder auf y_1. P_1 ist daher ein stabiler Gleichgewichtspunkt; Abweichungen vom Gleichgewicht führen wieder zu diesem zurück. Bei Pro-Kopf-Einkommen kleiner als y_2 ist das Land folglich in der Falle des niedrigen Gleichgewichtseinkommens gefangen.

Es ist dem Land allerdings möglich, aus dieser Falle zu entkommen. Bei der unterstellten Produktionsfunktion (linear-homogen, kein technischer Fortschritt) können die Pro-Kopf-Einkommen nur durch eine Kapitalintensivierung erhöht werden. Es bedarf daher einer Investitionsanstrengung (critical minimum effort, LEIBENSTEIN; big push, ROSENSTEIN-RODAN), die ausreicht, das Pro-Kopf-Einkommen über das Niveau y_2 hinaus anzuheben.

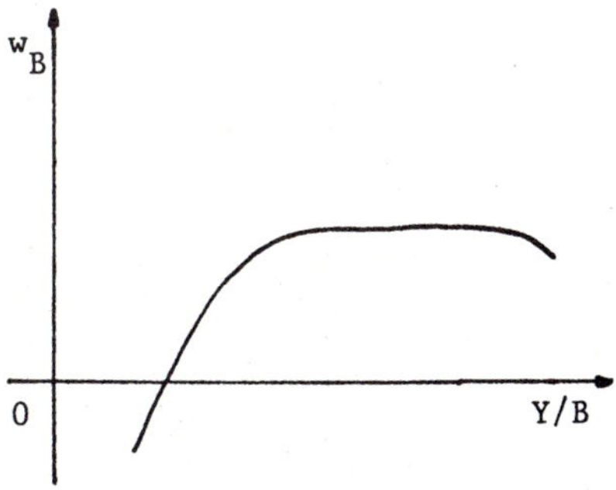

Abbildung 3.12 Wachstumsrate des Sozialprodukts und Pro-Kopf-Einkommen

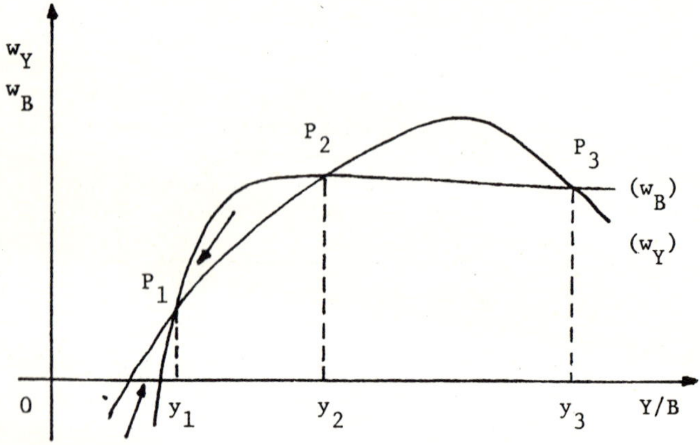

Abbildung 3.13 Falle des niedrigen Gleichgewichtseinkommens

Gelingt es, den (unstabilen Gleichgewichts-)Punkt P_2 zu überschreiten, wächst das Pro-Kopf-Einkommen bis zum stabilen Gleichgewicht y_3 in Punkt P_3.

Die Falle des niedrigen Gleichgewichtseinkommens folgt unmittelbar aus den der Theorie zugrundeliegenden Annahmen. Die Kritik an der Theorie konzentriert sich folglich auf die Relevanz dieser Annahmen.

(1) Ein wesentlicher Ansatzpunkt für kritische Anmerkungen ist die unterstellte Beziehung zwischen Pro-Kopf-Einkommen und Bevölkerungswachstum. Für die Entwicklungsländer kann ein eindeutiger (positiver) Zusammenhang zwischen Einkommensniveau und Wachstumrate der Bevölkerung empirisch nicht nachgewiesen werden. Westliche Medizin und Gesundheitsprogramme haben die Bedeutung der Pro-Kopf-Einkommen für die Sterberate in Entwicklungsländern verringert. Zwischen Geburtenrate und Pro-Kopf-Einkommen scheint kein eindeutiger Zusammenhang zu bestehen. Annahme (2) hält demnach einer empirischen Überprüfung nicht stand.

(2) Ein zweiter, wichtiger Einwand betrifft die unterstellte Produktionsfunktion. Es ist unrealistisch, den technischen Fortschritt als konstant anzunehmen. Wirtschaftliche Entwicklung ist in der Regel eng verknüpft mit technischem Fortschritt; ihn als konstant anzunehmen, impliziert gewissermaßen wirtschaftliche Stagnation. Der technische Fortschritt kann indes ausreichen, die w_Y-Kurve so weit nach oben zu verschieben, daß sie im gesamten Bereich oberhalb der w_B-Kurve verläuft; eine Bevölkerungsfalle ist dann aber nicht mehr möglich. Fraglich ist ferner, ob gesamtwirtschaftlich abnehmende Grenzerträge von Kapital und/oder Land unterstellt werden können. Technischer Fortschritt ermöglicht vielfach beträchtliche Produktivitätsfortschritte (z.B. in der Landwirtschaft, vgl. BOSERUP, CLARK). Wirtschaftliche Entwicklung geht zudem häufig einher mit einer Intensivierung

der Arbeitsteilung und damit verbundenen Spezialisierungsgewinnen. Somit halten auch die wesentlichen Annahmen bezüglich der Produktionsfunktion einer Überprüfung nicht stand.

Die in der Theorie der Bevölkerungsfalle präzisierten Erklärungszusammenhänge haben die Entwicklungspolitik der letzten Jahrzehnte nachhaltig beeinflußt. Viele Entwicklungsländer und die meisten bilateralen (z. B. Bundesrepublik Deutschland) und multilateralen (z. B. Weltbank) Entwicklungshilfegeber setzten einen Schwerpunkt ihrer Anstrengungen auf Programme, die bewußt oder unbewußt den aus der Theorie ableitbaren Empfehlungen zur Überwindung der Unterentwicklung folgten: einerseits Maßnahmen zur Reduzierung des Bevölkerungswachstums, andererseits massive Investitionen zur Überwindung der Bevölkerungsfalle.

Selbst in einer Studie des Club of Rome (Die Grenzen des Wachstums) ist letztlich der von der Bevölkerungsfalle behauptete Zusammenhang zwischen Bevölkerungswachstum und wirtschaftlicher Entwicklung enthalten.

Etwa seit Beginn der achtziger Jahre zeichnet sich sowohl in der theoretischen Diskussion als auch in der Entwicklungshilfepraxis ein Wandel ab: Den mikroökonomischen Ursachen des Bevölkerungswachstums wird vermehrt Rechnung getragen und die Aussichten, durch technischen Fortschritt die Bevölkerungsfalle von vornherein zu vermeiden, werden insgesamt günstiger beurteilt.

3.8.3 Überbevölkerung - ein Mythos?

Versuche, die Bevölkerungsfalle empirisch nachzuweisen, ergeben ein uneinheitliches Bild. Für die überwiegende Mehrheit der Entwicklungsländer scheint das Problem der Bevölkerungsfalle nicht zu existieren. Einige der ärmsten Länder weisen jedoch so niedrige Wachstumsraten des Sozialprodukts auf, daß diese häufig vom Bevölkerungswachstum egalisiert oder gar übertroffen werden. Diese Länder scheinen tatsächlich in einer Bevölkerungsfalle gefangen. Andererseits gibt es eine Reihe von bereits fortgeschrittenen Entwicklungsländern (Schwellenländer), die trotz (oder wegen?) rasch wachsender Bevölkerung hohe Wachstumsraten des Sozialprodukts erzielen (z. B. Mexiko, Brasilien, Thailand, Taiwan, Hongkong, Südkorea).

Zwei im Gegensatz zu MALTHUS und den Neomalthusianern stehende Thesen über den Zusammenhang zwischen wirtschaftlicher Entwicklung und Bevölkerungswachstum lassen sich daraus ableiten.

(1) Rasches Bevölkerungswachstum dämpft zwar das Wachstum der Pro-Kopf-Einkommen, behindert aber nicht prinzipiell die Zunahme des Sozialprodukts.

(2) Hohes Bevölkerungswachstum wirkt keineswegs nachteilig auf die wirtschaftliche Entwicklung, sondern entwicklungsfördernd.

Die These, Bevölkerungswachstum wirke lediglich dämpfend auf das Wachstum der Pro-Kopf-Einkommen, ist weit verbreitet. Sie beinhaltet, daß im Verlauf der wirtschaftlichen Entwicklung Mechanismen wirksam werden, die das Bevölkerungswachstum verringern. Werden zudem Maßnahmen der Geburtenkontrolle ergriffen, wird der Entwicklungsprozeß zusätzlich beschleunigt. Diese Auffassung vertritt beispielsweise HAGEN. Aufgrund umfangreicher empirischer Untersuchungen der Bevölkerungs- und Einkommensentwicklung in 13 Ländern Europas und Nordamerikas gelangt er zu dem Ergebnis, daß in keinem dieser Länder die Wachstumsrate des Sozialprodukts – auch wenn sie nur 1,5 vH betrug – vom Bevölkerungswachstum übertroffen wurde. Er stellte vielmehr in allen Ländern eine anhaltende Erhöhung der Pro-Kopf-Einkommen fest. Diese Entwicklung führt HAGEN auf den «**Lebensstandardeffekt**» (standard of living effect) zurück, der wirksam wird, sofern das Einkommensniveau für einen kurzen Zeitraum (HAGEN nennt das Intervall zwischen Kindheit und Elternschaft) über dem Subsistenzniveau liegt und der technische Fortschritt die Einkommen über dem Subsistenzniveau hält. Dadurch sinkt zwar die Sterberate, in stärkerem Maße geht jedoch die Geburtenrate zurück; insgesamt verringert sich damit das Bevölkerungswachstum. Daraus resultieren weiter steigende Pro-Kopf-Einkommen, und es beginnt ein neuer Zyklus sinkender Sterbe- und Geburtenraten, bis beide ihre minimalen Werte erreicht haben.

CLARK nennt das Problem der Überbevölkerung einen Mythos. Trotz Bevölkerungswachstum sei wirtschaftliche Entwicklung möglich. Vor allem seien die Möglichkeiten, die Nahrungsmittelproduktion in den Entwicklungsländern durch **Produktivitätssteigerungen** (Erhöhung der Erträge je Hektar) und die Kultivierung neuer Flächen zu erhöhen, noch nicht ausgeschöpft.

Die weitergehende Ansicht, Bevölkerungswachstum könne sogar wirtschaftliche Entwicklung stimulieren, wird von HIRSCHMAN und BOSERUP vertreten. HIRSCHMAN überträgt das aus der Konjunkturtheorie bekannte «fundamental psychological postulate» von DUESENBERRY auf die Zusammenhänge zwischen Bevölkerungs- und Wirtschaftsentwicklung. Nach diesem Postulat versuchen die Menschen, eine Minderung ihres Lebensstandards zu vermeiden, indem sie bei einem zyklischen Rückgang ihres Einkommens ihre Sparquote senken, um ihr gewohntes Konsumniveau halten zu können (Ratchet-Effekt). Wenn die Menschen derart bestrebt sind, ihren Lebensstandard zumindest konstant zu halten, weshalb sollten sie sich dann nicht gleichfalls einer Reduktion ihres Einkommens durch Bevölkerungswachstum widersetzen? Bevölkerungswachstum übt vielmehr, sofern es nicht zu große Ausmaße annimmt, den notwendigen Anreiz zur Verbesserung der Produktionstechniken aus. Sind sich die Menschen erst einmal ihrer neuen Fähigkeiten zur Steigerung des Lebensstandards bewußt, werden sie damit fortfahren und einen Prozeß des stetigen wirtschaftlichen Wachstums einleiten. Die Bevölkerungsexplosion ist eine Herausforderung an die Gesellschaft, intensivierte Entwicklungsanstrengungen sind die Antwort.

Ähnlich sieht auch Esther BOSERUP im Bevölkerungsdruck vor allem eine stimulierende Wirkung auf die Innovationsfähigkeit des Menschen (**Verdichtungstheorie**). Nach ihrer Auffassung kann aus der historischen Erfahrung geschlossen werden, daß die landwirtschaftliche Entwicklung dort am raschesten fortschreitet, wo der Bevölkerungsdruck hoch ist. Bevölkerungsdruck ist demzufolge die unabhängige Variable, die eine Erhöhung der Nahrungsmittelproduktion induziert, indem Produktionstechniken und Institutionen verändert werden. Noch schärfer wendet sich SIMON gegen den Mythos Überbevölkerung. Nach seiner Meinung ist der Mensch die entscheidende Produktivkraft (the Ultimate Resource) und die Quelle künftigen Wohlstands.

3.9 Außenwirtschaftstheorien

Die bisher erörterten Theorien der Unterentwicklung legen überwiegend ihr Schwergewicht auf endogene, interne Verursachungsfaktoren. Die verschiedenen Außenhandelstheorien sehen dagegen in externen Faktoren, d.h. Faktoren, die von außen auf eine Volkswirtschaft einwirken, die wesentliche Ursache für die Entwicklungsprobleme der Länder der Dritten Welt.

3.9.1 Die Theorie der dominierenden Wirtschaft

Die Theorie der dominierenden Wirtschaft geht auf PERROUX zurück. Nach seiner Auffassung sind die Außenhandelsbeziehungen zwischen den Industrie- und Entwicklungsländern nicht durch gleiche Ausgangsvoraussetzungen gekennzeichnet; insbesondere kritisiert er das Gleichgewichtsdenken der klassischen Außenhandelstheorie. Nach PERROUX‹ Meinung bestehen vielmehr «asymmetrische» und «irreversible» Beziehungen, durch welche die Entwicklungsländer benachteiligt werden. Die dominierende Wirtschaft übt Macht, Herrschaft und Zwang aus. Unterschiedliche Verhandlungsstärken und unterschiedliche Größen der beteiligten Länder sind die Quelle dieser Dominationseffekte.

Die Bedeutung dieses Erklärungsansatzes von PERROUX besteht vor allem darin, daß er auf den Machtfaktor in den internationalen Wirtschaftsbeziehungen aufmerksam macht. Gerade in der entwicklungstheoretischen Literatur der siebziger und achtziger Jahre nehmen Macht und Abhängigkeit einen hohen Rang ein und dominieren ihrerseits die Diskussion. Schwierig erscheint es jedoch, dem Begriff «Macht» einen konkreten Inhalt zu geben und ihn so zu präzisieren, daß er auch für Versuche, die Theorie empirisch zu überprüfen, herangezogen werden kann.

Es ist zudem fraglich, ob es überhaupt notwendig ist, zur Behandlung der asymmetrischen Austauschbeziehungen zwischen Industrie- und Entwicklungsländern den Begriff «Macht» heranzuziehen, und ob es nicht ausreicht, anhand des Instrumentariums von Preis- und Einkommenselastizitäten der Nachfrage nach Import- und Exportgütern zu argumentieren. Diese Elastizitäten sind zudem auch sehr viel einfacher und präziser faßbar.

In seiner **Theorie der peripheren Wirtschaft** und zur Begründung seiner These der säkularen Verschlechterung der Terms of Trade verwendet PREBISCH unterschiedliche Preis- und Einkommenselastizitäten der Nachfrage nach Primär- und Industriegütern als ökonomisches Unterscheidungsmerkmal zwischen **Zentrum** (den Industrieländern) und **Peripherie** (den Entwicklungsländern).

3.9.2 Terms of Trade

Die ursprünglich von PREBISCH formulierte **These der säkularen Verschlechterung der Terms of Trade**, auch PREBISCH-SINGER-These genannt, war lange Zeit im akademischen Bereich und ist noch immer in entwicklungspolitischen Kreisen Anlaß zu heftigen Debatten über die Vorteilhaftigkeit oder Nachteiligkeit der Eingliederung der Entwicklungsländer in das System der weltwirtschaftlichen Arbeitsteilung. Als Erklärung der Unterentwicklung wird dieser These mitunter große Bedeutung beigemessen.

3.9.2.1 Konzepte der Terms of Trade

Terms of Trade zeigen die Austauschbedingungen zwischen zwei ökonomischen Einheiten (z.B. Länder, Sektoren, Individuen) an. Dabei können sich die Terms of Trade auf unterschiedliche Aspekte des Austausches beziehen: auf den Tausch von Gütern, z.B. bei den Commodity Terms of Trade und den Income Terms of Trade, auf die Relation der produktiven Ressourcen, die in die getauschten Produkte eingegangen sind (einfache und doppelte faktorale Austauschverhältnisse), sowie den Vergleich der in zusätzlichen Nutzen gemessenen Handelsgewinne. Die Nutzenanalyse hat unter den verschiedenen Konzepten der Terms of Trade den größten Aussagegehalt, ist in der Praxis aber kaum durchführbar.

Die Terms of Trade oder realen Austauschverhältnisse eines Landes entsprechen in ihrer einfachsten und gebräuchlichsten Version dem Verhältnis des Preisindexes der Ausfuhren zum Preisindex der Einfuhren. Diese Relation wird **Commodity Terms of Trade** genannt,

$$\text{Commodity ToT} = \frac{P_x}{P_m}$$

Bezieht man die Preisindizies ausschließlich auf den Güterverkehr, so spricht man von «Net Barter ToT», werden die Dienstleistungen und Kapitalerträge mit einbezogen, von «Gross Barter ToT».

Die Situation eines Landes kann sich nun verbessern, wenn
- P_x steigt und P_m konstant bleibt oder weniger stark steigt oder
- P_m sinkt und P_x konstant bleibt oder weniger stark sinkt;

sie kann sich verschlechtern, wenn sich P_x und P_m umgekehrt verhalten.

Die Außenhandelsposition eines Landes verschlechtert sich nicht zwangsläufig, wenn die Commodity ToT sinken. Das wird deutlich anhand der **Income ToT**; denn diese berücksichtigen neben der Entwicklung der Im- und Exportpreise auch die Exportmengen.

$$\text{Income ToT} = \frac{P_x}{P_m} \cdot Q_x$$

(Q_x = Exportmengenindex)

Eine Veränderung der nach diesem Konzept gemessenen ToT kann nun verursacht sein durch Preisänderungen und/oder eine Mengenänderung. Auch eine gegenläufige Entwicklung ist denkbar: fallende (steigende) Commodity ToT gehen, infolge einer überkompensierenden Mengenänderung, einher mit steigenden (fallenden) Income ToT. Die Income ToT geben somit Auskunft darüber, wieviel internationale Liquidität aufgrund eigener Exporte einem Land zur Finanzierung von Importen zur Verfügung steht (**purchasing power**). Bezieht man hierbei noch den Dienstleistungsexport und einseitige Übertragungen (z. B. Entwicklungshilfe) mit ein, so erhält man ein Maß für die **Importkapazität** eines Landes.

Das reale Austauschverhältnis sagt indes nichts darüber aus, welche Anstrengungen ein Land unternehmen muß, um eine bestimmte Devisenmenge durch Exporte zu erzielen. Findet etwa in der Exportindustrie ein Produktivitätszuwachs statt, so sinkt dort der Faktoraufwand, der zur Erzielung eines bestimmten Betrags an Devisen erforderlich ist, d. h. die Einkommensposition des Landes verbessert sich – eine Verbesserung, die von den Commodity ToT nicht erfaßt wird. Umgekehrt kann eine Verschlechterung der Commodity ToT durch eine entsprechende oder gar größere Produktivitätssteigerung im Exportsektor aufgefangen werden, so daß das Land nicht schlechter oder gar besser gestellt ist als zuvor. Die Produktivitätsentwicklung im Exportsektor eines Landes berücksichtigt das **einseitige faktorale Austauschverhältnis** (Single Factoral Terms of Trade).

$$\text{Single Factoral ToT} = \frac{P_x}{P_m} \cdot a_x$$

(a_x = Index der Produktivitätsentwicklung im Exportsektor)

Die gleichen Gründe sprechen nun auch dafür, zudem die Produktivitätsentwicklung im Exportsektor (a_m) der Länder zu berücksichtigen, aus denen das Land seine Importe bezieht. Es handelt sich dann um ein **zweiseitiges faktorales Austauschverhältnis** (Double Factoral Terms of Trade).

$$\text{Double Factoral ToT} = \frac{P_x}{P_m} \cdot \frac{a_x}{a_m}$$

Der größeren Aussagefähigkeit der beiden letztgenannten ToT-Konzepte stehen jedoch erhebliche Schwierigkeiten bei der Messung der Indikatoren der Produktivitätsentwicklung gegenüber. Für den Exportsektor des betrachteten Landes dürfte dieser Index noch mit einigem Aufwand feststellbar sein; nahezu aussichtslos erscheint es jedoch, die Produktivitätsentwicklung in den Ausfuhrländern der Importgüter zu messen und mit dem richtigen Gewicht in die jeweilige Indexberechnung einzubeziehen. Schätzungen können dabei nur einen begrenzten Ausweg bieten, weil sie natürlich einen einfachen Ansatzpunkt zur Kritik eröffnen, insbesondere wenn die darauf aufbauenden Ergebnisse nicht den – gerade bei der ToT-Problematik – oft vorgefaßten Urteilen entsprechen.

3.9.2.2 Die These von Prebisch

Den Nachweis für die These von der säkularen Verschlechterung der ToT versuchte PREBISCH anhand der Entwicklung der (net barter) Commodity ToT Großbritanniens für die Jahre 1876/80–1946/47 zu führen.

Diese Zeitreihe zeigt eine Verbesserung der Commodity ToT Großbritan-

Tabelle 3.1 Commodity Terms of Trade Großbritanniens, 1876/80–1946/47

Periode	Commodity ToT
1876–1880	100
1881–1885	97,7
1886–1890	103,8
1891–1895	111,0
1896–1900	114,8
1901–1905	118,2
1906–1910	116,6
1911–1913	116,6
1921–1925	148,6
1926–1930	136,4
1931–1935	161,3
1936–1938	156,0
1946–1947	145,6

Quelle: R. Prebisch, The Economic Development of Latin America and its Principal Problems, United Nations/Economic Commission of Latin America (UN/ECLA), New York 1950.

niens von 100 auf 145,6 an, d.h. die Ausfuhrpreise erhöhten sich relativ zu den Einfuhrpreisen um 45,6 vH. In einem Umkehrschluß folgerte nun PREBISCH hieraus eine entsprechende Verschlechterung der Commodity ToT der Entwicklungsländer von 100 auf 68,7 (100:145,6).

Die Entwicklung der ToT eines Landes ist inbesondere von der Einkommenselastizität der Nachfrage nach den Exportprodukten des Landes im Ausland und der Einkommenselastizität der inländischen Nachfrage nach den Importprodukten aus dem Ausland abhängig. Für den Verlauf der ToT der Entwicklungsländer sind die ökonomischen Rahmenbedingungen aus mehreren Gründen ungünstig.

(1) Die **Einkommenselastizität der Nachfrage nach Primärgütern** (den Hauptexportprodukten der Entwicklungsländer) ist vergleichsweise niedrig, d.h. bei wachsendem Einkommen wächst die Nachfrage nach Rohstoffen nur unterproportional. Der Anteil am Einkommen, der für Rohstoffe ausgegeben wird, sinkt. Beispielsweise kann der Konsum von Nahrungsmitteln (z.B. Schokolade) nicht unbegrenzt gesteigert werden, der Anteil der Nahrungsmittelausgaben an den Gesamtausgaben nimmt vielmehr bei steigenden Einkommen ab («Engelsches Gesetz»). Bei industriellen Rohstoffen führen technischer Fortschritt, der Rohstoffeinsparungen ermöglicht, die Wiederverwendung (Recycling) von Altmaterial und Abfällen oder die Substitution von Rohstoffen durch synthetische Produkte dazu, daß die Nachfrage nur noch unterproportional wächst. Tabelle 3.2 zeigt, daß die Einkommenselastizitäten einer Reihe von Exportprodukten der Entwicklungsländer vergleichsweise niedrig sind.

Nur wenige Produkte weisen (Welt-)Einkommenselastizitäten der Nachfrage größer als eins auf. Bei den meisten Produkten liegt sie unter eins. Besonders niedrig ist sie bei den für die Entwicklungsländer bedeutsamen

Tabelle 3.2 Einkommenselastizitäten der Nachfrage nach ausgewählten Rohstoffen

Rohstoff	Welt	Ind. länder	Entw. länder	Sozial. Länder
NAHRUNGSMITTEL, GETRÄNKE, TABAK				
Gemäßigte Zone (konkurrierend)				
Rohzucker	0,35	0,94	0,41	0,07
Ölkuchen	1,48	1,83	1,26	2,53
Sojabohnenöl	1,48	1,64	1,23	0,68
Kokosöl	1,38	0,94	1,63	0,81
Palmöl	1,86	2,11	1,83	2,33
Rindfleisch	1,01	1,32	1,13	0,45*
Tabak	0,61	0,63	0,76	0,08*
Reis	0,40	0,17	0,17*	1,25
Mais	1,68	2,18	1,34	2,97
Weizen	0,70	0,91	0,41	0,45*
Orangen, Tangerinen	0,77	1,84	0,46	1,94
Wein	0,79	–0,09*	0,49	2,18
Tropische Zone (nicht konkurrierend)				
Kaffee	0,39	0,23	0,39	1,05
Kakao	0,19	0,44	–0,08*	1,21
Tee	0,44	0,65	0,22	1,13
Bananen	0,81	0,74	0,85	1,98
ROHMATERIALIEN				
Landw. Rohmaterialien				
Baumwolle	0,14*	0,69	–0,23	0,35*
Kautschuk	0,59	0,71	0,67	0,35
Wolle	–0,41	0,84	–0,75	0,50
Jute	–0,42	0,67	–1,14	0,13*
Sisal	–0,83	0,82	–1,22	0,67
Manilahanf	–1,22	–0,95	–1,33	0,32*
Trop. Hölzer	1.75	2,19	1,65	2,68
Mineralien u. Metalle				
Kupfererz	2,39	3,69	2,57	2,60
Raffinadekupfer	0,65	1,63	0,62	0,43*
Eisenerz	1,55	1,70	1,75	1,03
Zinnerz (Konzentrat)	–0,86	–0,54*	–1,35	0,32*
Zinn (Metall)	0,03*	0,42*	–	0,58
Bauxit	1,77	1,77	1,17	1,51
Tonerde	2,93	3,32	3,00	3,20
Phosphat	1,22	2,41	0,96	1,32
Magnesiumerz	1,07	2,83	1,15	–1,47
Wolframerz (Konzentrat)	0,31	5,23	0,48	0,12*

* = Irrtumswahrscheinlichkeit größer als 10 v.H.

Quelle: Bremer Gesellschaft für Wirtschaftsforschung, Auswertung der Dokumentation der fünften Welthandels- und Entwicklungskonferenz: Manila 1979, Baden-Baden 1981.

Rohstoffen Rohzucker, Reis, Kaffee, Kakao, Tee, Baumwolle, Jute, Sisal, Zinnerz und Zinn.

(2) Dagegen ist die **Einkommenselastizität der Nachfrage nach Industrieprodukten** (den wichtigsten Ausfuhrgütern der Industrieländer) vergleichsweise hoch, d.h. bei wachsenden Einkommen wächst auch der Anteil des Einkommens, der für Industrieprodukte aufgewendet wird. Bei manchen Gütern wächst dieser Anteil sogar schneller als das Einkommen (Luxusgüter).

(3) Der **Wettbewerbsgrad auf den Gütermärkten** kann für Produkte der Entwicklungsländer höher sein als für Produkte der Industrieländer. Dies ist vor allem deshalb möglich, weil Rohstoffe meist homogenere Güter als Industrieerzeugnisse sind und sich daher weniger als jene für eine Produktdifferenzierung eignen.

(4) Schließlich kann der **Wettbewerbsgrad auf den Arbeitsmärkten** in den Entwicklungsländern höher sein als in den Industrieländern. Während in den Entwicklungsländern die gewerkschaftliche Macht gering ist und ein hohes Arbeitskräfteangebot bzw. hohe Arbeitslosigkeit besteht, sind in den Industrieländern Arbeitskräfte knapp, und üben die Gewerkschaften eine starke Marktmacht aus. Das führt dazu, daß Produktivitätssteigerungen in den Industrieländern in Form höherer Löhne weitergegeben werden und nicht in Form niedriger Preise; es stellt sich daher kein Preisrückgang bei den Exportgütern ein. Umgekehrt schlagen sich Produktivitätsfortschritte in den Entwicklungsländern in niedrigeren Preisen nieder; die Exportgüter werden billiger.

Damit, so folgert PREBISCH, findet eine permanente Übertragung von Produktivitätsfortschritten aus den Entwicklungsländern an die Industrieländer statt, während die Produktivitätsfortschritte der Industrieländer nur diesen selbst zugute kommen. Hierin wird ein Beleg für die permanente «Ausbeutung» der Entwicklungsländer durch die Industrieländer gesehen.

3.9.2.3 Terms of Trade und Unterentwicklung

(1) Bei der Erörterung der unterschiedlichen Meßkonzepte der ToT wurde deutlich, daß nicht von **den** ToT gesprochen werden kann – auch wenn man meist darunter die Commodity ToT versteht –, vielmehr gibt es verschiedene ToT-Konzepte, die mitunter bei gleicher Ausgangslage zu völlig verschiedenen Ergebnissen gelangen können.

(2) Die Analyse unterschiedlicher ToT-Konzepte zeigte auch, daß es unzulässig ist, sinkende ToT automatisch mit Wohlfahrtsverlusten gleichzusetzen. Zusätzlich müssen auch Veränderungen der Nachfrage- oder Angebotsbedingungen berücksichtigt werden. Findet etwa im Inland ein Wachstumsprozeß statt, der zu steigender Importnachfrage und steigendem Exportangebot führt, so können sich tendenziell die Commodity-ToT verschlechtern. Geht diese Verschlechterung nicht mit einer entsprechenden Exportmengenexpansion einher, sind Wohlfahrtsverluste möglich. Ein solches «**Verelendungswachstum**» (immiserizing growth) ist jedoch wegen der geringen Bedeutung einzelner Entwicklungsländer auf den Märkten ihrer Export-

produkte kaum zu erwarten. Es ist eher damit zu rechnen, daß die Wachstumswirkungen die ToT-Veränderung überkompensieren und daß damit insgesamt ein Wohlstandsgewinn erzielt werden kann.

(3) Globale Indizes für die Entwicklungsländer und die Industrieländer haben – wenn überhaupt – nur eine begrenzte Aussagefähigkeit, weil die Import- und Exportstrukturen der einzelnen Länder viel zu unterschiedlich sind. Auch ist es unzulässig, die Entwicklungsländer nur als Exporteure von Rohstoffen zu bezeichnen, die Industrieländer nur als Industriegüterexporteure. So wie es unter den Entwicklungsländern einige erfolgreiche Industriewarenexporteure gibt (Argentinien, Brasilien, Mexiko, Hongkong, Indien, Südkorea, Malaysia, Singapur, Taiwan), so sind unter den Industrieländern einige, die zu einem Großteil agrarische und mineralische Rohstoffe ausführen (Australien, Dänemark, Neuseeland, Niederlande, Rep. Südafrika, Vereinigte Staaten). Die ToT zwischen Entwicklungs- und Industrieländern sind daher nicht identisch mit den ToT zwischen Rohstoffen und Industrieerzeugnissen. ToT-Berechnungen sind folglich – wenn überhaupt – nur dann wirklich aussagefähig, wenn sie getrennt nach Ländern und/oder Produkten vorgenommen werden.

(4) Die wichtigsten Einwände gegen die Beweisführung von PREBISCH beziehen sich auf die verwendete Zeitreihe. PREBISCH sieht die britische Außenhandelsstruktur als repräsentativ an für die Außenhandelsstruktur der Entwicklungsländer; der Exportstruktur Großbritanniens entspricht die Importstruktur der Entwicklungsländer, deren Exportstruktur wiederum der britischen Importstruktur. Das trifft für den betrachteten Zeitraum jedoch nicht zu. So dominierte unter den Nahrungsmittelimporten Großbritanniens in diesem Zeitraum Getreide, an zweiter Stelle lagen Milchprodukte. Die Entwicklungsländer sind jedoch keine Exporteure von Milchprodukten, bei Getreide trat – abgesehen von Reis – lediglich Argentinien als nennenswerter Exporteur auf. Dagegen wurde Kaffee, das wichtigste Exportprodukt der Entwicklungsländer zu jener Zeit, infolge der britischen Konsumgewohnheiten nur in geringem Umfang nach Großbritannien importiert.

Allein diese wenigen Hinweise mögen als Beleg dafür genügen, daß es nicht zulässig ist, die britische Außenhandelsstruktur als repräsentativ für die der Entwicklungsländer anzusehen.

(5) Die Importpreisentwicklung für Großbritannien zur Bestimmung der ToT ist auf **cif-Basis** (cost, insurance, freight) berechnet, d.h. sie schließt außer den reinen Produktkosten auch die Kosten für Versicherung, Fracht u.ä. ein. Die Exportpreise sind dagegen **fob-Preise** (free on board), d.h. sie enthalten keine Fracht- und Transportkosten. Bei seiner Beweisführung setzt PREBISCH den cif-Preis für Großbritannien gleich dem fob-Preis der Entwicklungsländer und den fob-Preis Großbritanniens gleich deren cif-Preis. Das ist jedoch wegen der möglichen Veränderung der Transport- und Transportnebenkosten nicht zulässig. Gerade in dem Zeitraum, den PREBISCH für seinen Nachweis heranzieht, sanken die Transportkosten, etwa infolge des Einsatzes der Dampfmaschine in der Schiffahrt, beträchtlich[11]. Sinkende

[11] Der Index der Schiffsfrachten für Transporte nach Großbritannien (1900 = 100) sank allein im Zeitraum 1876/80–1901/05 von 184 auf 67.

Transportkosten schlugen sich in sinkenden cif-Importpreisen nieder, ohne daß daraus eine Verschlechterung der Außenhandelsposition des Lieferlandes abgeleitet werden könnte. Unter diesen Bedingungen ist vielmehr sogar denkbar, daß sich die ToT beider Handelspartner verbessern.

(6) Ferner wächst mit der Länge einer Zeitreihe die Wahrscheinlichkeit, daß Veränderungen der Güterstruktur und Qualitätsänderungen bei den gehandelten Produkten auftreten. Beides kann in Terms of Trade Berechnungen indes nicht berücksichtigt werden. Änderungen der Güterstruktur und der Produktqualität sind aber insbesondere für Industriewaren charakteristisch, während bei Primärgütern die Möglichkeiten hierzu geringer sind.

(7) Schließlich sind auch einige statistisch-methodische Probleme mit der Terms of Trade-Berechnung verbunden. So wird der Verlauf der Terms of Trade von der Wahl des Ausgangsjahres beeinflußt. Wählt man ein Ausgangsjahr, in dem für ein Land bzw. eine Ländergruppe vergleichsweise günstige Terms of Trade galten, so läßt sich mit großer Wahrscheinlichkeit für die folgenden Jahre eine Verschlechterung der Terms of Trade «nachweisen»; wählt man dagegen ein Jahr mit relativ niedrigen Austauschverhältnissen, kann anschließend mit einem Anstieg der Terms of Trade gerechnet werden. Aus diesem Grund ist beispielsweise das Jahr 1954 als Ausgangsjahr beliebt, wenn der «Nachweis» geführt werden soll, daß die Terms of Trade der Entwicklungsländer fallen.

Vorzugsweise wird dabei gegenübergestellt, wie viele Säcke Kaffee im Jahr 1954 und im Jahr 1962 dem Wert eines Jeeps entsprachen. Im Jahr 1954 hatten die Kaffeepreise einen relativ hohen Stand erreicht, im Jahr 1962 waren sie um fast die Hälfte auf einen historischen Tiefstand abgesunken. Von 1962 an stiegen die Kaffeepreise (brasilianischer Kaffee, Notierung New York) fast kontinuierlich von 33,96 US cents/pound auf 267,14 US cents/pound im Jahr 1977. Sie lagen im Jahr 1986 bei 231,19 US cents/pound. Wollte man indes den Nachweis führen, daß die Terms of Trade der Entwicklungsländer steigen, so wären 1962 und 1980 geeignete Vergleichsjahre.

3.9.3 Verelendungswachstum

In direktem Zusammenhang mit der These der säkularen Verschlechterung der Terms of Trade steht die Theorie des Verelendungswachstums (BHAGWATI). Die Theorie besagt, daß das Wachstum des Exportsektors bei unelastischer Nachfrage nach dem Exportprodukt zu Realeinkommensverlusten für das betreffende Land führen kann. Anhand eines Beispiels soll das verdeutlicht werden.

In Abbildung 3.14 sind die Produktionsmöglichkeiten für Brasilien im Zeitpunkt 1 durch die Produktionsmöglichkeitskurve P_1P_1 gegeben. Zur Vereinfachung wird angenommen, es können nur Kaffee und Automobile produziert werden. Es gelten die relativen Weltmarktpreise T_1. Der Produktionspunkt bei Außenhandel liegt unter diesen Bedingungen in Punkt A, der Konsumpunkt in Punkt B; es wird das Wohlfahrtsniveau U_1 realisiert. Er-

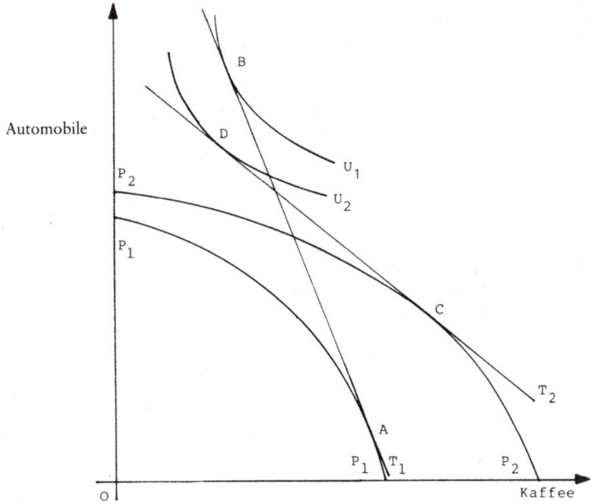

Abbildung 3.14 Verelendungswachstum

höht sich nun aufgrund einer guten Ernte oder der Vergrößerung der Anbaufläche die Kaffeeproduktion, so impliziert das eine Verlagerung der Produktionsmöglichkeitskurve nach außen (P_2P_2). Falls das erhöhte Angebot an Kaffee auf eine unelastische Weltmarktnachfrage trifft, müssen sich die Terms of Trade für Brasilien verschlechtern (T_2). Der neue Produktionspunkt liegt dann in Punkt C, der Konsumpunkt in D, es wird das Wohlfahrtsniveau U_2 erreicht. U_2 liegt aber niedriger als U_1, d.h. die gesamtgesellschaftliche Wohlfahrt ist trotz (bzw. wegen) des Wachstumsprozesses im Exportsektor niedriger – das Wachstum hat zur Verelendung geführt. Ursache hierfür ist, daß die Terms of Trade-Verluste die Wachstumsgewinne überkompensieren.

Die in diesem Beispiel enthaltene Einschätzung der Folgen des Exportwachstums erscheint jedoch zu pessimistisch. Bezogen auf ihren Weltmarktanteil, sind die meisten Entwicklungsländer zu unbedeutend, als daß ihr Exportwachstum einen fühlbaren Einfluß auf die Weltmarktpreise ausüben könnte. Nur wenn bei vielen Produzenten eines Produkts gleichzeitig ein Wachstumsprozeß einsetzte, wäre bei relativ inelastischer Nachfrage mit nachteiligen Konsequenzen zu rechnen. Ferner deuten auch die Preis- und Einkommenselastizitäten der Nachfrage nach einer Reihe von, insbesondere verarbeiteten Ausfuhrgütern der Entwicklungsländer darauf hin, daß ein **Exportpessimismus** unbegründet ist. Es ist somit auch die Aufgabe der Entwicklungsländer selbst, sich auf die Produktion solcher Produkte zu spezialisieren, die langfristig bessere Wachstumsaussichten aufweisen.

3.9.4 Ungleicher Tausch

Die Austauschbedingungen der Entwicklungsländer im internationalen Handel spielen auch in jenem Ansatz eine Rolle, der Unterentwicklung durch ungleichen Tausch zu erklären versucht. Ungleicher Tausch ist nicht gleichzusetzen mit verschlechterten relativen Ausfuhrpreisen, sondern kann auch stattfinden bei unveränderten Preisen für Ein- und Ausfuhren. Vielmehr sind es versteckte Transfers von den Entwicklungsländern an die Industrieländer, die ungleichen Tausch und damit Unterentwicklung zur Folge haben. Das Auftreten dieser versteckten Übertragungen wird auf unterschiedliche Weise begründet. Der Gedanke des ungleichen Tauschs ist außerdem auch in einigen der Abhängigkeitstheorien enthalten, die im folgenden Abschnitt (3.9.6) erörtert werden.

Der hier beispielhaft skizzierte Ansatz ungleichen Tauschs (EMMANUEL) beruht auf marxistischen Gedanken. Die von Marx für das Verhältnis zwischen Kapitalisten und Arbeitern formulierte Ausbeutungsthese wird gewissermaßen auf den internationalen Handel übertragen. Kern der Argumentation ist, daß im internationalen Handel Güter getauscht werden, zu deren Produktion ein unterschiedlicher Arbeitsaufwand erforderlich ist. Ungleicher Tausch bedeutet demnach, daß beispielsweise eine Arbeitsstunde aus einem Industrieland gegen fünf Arbeitsstunden aus einem Entwicklungsland getauscht werden. Dieser ungleiche Tausch verursacht und verfestigt nach Auffassung der Vertreter dieser These Unterentwicklung. Die Industrieländer bereichern sich zu Lasten der Entwicklungsländer.

Bei dieser Argumentation wird jedoch völlig übersehen, daß Arbeit in einem Entwicklungsland eine ganz andere Qualität besitzt als in einem Industrieland. Arbeitskräfte in einem Industrieland sind im Durchschnitt weitaus höher qualifiziert als Arbeitskräfte in einem Entwicklungsland. In jedem Arbeiter in einem Industrieland steckt gewissermaßen ein über Jahre der Schul- und Berufsausbildung erworbener Bestand an Ausbildungskapital, der in der Regel erheblich größer ist als jener in einem Entwicklungsland. Darüber hinaus sind Arbeitsstunden international wie auch sektoral nicht vergleichbar, weil Arbeitskräfte unterschiedlich mit Sachkapital (Maschinen, Gebäude, Boden etc.) ausgestattet sind. Der Ingenieur, der ein Uhrwerk entwickelt, und der Designer, der eine Uhr gestaltet, sind wesentlich qualifiziertere Arbeitskräfte und verwenden eine erheblich größere Menge an Sachkapital als jene, die beim Anbau von Kaffee benötigt werden. Eine Ingenieur-Arbeitsstunde gegen eine Kaffeepflücker-Arbeitsstunde zu tauschen, könnte wohl eher als ungleicher Tausch bezeichnet werden.

3.9.5 Importsubstitution

Zielsetzung der Politik der Importsubstitution ist es, bisherige Einfuhren durch eigene Produktion zu ersetzen. Mit Hilfe von Importrestriktionen sollen die Einfuhren behindert und die heimische Produktion gefördert werden. Damit wird angestrebt, die inländische Produktionsstruktur zu verbreitern und die Abhängigkeit von Importen zu verringern. Zahlungsbilanzkrisen sind häufig ein erster Anlaß, Importrestriktionen zu ergreifen und eine Politik der Importsubstitution einzuleiten.

Die Importsubstitution kann als konkretes Beispiel einer aus der Theorie **des unausgewogenen Wachstums** abgeleiteten Wirtschaftspolitik angesehen werden. Der Aufbau der heimischen Industrie wird forciert, indem sie selektiv vor ausländischer Konkurrenz geschützt wird. Meist konzentrierte sich dieser Schutz in den Entwicklungsländern zunächst auf die Konsumgüterindustrie und andere Industriezweige, deren Einfuhr auf einfache Weise durch heimische Produktion ersetzt werden konnte. Verkettungseffekte sollten dann dazu beitragen, daß auch in vor- und nachgelagerten Sektoren und Branchen Importsubstitutionserfolge erzielt werden. Schließlich erhoffte man sich auf diese Weise den Aufbau einer diversifizierten heimischen Produktionsstruktur.

Prinzipiell kann sowohl der Agrar- als auch der Industriesektor Gegenstand der Importsubstitution sein. Die Entwicklungsländer begriffen diese Politik jedoch nahezu ausschließlich als eine **Industrialisierungspolitik**; zum einen, weil Industrialisierung mit Entwicklung gleichgesetzt wurde und häufig auch noch wird, zum anderen, weil der überwiegende Teil der Einfuhren der Entwicklungsländer aus Industriewaren besteht[12]. Die immensen Nahrungsmitteleinfuhren vieler Entwicklungsländer zeigen indes, daß auch bei landwirtschaftlichen Produkten ein beträchtliches Potential für Importersatzprodukte vorhanden ist.

Absolute Importsubstitution findet statt, wenn der Umfang der Importe dem Betrage nach zurückgeht; dagegen impliziert die **relative Importsubstitution**, daß der Anteil der Importe am inländischen Gesamtangebot (Produktion + Importe – Exporte) zurückgeht; ein wachsender Teil der inländischen Nachfrage wird aus heimischer Produktion gedeckt.

Importsubstitution kann ein natürlicher Vorgang sein in dem Sinne, daß in einer wachsenden Wirtschaft unter Freihandelsbedingungen neue Produktionskapazitäten entstehen, die einerseits mit bisherigen Importen konkurrieren und andererseits neue Exportmöglichkeiten eröffnen. Besonders konkurrenzfähig wird das Land bei jenen Produkten sein, die es mit einem komparativen Produktionsvorteil erzeugt. Natürliche Importsubstitution bedeutet damit, daß das Land sich auf seine komparativen Produktionsvorteile spezialisiert und somit auf lange Sicht seine Eingliederung in die weltwirtschaftliche Arbeitsteilung intensiviert.

Dagegen beinhaltet die **exzessive Importsubstitution** eine Ausgliederung aus dem System der weltwirtschaftlichen Arbeitsteilung.

3.9.5.1 Importsubstitutionspolitik

Mit der Importsubstitutionspolitik können mehrere **Ziele** verfolgt werden. Für die Entwicklungsländer spielt dabei eine besondere Rolle das Ziel der **Unabhängigkeit**; neben der politischen soll nun auch die wirtschaftliche Unabhängigkeit sichergestellt werden. In diesen Zusammenhang ist auch das Ziel der «**self-sufficiency**» einzuordnen. Weitere Ziele der Importsubstitu-

[12] Das gilt indes nur, wenn die Faktorintensitäten international nicht umschlagen (Nicht-Reversibilität der Faktorintensitäten).

tionspolitik sind der **Aufbau einer heimischen Industrie, Industrialisierung** – was vielfach mit Entwicklung gleichgesetzt wurde und auch noch wird; ferner die **Diversifizierung** der heimischen Produktionsstruktur und die **Beschränkung des Imports** nicht erwünschter Konsumgüter, insbesondere der Güter des Luxuskonsums.

Als **Mittel** zur Förderung der Importsubstitutionen eignen sich besonders **protektionistische Maßnahmen.** Diese können unterteilt werden in

- tarifäre Hemmnisse, wie Importzölle, -steuern, -abgaben und
- nicht-tarifäre Hemmnisse, insbesondere Einfuhrverbote, wert- oder mengenmäßige Einfuhrhöchstgrenzen (Importkontingente), administrative Hemmnisse, gesundheitliche Vorschriften, Standardisierungsverordnungen u.ä.m.

Ferner eignen sich als Mittel zur Förderung der Importsubstitution die **Investitionslenkung** im Rahmen einer zentralen Wirtschaftsplanung, die **Subventionierung** der heimischen Konkurrenzindustrie und schließlich die **Wechselkurspolitik,** insbesondere multiple Wechselkurse; dabei gilt für verschiedene Einfuhrgüter je nach vermeintlicher «Importnotwendigkeit» ein anderer Wechselkurs.

Wichtige **theoretische Grundlagen** der Importsubstitutionspolitik beziehen sich auf das **Infant-Industry-Argument** (Erziehungszollargument) und/oder das **Auftreten externer Effekte.**

Im Zusammenhang mit dem Erziehungszollargument wird meist auf den deutschen Ökonomen LIST (1789–1846) verwiesen, der bereits im vergangenen Jahrhundert Schutzzölle für die damals im Aufbau befindliche deutsche Industrie gegenüber der Konkurrenz Großbritanniens gefordert hatte. Das Erziehungszollargument besagt, daß es in der Regel schwierig oder unmöglich ist, in einem Land eine neue Industrie aufzubauen, wenn diese schon von Beginn ihres Bestehens an ausländischer Konkurrenz ausgesetzt ist. Zu hoch sind die Anlaufkosten wegen der nur geringen Erfahrung der Manager und Arbeiter, technisches und organisatorisches Know-How muß erst erlernt werden. Ein temporärer Zollschutz – so das Erziehungszollargument – könnte jedoch die Errichtung dieser Industrien ermöglichen und es den Arbeitern und Unternehmern erlauben, die notwendigen Kenntnisse zu sammeln, bis sie schließlich wettbewerbsfähig sind und den Zollschutz nicht mehr benötigen. Wäre diese «infant industry» nicht durch einen Zoll geschützt worden, wäre sie nie errichtet worden und hätte somit ihre Konkurrenzfähigkeit nie nachweisen können.

Es stellt sich natürlich die Frage, ob das «Kind» jemals «erwachsen» wird. Produziert die geschützte Industrie nicht mit einem komparativen Produktionsvorteil, so können zwar die Kosten nach einer bestimmten Anlaufphase sinken, sie wird jedoch niemals international konkurrenzfähig werden, der Erziehungszoll war nutzlos. Aber auch falls die Industrie «erwachsen» und international konkurrenzfähig werden sollte, ist die Berechtigung eines Erziehungszolls noch nicht erwiesen, denn bei ausreichender Rentabilität würde – bei funktionsfähigem Kapitalmarkt – die Investition auch ohne den Schutzzoll von den privaten Unternehmen vorgenommen.

Häufig wird ferner als Begründung für Importsubstitution angeführt, ein

Land könne erst dann ein Produkt exportieren, wenn dieses Produkt zuvor erfolgreich im Inland produziert und bei den inländischen Nachfragern abgesetzt worden sei (LINDER-These). Insbesondere jene Entwicklungsländer, die nur ein sehr geringes Industrialisierungsniveau aufweisen, werden wohl zunächst den Aufbau solcher Industriezweige vorantreiben, die für den heimischen Markt produzieren. Erst wenn bereits im Inland Industrialisierungs- und Diversifizierungserfolge erzielt werden konnten, besteht eine Grundlage für verstärkte Exportanstrengungen.

Eine andere Begründung für Schutzmaßnahmen zugunsten der heimischen Industrie wird aus dem Auftreten externer Effekte abgeleitet. Zwei Möglichkeiten werden als typisch für Entwicklungsländer genannt. Eine besteht darin, daß mit einer Investition in einem Unternehmen Kenntnisse und Fähigkeiten erworben werden, die dann auch anderen Unternehmen zugute kommen, ohne daß diesen dafür Kosten entstehen. Ist die Produktionstechnik in einem Land erst einmal bekannt, kann sie von vielen Unternehmen genutzt werden, ohne daß diese die Kosten mittragen, die jenem Unternehmen entstanden sind, das die Technik erstmals einführte.

Bei der Einführung und Anwendung neuer Techniken, wie im Entwicklungsprozeß allgemein, nehmen außerdem Ausbildung und Fertigkeiten der Beschäftigten zu. Die ungelernten Arbeitskräfte müssen zu Facharbeitern ausgebildet oder zumindest angelernt werden. Nach einem Arbeitsplatzwechsel kommen diese Investitionen in das Ausbildungskapital einem Unternehmen zugute, das die Kosten hierfür nicht getragen hat. Die Mittel, die ein Unternehmen zur Ausbildung eines Arbeiters aufgewendet hat, sind für es verloren, sobald der Arbeiter seinen Arbeitsplatz wechselt.

Das Unternehmen, das die Kosten des Erwerbs der mit der Investition verbundenen Kenntnisse und/oder der Ausbildung der Arbeitskräfte trägt, bewirkt somit einen positiven externen Effekt, für den es nicht entschädigt wird. Es besteht die Gefahr, daß eine eigentlich wünschenswerte Investition nicht vorgenommen wird. Dieser Gefahr soll durch den Schutz des entsprechenden Sektors, in den Entwicklungsländern gewöhnlich der verarbeitenden Industrie, begegnet werden. Ohne an dieser Stelle näher hierauf eingehen zu können, sei darauf verwiesen, daß eine optimale Politik zur Korrektur der Allokationsstörung eine möglichst direkt an der Ursache der Störung ansetzende wirtschaftspolitische Maßnahme erfordert; protektionistische Maßnahmen sind hierzu nicht geeignet.

3.9.5.2 Wirkungen der Importsubstitutionspolitik

Zu Beginn der Importsubstitution kann häufig eine Phase raschen **Wachstums** der heimischen Produktion festgestellt werden. Der Markt der ehemaligen Importe ist bekannt, meist ist deren inländische Produktion mit einfachen Produktionsweisen möglich und sind hohes technisches Wissen und komplizierte Produktionsanlagen nicht erforderlich. Einfache Konsumgüter sind ein typisches Beispiel hierfür.

Ist diese **leichte Phase der Importsubstitution** abgeschlossen, wird es jedoch zunehmend schwieriger, die Importsubstitution auf weitere Bereiche der Wirtschaft auszudehnen; es fehlen die notwendigen Kapitalgüter und Vorprodukte, zu ihrem Import reichen die knappen Devisenerlöse nicht aus. So stagniert die inländische Produktion oder wächst nur noch in dem Maß, in dem sich der Inlandsmarkt vergrößert.

Häufig sind infolge der protektionistischen Maßnahmen die inländischen Preisrelationen derart verzerrt, daß einzelne Industriezweige eine negative Wertschöpfung aufweisen, d.h. zu Weltmarktpreisen bewertet ist ihr Input größer als ihr Output. Die Produkte solcher Industriezweige sind natürlich international nicht konkurrenzfähig, so daß die Stimulierung des Wachstums durch einen «spill over» von der Produktion für den heimischen Markt zur Produktion für den Export nicht möglich ist.

Aber nicht nur die Höhe des Wachstums durch Importsubstitution ist in vielen Entwicklungsländern unbefriedigend, sondern auch die **Struktur des Wachstums.** Da das Prinzip der Importsubstitution darauf beruht, durch Zurückdrängung der Importe die inländische Produktion zu fördern, wird auch die inländische Produktion jener Produkte besonders lukrativ, deren inländischer Konsum durch die Importbeschränkungen gerade unterbunden werden sollte; die Luxusgüterproduktion wird stimuliert.

Schwerwiegende Konsequenzen kann die Importsubstitutionspolitik auch für die **Einkommensverteilung** aufweisen. Da dem Welthandelsanteil nach kleine Länder – wie die Entwicklungsländer – nahezu keine Möglichkeiten haben, durch außenhandelspolitische Maßnahmen die Weltmarktpreise zu ihren Gunsten zu verändern, geht die Besserstellung eines Sektors ihrer Wirtschaft durch Schutzzölle voll zu Lasten der übrigen inländischen Sektoren. Die relativen Preise des geschützten Sektors steigen, die der ungeschützten fallen. Die traditionellen Exporteure der meist landwirtschaftlichen Güter erzielen einen geringeren Erlös, als zum Gleichgewichtswechselkurs möglich wäre. In Pakistan lagen beispielsweise Mitte der sechziger Jahre infolge der exzessiv betriebenen Importsubstitutionspolitik die inländischen Terms of Trade der Landwirtschaft bei rund 60 vH der entsprechenden Weltmarktpreisrelationen, d.h. die pakistanische Landwirtschaft erzielte im Inland für ihre Agrarprodukte nur 60 vH des Wertes an Industrieprodukten, der ihr zu Weltmarktpreisen zugestanden hätte. Damit ging einher, daß der Anspruch der pakistanischen Industrie an das Volkseinkommen zu dieser Zeit rund 7 vH betrug, während ihr Beitrag zum Realoutput – zu Weltmarktpreisen berechnet – nahe bei Null lag. Das impliziert einen Einkommenstransfer vom Agrarsektor an den Industriesektor, die Landwirtschaft finanziert die Industrialisierung.

Auch die **Beschäftigungswirkungen** der Importsubstitution sind häufig ungünstig. Dies hat eine prinzipielle Ursache: Unterstellt man, daß die Außenhandelsstruktur eines Entwicklungslandes vor Beginn der Importsubstitutionspolitik in etwa durch dessen komparative Vor- bzw. Nachteile bestimmt ist, so zielt die Importsubstitution darauf ab, nun jene Produkte im Inland zu erzeugen, für die das Land einen komparativen Produktionsnachteil aufweist. Bei der gegebenen Faktorausstattung der Entwicklungsländer werden das insbesondere sach- und ausbildungskapitalintensiv erstellte Produkte sein[13]. Es ist offensichtlich, daß die inländische Produktion dieser Güter weniger Arbeitsplätze schafft als die Erzeugung arbeitsintensiver Produkte.

Kapitalintensive Produktionsverfahren werden zudem oft begünstigt durch niedrigere Zinssätze, als bei den herrschenden Faktorknappheitsverhältnissen angemessen wäre. Die gleiche Wirkung haben multiple Wechselkurse, wenn für Kapitalgüter ein günstigerer Kurs als der Gleichgewichtswechselkurs gilt und die Einfuhr von Kapitalgütern zollbegünstigt ist.

Die Förderung von Kapitalgüterimporten und von kapitalintensiven Produktionsverfahren hat häufig dazu beigetragen, daß zuviel Kapazität geschaffen wurde, die nur unzureichend ausgelastet werden konnte. Fehlende Vor- und Zwischenprodukte haben diese Unterauslastung oft noch verschärft.

Auch bei der **Zahlungsbilanz** bewirkt die Importsubstitution in vielen Fällen keine Entlastung, mitunter verschlechtert sich die Situation sogar. Zwar können die Importe teilweise verringert werden, der für die heimische Importersatzproduktion notwendige Bedarf an Vorprodukten und Kapitalgütern steigt jedoch erheblich an. Dagegen wird die Produktion für den Export diskriminiert. Zum einen sind die industriellen Inputs für die Exportproduktion teurer als zu Weltmarktpreisen, zum anderen benachteiligt die meist überbewertete Währung die Exporteure, da sie für ihre Produkte weniger erlösen, als zum (höheren) Gleichgewichtswechselkurs möglich wäre. Die Exportfähigkeit der heimischen Produkte wird zudem dadurch erschwert, daß bei der Entscheidung, sie im Inland zu produzieren, anstatt sie einzuführen, komparative Produktionsvorteile oft vernachlässigt werden.

3.9.6 Abhängigkeitstheorien

Die Abhängigkeitstheorien wurden vor allem in den letzten beiden Jahrzehnten formuliert und präzisiert. Ihre Erklärung für Unterentwicklung bezieht Elemente der klassischen Imperialismustheorie und der Theorie der peripheren Wirtschaft ein, geht aber auch über diese hinaus. Zwar gibt es nicht **die** Abhängigkeitstheorie als begrifflich und logisch geschlossenes System, sondern nur eine Anzahl verschiedener Ansätze, die Kernthese ist jedoch allen gemeinsam. Danach ist Unterentwicklung nicht das Ergebnis interner Verursachungsfaktoren, sondern sie ist auf externe, exogene Faktoren zurückzuführen. Die Eingliederung der Entwicklungsländer in das System der internationalen Beziehungen ist die Ursache der Unterentwicklung. Dieses System ist nach Auffassung der Abhängigkeitstheoretiker durch die **strukturelle Abhängigkeit der Entwicklungsländer** (Peripherie) von den hochentwickelten Industrieländern (Metropolen) gekennzeichnet.

Die ersten Protagonisten dieses Erklärungsansatzes (z. B. BARAN) betonten vor allem die wirtschaftliche Abhängigkeit der Entwicklungsländer. Spätere

[13] Die Probleme der Eingliederung der Entwicklungsländer in die Weltwirtschaft werden in Kapitel 4 ausführlich behandelt.

Autoren, insbesondere die Vertreter der **Dependencia-Theorie** (z. B. SUNKEL, FURTADO, CARDOSO, DOS SANTOS, AMIN)[14], verstehen unter struktureller Abhängigkeit neben der wirtschaftlichen auch die soziale, politische und kulturelle Abhängigkeit der Entwicklungsländer von den Industrieländern. GALTUNG entwickelte eine **strukturelle Theorie des Imperialismus**, die wesentliche Elemente einer allgemeinen Abhängigkeitstheorie enthält[15].

Nach dem **Dependenz-Ansatz** führt strukturelle Abhängigkeit in den Entwicklungsländern zu **struktureller Heterogenität**. Sie schlägt sich vor allem darin nieder, daß innerhalb eines Landes gleichzeitig kapitalistische und nicht-kapitalistische (feudale) Produktionsweisen verwendet werden. Diese beiden Bereiche sind indes nicht unverbunden – wie etwa in den Dualismustheorien unterstellt wird –, sondern Armut und Unterentwicklung entstehen und verfestigen sich gerade dadurch, daß die strukturell heterogenen Sektoren aufeinandertreffen. Sie durchdringen sich gegenseitig, was **gesellschaftliche Deformation** zur Folge hat.

Für den Produktionsbereich beschreibt AMIN diese Deformation auf folgende Weise: In einem peripheren (abhängigen) System dominiert die Produktion für den Export die gesamte Wirtschaft. Die Peripherie ist auf die Bedürfnisse des Zentrums ausgerichtet. Die Konzentration auf die Exportproduktion und eine ungleiche Einkommensverteilung bewirken, daß die inländische Nachfrage vorwiegend durch Güter des Luxuskonsums der reichen Schichten bestimmt wird. So besteht im peripheren System eine Verbindung zwischen Exportsektor und Produktion von Gütern des Luxuskonsums (Abbildung 3.15). Im autozentrierten System dominiert nach AMIN dagegen die Produktion von Ausrüstungsgütern, die wiederum die Produktion von Massenkonsumgütern ermöglichen.

Die **strukturelle Theorie des Imperialismus** von GALTUNG greift den bereits erwähnten «Peripherie-Ansatz» auf (PREBISCH, ROBINSON u. a.). Die Welt wird unterteilt in Zentrum- und Peripherienationen. Diese werden jeweils wiederum aufgeteilt in ein Zentrum und eine Peripherie, so daß jede Zentralnation (Metropole) und jede Peripherienation ein Zentrum und eine Peripherie aufweist. Die strukturelle Abhängigkeit ist darauf begründet, daß die Metropole im Zentrum der Peripherie einen **Brückenkopf** besitzt in Gestalt einer nationalen, kollaborierenden Führungsschicht[16], die westliche Lebensweisen und Wertvorstellungen übernommen hat und mit der Metropole ein Interesse daran besitzt, die bestehenden Verhältnisse aufrechtzuerhalten.

Struktureller Imperialismus beinhaltet nach GALTUNG die Möglichkeit der Machtausübung der Nation im Zentrum über die Nation an der Peripherie ohne direkte Gewaltanwendung («imperialism without colonnies», MAGDOFF). Die Struktur des Imperialismus ist gekennzeichnet durch **Interessen-**

[14] Der Dependencia-Ansatz wurde vor allem in und für Lateinamerika entwickelt.

[15] GALTUNGS Theorie des strukturellen Imperialismus und die Dependencia-Theorie sind eng verwandt mit der marxistischen Imperialismustheorie.

[16] Diese kollaborierenden Eliten werden mitunter als «comprador-» oder «Marionettenregierungen» bezeichnet (z. B. BARAN).

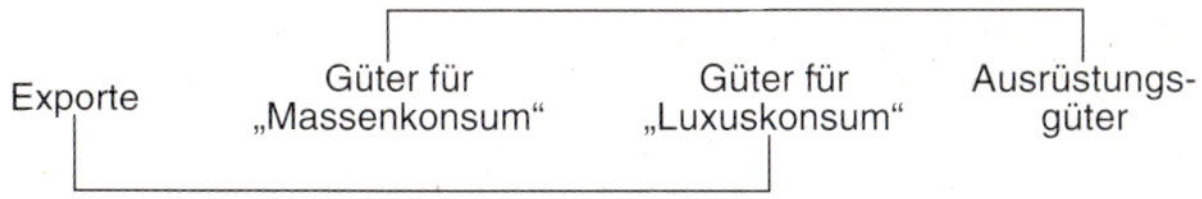

Abbildung 3.15 Grundverbindungen peripherer und autozentrierter Reproduktion nach Amin

harmonie zwischen Zentrum der Metropole und Zentrum der Peripherienation. **Interessendisharmonie** besteht innerhalb der Peripherienation und der Metropole sowie zwischen Peripherie der Metropole und Peripherie der Peripherienation. Abbildung 3.16 veranschaulicht diese Struktur des Imperialismus.

Struktureller Imperialismus ist nach GALTUNG ferner auf zwei Mechanismen begründet: Die asymmetrischen Austauschbeziehungen zwischen Metropole und Peripherie sind zum einen durch eine **feudale Interaktionsstruktur** gekennzeichnet. Während die Exportstruktur der Metropolen länder- und gütermäßig breit diversifiziert ist, sind die Außenbeziehungen der Peripherienationen monopolisiert, d.h. auf nur wenige Partner und Güter konzentriert. Internationale Ungleichheit wird zum anderen durch **vertikale Interaktionsbeziehungen** (vertikaler Handel) verfestigt. Vertikaler Handel impliziert, daß der Warenaustausch für die Metropole vorteilhafter ist als für die Peripherienation. Auch wenn die Warenströme zwischen den Handelspartnern (**Interakteureffekte**) wertmäßig ausgeglichen sind, bewirken unterschiedliche **Intraakteureffekte** ungleiche Austauschbeziehungen. Denn nach GALTUNG besteht eine **Verarbeitungslücke** (processing gap) zwischen den

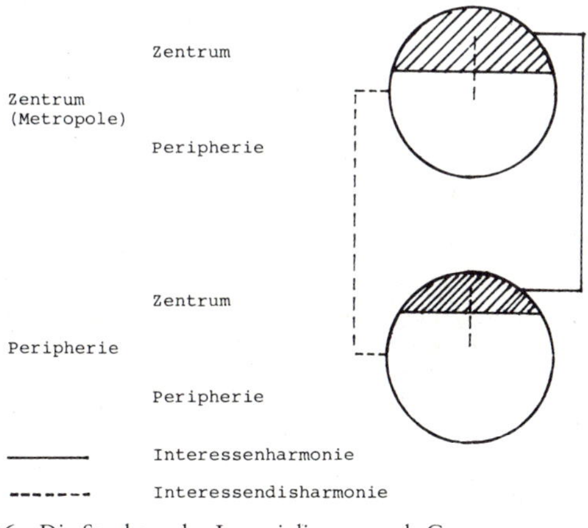

Abbildung 3.16 Die Struktur des Imperialismus nach GALTUNG

Exportprodukten der Metropole und der Peripherienation. Die Peripherienation erstellt und exportiert Rohstoffe, die einfach hergestellt werden können und nur geringe Fertigkeiten und technologische Kenntnisse erfordern. Die Metropole dagegen produziert und exportiert Industriewaren. Die positiven Intraakteureffekte («**spin-off effects**») sind demnach in der Metropole wesentlich bedeutsamer und differenzierter als in der Peripherienation. Die ungleiche Verteilung der «spin-off Effekte» führt somit zur Selbstverfestigung und -verstärkung der Entwicklungsunterschiede zwischen den Metropolen und den Peripherienationen.

Nach der Dependencia-Theorie und der strukturellen Theorie des Imperialismus sind Unterentwicklung in den Entwicklungsländern und Entwicklung in den Industrieländern die beiden Seiten desselben historischen Entwicklungsprozesses des «kapitalistischen Weltsystems». Unterentwicklung ist nicht ein zeitlich vorgelagertes Stadium der Entwicklung (wie in der Modernisierungstheorie), sondern sie ist das Ergebnis des kapitalistischen Entwicklungsprozesses in den Industrieländern – Unterentwicklung ist das «Produkt des Imperialismus». Die Entwicklungsländer werden – gemäß einer weiteren Übertragung marxistischer Terminologie – von den Industrieländern ausgebeutet, indirekt durch ungleichen Tausch (EMMANUEL, AMIN, JALEE), direkt durch Gewinntransfer der multinationalen Unternehmen.

Aus der Erklärung, die von den Abhängigkeitstheorien für Unterentwicklung gegeben wird, ergibt sich die entwicklungspolitische Strategie. Um die strukturelle Abhängigkeit der Entwicklungsländer von den Industrieländern zu überwinden, wird vorgeschlagen, die Entwicklungsländer sollten sich aus dem von den kapitalistischen Industrieländern beherrschten Weltwirtschaftssystem abkoppeln (z. B. SENGHAAS); nur so könne eine **eigenständige («autozentrierte») Entwicklung** stattfinden. Diese Strategie wird als **Dissoziation,** Autonomie oder freiwillige Quarantäne bezeichnet. Die Dissoziation soll es den Entwicklungsländern ermöglichen, «homogene», binnenmarktorientierte Strukturen aufzubauen und die strukturellen und sozialen Defekte der Gesellschaft zu beheben. Erst dann ist nach Meinung der Verfechter dieser Strategie die Integration der Entwicklungsländer in die Weltwirtschaft ohne nachteilige Konsequenzen möglich.

Die Aussagen der Abhängigkeitstheorien sind nicht unwidersprochen geblieben.

(1) Der Begriff «Abhängigkeit» ist theoretisch unscharf und wird von den Dependenztheoretikern unterschiedlich, teils sogar widersprüchlich verwendet. «Abhängigkeit» ist darüber hinaus empirisch kaum faßbar. Dadurch wird die empirische Überprüfung der Abhängigkeitstheorie sehr erschwert oder gar unmöglich. Sie könnten damit im streng wissenschaftstheoretischen Sinne auch kaum als Theorie bezeichnet werden.

(2) Ein unbestreitbarer Vorzug der Theorie ist, daß zu ihrer Begründung auch historische Tatsachen, insbesondere die koloniale Vergangenheit der Entwicklungsländer, herangezogen werden. Allerdings waren einige der heutigen Entwicklungsländer nie oder nur kurze Zeit Kolonien (z. B. Afghanistan, Äthiopien, Thailand, Nepal); dagegen zählen eine Reihe von Entwicklungsländern, die noch Kolonien sind oder es lange Zeit waren zu den

besonders erfolgreichen Ländern der Dritten Welt (z.B. Hongkong und Singapur). Völlig unrealistisch ist es jedoch, alle Entwicklungsprobleme der unterentwickelten Länder (einschließlich der internen) auf externe Verursachungsfaktoren zurückführen zu wollen. Diese Argumentation ist so einseitig wie jene, wonach die Ursachen der Unterentwicklung ausschließlich in endogenen Faktoren zu suchen seien (ein Beispiel hierfür ist die Modernisierungstheorie).

(3) Die aus der Erklärung für Unterentwicklung abgeleitete Strategie der Dissoziation oder der autozentrierten Entwicklung bleibt relativ vage bezüglich der außenwirtschaftlichen Maßnahmen, die zu ihrer Durchsetzung ergriffen werden sollen. Versucht man, die Strategie der Abkoppelung in eine wissenschaftlich überprüfbare Hypothese zu kleiden, so impliziert Abkoppelung die Ausgliederung aus der weltwirtschaftlichen Arbeitsteilung. Gegen den Versuch, den Entwicklungsprozeß durch eine Reduzierung der Integration in die weltwirtschaftliche Arbeitsteilung zu beschleunigen, sprechen aber die negativen Erfahrungen vieler Entwicklungsländer mit der Importsubstitutionsstrategie.

(4) Die Empfehlung der Abkoppelung und der Einleitung einer autozentrierten Entwicklung übersieht ferner, daß für viele ressourcenarme Entwicklungsländer diese Alternative überhaupt nicht besteht. Als erfolgreiches Beispiel wird häufig die VR China angeführt; aber auch hier scheint diese Strategie – betrachtet man den Wandel in der chinesischen Politik zu Beginn der achtziger Jahre – an Grenzen gestoßen zu sein; die jüngsten wirtschaftlichen Erfolge in China bestätigen gerade die Vorteile einer außenwirtschaftlichen Öffnung. Die Erfahrungen des einzigen zur Zeit noch verbliebenen Landes, das eine autozentrierte Politik betreibt, Nordkorea, legen wohl eher den Schluß nahe, daß diese Politik in eine Sackgasse führt. Die geringen Entwicklungserfolge anderer Länder, die zumindest ansatzweise eine autozentrierte Entwicklungsstrategie verfolgten (z.B. Tansania, Birma) sprechen ebenfalls gegen diese Strategie.

(5) Die Kritik an der Strategie der Integration der Entwicklungsländer in die Weltwirtschaft – Kern der Abhängigkeitstheorie – dürfte wohl auch darauf beruhen, daß die häufig unzureichenden Integrationsergebnisse fälschlicherweise der Integrationsstrategie angelastet werden. Denn oft haben gerade die Entwicklungs- und auch die Industrieländer durch protektionistische Maßnahmen den möglichen Erfolg der Integrationsstrategie beeinträchtigt. Die Integrationsstrategie hat gerade zum Ziel, die Entwicklungsländer aus der Abhängigkeit von ihren einseitigen Exportstrukturen (Rohstoffe) herauszuführen; die Eingliederung dieser Länder in die Weltwirtschaft soll von einer komplementären hin zu einer substitutiven weltwirtschaftlichen Arbeitsteilung verändert werden. Interdependenz, nicht Dependenz soll die weltwirtschaftlichen Beziehungen kennzeichnen.

3.9.7 Exportdiversifizierung

Exportdiversifizierung bedeutet, daß der Anteil der Exporte am BSP steigt und daß sich die Exportstruktur gütermäßig und regional verbreitert. Die (horizontale) Exportdiversifizierung ist häufig verbunden mit (vertikaler) **Exportsubstitution**. Sie liegt vor, wenn die Ausfuhr von Produkten einer niederen Verarbeitungsstufe durch die einer höheren Verarbeitungsstufe ersetzt wird (z.B. verarbeitete Produkte wie Tuch anstelle des Rohstoffes Baumwolle).

Die ernüchternden Erfahrungen vieler Entwicklungsländer mit der Importsubstitution (insbesondere etwa in den Ländern Lateinamerikas und in Indien) oder dem Versuch der Abkoppelung vom Weltmarkt (z.B. China und Birma) sowie die großen Exporterfolge einer Reihe von Entwicklungsländern haben einen Umdenkungsprozeß eingeleitet und bewirkt, daß in vielen Ländern vermehrte Anstrengungen zur Exportdiversifizierung unternommen werden.

Vorrangiges **Ziel der Exportdiversifizierung** ist die Beschleunigung der wirtschaftlichen Entwicklung und die Steigerung der Wohlfahrt durch Eingliederung in das System der weltwirtschaftlichen Arbeitsteilung. Der Exportdiversifizierungspolitik liegt auch die Zielsetzung der **Verringerung der Abhängigkeit** von weltwirtschaftlichen Einflüssen zugrunde. Doch wird diese Verringerung der Abhängigkeit zu erreichen versucht durch eine **gütermäßige und länderbezogene Diversifizierung der Exporte**; dies trägt dem Umstand Rechnung, daß ausschlaggebend für den Grad der Abhängigkeit von weltwirtschaftlichen Einflüssen weniger die Importquote (Importe/BSP) insgesamt ist, als vielmehr die gütermäßige und regionale Außenhandelsstruktur und die Fähigkeit eines Landes zur Anpassung an veränderte weltwirtschaftliche Rahmenbedingungen. Die vergleichsweise erfolgreiche Anpassung vieler exportorientierter Entwicklungsländer an die rapide gestiegenen Rohölpreise kann als guter Beleg hierfür gewertet werden.

Integration in die weltwirtschaftliche Arbeitsteilung, Spezialisierung auf die Güter mit komparativem Produktionsvorteil und die Realisierung von Wohlfahrtsgewinnen durch Handel bilden den **theoretischen Hintergrund** der Exportdiversifizierungsstrategie.

Auch die Exportdiversifizierungsstrategie kann **exzessiv** bzw. **offensiv** betrieben werden, d.h. über das Maß hinausgehen, das mit einer optimalen Produktionsstruktur, einem optimalen Wachstum und einer angemessenen Einkommensverteilung vereinbar ist. Wie bei der Importsubstitution, wird das auch bei der Exportdiversifizierung abhängen von der Art und der Intensität der **Mittel**, die zu ihrer Förderung eingesetzt werden.

Wichtige Voraussetzung der Exportdiversifizierung ist es, die **Produktion exportfähiger Güter** zu erhöhen. Das bedeutet für die Entwicklungsländer, daß sie ihre komparativen Produktionsvorteile nutzen und sich spezialisieren, etwa auf die Produktion rohstoff- und arbeitsintensiver Produkte, die – mit angepaßter Technologie erzeugt – wenig Sach- und Ausbildungskapital erfordern. Hohe Einkommenselastizitäten der Nachfrage nach Industriewaren lassen insbesondere für diese Produkte günstige Wachstumschancen erwarten; aber auch bei rohstoffintensiven Produkten sind die Wachstumsaussichten keineswegs ungünstig, vor allem wenn verstärkte Anstrengungen zur Qualitätssteigerung, Weiterverarbeitung und Standardisierung unternommen werden. Auch wenn die Produktion zunächst nur auf den heimischen Markt ausgerichtet ist, muß schon früh auf die Exportfähigkeit der Produkte geachtet werden. Da der Schutz der heimischen Produktion im Rahmen der Importsubstitutionspolitik, wie gezeigt, die Exportfähigkeit der Produkte oft behindert, wird es daher notwendig sein, die inländischen Produzenten möglichst früh ausländischer Konkurrenz auszusetzen.

Dieser ausländische Konkurrenzdruck wird auch am ehesten dazu geeignet sein, die Umstrukturierung der inländischen Produktion entsprechend den sich wandelnden komparativen Produktionsvorteilen zu fördern. Der Wandel in den komparativen Vorteilen eines Landes kann darin begründet sein, daß die Rohstoffbasis zur Neige geht und daß sich im Zuge des Entwicklungsprozesses die inländische Faktorausstattung verändert. Ein typisches Beispiel für den letzteren Fall ist Singapur. In den fünfziger und sechziger Jahren konzentrierte sich dieses Land auf die Produktion arbeitsintensiver Produkte. Nachdem seit einigen Jahren die Lage auf dem Arbeitsmarkt eher durch Arbeitskräfteknappheit als durch Arbeitslosigkeit gekennzeichnet ist und die Lohnsätze entsprechend angestiegen sind, wandelt sich die inländische Produktionsstruktur mehr und mehr hin zu technisch anspruchsvolleren Produkten. So geht in Singapur unter dem Konkurrenzdruck nachdrängender Entwicklungsländer die Bedeutung der Textil- und Bekleidungsindustrie zunehmend zurück, während nun etwa die Produktion elektrotechnischer Produkte eine dominierende Stellung einnimmt.

Eine weitere Voraussetzung für eine erfolgreiche Exportdiversifizierung ist die **Steigerung der Produktqualität** und **Verringerung der Produktionskosten.** Hohe Schutzmauern zur Förderung der Importsubstitution haben häufig ineffiziente Produktionsmethoden, hohe Produktionskosten und unausgelastete Kapazitäten (aber auch hohe Gewinne in der begünstigten Industrie) zur Folge. Soll nun von der Importsubstitution zur Exportdiversifizierung übergegangen werden, so zeigt es sich, daß der Abbau dieser Schutzmauern auf nahezu unüberwindliche Widerstände stößt (eine Tatsache, die aus den Industrieländern leider ebenfalls nur allzu vertraut ist). Auch hier erweist sich die Notwendigkeit, die inländischen Produzenten möglichst früh ausländischer Konkurrenz auszusetzen. Nur so kann vermieden werden, daß neben dem sonst oft – auch im Rahmen der Importsubstitution – allzu sehr im Vordergrund stehenden Wachstumsziel das Effizienzziel vernachlässigt wird.

Für den Erfolg der Exportdiversifizierung ist jedoch der Abbau der Protektion der heimischen Industrie in vielen Fällen nicht ausreichend; vielmehr sind zusätzliche gezielte **Maßnahmen zur Exportförderung** und zur Korrektur externer Effekte erforderlich. Hierzu zählt insbesondere der Aufbau einer leistungsfähigen **Exportinfrastruktur.** Diese umfaßt Dienstleistungen, die für den Exporterfolg unerläßlich sind, aber von einem einzelnen Unternehmen meist nicht bereitgestellt werden können. Elemente dieser Exportinfrastruktur sind etwa: Hafenanlagen, Transport- und Kommunikationseinrichtungen, Exportkredite, Exportrisikoversicherungen, Außenhandelskammern, Erforschung und Beobachtung der Auslandsmärkte, Qualitätskontrollen, Messen u.ä.m. In vielen Entwicklungsländern gibt es besondere Institutionen (Export Promotion Councils, Economic Development Boards o.ä.) zur Förderung und Beratung der heimischen Exporteure. Ferner können spezielle Subventionen zum Erfolg der Exportdiversifizierung beitragen; zu denken ist hierbei an Steuernachlässe, Ausfuhrprämien, die Bereitstellung billigen Rohmaterials, günstige Frachtraten, Zollrückvergütungen usw. Viele Entwicklungsländer haben sog. **Freihandelszonen** (free investment zones) eingerichtet, in denen aus- und inländischen Unternehmen unter besonderen Vergünstigungen (z.B. Zollfreiheit, Befreiung von der Besteuerung des Gewinns) für den Export produzieren können. Als sinnvoll erweist sich angesichts der Faktorausstattung der Entwicklungsländer auch, die Höhe der Subventionen an die Zahl der geschaffenen Arbeitsplätze zu koppeln.

Die Förderung der Exportdiversifizierung mit Hilfe von Subventionen wirft aber das Problem der allokations- und verteilungsneutralen Finanzierung und Vergabe dieser Mittel auf. Mit dieser Aufgabe dürfte indes das Administrationssystem, insbesondere das häufig nur rudimentär entwickelte Finanzverwaltungssystem, in vielen Entwicklungsländern überfordert sein. Daraus folgt allerdings nicht notwendig die Unterlegenheit der Exportverifizierung gegenüber der Importsubstitution, deren Nachteile ja gerade in ihren unerwünschten Allokations- und Verteilungswirkungen bestehen. Vielmehr erfordert dies den Aufbau eines leistungsfähigen und effizienten Verwaltungssystems.

Allgemeine wirtschaftspolitische Rahmenbedingungen für eine erfolgreiche Exportdiversifizierung sind darüber hinaus ein möglichst **stabiler Geldwert**, da die inländische Inflation die Wettbewerbsfähigkeit der Exporte verringert, sofern nicht eine entsprechende Anpassung des Wechselkurses der inländischen Währung erfolgt, und – damit eng verbunden – die **Wechselkurspolitik**; denn oft benachteiligt eine infolge der Protektionsmaßnahmen überbewertete Währung die inländischen Exporteure, da sie für ihre Ausfuhren nur einen geringeren Erlös erzielen als beim Gleichgewichtswechselkurs.

Diese Probleme können zwar in einem System flexibler Wechselkurse weitgehend vermieden werden, die meisten Entwicklungsländer lehnen ein solches System jedoch ab wegen der damit verbundenen Unsicherheit bezüglich der Kursentwicklung und weil sie auf das Instrument des Wechselkurses zur Realisierung wirtschaftspolitischer Ziele nicht verzichten wollen. Um einerseits die vermeintlichen Nachteile flexibler Wechselkurse zu vermeiden und um andererseits angesichts extrem hoher Inflationsraten allzu abrupte Paritätsänderungen zu umgehen, greifen einige Entwicklungsländer zu relativ häufigen kleineren Wechselkursanpassungen, **crawling peg**, deren Ausmaß sich nach nationalen Indikatoren, etwa der Inflationsrate, richtet.

Da eine überbewertete heimische Währung die einheimischen Exporteure benachteiligt, könnte in einer Abwertung über die Gleichgewichtsparität hinaus eine Möglichkeit zur Exportförderung gesehen werden. Das ist jedoch nur der Fall, wenn die Preiselastizität der Nachfrage nach diesem

Produkt größer als eins ist, denn dann reagiert die ausländische Nachfrage auf eine einprozentige Preissenkung mit einer größeren Nachfragesteigerung. Es ist jedoch zweifelhaft, ob diese Bedingung für die traditionellen Produkte der Entwicklungsländer gilt. Zudem muß jede Belebung des Exports durch eine Abwertung mit einer entsprechenden Verteuerung der Importe erkauft werden.

Schließlich seien auch **stabile politische Rahmenbedingungen** genannt als eine wichtige Voraussetzung für den Erfolg der Exportdiversifizierung, wie der Wirtschaftspolitik überhaupt, ob in den Industrie- oder den Entwicklungsländern.

3.10 Direkte Armutsbekämpfung

In den meisten der im vorangegangenen dargestellten Entwicklungstheorien ist wirtschaftliches Wachstum die entscheidende entwicklungsökonomische Zielvariable. Diese Zielsetzung bestimmte noch bis vor wenigen Jahren die Entwicklungspolitik. Die Entwicklungsländer insgesamt haben auch in der Vergangenheit eine Phase anhaltenden und vergleichsweise raschen Wachstums erlebt. Das reale Bruttosozialprodukt aller Entwicklungsländer wuchs pro Kopf im Zeitraum 1960–1970 im Durchschnitt um jährlich 3,1 vH, von 1970–1980 um 3,2 vH und von 1980–1991 um deutlich über 3,0 vH. Noch nie zuvor konnte eine so große Zahl von Menschen (1992 ca. 4,2 Mrd., einschl. VR China) in so kurzer Zeit ein so hohes Wachstum erzielen.

Die insgesamt bemerkenswerten Erfolge der Entwicklungsländer bei der Beschleunigung ihrer wirtschaftlichen Entwicklung kamen indes (1) nicht allen Entwicklungsländern und (2) innerhalb der Entwicklungsländer nicht der gesamten Bevölkerung in gleicher Weise zugute.

Zu (1): Einer kleinen Gruppe äußerst erfolgreicher Entwicklungsländer, die vorwiegend zu den Ländern mit mittlerem Pro-Kopf-Einkommen (MIC[17]) zählen, steht eine große Zahl von Ländern mit nur sehr bescheidenem Wachstum oder mit gar sinkenden Pro-Kopf-Einkommen gegenüber. So erzielte etwa im Durchschnitt der Jahre 1980–1991 Südkorea eine Wachstumsrate des realen Bruttosozialprodukts pro Kopf von 8,7 vH, China 7,8 vH, Hongkong 5,6 vH und Singapur 5,3 vH. Dagegen nahmen die Pro-Kopf-Einkommen der über 50 Niedrigeinkommensländer (Low Income Countries[18]) Südasiens und Afrikas südlich der Sahara, in denen rund 1,7 Mrd. Menschen leben, im gleichen Zeitraum kaum zu. In einer Reihe von Ländern gingen die Pro-Kopf-Einkommen sogar absolut zurück (z. B. in Zaire, Madagaskar, Niger, Zentralafrikanische Republik, Äthiopien, Mauretanien, Ruanda, Sierra Leone, Côte d'Ivoire, Nigeria).

Zu (2): Beunruhigender noch ist die ungleiche Verteilung der Wachstumserfolge innerhalb der Entwicklungsländer. In vielen dieser Länder ver-

[17] Vgl. Kapitel 2.
[18] Vgl. Kapitel 2.

fügen die reichsten 5 vH der Bevölkerung im Durchschnitt über 20–30 vH der Privateinkommen aller Haushalte, während die ärmsten 20 vH nur 4–5 vH und oft gar noch weniger erhalten[19]. Wachstumsraten des Bruttosozialprodukts stellen dann lediglich einen Indikator für Wohlfahrtssteigerungen der oberen Einkommensschichten dar, die Ärmsten bleiben vom Wachstum nahezu unberührt. Es gibt sogar Hinweise darauf, daß in vielen Ländern wirtschaftliches Wachstum einherging mit einer Verschlechterung der Lebensbedingungen der ärmsten 40 vH der Bevölkerung, insbesondere der Bevölkerung auf dem Land.

Zwar verringerte sich in den siebziger und achtziger Jahren der Anteil der Menschen, die unterhalb der von der Weltbank definierten absoluten Armutsschwelle leben, ihre Zahl jedoch nahm absolut zu und liegt nun (ohne VR China und ehemals sozialistische Länder) bei über einer Milliarde Menschen. Selbst im Jahr 2000 wird die Zahl der absolut Armen nach Schätzungen der Weltbank nicht unter 600 Mio. Menschen liegen. **Absolute Armut** bedeutet für diese nicht allein niedrige Einkommen, sondern unzureichende Ernährung, mangelnde Gesundheitsvorsorge, fehlende Ausbildung.

80–85 vH der absolut Armen gehören zur Landbevölkerung, sind vorwiegend von der Landwirtschaft abhängig und meist landlose oder nahezu landlose Arbeiter.

Dieses Nebeneinander von Reichtum und zunehmender Armut in den Entwicklungsländern förderte in den siebziger Jahren die Einsicht, daß Wachstum allein nicht ausreicht, die Lebensbedingungen der Armen in angemessener Zeit zu verbessern; die direkte Bekämpfung der Armut und die Befriedigung des menschlichen Grundbedarfs werden nun stärker in den Vordergrund gestellt.

Nach dem Zweiten Weltkrieg bis in das vergangene Jahrzehnt hinein wurde, etwa auch unter dem bedeutenden Einfluß der Weltbank und einiger Entwicklungsökonomen, Wachstum als die entscheidende entwicklungsstrategische Variable angesehen. Dabei stellte Wachstum durchaus nicht einen Selbstzweck dar, sondern es sollte Indikator sein für Wohlstand und Entwicklung. Trotz vielfältiger Versuche, eine exakte und leicht quantifizierbare Beschreibung dessen zu finden, was Wohlstand sei und wie Wohlstandsänderungen gemessen werden könnten, und trotz der bekannten konzeptionellen Mängel des Bruttosozialprodukts als Wohlstandsindikator erschien dennoch das Bruttosozialprodukt pro Kopf und dessen Wachstumsrate am geeignetsten zur näherungsweisen Bestimmung des Entwicklungsstandes eines Landes und dessen Veränderung im Zeitverlauf. Die einseitige Betonung der Wachstumszielsetzung und die weitgehende Vernachlässigung des Verteilungsziels – ganz abgesehen vom Effizienzziel – schien gerechtfertigt durch die Überlegung, daß nur bei rasch wachsendem Güterberg die Realisierung von Verteilungszielen möglich sei und daß die erhofften Wachstumsgewinne automatisch zu den ärmeren Schichten «durchsickern» würden. Durch die höhere Produktion würde sich die Nachfrage erhöhen, durch Produktivitäts-

[19] Vgl. auch Kapitel 6.2.2.

steigerungen könnten Lohnerhöhungen und/oder Preissenkungen realisiert werden und so langfristig das Einkommensniveau der Armen angehoben werden.

Das Ausbleiben der erhofften **Sickereffekte** (trickle down effects) hat die Kritik an der wachstumsorientierten Strategie verstärkt. Im Vordergrund steht nun die **direkte Bekämpfung der Armut** durch Ausweitung produktiver Beschäftigungsmöglichkeiten, Reduzierung der Disparitäten der Einkommens- und Vermögensverteilung und die Befriedigung des menschlichen Grundbedarfs.

Der zentrale Gedanke des Grundbedarfskonzepts ist nicht neu. Bereits im Jahr 1954 enthielt ein Katalog der Vereinten Nationen Elemente, die auch heute als Bestandteile dieses Konzepts angeführt werden. In der indischen Entwicklungsplanung gab es schon seit den frühen sechziger Jahren den «Minimum Level of Living» (Mindestlebensstandard)- oder «Minimum Needs» (Mindestbedarf)-Ansatz. Doch erst die anhaltende Armut in den Entwicklungsländern führte zur Rückbesinnung auf diese und ähnliche Ansätze und zu intensiveren Bemühungen der direkten Bekämpfung der Armut.

Grundbedarf umfaßt dabei nach einer weitverbreiteten Definition der Internationalen Arbeitsorganisation (ILO):

(1) Bestimmte Mindesterfordernisse bezüglich des **privaten Konsums** einer Familie an Nahrung, Wohnung und Bekleidung sowie gewissen Haushaltsgeräten und Möbeln.

(2) Wichtige **öffentliche Güter und Dienstleistungen**, die für die Allgemeinheit bereitgestellt werden, wie sauberes Wasser, sanitäre Anlagen, öffentliche Verkehrsmittel, Gesundheits- und Bildungseinrichtungen.

(3) Als unerläßlich zur Befriedigung des Grundbedarfs wird zudem die **Beteiligung der Bevölkerung** an den sie berührenden Entscheidungen angesehen.

Die Umsetzung des Grundbedarfskonzepts in praktische Politik ist allerdings mit einigen Problemen verbunden:

(1) Es gibt keine objektiven Kriterien zur Bestimmung der Zusammensetzung des Grundbedarfsgüterkorbes. Dürfte eine Einigung über dessen qualitative Zusammensetzung noch vergleichsweise leicht zu erzielen sein, so bereitet die quantitative Festlegung der jeweiligen Minimumstandards sowie die Entscheidung, wer diese Minima definiert, unüberwindliche Probleme.

(2) Auch wenn die physiologischen Mindestvoraussetzungen für das Überleben eines Menschen bekannt sind, so ist die konkrete Zusammensetzung dieses Bedarfs abhängig von der jeweiligen Region, dem Klima, der Jahreszeit, der Kultur und nicht zuletzt von jeder einzelnen Person. Ähnliches gilt für den Wohnraum und alle anderen Elemente des Grundbedarfs. Auch die wissenschaftliche Analyse des Bedarfs, etwa durch internationale Experten, löst dieses Problem nur scheinbar, denn zu sehr wächst die Gefahr, daß dann die tatsächlichen Bedürfnisse der Bevölkerung den dermaßen «objektivierten», letztlich wiederum subjektiv bestimmten Bedürfnissen untergeordnet werden.

(3) Werden die Güter des Grundbedarfs von den Individuen bestimmt,

besteht für gewisse öffentliche Güter (z. B. im Gesundheits- und Bildungsbereich) die Gefahr einer unzureichenden Versorgung.

(4) Es reicht nicht aus, lediglich das Angebot des Grundbedarfs zu erhöhen; es muß ebenso sichergestellt sein, daß diese Güter auch den tatsächlich bedürftigen Kreisen der Bevölkerung zugute kommen. In der praktischen Entwicklungspolitik wird versucht, das durch **Zielgruppenorientierung** der Hilfsmaßnahmen zu erreichen.

(5) Der Grundbedarf variiert auch im Zeitverlauf und wird daher auch als dynamisches Konzept interpretiert.

(6) Zu den «materiellen» Bedürfnissen werden oft «nicht-materielle» hinzugefügt, wie persönliche Freiheit, Mitbestimmung, Beteiligung der Bevölkerung (people›s participation).

(7) Die Realisierung des Grundbedarfskonzepts wirft jedoch nicht nur Probleme der Operationalisierbarkeit und der Formulierung einer geeigneten Strategie auf. Sie erfordert vor allem eine **Änderung der Wirtschaftspolitik in den Entwicklungsländern** selbst. So impliziert eine Strategie, welche die Erhöhung der Einkommen der Ärmsten zum Ziel hat, daß in der Gesellschaft zusätzlichen Einkommen für die reichsten Bevölkerungsgruppen ein geringerer Wert beigemessen wird als steigenden Einkommen der ärmeren Bevölkerungskreise. Die politischen Probleme der Gewichtung der Einkommensanteile der verschiedenen sozio-ökonomischen Gruppen können jedoch nur vom jeweiligen Land selbst gelöst werden.

(8) Hierin sowie in der oft gehegten Befürchtung, die Industrieländer wollten sich mit der Grundbedarfsstrategie in die inneren Angelegenheiten der Entwicklungsländer einmischen, westliche Wertvorstellungen dorthin übertragen und mit der Propagierung dieser Strategie von der Diskussion um die Neue Weltwirtschaftsordnung ablenken, dürfte die meist zögernde Aufnahme der Grundbedarfsstrategie durch viele der offiziellen Vertreter der Dritten Welt begründet sein.

In den letzten Jahren wird von den offiziellen Entwicklungsinstitutionen (u. a. Weltbank) eine zweigleisige Strategie verfolgt: Einerseits soll ein umfassendes Wirtschaftswachstum gefördert werden, um den Armen die Chance zu geben, ihre Arbeitskraft, das Gut, über das sie am reichlichsten verfügen, effizient einzusetzen. Andererseits soll der Zugang der Armen zu den grundlegenden sozialen Diensten gesichert werden. Auf diese Weise sollen sie in die Lage versetzt werden, am Wirtschaftswachstum teilzuhaben und ihren Lebensstandard zu heben.

4 Internationaler Handel

4.1 Einführung

Der Außenwirtschaftssektor ist in den meisten Entwicklungsländern von großer wirtschaftlicher Bedeutung. So beträgt die Exportquote (Anteil der Exporte von Gütern und Dienstleistungen am BSP) im Durchschnitt aller Entwicklungsländer rund 22 vH (1992)[1]. In vielen Entwicklungsländern werden gar mehr als die Hälfte aller in einem Jahr erstellten Güter und Dienstleistungen ausgeführt, so etwa in den meisten ölexportierenden Entwicklungsländern, und in Hongkong und Singapur erreichen oder übertreffen gar die Exporte das BSP. Nur in wenigen Ländern liegt diese Quote unter 10 vH, z.B. in China, Indien und Birma. Da die ölexportierenden Entwicklungsländer mit wenigen Ausnahmen ein Handelsbilanzdefizit aufweisen, d.h. mehr Güter und Dienstleistungen einführen als ausführen, liegt die Importquote (Anteil der Importe von Gütern und Dienstleistungen am BSP) meist noch über der Exportquote.

Ferner stellen die Exporterlöse die bedeutendste Quelle für Deviseneinnahmen dar. In den ölimportierenden Entwicklungsländern betragen im Durchschnitt die Erlöse für die Ausfuhr von Gütern und Dienstleistungen mehr als das Zehnfache aller übrigen Netto-Kapitalzuflüsse. Die Netto-Zuflüsse aus öffentlicher Entwicklungshilfe (ODA) belaufen sich nur auf 5–6 vH der gesamten Exporterlöse, die Direktinvestitionen nur auf zwischen 1 und 2 vH und die privaten und öffentlichen Exportkredite auf weniger als 1 vH (Abbildung 4.1).

Schließlich trägt der Außenhandel in erheblichem Umfang zur Finanzierung der Staatshaushalte der Entwicklungsländer bei. Wegen eines meist nur rudimentär entwickelten Steuersystems, das in der Regel nur geringe Möglichkeiten zur indirekten und nahezu keine zu einer umfassenden direkten Besteuerung bietet, stellt die Besteuerung der Aus- und Einfuhren eine sichere und mit vergleichsweise geringem Aufwand verbundene Quelle für öffentliche Einnahmen dar. In den Nicht-öl Entwicklungsländern beträgt der Anteil der Steuern auf den internationalen Handel und andere Transaktionen an den gesamten Staatseinnahmen im Durchschnitt rund 15 vH (in den Industrieländern knapp 1 vH), in einigen Ländern liegt er gar bei mehr als 30 vH (z.B. Gambia 76 vH, Ghana 43 vH, Mauritius 50 vH, Guinea-Bissan 40 vH, Malediven 35 vH, Sri Lanka 32 vH, Indonesien 30 vH, Bahamas 58 vH, El Salvador 26 vH, Venezuela 20 vH).

1 Zum Vergleich: Die Exportquote der Bundesrepublik Deutschland betrug im Jahre 1992 rund 25 vH, die Frankreichs 20 vH, die Großbritanniens 20 vH, jene Japans 10 vH und jene der USA 8 vH.

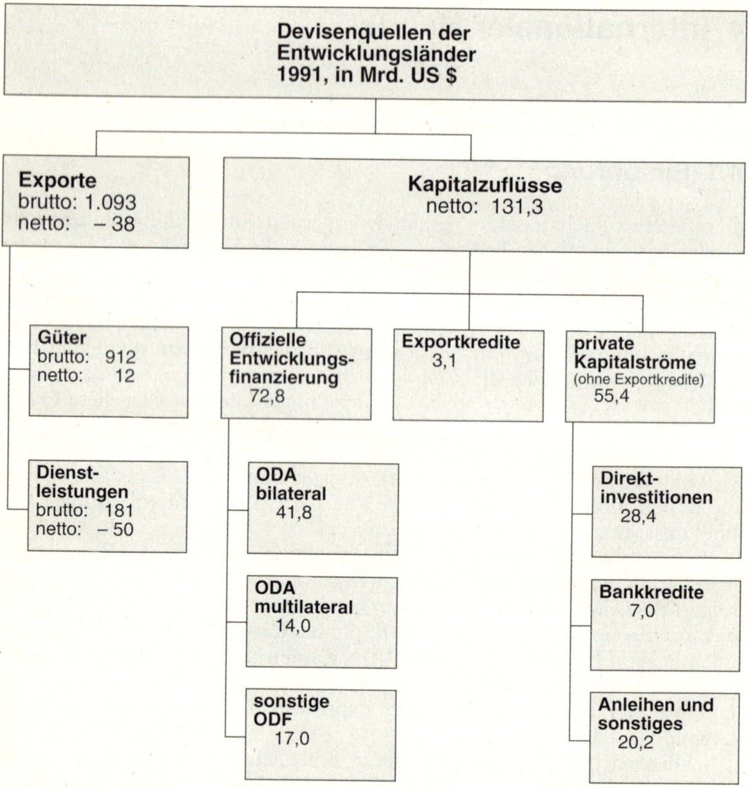

Abbildung 4.1 Devisenquellen der Entwicklungsländer, 1991

Daten aus: OECD, Development Co-operation, 1992 Report, Paris 1992. IMF, Balance of Payments Statistics, Yearbook 1992, Washington, D.C. 1992.

Am bedeutsamsten jedoch ist der Beitrag des Außenhandels zum Schließen der **Sparlücke** und der **Devisenlücke** sowie der Anreiz zur Ausweitung der inländischen Produktionskapazitäten und zur Verbesserung der Wettbewerbsfähigkeit (Effizienz) der heimischen Industrie durch vermehrte Aus- und Einfuhren.

In einer **offenen Volkswirtschaft** setzt sich das Sozialprodukt (Y) zusammen aus dem Konsum (C), zuzüglich der Exporte (X) und der Investitionen (I), abzüglich der Importe (M),

$$Y = C + I + X - M.$$

In einer **geschlossenen Volkswirtschaft** verkürzt sich diese Definition auf

$$Y = C + I.$$

Da in einer jeden Volkswirtschaft die Ersparnisse (S) dem Sozialprodukt minus dem Konsum entsprechen, gilt im Falle der offenen Volkswirtschaft die makroökonomische Gleichgewichtsbedingung

$$S_o = I_o + X - M \text{ bzw. } I_o = M - X + S_o,$$

in einer geschlossenen Volkswirtschaft dagegen

$$S_g = I_g.$$

Im Falle einer offenen Volkswirtschaft bietet sich somit die Möglichkeit, die Investitionen über die inländische Ersparnis hinaus zu erhöhen, und zwar um den Betrag, um den die Importe die Exporte übersteigen. In diesem Ausmaß fließt dem Inland gewissermaßen ausländische Ersparnis zu, deren realer Gegenwert sich in einem Importüberschuß niederschlägt, während das monetäre Äquivalent in Kapitalimporten, z.B. Bankkredite, Entwicklungshilfe oder Anleihen, die von Ausländern gezeichnet werden, besteht. In dem Maß, in dem die inländische Ersparnis durch Ressourcentransfer aus dem Ausland (ausländische Ersparnis) aufgestockt wird, können die inländischen Investitionen erhöht werden.

In vielen Entwicklungsländern, ob eher offene oder eher geschlossene Volkswirtschaften, reichen die Inlandsersparnisse (S_o, S_g) nicht aus, alle Investitionen (I^*) zu finanzieren, die erforderlich sind, eine vorgegebene Wachstumsrate des Sozialprodukts zu realisieren, es besteht eine Sparlücke (**savings gap**, G_s)

$$G_s = I^* - I = I^* - (M - X + S).$$

In einer Volkswirtschaft, die Außenhandel betreibt, besteht jedoch die Möglichkeit, diese Sparlücke durch ausländische Ersparnisse zu verringern oder gar völlig abzubauen; einer Volkswirtschaft ohne Außenhandelsbeziehungen ist diese Möglichkeit verschlossen.

Unabhängig von der Sparlücke kann auch eine **Devisenlücke** auftreten und verhindern, daß die als notwendig erachteten Investitionen durchgeführt werden. Angenommen, ein Land ist nicht in der Lage, bestimmte Investitionsgüter selbst herzustellen, dann besteht ein gewisser (marginaler oder durchschnittlicher) Importanteil (m_i) bei den Investitionsgütern, der in den Entwicklungsländern etwa zwischen 30 und 60 vH beträgt. Der restliche Anteil ($1-m_i$) stammt aus inländischer Produktion.

$$I = m_i\, I + (1 - m_i)\, I.$$

Selbst wenn die inländische Ersparnis den geplanten Investitionen entspricht und damit keine Sparlücke besteht, können die Investitionen nicht realisiert werden, wenn nicht die notwendigen Devisen zur Verfügung stehen, den Importanteil der Investitionsgüter zu finanzieren. Eine solche Devisenlücke (**foreign exchange gap**, G_d) besteht, wenn die Deviseneinnahmen aus Exporten (X) geringer sind als die Summe der erforderlichen Devisen für Importe von Investitionsgütern ($m_i\, I$) und der Devisenausgaben für Konsumgüterimporte, deren Höhe einen bestimmten Anteil des Sozialprodukts ausmacht (m_c Y),

$$G_d = X - (m_i I + m_c Y).$$

Diese Devisenlücke kann gefüllt werden einerseits durch höhere Exporte, andererseits durch einen Importüberschuß (Außenhandelsdefizit) bei entsprechenden Kapitalimporten sowie durch eine Kombination vermehrter Aus- und Einfuhren und damit insgesamt durch intensivere Außenwirtschaftsbeziehungen.

Neben diesen direkten sind mit intensiveren Außenwirtschaftskontakten wichtige indirekte Wirkungen verbunden; höhere Ausfuhren eröffnen die Möglichkeit, zunehmende Skalenerträge (sinkende Durchschnittskosten) zu realisieren, der Konkurrenzdruck der Importe erhöht die Effizienz der inländischen Produktion, die Produktqualität wird verbessert, neue Produktionstechniken werden eingeführt.

Allein diese wenigen Hinweise zur Bedeutung des Außenhandels für die Entwicklungsländer dürften veranschaulichen, welche Wirkungen vom Außenhandel auf die wirtschaftliche Entwicklung ausgehen können; sie zeigen aber auch, wie besonders anfällig diese Länder für unerwünschte weltwirtschaftliche Einflüsse sind. So ist die Stellung der Entwicklungsländer in der Weltwirtschaft umstritten, und die Beurteilung der Frage, ob den Entwicklungsländern aus ihrer Integration in die Weltwirtschaft überwiegend Vor- oder Nachteile erwachsen, ist Gegenstand anhaltender Kontroversen. Daher erscheinen zunächst einige grundsätzliche Überlegungen zur Stellung der Entwicklungsländer in der Weltwirtschaft angebracht.

4.2 Weltwirtschaftliche Arbeitsteilung

Auf Adam Smith geht die Erklärung des internationalen Handels durch **absolute Produktionsvorteile** zurück. Danach exportiert ein Land jene Güter, die es im Vergleich zum Ausland zu absolut niedrigeren Kosten herstellen kann, und es importiert die Güter, die im Ausland zu absolut niedrigeren Kosten produziert werden. Zusätzlich stellt der Außenhandel nach Smith ein Ventil für im Inland nicht absetzbare Überschußproduktion (**vent for surplus**) dar.

Aussagefähiger als diese beiden – eher dogmenhistorisch interessanten – Ansätze sind jene, die von **komparativen Produktionsvorteilen** (David Ricardo) ausgehen.

4.2.1 Das Theorem der komparativen Kosten

Komparative Kostenunterschiede bilden den wichtigsten Ansatzpunkt zur Erklärung der internationalen Arbeitsteilung. Das Theorem der komparativen Kosten besagt in seinem Kern, daß es für ein Land vorteilhaft ist, nicht alle Güter, die von der inländischen Bevölkerung nachgefragt werden, selbst herzustellen. Es sollte sich vielmehr auf die Produktion jener Güter spezialisieren, die es zu den relativ günstigsten Bedingungen produzieren kann. Ein einfaches Beispiel kann diese Zusammenhänge verdeutlichen: Zwei Länder, beispielsweise Deutschland und Indien, seien in der Lage, je zwei gleiche Güter zu erzeugen. Mit den vorhandenen Ressourcen können etwa in Deutschland entweder 200 Einheiten Maschinen produziert werden oder 120 Einheiten Textilien; Indien dagegen kann entweder 100 Einheiten Maschinen oder 90 Einheiten Textilien erstellen[2]. Indien ist offensichtlich in der Produktion beider Produkte unterlegen, hat bei beiden einen absoluten Produktionsnachteil; dieser ist jedoch vergleichsweise am geringsten in der Produktion von Textilien (200/100 < 120/90), dort besitzt es einen komparativen Produktionsvorteil.

Dagegen ist die Überlegenheit von Deutschland bei der Produktion von Maschinen am größten, besitzt es in deren Herstellung einen komparativen Produktionsvorteil. Nehmen nun die beiden Länder miteinander Handel auf, so kann Indien sein Einkommensniveau erhöhen, indem es sich auf die Produktion von Textilien spezialisiert, die es – annahmegemäß – mit einem komparativen Produktionsvorteil erzeugt. Umgekehrt wird Deutschland sich auf die Produktion von Maschinen spezialisieren, da es bei deren Produktion komparativ überlegen ist.

Daß diese Spezialisierung für Indien – und auch für Deutschland – vorteilhaft ist, wird deutlich, wenn man die inländischen Austauschverhältnisse vor und nach Aufnahme des Handels vergleicht. In Deutschland werden vor Handel 200 Einheiten Maschinen gegen 120 Einheiten Textilien getauscht, das Austauschverhältnis beträgt also 1 Einheit Maschinen zu 0,6 Einheiten Textilien; in Indien beträgt die Relation 1 Einheit Maschinen zu 0,9 Einheiten Textilien. Textilprodukte sind offensichtlich in Indien relativ billiger als in Deutschland. Nach Aufnahme des Handels zwischen den beiden Ländern bildet sich nun ein Weltmarktpreisverhältnis, das zwischen den beiden nationalen Preisverhältnissen liegen muß[3]. Ergibt sich beispielsweise ein Weltmarktpreisverhältnis für 1 Einheit Maschinen zu 0,75 Einheiten Textilien, dann erhält Indien durch den Verzicht auf 0,9 Einheiten Textilien auf dem Weltmarkt 1,2 Einheiten Maschinen, gegenüber 1 Einheit zuvor auf dem Inlandsmarkt. Analog gilt für Deutschland: Durch den Verzicht auf 1 Einheit Maschinen erhält es auf dem Weltmarkt nun 0,75 Einheiten Textilien, statt 0,6 Einheiten im Inland. Die Einkommenspositionen beider Länder haben sich demnach verbessert.

Diese Zusammenhänge lassen sich auch graphisch sehr gut veranschaulichen. In Abbildung 4.2 ist die Produktionsmöglichkeitskurve PP für Indien abgetragen. Sie ist konkav nach außen gewölbt, d.h. es werden zunehmende Grenzkosten (statt zuvor konstante) unterstellt. Bei der gegebenen Präferenzstruktur der Individuen – repräsentiert durch die Indifferenzkurven U_1, U_2 – würde Indien im Autarkiezustand den Produktionspunkt A realisieren; er ist

[2] Natürlich können auch Kombinationen beider Produkte hergestellt werden, z.B. in Deutschland 100 Einheiten Maschinen und 60 Einheiten Textilien und in Indien 81 Einheiten Textilien und 10 Einheiten Maschinen.

[3] In der Regel wird ein Land nur dann am Welthandel teilnehmen, wenn das nationale Preisverhältnis vom internationalen abweicht.

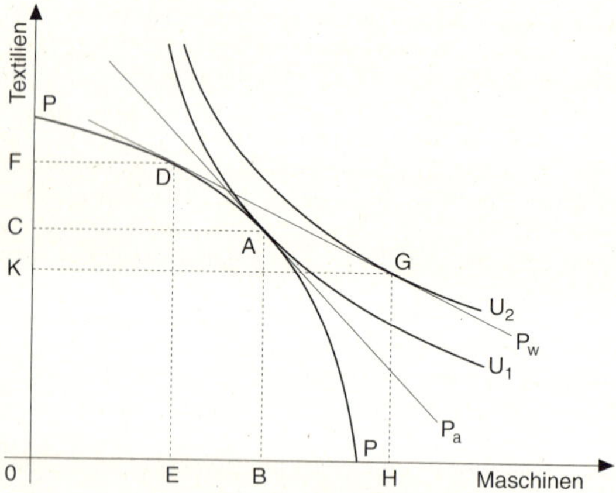

Abbildung 4.2 Wohlfahrtseffekte des Außenhandels

gleichzeitig Konsumpunkt. Es werden OB Einheiten Maschinen und OC Einheiten Textilien produziert. Die Individuen erreichen ein Wohlfahrtsniveau, das durch die Indifferenzkurve U_1 repräsentiert wird. Die Gerade Pa beschreibt das inländische Peisverhältnis im Autarkiezustand[4]. Nimmt Indien nun am Welthandel teil, so gilt das Weltmarktpreisverhältnis Pw[5]. Im Vergleich zu diesem ist der inländische relative Preis für Textilien niedriger; Indien weist bezogen auf das Weltmarktpreisverhältnis einen komparativen Produktionsvorteil für Textilien auf, da es in Relation zum Weltmarktpreisverhältnis Textilien günstiger herstellen kann. Für Indien erweist es sich daher als vorteilhaft, die Produktion von Textilien auszudehnen, und zwar so lange, bis die relativen Weltmarktpreise den inländischen Grenzkostenverhältnissen entsprechen. Das ist in Punkt D der Fall; die Produktion von Maschinen wird auf OE Einheiten eingeschränkt, die von Textilien auf OF ausgedehnt. Die inländische Konsumstruktur verlagert sich hin zu dem nun relativ billiger gewordenen Gut, bis die relativen Weltmarktpreise der Grenzrate der Substitution im Konsum entsprechen. Der neue Konsumpunkt (G) liegt außerhalb der Produktionsmöglichkeiten des Landes und damit auf einem Wohlfahrtsniveau (U_2), das jenem im Autarkiezustand überlegen ist. Es kann nur realisiert werden, da im Inland nun die Weltmarktpreise Pw gelten, die Textilien relativ höher bewerten als die Autarkiepreise (**Handelsgewinn**), und weil das Land sich stärker auf die Produktion jenes Gutes spezialisiert, das es mit einem komparativen Produktionsvorteil herstellt

[4] Das Preisverhältnis entspricht der Grenzrate der Substitution im Konsum und in der Produktion (Grenzrate der Transformation).

[5] Dabei ist angenommen, daß Indien ein «kleines» Land ist in dem Sinne, daß es keinen Einfluß auf die Weltmarktpreise ausüben kann.

(**Spezialisierungsgewinn**). Der Ausgleich zwischen Konsumpunkt G und Produktionspunkt D erfolgt durch Außenhandel. Indien exportiert KF Einheiten Textilien und importiert dafür EH Einheiten Maschinen.

Obwohl Indien einen komparativen Vorteil bei der Produktion von Textilien besitzt, spezialisiert es sich nicht völlig auf Textilien. Ab Punkt D ist eine weitere Ausdehnung der Textilproduktion nicht mehr sinnvoll. Es findet indes ein tiefgreifender Strukturwandel statt, der mit einem ähnlichen Strukturwandel in jenem Land einhergeht, mit dem die Handelsbeziehungen bestehen, denn dort wird umgekehrt die Maschinenproduktion ausgedehnt, während die Textilindustrie schrumpft.

4.2.2 Ursachen komparativer Kostenunterschiede

Wie im vorangegangenen Abschnitt deutlich wurde, beruhen die Vorteile aus dem Außenhandel auf komparativen Kostenunterschieden/Produktionsvorteilen. Es stellt sich somit die Frage nach deren Ursachen. Mehrere Erklärungen bieten sich an:

4.2.2.1 Arbeitsproduktivität

Die erste Erklärung begründet komparative Produktionsvorteile mit einer von Land zu Land unterschiedlichen **Arbeitsproduktivität**. Arbeit ist der einzige Produktionsfaktor; klimatische und sonstige Rahmenbedingungen der Produktion bewirken nun, daß das Produktionsergebnis je eingesetzter Arbeitskraft (Arbeitsproduktivität) von Land zu Land variiert. Diese auf Ricardo zurückgehende Erklärung komparativer Kostenunterschiede wird häufig dazu herangezogen, die komparative Überlegenheit der Entwicklungsländer in der Produktion von Gütern zu erklären, die einen hohen Anteil natürlicher Ressourcen aufweisen (z.B. tropische Erzeugnisse wie Tee, Kaffee, Kakao, Kautschuk).

Die Aussagefähigkeit dieser Erklärung ist nicht von der wenig realitätsnahen Beschränkung auf nur einen Produktionsfaktor (Arbeit) abhängig. So können auch von Land zu Land unterschiedliche **güterspezifische Produktionsfaktoren** dazu führen, daß die Produktivität der übrigen eingesetzten Produktionsfaktoren international variiert. Die Beschränkung auf nur einen Faktor kann umgangen werden, indem Kosten nicht als Faktorkosten interpretiert werden, sondern als **Verzichtskosten**, die entstehen, wenn die Produktion eines Gutes «auf Kosten» eines anderen ausgedehnt wird (Opportunitätskosten).

4.2.2.2 Faktorausstattung

Die zweite Erklärung geht dagegen von international identischen Produktionsfunktionen aus und begründet komparative Produktionsvorteile mit Unterschieden in den relativen Faktoraussattungen. Ein Land hat demnach einen komparativen Produktionsvorteil bei den Gütern, in deren Produktion der im Inland relativ reichlich vorhandene Faktor intensiv eingesetzt wird. Dieses **Faktorproportionentheorem** wurde insbesondere von Heckscher und Ohlin aufgestellt und von Samuelson weiterentwickelt und präzisiert.

Auf das Beispiel Indien/Deutschland übertragen besagt das Theorem: Beide Länder sind in der Lage, mit Hilfe der zwei Faktoren Arbeit (A) und Kapital (K) die beiden Güter Textilien und Maschinen herzustellen. Der Faktor Arbeit ist in Indien relativ reichlicher vorhanden als in Deutschland.

$$\frac{K_{(I)}}{A_{(I)}} < \frac{K_{(D)}}{A_{(D)}}$$

Sind nun Textilien das arbeitsintensiv erzeugte Gut und die Maschinen das kapitalintensive, dann besitzt Indien einen komparativen Produktionsvorteil in der Produktion von Textilien, Deutschland in der Produktion von Maschinen.

Offenbar eignet sich dieses Theorem ganz besonders zur Erklärung des Handels zwischen Entwicklungs- und Industrieländern, wenn man die großen Unterschiede in den relativen Faktorausstattungen dieser beiden Ländergruppen bedenkt. Denn im Vergleich zu den Industrieländern verfügen die Entwicklungsländer über viele Arbeitskräfte, sind aber mit nur wenig Kapital ausgestattet.

Noch besser für die Erklärung des Handels zwischen den Industrie- und den Entwicklungsländern dürfte das **Neo-Faktorproportionentheorem** geeignet sein. Es unterteilt die Produktionsfaktoren nicht nur in Arbeit und Kapital, sondern unterscheidet **Sachkapital, Ausbildungskapital** (human capital) und **ungelernte Arbeitskraft.** Aufgrund ihrer relativen Faktorausstattung weisen die Entwicklungsländer bei den Gütern einen komparativen Produktionsvorteil auf, zu deren Produktion relativ viele ungelernte Arbeitskräfte eingesetzt werden, die Industrieländer haben Vorteile bei sach- und ausbildungskapitalintensiv erstellten Produkten. Die Textil- und die Bekleidungsindustrie sind typische Beispiele für den ersten Fall, der Maschinenbau oder die Chemische Industrie für den zweiten.

4.2.2.3 Technologie

Die dritte Erklärung berücksichtigt, daß die **technologischen Kenntnisse und Fähigkeiten** international nicht identisch sind und daß die Übertragung der Technologie von einem Land in ein anderes mit Kosten und Zeitaufwand verbunden ist. Die Produktionsfunktionen sind nicht identisch und können sich im Zeitverlauf ändern. Dabei durchlaufen die Industrieerzeugnisse einen «**Produktzyklus**». Die Neuentwicklung eines Produkts erfordert viel technisches Wissen und damit Ausbildungskapital (Forscher, Techniker, Facharbeiter, Unternehmer). Mit zunehmender Ausreifung und Standardisierung sinkt der Einsatz von Ausbildungskapital und steigt jener von Sachkapital und ungelernter Arbeitskraft. So ändert sich der komparative Produktionsvorteil im Zeitverlauf. In den Entwicklungsländern mangelt es an hochqualifizierten Fachkräften zur Entwicklung neuer Produkte. Neue Technologien sind ferner häufig durch Patente geschützt und zudem nicht ohne weiteres übertragbar. Komparative Produktionsvorteile werden die Entwicklungsländer daher bei solchen Produkten aufweisen, die in ihrem Zyklus bereits die Phase der standardisierten Massenproduktion erreicht haben;

diese Produkte werden mit einer bekannten, einfachen Technologie unter intensivem Einsatz ungelernter Arbeitskräfte hergestellt.

Die drei erläuterten Erklärungszusammenhänge unterscheiden sich stark hinsichtlich ihrer produktionstheoretischen Annahmen, insbesondere bezüglich der Annahmen über die Mobilität der Faktoren und die Verfügbarkeit der Produktionstechnologie. Für einige Industriezweige bzw. Güter mögen die Annahmen des ersten Erklärungsansatzes gegeben sein, für andere Industriezweige jene des zweiten oder dritten. In den letzten Jahren gewinnt immer stärker an Bedeutung, daß sich die Mobilität der Faktoren Sachkapital und Technologie zunehmend vergrößert und somit die relative Faktorausstattung bzw. technologische Unterschiede an Bedeutung verlieren. Zumindest im Vergleich zu Sachkapital und Technologie ist dagegen die Mobilität des Faktors Arbeit international noch immer gering. Wenn aber Sachkapital und Technologie international immer mobiler werden, verlieren komparative Produktionsvorteile, die sich aus der relativen Verfügbarkeit dieser Produktionsfaktoren oder aus technologischen Unterschieden herleiten, in gleichem Maße an Bedeutung. Es bleibt dann hauptsächlich die Qualifikation der Arbeitskräfte (Humankapital) als Bestimmungsgrund komparativer Produktionsvorteile oder -nachteile.

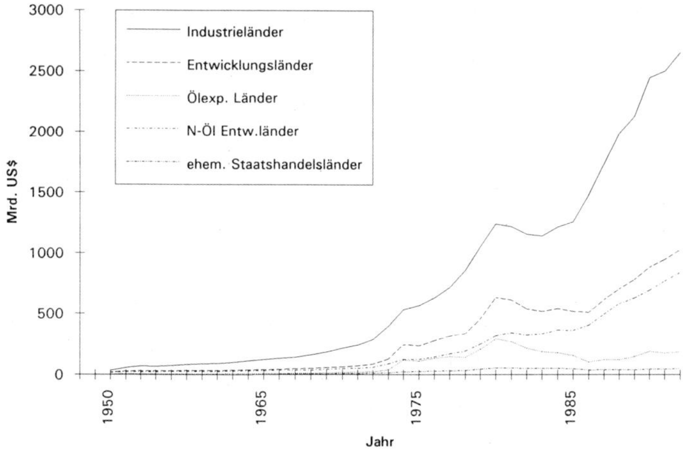

Abbildung 4.3 Weltexporte nach Ländergruppen 1950–1992

Quelle: IMF, Direction of Trade Statistics, Washington, D. C., versch. Jhg. IMF, International Financial Statistics, Washington, D. C., versch. Jhg.

4.3 Entwicklungsländer im Welthandel

Sollte man auf dem Hintergrund dieser grundsätzlichen Überlegungen eine intensive Einbindung der Entwicklungsländer in die internationale Arbeitsteilung erwarten, so entspricht dies nicht dem empirischen Befund.

4.3.1 Wachstum

Die Weltexporte (in laufenden Preisen) nahmen zwischen 1950 und 1986 um jährlich 10,3 vH zu, die Exporte der Entwicklungsländer um 9,0 vH, die der Industrieländer um 10,8 vH. Von 1986 bis 1992 wuchsen die Weltexporte um jährlich 10,8 vH, die Ausfuhren der Entwicklungsländer sogar um 12,5 vH (Industrieländer 10,3 vH).

Die langfristige Betrachtung überdeckt jedoch tiefgreifende Veränderungen in den Welthandelsströmen, die insbesondere in den siebziger und achtziger Jahren stattfanden. (s. Abbildung 4.3) So nahmen die Ausfuhren der Entwicklungsländer insgesamt von 1970 bis 1980 um durchschnittlich 25 vH im Jahr zu, sie gingen aber von 1980 bis 1986 um fast 4 vH zurück, stiegen danach aber wieder deutlich an. Diese Veränderungen waren insbesondere verursacht durch die (1973/74 und 1979/80) drastisch gestiegenen Rohölpreise und den weltweiten Konjunkturabschwung zu Beginn der achtziger Jahre. So waren denn auch die Fluktuationen der Ausfuhren der ölexportierenden Länder[6] besonders ausgeprägt. Von 1970 bis 1980 stiegen deren Ausfuhren um durchschnittlich rund 33 vH im Jahr und gingen von 1980 bis 1986 um etwa 15 vH pro Jahr zurück. Die Ausfuhren der Nicht-Öl Entwicklungsländer nahmen indes in beiden Zeitabschnitten zu, von 1970 bis 1980 um durchschnittlich 21 vH pro Jahr, von 1980 bis 1986 um etwa 3 vH. Seitdem haben sich die Gewichte noch weiter verschoben. Während die Ausfuhren der ölexportierenden Länder in Abhängigkeit von der Veränderung der Ölpreise schwankten, stiegen die Exporte der Nicht-Öl Entwicklungsländer kontinuierlich an und verdoppelten sich innerhalb von nur sechs Jahren.

4.3.2 Regionalstruktur

Die Unterschiede im Wachstum der weltweiten Handelsströme schlagen sich auch in deren Regionalstruktur und den Welthandelsanteilen der verschiedenen Ländergruppen nieder (Abbildung 4.4).

Den weitaus größten Anteil am Welthandel haben noch immer die Industrieländer, ihr Anteil ging allerdings in den letzten Jahren deutlich zurück, die ölexportierenden Länder konnten durch die Preissteigerungen für Rohöl ihren Anteil seit 1973 fast verdoppeln, während der Anteil der übrigen

[6] Definition des Internationalen Währungsfonds: Länder, deren Ölexporte mindestens zwei Drittel der Gesamtexporte ausmachen und mindestens einem Prozent der Weltexporte an Rohöl entsprechen. Algerien, Bahrain, Ekuador, Gabun, Indonesien, Iran, Irak, Katar Kongo, Kuweit, Libyen, Mexiko, Nigeria, Oman, Saudi Arabien, Syrien, Trinidad u. Tobago, Tunesien, Venezuela, Vereinigte Arab. Emirate.

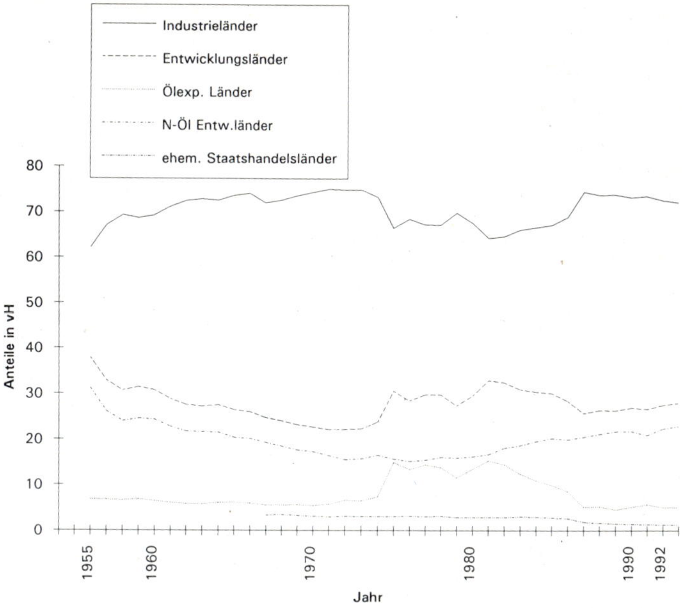

Abbildung 4.4 Anteile am Welthandel, 1950–1992

Quelle: IMF, Direction of Trade Statistics, Washington, D.C. versch. Jhg. IMF, International Financial Statistics, Washington, D.C., versch. Jhg.

Entwicklungsländer stagniert. Im Jahre 1950 hatte der Anteil der Entwicklungsländer an den Weltexporten noch über 37 vH betragen (Erdölausfuhren spielten damals für die Entwicklungsländer keine Rolle). Die Bedeutung der Entwicklungsländer (ohne die ölexportierenden Länder) in der Weltwirtschaft wird darüber hinaus noch dadurch relativiert, daß rund die Hälfte ihrer Exporte von nur einer kleinen Zahl von Enwicklungsländern bestritten wird (Argentinien, Brasilien, Mexiko, Hongkong, Indien, Südkorea, Malaysia und Singapur).

Betrachtet man die Regionalstruktur des Welthandels noch etwas näher (Abbildung 4.5), so zeigt sich, daß mehr als die Hälfte des Welthandels zwischen den Industrieländern abgewickelt werden; rund drei Viertel der Gesamtexporte der Industrieländer fließen wieder in die Industrieländer (Intrahandel). Dagegen führen die nicht-ölexportierenden Entwicklungsländer knapp 60 vH ihrer Exporte in Industrieländer aus, nur etwa ein Drittel ihres Außenhandels bleibt innerhalb ihrer Ländergruppe (Süd-Süd-Handel). Noch unausgewogener ist die Regionalstruktur des Außenhandels der erdölexportierenden Entwicklungsländer: 65 vH ihrer Exporte fließen in Industrieländer, nur rund 5 vH bleiben in der eigenen Ländergruppe, etwa 28 vH gehen in die nicht-ölexportierenden Entwicklungsländer.

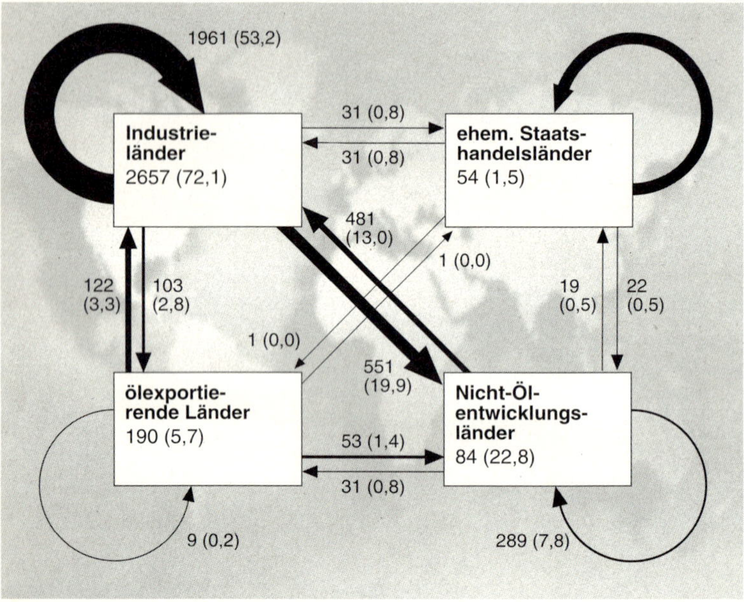

Abbildung 4.5 Weltexportströme, 1992 (in Mrd. US $ und in vH)

Anteile in Klammern, ehem. Staatshandelsländer ohne Intra-Handel

Daten aus: IMF, Direction of Trade Statistics, Yearbook 1993, Washington, D.C. 1993. Eigene Berechnungen.

4.3.3 Güterstruktur

Tabelle 4.1 zeigt die gütermäßige Struktur der Exporte und Importe der Industrie- und der ölimportierenden Entwicklungsländer auf.

Trotz einer tiefgreifenden Veränderung seit den sechziger Jahren bestehen die Exporte der Entwicklungsländer noch immer zum überwiegenden Teil aus Rohstoffen, verarbeitete Produkte stehen erst an zweiter Stelle. Genau umgekehrt verhält es sich bei den Einfuhren, sie bestehen zum größeren Teil aus Industriegütern, zum kleineren aus Rohstoffen. Der Anteil der Industriewaren ist schon über lange Zeit relativ konstant, bei den Rohstoffen gewinnt Rohöl zu Lasten der übrigen Rohstoffe zunehmend an Gewicht. In den Industrieländern sind fast drei Viertel der Exporte und mehr als die Hälfte der Importe Fertigwaren.

Für die Güterstruktur des Außenhandels der Entwicklungsländer ist somit noch immer – wenn auch mit abnehmender Tendenz – die aus der Kolonial-

Tabelle 4.1 Güterstruktur des Außenhandels der Industrie- und der Entwicklungsländer, 1963–1989, in vH.

	Exporte					Importe				
	1963	1973	1980	1983	1989	1963	1973	1980	1983	1989
Industrieländer										
Alle Güter (Mrd. US $)	99	391	1217	1124	2176	100	401	1317	1147	2210
Rohstoffe (ohne Rohöl)	26	22	19	17	16	39	28	20	19	17
Rohöhl	4	4	7	8	4	11	13	28	23	9
Industriewaren	67	73	73	73	77	47	58	51	57	71
davon:										
Maschinen	36	41	41	43	41	23	31	26	31	36
Textilien u. Bekleidung	7	6	5	5	4	6	6	5	5	6
Ölexp. Entwicklungsl.										
Alle Güter (Mrd. US $)	–	42	298	183	–	–	21	130	132	–
Rohstoffe	–	98	98	96	–	–	18	21	22	–
davon:										
Rohöl	–	89	94	93	–	–	1	5	–	–
Industriewaren	–	2	2	4	–	–	77	76	74	–
Ölimp. Entwicklungsl.*										
Alle Güter (Mrd. US $)	22	68	254	265	575	27	83	330	317	582
Rohstoffe (ohne Rohöl)	76	56	38	55	23	26	23	18	41	16
Rohöl	7	9	22	–	23	11	11	23	–	10
Industriewaren	14	34	39	44	53	59	60	57	56	67
davon:										
Maschinen	2	9	14	–	20	31	33	33	–	34
Textilien u. Bekleidung	6	12	10	–	12	7	6	4	–	6

Quelle: GATT, International Trade, lfd. Jahrg., Genf – Eigene Berechnungen.
* Daten für 1989 sind Angaben für alle Entwicklungsländer. Getrennte Angaben für ölexportierende und ölimportierende Entwicklungsländer nicht verfügbar.

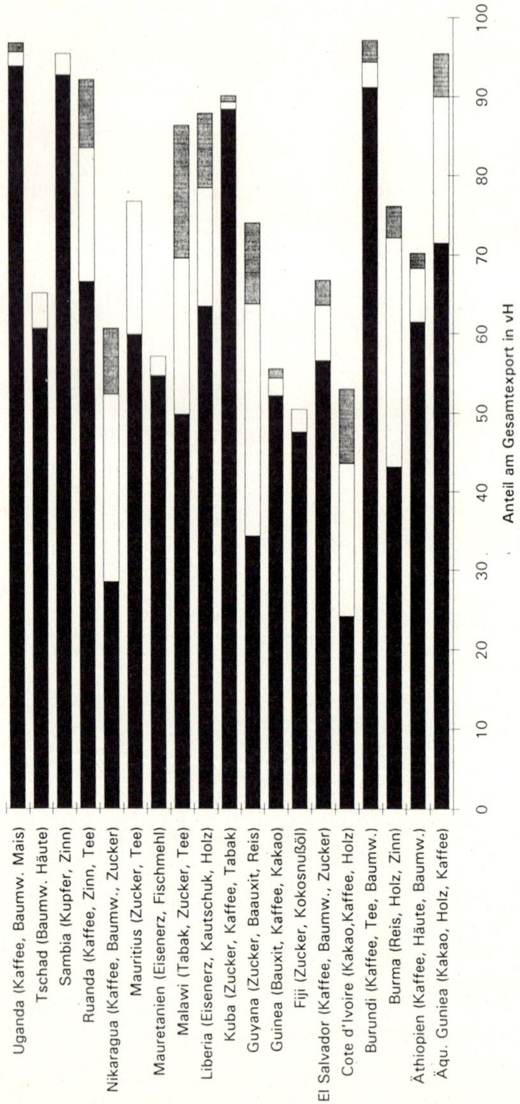

Abbildung 4.6 Anteile der wichtigsten Rohstoffe am Gesamtexport von Entwicklungsländern

Quelle: World Bank, Commodity Trade and Price Trends, 1986 edition, Baltimore – London 1986.

zeit überkommene **komplementäre weltwirtschaftliche Arbeitsteilung** charakteristisch; die Entwicklungsländer produzieren Rohstoffe und exportieren sie in die Industrieländer und beziehen von dort Industriewaren (vgl. Tabelle 4.2)

Tabelle 4.2 Außenhandelsstruktur der Entwicklungsländer, 1988

	Bestimmungsländer der Rohstoffexporte aus Entwicklungsländern in vH					Herkunftsländer der Industriewarenimporte der Entwicklungsländer in vH
	Nahrungsmittel	landw. Rohstoffe	Mineralien u. Metalle	Rohöl	Rohstoffe gesamt	
Industrieländer	65,4	56,5	72,4	64,7	65,0	73,3
Entwicklungsländer	21,8	30,4	20,7	32,3	27,8	19,5
östl. Handelsgebiet*	12,8	13,0	6,9	3,0	7,2	7,2

Quelle: GATT, International Trade, lfd. Jhg., Genf – Eigene Berechnungen.

* Mittel- und Osteuropa, die ehemalige UdSSR, China und andere zentrale Planwirtschaften Asiens

Nur wenigen Entwicklungsländern ist es bisher gelungen, diese Art der Arbeitsteilung zu überwinden und in einen Prozeß der **substitutiven weltwirtschaftlichen Arbeitsteilung** einzutreten, in dem sie sowohl Industriegüter aus den Industrieländern beziehen als auch dorthin solche Güter ausführen. Besonders erfolgreich bei der Eingliederung in die substitutive weltwirtschaftliche Arbeitsteilung waren in der Vergangenheit Länder wie Argentinien, Brasilien, Mexiko, Hongkong, Indien, Südkorea, China, Taiwan, Malaysia und Singapur, die zusammen nahezu dreiviertel der Industriewarenexporte aller Entwicklungsländer bestreiten.

Die Mehrzahl der Entwicklungsländer ist noch immer auf den Export einiger weniger Produkte angewiesen. Noch immer stammt ein hoher Teil der Gesamtexporte der Entwicklungsländer aus Rohstoffexporten (einschl. Rohöl). Oft machen nur einige wenige Erzeugnisse den überwiegenden Teil der Ausfuhrerlöse aus (vgl. Abbildung 4.6).

Die hohen und in manchen Fällen mehr als 90 vH betragenden Anteile der Rohstoffexporte an den Gesamtausfuhren verdeutlichen die große Abhängigkeit vieler Entwicklungsländer von nur wenigen Rohstoffexporten (Monoexporteure) und lassen das ehemals für Entwicklungsländer gebräuchliche Synonym «Rohstoffexportländer» noch immer in hohem Maße gerechtfertigt erscheinen.

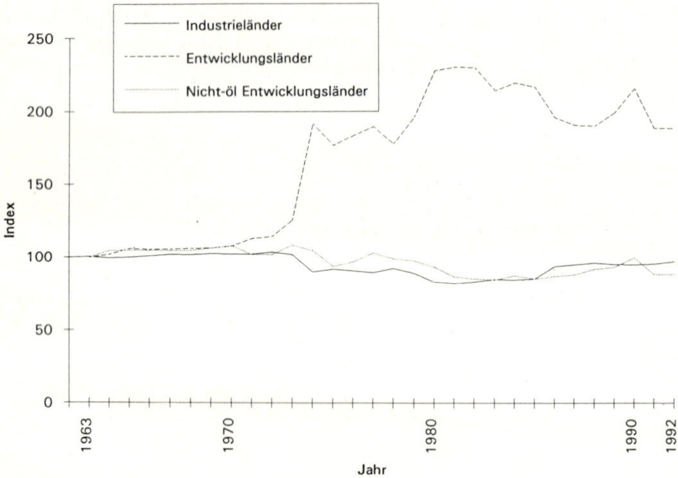

Abbildung 4.7 Commodity Terms of Trade 1963–1992

Quelle: IMF, International Financial Statistics, versch. Ausgaben, Washington, D.C. Eigene Berechnungen.

4.3.4 Austauschverhältnisse

In Kapitel 3.9.2 wurde der Verlauf der Terms of Trade als einer möglichen Ursache von Unterentwicklung diskutiert. Hier nun soll die Entwicklung verschiedener Terms of Trade dargestellt werden.

Abbildung 4.7 gibt einen allgemeinen Überblick über die Veränderung der Commodity Terms of Trade in den vergangenen drei Jahrzehnten. Bemerkenswert ist hierbei die relative Beständigkeit der Commodity Terms of Trade in den sechziger und Anfang der siebziger Jahre. Erst mit dem rapiden Anstieg der Rohölpreise fallen die Commodity Terms of Trade der Industrieländer und der Nicht-Öl Entwicklungsländer merklich, während sich die Commodity Terms of Trade der Entwicklungsländer insgesamt (also einschließlich der Ölexporteure) drastisch verbessern. Dies macht aber auch wiederum deutlich, daß der Terms of Trade-Verlauf bei derart umfassenden Ländergruppierungen kaum aussagefähig ist, da sich gegenläufige oder parallel verlaufende Entwicklungen überlagern.

Auf der Grundlage dieser Daten kann offensichtlich von einer langfristigen Verschlechterung der Commodity-ToT der (Nicht-Öl) Entwicklungsländer nicht die Rede sein. Ihre ToT liegen vielmehr bis etwa 1974 mit geringfügigen Abweichungen bei einem Indexwert um 100. Eine deutliche Abwärtsbewegung setzt erst mit der rapiden Verteuerung des Rohöls durch die OPEC-Staaten nach 1973/74 ein. Entsprechend verbesserten sich die ToT der ölexportierenden Entwicklungsländer seit dieser Zeit drastisch. Etwa seit

Tabelle 4.3 Commodity Terms of Trade und Income Terms of Trade, 1975–1993 (jährliche Veränderung in vH)

	Durchschnitt 1975–84	1985	1986	1987	1988	1989	1990	1991	1992	1993*
Entwicklungsländer										
Commodity ToT	2,1	–2,1	–16,8	1,8	– 5,0	– 4,1	2,1	– 3,7	–1,2	–1,0
Income ToT	9,4	–4,4	–26,3	0,3	– 2,4	11,5	0,5	– 3,2	–2,4	–0,2
Ölexportierende Entwicklungsländer										
Commodity ToT	4,8	–4,8	–46,6	11,5	–16,3	12,2	15,6	–12,0	–5,8	–1,9
Income ToT	11,7	–5,9	–48,7	9,3	–13,3	–19,9	12,1	–10,9	–5,9	–1,3
Nicht-Ölexportierende Entwicklungsländer										
Commodity ToT	–0,9	–0,4	3,0	–1,9	–0,6	1,5	– 2,5	– 0,4	0,3	–0,7
Income ToT	6,4	–3,3	–11,8	–3,3	1,9	8,9	– 3,6	–	–1,2	0,2

* Schätzungen.
Quelle: IMF, World Economic Outlook, October 1993, Washington, D.C. 1993.

Beginn der achtziger Jahre liegen allerdings die Commodity Terms of Trade der Nicht-Öl Entwicklungsländer relativ konstant deutlich unter dem Indexwert 100.

Aufschlußreich ist auch der Vergleich der Commodity Terms of Trade und der Income Terms of Trade (Tabelle 4.3). Bis zu Beginn der achtziger Jahre wuchsen beide Werte für die Entwicklungsländer insgesamt. Seitdem verlaufen sie sehr unterschiedlich, teils sogar entgegengesetzt. Besonders ausgeprägt sind die Veränderungen beider Terms of Trade der ölexportierenden Länder; geringer dagegen die der nicht-ölexportierenden Entwicklungsländer. Darüber hinaus sind die Änderungen für einige Jahre entgegengesetzt. Während die Commodity Terms of Trade in fast allen Jahren sinken, steigen die Income Terms of Trade in manchen Jahren an, in anderen Jahren fallen sie. Die Entwicklung der Aus- und Einfuhrpreise sowie jene der Ausfuhrmengen verlief demnach sehr verschieden. In manchen Jahren konnten die Entwicklungsländer eine für sie ungünstige Preisentwicklungen durch höhere Exportmengen mehr als ausgleichen. In anderen Jahren verschlechterten sich die Income Terms of Trade trotz günstiger Entwicklung der Aus- und Einfuhrpreise infolge von Einbußen bei den Exportmengen. Dagegen verlaufen die beiden Terms of Trade-Reihen der ölexportierenden Entwicklungsländer weitgehend gleichgerichtet. Daraus läßt sich schließen, daß die Exportmengen relativ konstant sind, wogegen sich die Außenhandelspreise beträchtlich verändern. Besonders auffallend sind die drastischen Terms of Trade-Rückgänge in den Jahren 1986, 1988 und 1991, sowie die deutliche Erholung in den Jahren 1989 und 1990, die entsprechende Veränderungen der Rohölpreise widerspiegeln.

4.3.5 Exportpreise und Endverbrauchspreise

Im internationalen Warenaustausch muß unterschieden werden zwischen dem fob-Exportpreis (fob = free on board) des Lieferlandes und dem cif-Importpreis (cif = cost, insurance, freight) des Empfängerlandes. Insbesondere bei Rohstoffen können die Transport- und Transportnebenkosten einen beträchtlichen Teil des cif-Preises ausmachen. Meist besitzen die Entwicklungsländer selbst auch nicht die entsprechende Transportkapazität, so daß ihnen auch keine Deviseneinnahmen aus dem Transport ihrer Exporte zufließen können. Zusätzlich hierzu senken die Handelsspannen des Groß- und Einzelhandels den Anteil der Entwicklungsländer am Endverbrauchspreis ihrer Exportprodukte. Bei einigen Rohstoffen wird der Markt von wenigen Unternehmen beherrscht, so daß vermutet werden kann, daß die Diskrepanz zwischen Export- und Endverbrauchspreis zum Teil auch der Marktmacht dieser Unternehmen zuzuschreiben ist. Tabelle 4.4 zeigt einen Verbrauch der Exportpreise der Entwicklungsländer mit den Endverbrauchspreisen einzelner Rohstoffe.

In vielen Fällen ist der Anteil der Exportländer am Endverbrauchspreis nur sehr gering, selbst wenn im Verbrauchsland keine oder nur eine geringe Weiterverarbeitung erforderlich ist. Besonders eindrucksvolle Beispiele hierfür sind Tee, Bananen oder Kaffee. Diese Angaben lassen vermuten, daß häufig die Handelsspannen des Groß- und Einzelhandels sogar größer sind als die Preise der Produzenten.

Wenig hilfreich zur Veränderung dieser Situation wäre es jedoch, wenn die Entwicklungsländer hierin lediglich eine weitere Bestätigung der «Ungerechtigkeit» der bestehenden Weltwirtschaftsordnung erblickten. Vielmehr sollten sie hieraus die Konsequenz ziehen, eigene Anstrengungen zur besseren Vermarktung zu unternehmen; etwa – falls ökonomisch sinnvoll – eigene Transportkapazitäten aufzubauen und verstärkte Anstrengungen zur Weiterverarbeitung ihrer eigenen Rohstoffe zu unternehmen. Aber auch auf seiten der Industrieländer müssen protektionistische Maßnahmen, die die komplementäre Arbeitsteilung zwischen Industrie- und Entwicklungsländern aufrecht erhalten, abgebaut und die Marktmacht einzelner Unternehmen durch geeignete wettbewerbspolitische Maßnahmen eingeschränkt werden.

4.3.6 Instabilität der Exportpreise

Neben dem Verfall ihrer relativen Exportpreise beklagen viele Entwicklungsländer die **Instabilität der Exportpreise** und, damit verbunden, der **Exporterlöse.**

Wie bei der Analyse der Exportstruktur der Entwicklungsländer deutlich

Tabelle 4.4 Anteil der Exportpreise der Entwicklungsländer am Einzelhandelspreis in Industrieländern, in vH

Rohstoff	Markt	Durchschnitt 1955/60	Durchschnitt 1961/66	Durchschnitt 1967/72	1973
Tee	Großbritannien	61	57	53	48
	Niederlande	56	46	38	28
Kakao	BR Deutschland	14	6	9	8
	Großbritannien	24	10	15	17
Erdnußöl	Frankreich	62	59	48	48
	BR Deutschland	78	67	51	47
Zitrusfrüchte	Frankreich	34	37	30	26
	BR Deutschland	31	33	29	25
Bananen	BR Deutschland	25	23	23	19
	Frankreich	24	23	24	25
	USA	21	20	20	17
Kaffee	USA	46	43	43	50
	BR Deutschland	20	17	18	18
	Frankreich	38	35	34	33
Jute[a]	USA	51	48	40	34
	Frankreich	32	35	32	25
Eisenerz[a]	BR Deutschland	15	13	10	9
	USA	12	10	8	7
Raffinadekupfer[a]	Frankreich	53	52	55	53
	USA	81	81	77	90
Raffinadezinn[a]	USA	95	95	93	90
	Frankreich	72	74	75	74

[a] Großhandelspreis für Juteprodukte, Stahl, Kupferdraht, Zinnmetall

Quelle: Bremer Gesellschaft für Wirtschaftsforschung, Auswertung der Dokumentation der fünften Welthandels- und Entwicklungskonferenz: Manila 1979, Baden-Baden 1981.

wurde, sind noch immer eine ganze Reihe dieser Länder vom Export einiger weniger Rohstoffe abhängig[7]. Infolge dieser einseitigen Exportstruktur können Preisschwankungen eines einzelnen Rohstoffs zu beträchtlichen Schwankungen der gesamten Exporterlöse eines Landes führen.

Die Exportprodukte der Entwicklungsländer sind besonders anfällig für solche Preis- und daraus resultierenden Erlösschwankungen, denn nicht nur die Einkommenselastizität der Weltmarktnachfrage nach ihren Produkten kann relativ gering sein, sondern auch die Preiselastizität der Nachfrage und

[7] Vgl. Kapitel 3.9.2

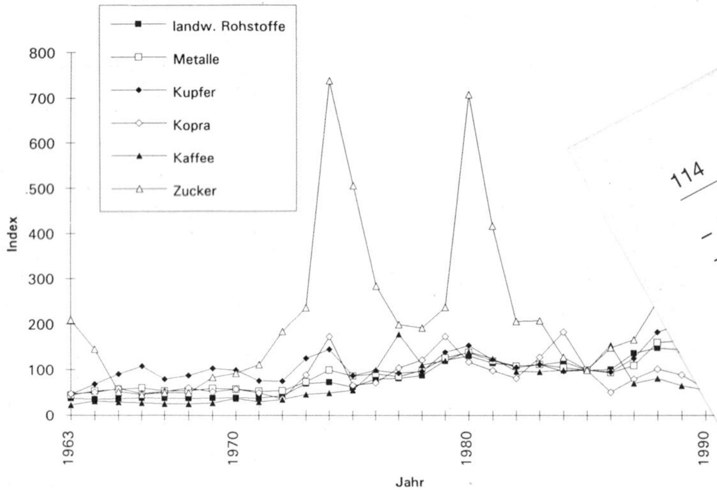

Abbildung 4.8 Rohstoffpreisindices 1963–1992 (1985 = 100)

Kaffee: Brasilien, Notierung New York; Kopra: Philippinen, europäische Häfen; Zucker: Karibik, New York; Kupfer: Vereinigtes Königreich, London. **Quelle:** IMF, International Financial Statistics, versch. Ausgaben, Washington, D.C.

des Angebots[8]. Das impliziert, daß schon relativ geringe Schwankungen von Angebot und Nachfrage überproportionale Preis- und damit Erlösfluktuationen zur Folge haben können.

Es wird nun behauptet – allerdings ohne daß dafür bisher eine eindeutige empirische Bestätigung gegeben werden konnte –, schwankende Exporterlöse wirkten sich nachteilig auf die wirtschaftliche Entwicklung eines Landes aus, insbesondere die staatliche Wirtschaftspolitik werde durch Exporterlösfluktuationen stark beeinträchtigt. Dies wird natürlich besonders dann zutreffen, wenn es nicht gelungen war, vor dem Auftreten eines Exporterlösausfalls entsprechende Devisenreserven zur Überbrückung anzusammeln. Auf die Wirkungen von Exporterlösschwankungen kann hier nicht näher eingegangen werden.

In der Tat schwanken die Preise mancher Rohstoffe, die für die Exporte der Entwicklungsländer von Bedeutung sind, erheblich. In Abbildung 4.8 sind die Preise der letzten drei Jahrzehnte einiger Rohstoffe abgetragen, für die die Entwicklungsländer alleinige (Kaffee, Kopra, Jute) oder doch die

[8] Wenn auch die Preiselastizität der Nachfrage nach einem Rohstoff insgesamt gering sein kann, so wird der entsprechende Wert für ein einzelnes Land vergleichsweise hoch sein, denn in Anbetracht der Homogenität gerade von Rohstoffen können die Nachfrager bei Preiserhöhungen eines einzelnen Anbieters leicht auf einen anderen ausweichen.

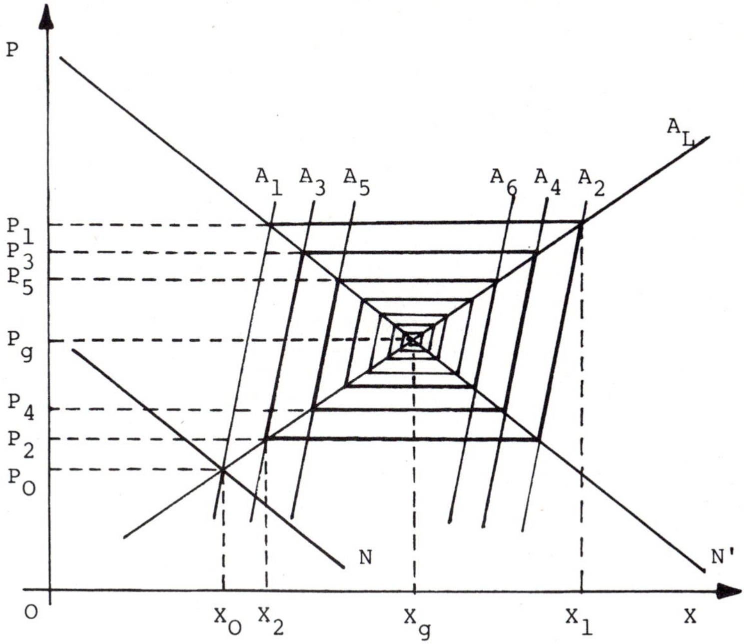

Abbildung 4.9 Zyklische Preisschwankungen

der Menge X_o im Schnittpunkt der Nachfragefunktion N und der langfristigen Angebotsfunktion A_L. Es sei nun eine autonome Verschiebung der Nachfragefunktion N nach N' unterstellt. Da kurzfristig das Angebot nur begrenzt ausgeweitet werden kann (kurzfristige Angebotsfunktion A_1), erhöht sich der Preis auf P_1. Zu diesem Preis sind die Anbieter entsprechend ihrer langfristigen Angebotsfunktion aber bereit, die Menge X_1 anzubieten; sie werden also ihre Anbaufläche vergrößern, um diese Menge zukünftig produzieren zu können.

Nach der Ausreifungszeit erhöht sich infolgedessen das Angebot schlagartig. Dieses höhere Angebot sind nun aber die Nachfrager nur bereit, zu einem wesentlich niedrigeren Preis abzunehmen. Kurzfristig kann jedoch das Angebot nur geringfügig reduziert werden, es gilt die kurzfristige Angebotsfunktion A_2; der Preis fällt daher auf P_2. Zu diesem Preis sind nun wiederum unter langfristigen Gesichtspunkten die Produzenten nur bereit, die Menge X_2 anzubieten. Sie werden daher Produktionskapazitäten abbauen. Hat eine entsprechende Einschränkung der Produktion stattgefunden, dann reicht das Angebot nicht aus, zum Preis P_2 die Nachfrage zu befriedigen. Wegen des wiederum kurzfristig relativ starren Angebots (A_3) steigt der Preis auf P_3 – es beginnt ein neuer Zyklus.

Von der Neigung der Angebots- und der Nachfragefunktion, d.h. den Preiselastizitäten der Nachfrage und des langfristigen Angebots hängt es nun ab, ob der Zyklus unendlich verläuft, ob das System gar explodiert oder ob es sich – wie in diesem Beispiel – zu einem Gleichgewicht hin bewegt. Wäre etwa der Gleichgewichtspreis bekannt, so könnten mit Hilfe stabilisierender Maßnahmen (z.B. Rohstoffabkommen, vgl. Kapitel 4.5) die zyklischen Schwankungen vermieden und dadurch möglicherweise erhebliche Allokationsverluste verhindert werden.

Solche zyklischen Preisschwankungen sind besonders typisch für landwirtschaftliche Produkte, sie können aber auch bei **mineralischen Rohstoffen** auftreten. Für die Produktion mineralischer Rohstoffe sind meist hohe Fixkosten (von der Höhe der Produktion unabhängige Kosten) charakteristisch, während die variablen Kosten vergleichsweise gering sind[10]. Sinkt nun der Preis für diesen Rohstoff, so wird zunächst auch die Produktion eingeschränkt, wenn damit auch die Durchschnittskosten gesenkt werden können. Bei hohen Fixkostenanteilen sind indes die Möglichkeiten zur Senkung der Durchschnittskosten durch Produktionsverminderung sehr begrenzt. Sinken die Preise so weit, daß die Gesamtkosten nicht mehr abgedeckt werden können, so wird häufig die Produktion dennoch nicht völlig eingestellt, wenn diese niedrigen Preise wenigstens noch einen Teil der hohen Fixkosten abdecken. Dabei spielt natürlich auch eine Rolle, ob die Produzenten für die Zukunft wieder steigende Preise erwarten. Insgesamt führen diese Faktoren dazu, daß die Produktion mineralischer Rohstoffe kurzfristig relativ unelastisch auf Preissenkungen reagiert; erst wenn die Preise sehr stark gefallen sind und keine Aussicht darauf besteht, daß sie wieder ansteigen, werden vorhandene Kapazitäten abgebaut.

Ebenso reagiert das Angebot nur mit großer Verzögerung auf Preiserhöhungen. Erst wenn die Produzenten erwarten, daß die Preise langfristig auf dem höheren Niveau bleiben, werden sie zu Produktionsausweitungen bereit sein. Produktionsausweitungen sind jedoch nicht kurzfristig möglich; neue Lagerstätten müssen erst exploriert und für den Abbau vorbereitet werden, die meist umfangreichen Sachkapitalinvestitionen erfordern Zeit, zusätzliche Arbeitskräfte müssen eingestellt werden. So kann die verzögerte Reaktion des Angebots auf Preisänderungen – ähnlich wie bei landwirtschaftlichen Rohstoffen – auch bei mineralischen Rohstoffen zyklische Preis- und in deren Folge Erlösschwankungen bewirken.

4.3.6.2 Nachfragebedingte Ursachen

Da die Industrieländer Hauptabnehmer der Exporte der Entwicklungsländer sind, können Nachfrageveränderungen in den Industrieländern zu beträchtlichen Preisänderungen der Exporte der Entwicklungsländer führen. Insbesondere die Rohstoffpreise werden wesentlich beeinflußt von der konjunkturellen Entwicklung in den Industriestaaten. In Phasen der Hochkonjunktur

[10] Dies wird verständlich, wenn man sich etwa die Produktionsanlagen für den Abbau von Zinn, Eisenerz oder Kupfer vor Augen hält.

steigt die Nachfrage nach Rohstoffen (z.B. nach NE-Metallen) und damit ihr Preis, in Zeiten der Rezession sinkt die Rohstoffnachfrage und fallen infolgedessen die Rohstoffpreise. Es besteht ein statistisch gesicherter Zusammenhang zwischen der jährlichen Veränderung der Weltindustrieproduktion und der jährlichen Veränderung der Rohstoffpreise.

Ferner können spekulative Einflüsse Preisfluktuationen bewirken. So etwa während des Korea-Booms oder nach 1972 unter dem Einfluß der Ergebnisse der Studie des Club of Rome («Grenzen des Wachstums»). Darin wurde eine baldige physische Verknappung wichtiger Rohstoffe prognostiziert, was mit dazu führte, daß viele Nachfrager sich vorsorglich mit diesen Rohstoffen einzudecken versuchten. Wegen des kurzfristig unelastischen Angebots stiegen einige Rohstoffpreise (z.B. für Kupfer) stark an. Nachdem die durch die Studie verursachte anfängliche Beunruhigung einer realistischeren Einschätzung gewichen war und – wohl noch bedeutsamer – infolge der Rohölverteuerung durch die OPEC in wichtigen Industrieländern eine Rezession einsetzte, gingen die Nachfrage und die Preise wieder zurück.

Die Preisentwicklung bei den Rohstoffexporten der Entwicklungsländer kann darüber hinaus durch die geringe Preiselastizität der Nachfrage nach diesen Produkten beeinflußt werden. Insbesondere bei dem immer geringer werdenden Anteil von Rohstoffen in der Güterproduktion hat das zur Folge, daß schon geringfügige Mengenänderungen überproportionale Preisänderungen bewirken. So werden sinkende Preise nicht durch entsprechende Nachfragesteigerungen kompensiert, sondern führen zu Erlöseinbußen.

Entsprechend reagiert die Nachfrage unterproportional auf Preisänderungen; besonders starr ist die Exportnachfrage bei jenen Produkten, auf deren Einfuhr im Importland ein Ausgleichszoll erhoben wird. Dies gilt etwa für das Abschöpfungssystem der EU bei Agrargüterimporten. Dabei wird – vereinfacht ausgedrückt – der Preis der Importgüter durch einen variablen Zollsatz auf das Niveau des EU-Interventionspreises angehoben. Das impliziert, daß Preissenkungen bei den Importen von Agrarprodukten aus Entwicklungsländern, die diesem Abschöpfungssystem unterliegen, nicht zu Nachfragesteigerungen führen, die Preiselastizität ist in diesem Fall gleich Null. Zwar ist ein großer Teil der Agrargüterexporte der Entwicklungsländer von diesem System nicht betroffen oder es mangelt gar in diesen Ländern an der entsprechenden Exportfähigkeit. Einige traditionelle Agrargüterexporte der Entwicklungsländer dürften von diesen Abschöpfungsmaßnahmen jedoch stark behindert werden; wie verschiedene Untersuchungen zeigen, trifft das u.a. für Wein, Futtermittel, Mais und Rindfleisch (vgl. auch Kapitel 4.4.1) zu.

4.4 Internationale Handelspolitik

Die Eingliederung der Entwicklungsländer in die weltwirtschaftliche Arbeitsteilung wird maßgeblich von der Außenhandelspolitik der Entwicklungsländer selbst und von jener der Industrieländer beeinflußt. Die Politik der Importsubstitution und die der Exportdiversifizierung in Entwicklungsländern und der Protektionismus der Industrieländer sind dabei von entscheidender Tragweite.

4.4.1 Protektionismus der Industrie- und der Entwicklungsländer

Charakteristische Erscheinungsbilder des Protektionismus sind:

- tarifäre Handelshemmnisse (Steuern und Abgaben auf Ein- und Ausfuhr),
- nicht-tarifäre Handelshemmnisse (z.B. globale oder mengenmäßige Einfuhrbeschränkungen, Importverbote, Bevorzugung einheimischer Anbieter bei öffentlichen Aufträgen, technische Auflagen, Standardisierungsvorschriften, medizinisch-gesundheitliche Auflagen, erschwerte Zollformalitäten, zwangszweise Kompensationsgeschäfte (barter trade), Subventionen für Ein- und Ausfuhren u.ä.m.),
- freiwillige Selbstbeschränkungsabkommen, an deren «Freiwilligkeit» allerdings erhebliche Zweifel angebracht sind.

Während zunächst **tarifäre Handelshemmnisse** die Handelspolitik der Industrieländer gegenüber den Entwicklungsländern bestimmt haben, so sind es jetzt vor allem **nicht-tarifäre Handelshemmnisse** und **freiwillige Exportbeschränkungen**. In den meisten Entwicklungsländern werden sowohl hohe Zollsätze als auch vielfältige nicht-tarifäre Schutzmaßnahmen angewandt.

Abbildung 4.10 veranschaulicht die Wirkungen tarifärer Handelshemmnisse. Die Gerade N repräsentiert die inländische Nachfrage nach dem Gut X, die Angebotsfunktion der inländischen Anbieter des Gutes X ist durch die Gerade A gegeben. Gut X kann auch aus dem Ausland bezogen werden; zur Vereinfachung sei die ausländische Angebotsfunktion AA als völlig elastisch angenommen. Bei Freihandel gilt dann der Preis P^*, und es wird die Menge OX_2 des Gutes X nachgefragt. Davon entfällt auf inländische Produktion die Menge OX_1, auf den Import die Menge X_1X_2. Wird nun ein Zoll auf die Einfuhr des Gutes X erhoben in der Höhe P^*P^t (Zollsatz = $P^tP^* : P^*O$), so erhöht sich der Inlandspreis auf P^t [11], die Inlandsnachfrage sinkt auf OX_4. Davon entfällt auf Inlandsproduktion die Menge OX_3, auf Importe die Menge X_3X_4. Die inländischen Produzenten können ihre Produktion zu Lasten der Importe aus dem Ausland ausdehnen[12]. Damit ist der wesentliche Zweck der tarifären Handelshemmnisse eines Landes gegenüber den Importen aus dem Ausland beschrieben. Die inländischen Produzenten werden vor ausländischer Konkurrenz geschützt, Arbeitsplätze im Inland sollen nicht ans Ausland verlorengehen. Vorwiegend in Entwicklungsländern kann mit einem Zoll auch ein fiskalischer Zweck, d.h. die Erhöhung der Staatseinnahmen, verbunden sein. Denn ein optimaler Schutz der inländischen Produzenten wird durch einen Prohibitiv-Zoll erreicht, also durch einen so hohen Zollsatz, daß keine Einfuhr mehr erfolgt und damit auch keine Zolleinnahmen mehr anfallen. In den meisten Ländern sind die Einfuhrzölle offenbar niedriger, da ja noch Waren eingeführt werden. Ein unter fiskalischen Gesichtspunkten optimaler Zoll ist also niedriger als ein optimaler Schutz-

[11] Dabei wird unterstellt, das Land sei klein in dem Sinne, daß es die Weltmarktpreise nicht beeinflussen kann.

[12] Die Inlandsproduktion steigt um X_1X_3, die Importe sinken um X_1X_3 und X_4X_2.

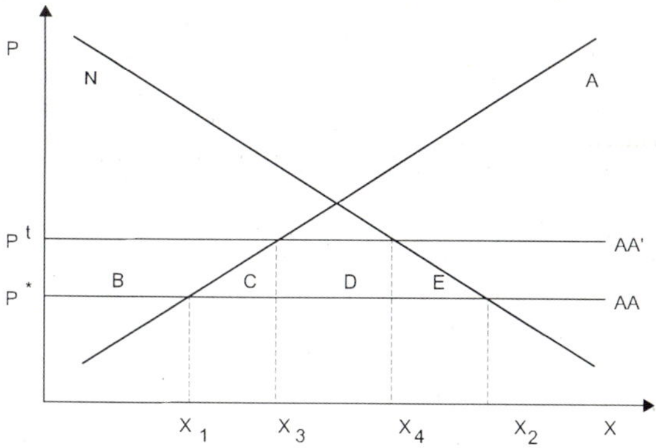

Abbildung 4.10 Wirkungen eines Zolls

zoll, in der Handelspolitik muß zwischen diesen beiden Zollsätzen je nach Zielsetzung der Handelspolitik abgewogen werden.

Die Erhebung eines Zolls auf die Einfuhr des Gutes X hat darüber hinaus verschiedene Wohlfahrtseffekte zur Folge. Diese lassen sich mit Hilfe des Konzepts der Konsumenten- und Produzentenrente erläutern. Die Konsumentenrente bzw. die Wohlfahrt, welche die Konsumenten aus dem Konsum eines Produktes gewinnen, kann bestimmt werden dadurch, was die Konsumenten maximal bereit wären, für eine bestimmte Menge eines Produkts zu bezahlen. Bei einem gegebenen Marktpreis gibt es eine ganze Reihe von Konsumenten, die auch bereit wären, einen höheren Preis zu zahlen. Aus der Differenz zwischen ihrer Zahlungsbereitschaft und dem niedrigeren Marktpreis erzielen sie einen Wohlfahrtsgewinn bzw. die Konsumentenrente. In der Graphik entspricht diese Konsumentenrente dem Dreieck, das unter der Nachfragefunktion und über dem Marktpreis liegt.

Analog erzielen auch die Produzenten einen Wohlfahrtsgewinn bzw. eine Produzentenrente. Denn der Preis, der sich am Markt bildet, ist höher als einige (effizientere) Produzenten geringere Gütermengen anzubieten bereit wären. Bildet sich am Markt ein einheitlicher Preis, dann fällt diesen Produzenten ein zusätzlicher Wohlfahrtsgewinn oder eine Produzentenrente zu. Diese entspricht demzufolge dem Dreieck unter dem Marktpreis und über der Angebotsfunktion.

Die Wohlfahrtseffekte der Erhebung eines Einfuhrzolls insgesamt sind dann folgende: Die Konsumenten erleiden eine Wohlfahrtseinbuße im Ausmaß der Flächen B + C + D + E, die (inländischen) Produzenten gewinnen im Ausmaß der Fläche B. Das Rechteck D stellt die Zolleinnahmen des Staates dar. Die Dreiecke C + E geben den realen volkswirtschaftlichen Verlust an, der durch das Auferlegen eines Zolls entsteht. Dreieck C entspricht den zusätzlichen Kosten infolge des größeren Anteils der teureren inländischen Produktion an der Inlandsversorgung, Dreieck E ist jener Teil des Verlusts an Konsumentenrente infolge des Zolls, dem weder eine höhere Produzentenrente noch höhere Produktionskosten oder Staatseinnahmen gegenüberstehen (deadweight loss).

Das tatsächliche Ausmaß des Schutzes der heimischen Produktion durch Handelsbeschränkungen wird jedoch nicht durch die nominale, sondern durch die effektive Protektion bestimmt. Die **nominale Protektionsrate** gibt den Prozentsatz an, um den die inländischen Preise höher sein können als die Weltmarktpreise, die **effektive Protektionsrate** mißt, um wieviel von Hundert die Wertschöpfung einer Industrie infolge der Handelsbeschränkungen über das Freihandelsniveau ansteigen kann. Diese Unterschiede zwischen nominaler und effektiver Protektion sind von eminenter Bedeutung für die Integration der Entwicklungsländer in die Weltwirtschaft.

Ein einfaches Beispiel soll das verdeutlichen: Ein Entwicklungsland produziert Baumwolle. Diese Baumwolle kann es entweder roh exportieren oder zu Tuch verarbeiten und dann exportieren. Der Freihandelspreis für eine Einheit Rohbaumwolle im Industrieland betrage 60 Währungseinheiten (WE), der Freihandelspreis für Tuch, das aus dieser Menge Rohbaumwolle hergestellt werden kann, betrage 100 WE. Der Importzollsatz für Rohbaumwolle sei 0 vH, der für Tuch 20 vH. Für den Export einer Einheit Baumwolle erhält das Entwicklungsland somit 60 WE, für den Export von Tuch, das aus dieser Baumwolle hergestellt werden kann, 100 WE. Die inländischen Produzenten können indes wegen des nominalen Zollschutzes von 20 vH einen Preis von 120 WE erzielen, d.h. für die Weiterverarbeitung von Tuch erhalten die inländischen Produzenten 60 WE, die ausländischen jedoch nur 40 WE. Die Weiterverarbeitung von Baumwolle in Tuch ist daher nicht mit 20 vH, dem Nominalzollsatz, geschützt, sondern mit einem Effektivzollsatz von 50 vH; die inländischen Produzenten können ihre Wertschöpfung gegenüber der Freihandelssituation um die Hälfte erhöhen (60 gegenüber 40). Die Verarbeitung der Baumwolle in einem Entwicklungsland ist entsprechend stärker diskriminiert. Es ist dann für das Land möglicherweise sinnvoll, weiterhin Rohbaumwolle zu exportieren und nicht zum Export verarbeiteter Produkte überzugehen. Durch eine solche Zollstruktur wird offensichtlich die komplementäre Arbeitsteilung zwischen Industrie- und Entwicklungsländern verfestigt. So weisen denn auch viele Industrieländer eine derart **eskalierende Nominalzollstruktur** auf: niedrige oder keine Zölle für den Import der notwendigen Rohstoffe und mit dem Grad der Verarbeitung des Produkts steigende Zölle. Dies führt dann zu erheblich höheren effektiven als nominalen Zollsätzen für verarbeitete Produkte. Tabelle 4.6 gibt einen Überblick über die Höhe der durchschnittlichen Normalzollsätze für unterschiedliche Verarbeitungsstufen. Tabelle 4.7 enthält Angaben zur effektiven Protektion in den Industrieländern, unterteilt nach Verarbeitungsstufen[13].

Auch die Exporte landwirtschaftlicher Produkte aus den Entwicklungsländern werden durch Schutzmaßnahmen in den Industrieländern behindert. So

[13] Bei dieser Tabelle ist zu berücksichtigen, daß sie auf den Zollsätzen der Industrieländer nach der Kennedy-Runde des GATT basiert, die Zollsenkungen im Rahmen der Tokio-Runde also nicht berücksichtigt.

Tabelle 4.6 Importzollsätze in Industrieländern nach Verarbeitungsstufen

	vor Tokio-Runde			nach Tokio-Runde		
	EU	Japan	USA	EU	Japan	USA
Rohstoffe (ohne Erdöl)	1,9	2,5	3,3	1,6	1,4	1,8
Halbfertig-produkte	8,9	9,7	10,1	6,2	6,3	6,1
Fertigwaren (ohne Erdöl-produkte)	10,0	11,5	13,0	7,0	6,4	7,0

Quelle: GATT, Committee on Trade and Development, Tariff Escalation, Genf 1980.

betrug nach Ergebnissen einer Untersuchung von Yeats und Sampson[14] die effektive Protektion (einschl. Abgaben) ausgewählter landwirtschaftlicher Produkte in der EG im Durchschnitt 158 vH, d.h. die Produzenten in der EU konnten ihre Wertschöpfung um diesen Prozentsatz über jene zu Weltmarktpreisen hinaus anheben. Besonders hohe Protektionsraten berechneten sie für Hafer (203,7 vH), Roggen (192,1 vH), Weizen (194,1 vH), Rindfleisch (253,4 vH), Weizenmehl (305,7 vH), Käse (276,0 vH), Butter (1322,7 vH) und Kondensmilch (334,4 vH). Zwar sind nicht alle aufgeführten Protektionsraten für die Entwicklungsländer relevant (z.B. nicht jene für Butter oder Käse), eine Reihe wichtiger landwirtschaftlicher Exportprodukte der Entwicklungsländer wird jedoch von diesen Protektionsmaßnahmen hart getroffen (z.B. Weizen oder Fleisch).

Andere Untersuchungen zeigen, daß die Agrarpolitik der EU zu Marktanteilsverlusten der Entwicklungsländer bei alkoholischen Getränken (Wein), Futtermitteln, Mais, Rindfleisch und Eiern geführt hat. Weitere Verluste bei Obst, Gemüse und Getränken müssen sie aufgrund des Beitritts Griechenlands, Spaniens und Portugals in die EU befürchten.

Aber auch die Entwicklungsländer schützen ihre inländische Produktion durch drastische Importbarrieren, die in der Regel sogar weitaus höher sind als jene der Industrieländer. So beträgt der (ungewogene) Durchschnittszoll für Einfuhren in Ägypten 40,6 vH, in Ghana 39,6 vH, Burkina Faso 59,6 vH, Peru 40,1 vH, Venezuela 30,7 vH, Bangladesh 76,0 vH und Indien 72,0 vH. Diese Barrieren behindern einerseits den Handel mit den Industrieländern. Da die Protektionsmaßnahmen aber vor allem dem Schutz der heimischen Industrie der Entwicklungsländer dienen sollen, beeinträchtigen sie andererseits insbesondere den Warenaustausch zwischen den Entwicklungsländern, da deren Produktionsstrukturen oft sehr ähnlich (substitutiv), die zwischen den Industrie- und Entwicklungsländern eher komplementärer Natur sind.

Nicht-tarifäre Handelshemmnisse sind in ihrer Wirkung ähnlich zu beurteilen wie tarifäre. Dies läßt sich anhand Abbildung 4.10 zeigen. Ist etwa der

[14] A.J. Yeats, G.P. Sampson, An Evaluation of the Common Market Agricultural Policy, in: American Journal of Agricultural Policy, Vol. 59 (1977), S. 104.

Tabelle 4.7 Effektive Protektionsraten in Industrieländern gegenüber Importen aus Entwicklungsländern

Produkt	USA Effektivzoll	USA Relation zum Nominalzoll	EU Effektivzoll	EU Relation zum Nominalzoll	Japan Effektivzoll	Japan Relation zum Nominalzoll	Durchschnitt[a] Effektivzoll	Durchschnitt[a] Relation zum Nominalzoll
Kakao								
1. Kakaobohnen	0,0	–	5,4	–	3,0	–	3,0	
2. Kakaopulver	11,6	7,3	126,6	7,0	98,3	8,1	67,0	7,4
3. Schokolade	1,3	0,3	19,3	1,1	68,6	2,0	29,1	1,7
Kokosnußöl								
1. Kopra	0,0	–	0,0	–	0,0	–	0,0	–
2. Kokosnußöl	23,6	1,3	135,8	10,9	47,7	4,8	51,8	5,1
Palmkernöl								
1. Palmkerne	0,0	–	0,0	–	0,0	–	0,0	–
2. Palmkernöl	20,5	7,3	141,9	12,3	7,3	1,0	42,4	7,9
Kautschuk								
1. Rohkautschuk	0,0	–	0,0	–	0,0	–	0,0	–
2. Kautschuk-produkte	6,6	1,4	16,3	2,1	10,3	1,6	18,1	2,8
Baumwolle								
1. Rohbaumwolle	6,2	–	0,0	–	0,0	–	0,0	–
2. Baumwollgarn	25,0	2,4	32,9	3,3	6,8	2,4	23,8	3,0
3. Baumwollstoff	24,6	1,8	19,1	1,6	17,8	2,3	19,9	1,8
4. Bekleidung	18,9	1,0	20,0	1,4	27,1	1,8	21,1	1,4
Eisen								
1. Eisenerz	0,0	–	0,0	–	0,0	–	0,0	–
2. Roheisen	0,0	0,0	3,5	0,9	2,9	1,5	0,5	0,3
3. Stahlbarren	62,2	9,9	1,1	0,3	16,6	2,6	30,3	5,9
4. Walzprodukte	–4,8	–	11,5	2,1	20,5	2,3	10,0	1,7
5. Spezialstahl	6,3	1,6	19,5	2,6	8,6	1,1	10,8	1,8
Kupfer								
1. Kupfererz	0,1	–	0,0	–	0,0	–	0,0	–
2. Kupfer, unverarbeitet	11,2	4,9	–5,6	–	43,1	6,2	11,8	5,1
3. Kupfer, verarbeitet	5,4	1,3	10,5	1,3	34,9	2,0	13,2	1,7
Alle Produkte[b]								
Verarbeitungs-stufe 1	3,9	–	2,9	–	2,7	–	2,6	–
Verarbeitungs-stufe 2	14,7	2,0	38,8	3,6	30,8	3,0	23,4	3,0
Verarbeitungs-stufe 3	20,6	2,7	15,7	1,6	27,3	2,0	19,8	2,1
Verarbeitungs-stufe 4	8,0	1,0	20,1	2,0	21,3	1,9	15,2	1,7

[a] Durchschnitt enthält auch Angaben für Schweden.
[b] Einschließlich einiger hier nicht aufgeführter Produkte.

Quelle: A. J. Yeats, Trade Barriers Facing Developing Countries, London-Basingstoke 1979.

Import von Gut X auf die Menge X_3X_4 beschränkt, so erhöht sich der inländische Preis auf P^t und die inländische Produktion auf OX_3. Im Unterschied zu einem Importzoll fließen jedoch dem Staat keine Zolleinnahmen mehr zu. Dieser Betrag kommt vielmehr den inländischen Importeuren zugute – aus verteilungspolitischen Aspekten möglicherweise eine unerwünschte Konsequenz.

Nach den umfassenden Senkungen der Zölle im Rahmen der GATT-Verhandlungen gewannen nicht-tarifäre Handelshemmnisse im internationalen Warenverkehr zunehmend an Bedeutung, denn sie weisen den «Vorteil» auf, daß sie sich wesentlich unauffälliger anwenden und damit auch nur sehr viel schwieriger kontrollieren lassen als Zölle[15]. Daher wendet auch das GATT in jüngster Zeit vermehrt seine Aufmerksamkeit diesem Problembereich zu.

Tabelle 4.8 enthält Angaben über die Anwendungshäufigkeit von Preis- und Mengenkontrollen in Industrie- und Entwicklungsländern.

Die Bedeutung nicht-tarifärer Handelshemmnisse läßt sich unter anderem anhand des Verhältnisses der Importe, die Restriktionen unterliegen, zu den

Tabelle 4.8 Anwendungshäufigkeit[1] von Preis- und Mengenkontrollen nach Ländergruppen

Importmarkt	Mengenkontrollen	Preiskontrollen
Entwickelte marktwirtschaftliche Länder	23,3	7,5
USA	6,2	9,7
EU	37,5	14,8
Japan	10,4	0,3
übrige	15,3	2,3
Entwicklungsländer und -territorien	70,5	1,7

[1] Die angeführten Zahlen geben den Anteil der von den Maßnahmen betroffenen Gütergruppen an der Gesamtzahl der Gütergruppen an. – **Quelle:** UNCTAD, Protectionism, Trade Relations and Structural Adjustment, TD/274, Genf 1983.

gesamten Einfuhren bestimmen. Einen Überblick über diese «import-ratio» in Industrieländern für Importe aus Entwicklungs- und aus Industrieländern gibt Tabelle 4.9.

Eine relativ junge Form nicht-tarifärer Handelshemmnisse sind sog. **freiwillige Exportbeschränkungen.** Dabei erklärt sich ein einzelnes Land oder eine Ländergruppe dazu bereit, die Exporte in die Region des oder der Vertragspartner zu reduzieren, konstant zu halten oder nur mit einer bestimmten Rate wachsen zu lassen. Von «Freiwilligkeit» kann dabei aber

[15] Anläßlich der Tokio-Runde stellte das GATT-Sekretariat eine Liste von mehreren hundert nicht-tarifären Handelshemmnissen zusammen. Zu den Zollsenkungsrunden des GATT vgl. den folgenden Abschnitt.

Tabelle 4.9 Anteil der Einfuhren der Industrieländer, der nicht-tarifären Handelshemmnissen unterliegt (in vH)

Importeur	Einfuhren aus Industrieländern	Einfuhren aus Entwicklungsländern
Vereinigte Staaten	13,0	5,5
Japan	19,2	5,4
Schweiz	22,6	48,8
Schweden	1,0	7,0
Norwegen	8,2	10,9
Österreich	15,0	8,1
EU (9)[1]	15,1	11,8
Dänemark	9,4	19,2
Irland	15,0	9,5
Frankreich	20,1	7,1
Großbritannien	14,9	14,3
Italien	12,5	7,0
Deutschland, Bundesrep.	12,6	8,5
Niederlande	16,1	19,8
Belgien u. Luxemburg	19,2	29,7

[1] ohne Griechenland, gewogener Durchschnitt. – **Quelle:** Weltbank, Weltentwicklungsbericht 1984, Washington, D.C. 1984.

keine Rede sein, denn die betroffenen Exportländer stehen vor der Alternative der Selbstbeschränkung oder erhöhter Einfuhrbeschränkungen in den Importländern.

In ihren Wirkungen unterscheiden sich freiwillige Selbstbeschränkungen nicht wesentlich von Importquoten (vgl. auch Abb. 4.10). Von der jeweiligen Marktmacht und der verfügbaren Information wird im wesentlichen abhängen, welcher Teil der Knappheitsprämie (Rechteck D in Abb. 4.10) im Falle der Selbstbeschränkung an die inländischen Importeure und welcher an die ausländischen Exporteure fließt. Selbstbeschränkungsabkommen bieten für die Importländer aber vor allem den «Vorzug», daß sie selbst Importbeschränkungen vermeiden können und so vorgeblich die Freiheit des Welthandels nicht beeinträchtigen.

Dies alles und die insbesondere von der interessierten Industrie vorgetragenen Argumente für Selbstbeschränkungsabkommen oder die Bezeichnung dieser Abkommen als orderly-marketing-agreements können nicht darüber hinwegtäuschen, daß es sich dabei um protektionistische Maßnahmen handelt, die die inländische Produktion zu Lasten der Verbraucher und der ausländischen Produzenten begünstigen. Leider können die inländischen Verbraucher diese Zusammenhänge häufig kaum durchschauen, so daß von dieser Seite her wenig Widerstand zu erwarten ist. Aber auch die Politik der Industrieländer weist in diesem Bereich eine gravierende Inkonsistenz auf. Denn einerseits werden erhebliche Anstrengungen zum Aufbau der Industrie in Entwicklungsländern unternommen (z. B. im Rahmen der Entwicklungshilfe), zum anderen behindern diese Länder – wenn sich der Industrialisierungserfolg eingestellt hat –, meist auf Druck der betroffenen Gewerkschaften und Unternehmen, den Export dieser Produkte.

Das wohl bekannteste dieser Selbstbeschränkungsabkommen ist das **Multifaser-** oder **Welttextilabkommen**. Es geht auf das «Kurzfristige Baumwolltextil-Abkommen» zurück, das im Jahre 1961 im Rahmen des GATT zustande kam. Aufgabe dieses Abkommens sollte es sein, die durch die Niedriglohnländer (Entwicklungsländer und Japan) verursachten Anpassungsprobleme in den Industrieländern zu überwinden. Natürlich sind protektionistische Maßnahmen zur Anpassung an veränderte weltwirtschaftliche Wettbewerbsbedingungen völlig ungeeignet, vielmehr ziehen sie weitere Protektionsmaßnahmen nach sich, so auch hier: «kurzfristig» wurde in «langfristig» umgewandelt und das «Long-Term Arrangement Regarding International Trade in Cotton Textiles» (LTA) abgeschlossen. Schließlich wurde im Jahre 1974 nach mehrmaliger Verlängerung das LTA zu einem Multifaserabkommen (MFA) ausgeweitet, das nun neben dem Handel mit Baumwolltextilien auch den Handel mit Textilien aus Wolle und aus synthetischen Fasern einschloß. Im Jahr 1986 wurde das MFA unter erheblichem Druck der Industrieländer zu weiter verschlechterten Bedingungen für die Exportländer um fünf Jahre verlängert und auf bisher nicht enthaltene Fasern (z. B. Ramie) ausgedehnt. Die angeblich letztmalige Verlängerung (diesmal um 10 Jahre) erfolgte im Jahr 1993.

Vorgebliches Ziel des MFA ist die Liberalisierung des Welthandels bei Textilien und Bekleidung aus Wolle, Baumwolle und Kunstfasern. In seinen Auswirkungen ist das MFA dagegen restriktiv. Rund 40 Prozent des Welthandels in diesen Produkten sind vom MFA betroffen. Das MFA bietet den Rahmen, in dem die einzelnen Teilnehmerländer in bilateralen Übereinkünften den Handel mit Textilien und Bekleidung regeln. Das Ergebnis war dabei jeweils, daß die Importe aus Entwicklungsländern in Industrieländer mehr oder minder beschränkt wurden. So haben beispielsweise im Rahmen des MFA III (1982–1986) die EU und Hongkong eine jährliche Steigerung der Textilimporte aus Hongkong in die EU von 1,9 Prozent (Bekleidung 2,2 Prozent) vereinbart; die USA und Hongkong 1,5 Prozent bei Textilien, 0,7 Prozent bei Bekleidung. Korea und die EG einigten sich auf 3,3 bzw. 2,5 Prozent. Indien und die USA auf 7,0 bzw. 5,0 Prozent. In der Wirkung kommt dies einer mengenmäßigen Importbeschränkung oder der Erhebung eines Importzolls in den Einfuhrländern gleich. Selbstbeschränkungsabkommen weisen darüber hinaus den Nachteil auf, daß der Zugang für neue Anbieter erschwert wird, da die importierbaren Mengen in Verhandlungen aufgeteilt werden.

Größere Aufmerksamkeit gewinnen in jüngster Zeit auch jene protektionistischen Maßnahmen, die insbesondere in den Industrieländern, zum Schutz der Landwirtschaft, ergriffen werden. So sind beispielsweise die japanischen Reisbauer vor ausländischer Konkurrenz (durch Subventionen und Einfuhrbeschränkungen) so sehr geschützt, daß sie trotz ihrer hohen Produktionskosten, die etwa das Dreifache des Weltmarktpreises betragen,

Tabelle 4.10 Landwirtschaftliche Importe der EU nach Herkunft (in vH)

Produkt	Anteil an den gesamten EU-Importen					
	Intra-EU		übrige Industrieländer		Entwicklungsländer	
	1962	1983	1962	1983	1962	1983
Frischfleisch	20	77	47	12	29	6
Fleisch, verarb.	66	80	11	3	13	14
Milch	67	99	31	0	1	0
Butter	33	84	59	14	2	0
Käse	37	86	57	13	0	0
Weizen	5	61	29	14	17	0
Mais	4	56	65	37	24	5
Frischgemüse	41	55	25	16	30	24
Zucker/Honig	6	46	18	5	66	46
tier. Öle u. Fette	18	42	67	49	10	2
Pflanzenöl	9	50	14	5	70	42

Quelle: UNCTAD, UNCTAD Statistical Pocket Book, United Nations, New York 1984.

ihre Reisproduktion auf dem japanischen Markt absetzen können. Beträchtliche Subventionen fließen ebenfalls an die Landwirte in den USA. Auch die EU wird wegen der protektionistischen Wirkungen der Gemeinsamen Agrarpolitik kritisiert.

Beim Import von Agrarprodukten aus Drittländern in die EU werden variable Abgaben erhoben, mit deren Hilfe die Einfuhrpreise den in der EU geltenden, in der Regel höheren Preisen angeglichen werden. Konkurrenzfähigen ausländischen Produzenten wird auf diese Weise der Zugang zu den Märkten der EU erschwert.

Die Bedeutung dieses nicht-tarifären Handelshemmnisses für die Entwicklungsländer wird bisweilen überschätzt, da diese Länder viele Produkte, die mit solchen variablen Abgaben belegt werden, überhaupt nicht exportieren. Manche der geschützten Agrarprodukte sind für einige Entwicklungsländer jedoch wichtige Exportgüter, die von den Protektionsmaßnahmen der EU hart betroffen werden, z.B. Argentinien bei Weizen und Rindfleisch, Nordafrika bei Obst und Gemüse. Besonders nachteilige Auswirkungen für die Entwicklungsländer dürfte indes der subventionierte Verkauf von Agrarprodukten auf dem Weltmarkt durch die EU haben. Da innerhalb der EU beispielsweise weitaus mehr Zucker produziert als konsumiert wird, müssen von Zeit zu Zeit überschüssige Zuckermengen auf dem Weltmarkt abgesetzt werden. Da dieser Zucker auf dem Weltmarkt zu den hohen EG-Preisen nicht abgesetzt werden könnte, muß er mit Hilfe von Subventionen verbilligt werden. Dadurch sinken natürlich die Exportaussichten der zuckerproduzierenden Entwicklungsländer. Darüber hinaus trägt diese Politik nicht unerheblich zu den Schwankungen des Zuckerpreises außerhalb der EU bei.

Aus Tabelle 4.10 ist ersichtlich, daß bei den landwirtschaftlichen Importen der EG im Zeitraum 1962 bis 1983 eine massive Handelsumlenkung von

Drittländerimporten hin zu Importen aus Mitgliedsländern stattgefunden hat. Beispielsweise wuchs der Anteil der Intra-EU-Importe an den gesamten EU-Importen bei Frischfleisch von 20 auf 77 vH, dagegen fiel der entsprechende Anteil der übrigen Industrieländer von 47 auf 12 vH, jener der Entwicklungsländer von 29 auf 6 vH.

4.4.2 Das Allgemeine Zoll- und Handelsabkommen (GATT)

Das General Agreement on Tariffs and Trade (Allgemeines Zoll- und Handelsabkommen, GATT) wurde am 30. Oktober 1947 unterzeichnet. Ursprünglich sah die **Havanna-Charta** den Aufbau einer «Internationalen Handelsorganisation» (International Trade Organization) ähnlich dem International Monetary Fund (IMF) vor. Diese Organisation sollte mit weitgehenden und teils supranationalen Rechten ausgestattet die Ausweitung des internationalen Handels forcieren. Der Vollzug der Havanna-Charta scheiterte jedoch am Widerstand der USA, auf deren Initiative sie zunächst zurückgegangen war. Das GATT kann auch als eine teilweise Realisierung der Havanna-Charta gelten. Das GATT-Sekretariat hat seinen Sitz in Genf.

Unterzeichnet wurde das GATT von 23 Industriestaaten, die auf Einladung der USA eine Zollverhandlungsrunde eröffnet hatten. Gegenwärtig wenden ca. 130 Staaten die GATT-Regeln an. Die Schlußdokumente der Uruguay-Runde wurden nach jahrelangen Verhandlungen im April 1994 von 124 Staaten unterzeichnet.[16] Mehr als zwei Drittel der Mitglieder des GATT sind Entwicklungsländer. Die Bundesrepublik Deutschland ist seit 1951 Mitglied.

Im GATT sind die wichtigsten **Regeln der gegenwärtigen Welthandelsordnung** kodifiziert. Die zentralen **Prinzipien des GATT** sind:

(1) Das **Prinzip der Nichtdiskriminierung** (Meistbegünstigungsklausel, Art. I). Die Meistbegünstigungsklausel verpflichtet die Vertragsparteien, alle Vergünstigungen, die sie einem Mitgliedsland gewähren, auch allen anderen Vertragspartnern einzuräumen.

(2) Die **Gleichstellung der inländischen und ausländischen Güter** in bezug auf binnenwirtschaftliche Abgaben und Rechtsvorschriften (Art. III).

(3) Das **Prinzip der Liberalisierung**. Verbot von mengenmäßigen Beschränkungen (Art. XI), von Dumping (Art. VI) und von Subventionen, die die Interessen anderer Vertragspartner verletzen (Art. XVI). Zölle werden grundsätzlich erlaubt, ihrem Abbau wird aber besondere Bedeutung beigemessen (Art. XXVIII).

(4) Das **Prinzip der Gegenseitigkeit** (Reziprozität) beim Abbau von Handelshemmnissen.

Schutzklauseln erlauben, je nach Art der Störung der Wirtschaft eines der Vertragspartner, Antidumpingzölle (Art. VI), mengenmäßige Handelsbeschränkungen (Art. XI), Beschränkungen zum Schutz der Zahlungsbilanz (Art. XII) oder gar die Diskriminierung der Importe einzelner Vertragspartner (Art. XIX/XX). Hierfür sind jedoch vorherige Konsultationen mit

[16] Einige Länder wenden die GATT-Regeln an, ohne Mitglied zu sein.

den anderen Teilnehmern und eine Genehmigung erforderlich. Bei Vertragsverletzungen sind zunächst Konsultationen der betroffenen Länder, Stellungnahmen der übrigen Mitgliederländer, bis hin zum Ausschluß eines Vertragspartners vorgesehen (Art. XXII/XXIII). Um den besonderen Interessen der Entwicklungsländer entgegenzukommen, wurde das Abkommen im Jahr 1965 ergänzt um die Bestimmung über «Handel und Entwicklung» (Teil 4 der Satzungsvereinbarung des GATT).

Bisher fanden im Rahmen des GATT sieben Verhandlungsrunden zum weltweiten Abbau von Handelsschranken statt. Die bedeutsamsten davon sind die drei letzten, die «Kennedy-Runde», die «Tokio-Runde», ursprünglich als «Nixon-Runde» bezeichnet, und die «Uruguay-Runde». Die «Kennedy-Runde» fand von 1964 bis 1967 statt und erreichte eine allgemeine lineare Zollsenkung um bis zu 50 vH; diese Zollsenkungen wurden bis 1972 auch realisiert. Sie begünstigten aber vorwiegend die Industrieländer, da die Zollsenkungen hauptsächlich Industrieprodukte betrafen; diese spielen – wie gezeigt – im Exportsortiment der Entwicklungsländer aber nur eine zweitrangige Rolle.

Spezielle Möglichkeiten zur Einräumung von Handelsvorteilen für die Entwicklungsländer bietet Teil 4 der Satzung des GATT. So gilt seit Juli 1971 das **Allgemeine Zoll-Präferenzsystem** (Generalized System of Preferences, GSP). Danach können den Entwicklungsländern Präferenzzölle eingeräumt werden, die anderen Ländern nicht gewährt werden, obwohl das dem Prinzip der Meistbegünstigung widerspricht, und für die die Entwicklungsländer den Industrieländern nicht entsprechende Vorteile einräumen müssen (Verzicht auf Reziprozität). Das GSP sollte zunächst für zehn Jahre gelten. Im Rahmen der «Tokio-Runde» (1973–1979) wurde das GSP um weitere zehn Jahre verlängert[17]. Mittlerweile besteht das System nicht aus einer generellen Regelung, sondern aus elf verschiedenen Präferenzsystemen, die sich sehr stark unterscheiden, je nach den wirtschaftspolitischen Interessen der präferenzgewährenden Länder. Dabei sind die zugestandenen Präferenzen um so geringer, je «sensibler» die Produkte eingeschätzt werden, manche Güter werden gar ganz ausgenommen. Zudem werden für jedes Entwicklungsland Einfuhrquoten festgelegt; nur für diese Höchstmengen werden die Präferenztarife gewährt. Bei der Bemessung dieser Quoten werden meist die besonders wettbewerbsfähigen Länder benachteiligt, während die weniger konkurrenzfähigen nicht in der Lage sind, ihre Quoten auszuschöpfen.

Eine weitere Außnahme gilt für regionale Handelszusammenschlüsse (Freihandelszonen, Zollunionen, Wirtschaftsgemeinschaften), solange sie nicht die Handelsbarrieren für Nicht-Mitglieder erhöhen. Beispiele solcher Handelszusammenschlüsse sind die Europäische Union (EU) und die Europäische Freihandelszone (EFTA) bzw. der Europäische Wirtschaftsraum (EWR), den EU und EFTA seit 1994 bilden. Ferner die Nordamerikanische Freihandelszone (NAFTA) zwischen Kanada, Mexiko und den Vereinigten Staaten, sowie verschiedene regionale Handelszusammenschlüsse zwischen

[17] Die Präferenzzölle galten zunächst als Sondergenehmigung (waiver) und sind seit der Tokio-Runde Bestandteil des Abkommens.

Entwicklungsländern, beispielsweise die Vereinigung Südostasiatischer Staaten (Association of Southeast Asian Nations, ASEAN) mit den Mitgliedern Brunei, Indonesien, Malaysia, Philippinen, Thailand und Singapur und der Anden-Pakt, der als Mitglieder Bolivien, Ekuador, Kolumbien, Peru und Venezuela umfaßt. Anrainerstaaten des pazifischen Ozeans bemühen sich seit 1989 darum, eine pazifische Wirtschaftsgemeinschaft zu bilden in einer Region, die seit Jahren besonders hohe Wachstumsraten aufweist und mit rund 2 Milliarden Menschen ein starkes Wachstumspotential besitzt (Asian-Pacific Economic Cooperation, APEC).

Die Unterzeichnung der Verhandlungsergebnisse der «Tokio-Runde» erfolgte im Juli 1979. Sie traten Anfang 1980 in Kraft. Wichtige Ergebnisse dieser Verhandlungsrunde waren u.a. eine Reduktion der Zölle für Industrieprodukte um durchschnittlich etwas mehr als 33 vH, die USA senkten die Zölle um rund 31 vH im Durchschnitt, Japan um 28 vH, die EG um etwa 27 vH. Diese Zollsenkungen sollten stufenweise (bis 1987) realisiert werden. Für den Bereich der zunehmend wichtiger werdenden nicht-tarifären Handelshemmnisse war die Vereinbarung von sechs Kodizes von besonderer Bedeutung: der Antidumping- und der Zollwertkodex sowie Kodizes über Subventionen und Ausgleichszölle, über technische Handelshemmnisse, über Regierungskäufe und über Importlizenzen.

Die sieben Zollsenkungsrunden vor der Uruguay-Runde hatten einen nachhaltigen Effekt auf die Weltwirtschaft. Allein in den Jahren 1950 bis 1975 verfünffachte sich das Welthandelsvolumen und verdoppelte sich der Umfang der Weltwirtschaft. Trotz dieser Erfolge beim Abbau tarifärer Handelshemmnisse und der Ansätze zur Bekämpfung nicht-tarifärer Handelsschranken nahm insbesondere in den siebziger Jahren der Protektionismus weltweit zu, unter anderem als Folge des langsameren Wachstums der Produktion und des Außenhandels. Im internationalen Handel mit Stahl, Autos, Feinkeramik, Schuhen, Schiffen und Konsumgütern der Elektronikindustrie wurden handelsbeschränkende Abkommen eingeführt, die dem Multifaserabkommen oder den Präferenzabkommen ähnlich waren. Die Grundprinzipien des GATT wurden zunehmend ausgehöhlt und durch Sonderregelungen und Ausnahmegenehmigungen außer Kraft gesetzt. Konsultationen dienten häufig nicht mehr dazu, Handelshemmnisse zu beseitigen, sondern gegenseitige Protektionszugeständnisse abzuringen (Bilateralismus). Diese Verstöße gegen die Grundlagen der Welthandelsordnung wurden zudem oft durch formelle oder informelle Integration in das GATT-Abkommen noch legalisiert.

Die Uruguay-Runde (die achte GATT-Runde) sollte dazu dienen, die fundamentalen Prinzipien des GATT zu stärken und der Einhaltung der GATT-Regeln wieder mehr Geltung zu verschaffen, um auch zukünftig eine freie Welthandelsordnung, die Basis für die weltwirtschaftliche Prosperität nach dem Zweiten Weltkrieg, zu bewahren. Die Uruguay-Runde dauerte sieben Jahre (1986–1993). Sie drohte mehrmals wegen anscheinend unüberbrückbarer Gegensätze der Verhandlungspartner (vor allem zwischen der EU und den Vereinigten Staaten) zusammenzubrechen. Schließlich konnte im Dezember 1993 eine Vereinbarung erzielt werden.

Vier Aufgaben standen im Vordergrund: weitere Zollsenkungen, Reform des GATT als Institution, Abbau der Ausnahmeregelungen beim Warenhandel und Einschluß neuer Bereiche, um dem GATT größere Bedeutung zu verleihen. Die neue Vereinbarung enthält nun auch erstmals einige Regeln für den Handel mit Dienstleistungen (General Agreement on Trade in Services, GATS), sowohl hinsichtlich des grenzüberschreitenden Handels als auch jener Dienstleistungen, die im Inland angeboten werden. Der Schutz des Rechts an geistigem Eigentum (Patente, Urheberrechte, Handelsmarken) wird verbessert. Das Multifaserabkommen wurde nochmals um zehn Jahre verlängert, soll aber danach auslaufen. Der umstrittenste Bereich war der Handel mit Agrargütern, die zuvor noch von den GATT-Regeln ausgenommen waren. Die Kontroverse, vorwiegend zwischen den Vereinigten Staaten, der Europäischen Union und Japan, konzentrierte sich insbesondere auf die Ausfuhrsubventionen für landwirtschaftliche Produkte. In den besonders strittigen Fragen konnte aber meist nur deshalb eine Einigung erzielt werden, daß sich die 124 Vertragsparteien auf den kleinsten gemeinsamen Nenner verständigten und manche Streitpunkte ganz ausklammerten.

Wie auch schon bei den früheren Verhandlungsrunden wurden die Zölle für Industriewaren erneut gesenkt (um etwa 40 vH). Diese Zollsenkungen sollen in fünf Schritten bis zum Ende des Jahrtausends verwirklicht werden. Nach der Umsetzung der vereinbarten Zollsenkungen werden die Einfuhrzölle der Industrieländer praktisch bedeutungslos geworden sein. Der durchschnittliche Zollsatz für Industriewaren liegt in den Industrieländern gegenwärtig bei nur noch 4,7 vH. Schon jetzt können damit Wechselkursschwankungen einen größeren Effekt auf die Handelsströme ausüben als der schrittweise Zollabbau. Allerdings ist die Höhe der Zollsätze je nach Produktgruppe sehr unterschiedlich. Bei einigen Produkten, die für die Entwicklungsländer besonders wichtig sind, werden die Zölle überdurchschnittlich gesenkt, bei anderen, besonders «sensiblen» Gütern (z.B. Konsumelektronik) waren die Industrieländer zu keinen oder nur geringen Zollkürzungen bereit. Aber auch die Entwicklungsländer, die ihre Industrie meist durch vergleichsweise hohe Zollsätze schützen, haben sich zu beträchtlichen Senkungen ihrer Einfuhrzölle verpflichtet.

Für den Handel mit Dienstleistungen verständigten sich die Vereinigten Staaten und die Europäische Union kurz vor Abschluß der Verhandlungen darauf, wichtige Bereiche von einer sofortigen Liberalisierung auszunehmen, und zwar Finanzdienste, den Seeverkehr und den Film- und Fernsehmarkt. Auch das Thema Handel und Umwelt wurde ausgeschlossen. Die Entwicklungsländer mit ihren in der Regel geringeren Umweltstandards befürchteten, daß Umweltschutz-Normen von den Industrieländern als eine neue Form des Protektionismus benutzt werden könnten.

Schließlich wird das bisher eher provisorische GATT-Abkommen organisatorisch aufgewertet und durch die Einrichtung einer Welthandelsorganisation (World Trade Organisation, WTO) gestärkt. Das GATT wird nach einer Übergangsfrist in der WTO aufgehen.

4.5 Rohstoffabkommen

Mit dem Abschluß von Rohstoffabkommen verbinden die Vertragspartner, Konsumenten- (Import-) und Produzenten-(Export-)länder, in der Regel mehrere Ziele. Bei den Konsumenten dürften Versorgungssicherheit sowie stabile, möglichst niedrige Preise, und damit verbunden stabile, möglichst geringe Ausgaben Priorität besitzen, bei den Produzenten dagen stabile, möglichst hohe Preise bei wenig schwankenden, im Trend steigenden Erlösen und Sicherheit des Absatzes der Rohstoffe. Bezüglich der Stabilität der Preise und Erlöse sowie der Versorgungs- und Absatzsicherheit werden die Verbraucher- und Produzenteninteressen eher übereinstimmen als im Hinblick auf die Höhe der Preise und Erlöse bzw. Ausgaben. Grundsätzlich ist zu beobachten, daß zu Zeiten, in denen der Preis eines bestimmten Rohstoffes vergleichsweise niedrig ist und tendenziell sinkt, verständlicherweise vorwiegend die Produzenten am Abschluß eines Rohstoffabkommens interessiert sind, bei relativ hohen und steigenden Preisen dagegen die Konsumenten.

4.5.1 Instrumente der Rohstoffpolitik

Die klassischen Instrumente der Rohstoffpolitik sind:
- Maßnahmen zur Marktbeobachtung (Erarbeitung von Informationen über Konsum, Produktion, Handel) und Marktpflege (Forschung und Entwicklung, Standardisierung, Qualitätsverbesserung, Absatzförderung, Weiterverarbeitung, Diversifizierung),
- Produktions- bzw. Exportquoten,
- Multilaterale Liefer- und Abnahmeverpflichtungen,
- Marktausgleichslager/Bufferstocks.

Mit Maßnahmen zur Marktbeobachtung und Marktpflege sind Interventionen in den Marktmechanismus nicht verbunden. Wirkungen auf Preise und Erlöse sind, wenn überhaupt, nur auf indirekte Weise möglich, etwa indem neue, aus einem bestimmten Rohstoff hergestellte Produkte entwickelt werden, oder indem die Qualität eines Rohstoffes verbessert wird, so daß die Absatzchancen steigen. Abkommen zur Marktpflege und Marktbeobachtung werden vor allem dann abgeschlossen, wenn sich die Produzenten und Verbraucher nicht auf weitergehende Maßnahmen einigen können. Rohstoffabkommen, die auf Informationsaustausch, Konsultationen und Marktpflege beschränkt sind, gelten für Weizen (seit 1949), Olivenöl (seit 1963), Rindfleisch (seit 1980), Jute (seit 1984) und tropische Hölzer (seit 1985).

Dem Ziel der Markttransparenz und dem Informationsaustausch dienen auch das Zucker-Übereinkommen (seit 1984), das Kaffee-Übereinkommen (seit 1989) und das Kakao-Übereinkommen (seit 1990), nachdem für diese drei Rohstoffe (in den jeweils genannten Jahren) die preisregulierenden Mechanismen der zuvor geltenden Abkommen außer Kraft gesetzt wurden. Da die Preise für Kaffee und Kakao seit Ende der achtziger Jahre massiv verfielen, wurden im Jahr 1992 zwischen den Konsumenten- und Produzentenländern wieder Verhandlungen über Abkommen für diese beiden Produkte aufgenommen, die auch preisregulierende Marktinterventionen beinhalten.

Vereinbaren die Produzenten eines Rohstoffes Produktions- bzw. Exportquoten, dann liegt dem die Annahme zugrunde, daß sie gemeinsam einen gewissen Einfluß auf den Weltmarktpreis des betreffenden Rohstoffes besitzen. Dazu müssen sich die Abkommensparteien zunächst auf eine bestimmte Produktions- bzw. Exportmenge einigen, die – nach ihrer Einschätzung und vor dem Hintergrund der Situation auf den Weltmärkten – garantiert, daß ein zuvor festgelegter Zielpreis oder eine Zielpreisspanne realisiert werden kann. Soll der Peis nicht nur stabilisiert, sondern auch tendenziell angehoben werden, muß – bei unveränderten Nachfragebedingungen – die Produktions- bzw. Exportmenge verringert werden. In einem zweiten Schritt wird dann die in der Regel geringere Produktions- bzw. Exportmenge auf die einzelnen Produzenten und Exporteure aufgeteilt.

Beide Schritte, die Festlegung der gesamten Produktions- bzw. Exportmenge sowie die Aufteilung der Quoten unter die Abkommensparteien werfen naturgemäß einige Probleme auf.

Wie hoch soll der Zielpreis liegen, soll eine Preisspanne festgelegt werden, wenn ja, mit welcher Bandbreite, wie ist die zukünftige Nachfrageentwicklung einzuschätzen, welche Produktions- und Exportmenge ist geeignet, den angestrebten Preis (Preisspanne) zu realisieren? Das schwierigste Problem wird jedoch sein, die Produktions- und Exportquoten der einzelnen Länder festzulegen. Die Erfahrungen beim Zusammenbruch des OPEC-Kartells verdeutlichen die Schwierigkeiten, die gerade mit der Aufteilung der Quoten verbunden sind.

Hinzu kommt noch ein Problem, das mit Quotenabkommen, aber auch mit allen anderen Abkommenstypen verbunden ist: Soll ein Rohstoffabkommen funktionsfähig und wirksam sein, müssen an den Abkommen möglichst alle in Frage kommenden Anbieter (und Nachfrager) beteiligt sein. Wenn die Vertragsparteien eines Quotenabkommens beispielsweise nur die Hälfte der Produktion bzw. der Exporte kontrollieren, wird die Verringerung der Exporte der Abkommensländer mit großer Wahrscheinlichkeit von den Nicht-Abkommensländern ausgeglichen, die Wirkungen des Abkommens beschränken sich auf geringere Exporterlöse der Länder, die das Abkommen befolgen.

Auch hierfür ist die Entwicklung des OPEC-Kartells ein anschauliches Beispiel. Als das OPEC-Kartell 1973/74 erstmals die Preise erhöhte, kontrollierte es einen Großteil des Welt-Rohölmarktes. Dies und weitere Verteuerungen des Ölpreises waren Anreiz dafür, daß auch andere Länder, die nicht dem Kartell angehören (z.B. Großbritannien, Mexiko, Norwegen) ihre Anstrengungen, Öl zu produzieren und zu exportieren, beträchtlich verstärkten. Diese Länder konnten die Zielsetzungen des Abkommens unterlaufen bzw. von den Maßnahmen der Abkommensmitglieder profitieren, ohne einen eigenen Beitrag (z.B. gekürzte Exporte) leisten zu müssen. Ein Quotenabkommen galt beispielsweise für Zucker, sein Scheitern im Jahr 1977 wird u.a. darauf zurückgeführt, daß nicht alle wichtigen Produzenten an dem Abkommen teilnahmen.

Abkommen zur Marktbeobachtung und Marktpflege sowie Quotenabkommen haben einen nur bescheidenen Einfluß auf das Marktgeschehen. Daher bevorzugen insbesondere Rohstoffexporteure, deren Rohstoffpreise stark schwanken oder tendenziell sinken, Abkommen mit multilateralen Liefer- und Abnahmeverpflichtungen oder gar Marktausgleichslager (Bufferstocks).

4.5.1.1 Multilaterale Liefer- und Abnahmeverpflichtungen

Bei einem Abkommen dieses Typs erklären sich einerseits die Verbraucherländer bereit, eine bestimmte Menge eines Rohstoffs zu einem festgelegten Mindestpreis abzunehmen, auch wenn der Weltmarktpreis niedriger liegt. Umgekehrt verpflichten sich die Produzentenländer, eine bestimmte Menge zu einem festgelegten Höchstpreis zu liefern, auch wenn der Weltmarktpreis höher liegt. Abbildung 4.11 veranschaulicht diese Zusammenhänge.

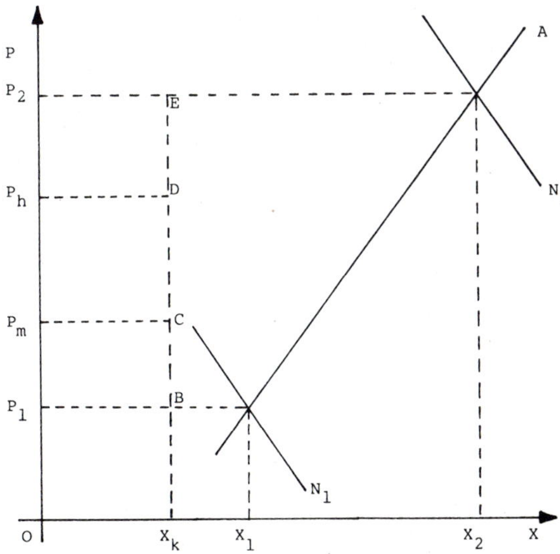

Abbildung 4.11 Preisstabilisierung durch multilaterale Liefer- und Abnahmeverpflichtungen

Grundsätzlich ist zwar eine unbegrenzte Liefer- und Abnahmeverpflichtung denkbar, meist werden jedoch bestimmte Kontraktmengen vereinbart. In diesem Beispiel sei die Kontraktmenge OX_k, die zum Höchst-(P_h) oder Mindestpreis (P_m) ver- oder gekauft werden muß. Liegt der Marktpreis bei P_1, so können die Verbraucherländer nur die Menge X_kX_1 zu diesem Preis kaufen, für die Menge OX_k bezahlen sie den Preis P_m. Der Einkommenstransfer von den Verbraucher- an die Produzentenländer entspricht der Fläche P_mCBP_1. Ein entgegengesetzter Einkommenstransfer von den Produzenten- an die Verbraucherländer entsprechend der Fläche P_2EDP_h findet statt, wenn der Weltmarktpreis bei P_2 liegt. Somit können durch multilaterale Liefer- und Abnahmeverpflichtungen die Exporterlöse eines Produzentenlandes und die Einfuhrausgaben eines Konsumentenlandes stabilisiert werden. Doch weist dieses Instrument auch einige Schwachstellen auf.

(1) Da an Liefer- und Abnahmeverpflichtungen in der Regel mehrere Produzenten und mehrere Konsumenten beteiligt sind, müssen die Kontraktmengen unter diesen aufgeteilt werden; es müssen **Export-** und **Importquoten** festgelegt werden, die jedem Liefer- und Abnehmerland einen bestimmten Anteil an der Kontraktmenge zuweisen. Diese Abstimmung ist jedoch wegen der oft unterschiedlichen Interessenlage der betroffenen Länder nur schwer zu erreichen[18].

(2) Konsequenterweise müssen zusammen mit der Festlegung von Exportquoten auch **Produktionsquoten** für die einzelnen Länder festgelegt werden. Das impliziert jedoch seinerseits, daß unter den Produzentenländern auch Vereinbarungen über die vorzunehmenden Investitionen getroffen werden müssen. Da diese Investitionen nicht in allen Ländern die gleiche Verzinsung erzielen werden, folgt, daß die beteiligten Produzentenländer einen Gewinnpool einrichten müssen zur «gerechten» Verteilung der Gewinne aus den Rohstoffexporten. Das erscheint jedoch als äußerst unrealistisch.

(3) Mitentscheidend für den Erfolg von multilateralen Liefer- und Abnahmeverpflichtungen ist, daß möglichst alle Produzenten und Verbraucher dem Abkommen beitreten. Wird jedoch mit einer ansteigenden Tendenz der Rohstoffpreise gerechnet, so werden nur wenige Lieferländer geneigt sein, einem solchen Abkommen beizutreten; umgekehrt nimmt die Bereitschaft der Abnehmer zum Abschluß eines solchen Vertrages ab, falls ein Sinken der Rohstoffpreise erwartet wird.

(4) Die Funktionsfähigkeit des Abkommens erfordert daher, daß der **Residualmarkt** möglichst klein ist. Die Instabilität auf diesem Residualmarkt ist jedoch um so größer, je kleiner dieser Markt ist; schon geringfügige Schwankungen von Angebot und Nachfrage – bezogen auf Gesamtangebot und -nachfrage – führen zu extremen Preisschwankungen.

(5) Der Residualmarkt gibt keine verläßlichen Hinweise auf den Weltmarktpreis, an dem die Höchst- und Mindestpreise orientiert werden könnten.

(6) Somit wird auch bei multilateralen Liefer- und Abnahmeverpflichtungen die **Prognose** der Preise zu einem entscheidenden und – wie bereits erläutert – kaum lösbaren Problem. Wird die Preisspanne zu hoch angesetzt, findet ein unbeabsichtigter Einkommenstransfer von den Verbraucher- an

[18] Die OPEC-Staaten bieten – auch wenn es sich bei ihnen um ein Produzentenkartell handelt – ein anschauliches Beispiel für die Schwierigkeiten, die allein mit der Festlegung der Exportquoten im Rahmen eines solchen Abkommens verbunden sein werden.

die Lieferländer statt. Das ermuntert die Verbraucher, aus dem Abkommen auszuscheren oder abkommenswidrig auf dem Residualmarkt Rohstoffe zu kaufen. Liegt die Preisspanne zu niedrig, wächst die Neigung der Produzenten, das Abkommen nicht einzuhalten oder unter Umgehung des Abkommens auf dem Residualmarkt zu verkaufen.

(8) Schließlich muß in einem System multilateraler Liefer- und Abnahmeverpflichtungen auch mit der **Fehlallokation** knapper Ressourcen gerechnet werden. Hierfür ist wiederum der mit dem Abkommen verbundene Eingriff in den Preismechanismus verantwortlich.

Liegt der garantierte Mindestpreis höher als der Preis auf dem Residualmarkt, dehnen die Produzenten ihre Produktion aus. Diese Produktionsausweitung fällt größer aus als in einer Situation ohne Liefer- und Abnahmeverpflichtungen, weil sich bei Verzicht auf ein solches Kontraktsystem ein Weltmarktpreis einstellen müßte, der unterhalb des Mindestpreises liegt. Umgekehrt führt ein Höchstpreis unterhalb des Preises auf dem Residualmarkt zu einer Ausdehnung des Verbrauchs, die größer ist, als sie es ohne die Lieferverpflichtung zum Höchstpreis wäre. Denn ohne dieses Vertragssystem läge der Weltmarktpreis über dem Höchstpreis. Eine bezogen auf die Weltmarktpreise übermäßige Ausdehnung der Produktion oder des Verbrauchs impliziert jedoch den Einsatz von knappen Ressourcen, die in alternativen Verwendungen sinnvoller eingesetzt werden könnten.

4.5.1.2 Marktausgleichslager

Eine noch weiter gehende Intervention in den Rohstoffmarkt ist mit jenem Rohstoffabkommen verbunden, bei denen Marktausgleichslager (Bufferstocks) als Instrument zur Stabilisierung der Rohstoffpreise eingesetzt werden. Wie im Falle der Liefer- und Abnahmeverpflichtungen, so werden auch bei einem Rohstoffabkommen diesen Typs Mindest- und Höchstpreise vereinbart.

Fällt der Marktpreis eines Rohstoffes unter den im Rahmen des Abkommens festgelegten Mindestpreis, dann werden die Marktausgleichslager aufgefüllt. Durch diese zusätzliche Nachfrage steigt der Preis. Bei entsprechendem Umfang der Käufe kann er auf den Mindestpreis angehoben werden. Steigt dagegen der Weltmarktpreis über den festgelegten Höchstpreis, so wird durch entsprechende Verkäufe aus den Beständen des Marktausgleichslagers das Angebot erhöht und damit der Preis gesenkt. Abbildung 4.12 veranschaulicht die Funktionsweise eines Marktausgleichslagers zur Preisstabilisierung.

Gilt die Nachfragefunktion N_1 und die Angebotsfunktion A, so ergibt sich der Marktpreis P_1. Er liegt unterhalb des festgelegten Mindestpreises P_m. Dieser kann nur realisiert werden, wenn sich infolge zusätzlicher Käufe durch den Bufferstock die Nachfrage von N_1 nach N_1' verschiebt. Es wird dann die Menge X_1X_2 im Bufferstock eingelagert.

Liegt dagegen der Marktpreis bei P_2 und damit oberhalb des festgelegten Höchstpreises P_h, so muß versucht werden, durch Verkäufe aus den Beständen des Marktausgleichslagers das Angebot zu erhöhen und so den Preis

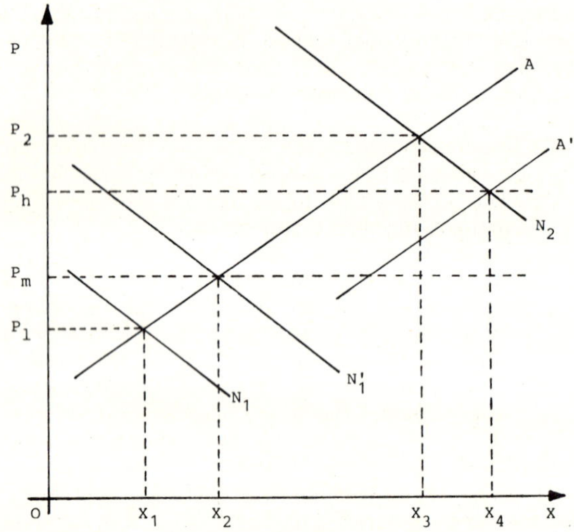

Abbildung 4.12 Preisstabilisierung durch Marktausgleichslager

zu verringern. Um bei der gegebenen Nachfragefunktion N_2 den Preis auf P_h zu senken, muß sich die Angebotsfunktion von A nach A' verschieben. Aus den Lagerbeständen wird die Menge X_3X_4 verkauft[19]. Bei der Preisstabilisierung durch Marktausgleichslager knickt folglich die Nachfragefunktion in der Höhe des Mindestpreises ab und verläuft von da an völlig elastisch; ähnliches gilt für die Angebotsfunktion, die vom Höchstpreis an völlig elastisch verläuft.

Solche Bufferstock-Interventionen sind gegenwärtig für Kautschuk vereinbart. Letztlich entspricht aber auch das Interventionssystem der EU für eine Reihe von landwirtschaftlichen Produkten diesem Interventionsmechanismus.

Die Nachteile von Marktausgleichslagern als Instrument der Rohstoffpolitik liegen insbesondere in ihren direkten (Lager-)Kosten und indirekten, gesamtwirtschaftlichen Kosten.

(1) Kosten fallen an für die Anschaffung der Lager, ohne die Marktinterventionen nicht möglich sind.

(2) Hinzu kommen die laufenden Kosten für die **Lagerhaltung**, wie Mieten für die Lagergebäude, Versicherungen, Verwaltungskosten und nicht zuletzt Zinskosten.

(3) Ferner entstehen Kosten infolge der begrenzten **Lagerfähigkeit** insbesondere der landwirtschaftlichen Rohstoffe. So weisen Kaffee, Kakao, Tee,

[19] Dabei stellt sich natürlich die Frage, ob die Lagerbestände hierzu ausreichen.

Zucker und Kautschuk bei längerer Lagerung Gewichts- und/oder Qualitätseinbußen auf, Feuchtigkeit kann sogar zur völligen Vernichtung der Bestände führen (Vgl. Tabelle 4.11).

Tabelle 4.11 Lagerfähigkeit landwirtschaftlicher Rohstoffe

Rohstoff	Lagerfähigkeit	Anmerkungen
Kaffee	Bohnen a) ohne Schutzvorrichtungen gegen Feuchtigkeit 2 Monate b) in gemäßigtem Klima Arabica-Kaffee 1 Jahr, Robusta-Kaffee 2–5 Jahre Lagerung in Pergament Lagerung in gemäßigtem Klima 2–3 Jahre möglich	Bei ordnungsgemäßer Lagerung Gewichtsverlust 2–3 v. H. p.a. 10 v. H. Preisabschläge für Lieferungen von Kaffee, der mehr als 1 Jahr gelagert wurde
Kakao	Bohnen Lagerdauer 3–4 Jahre bei angemessener Temperatur- und Feuchtigkeitskontrolle	Gewichtsverlust nach 3–4 Jahren Lagerung 2 v. H.
Tee	Verarbeiteter Tee Bei ordnungsgemäßer Verarbeitung und bei sachgemäßer Lagerung kann Tee 12 Monate lagern. Sonst ist die Frist für die Einlagerung ohne Qualitätsverlust auf drei Monate begrenzt	Nach Ablauf von 12 Monaten kann Tee nur für Instant-Produkte verwendet werden
Zucker	Rohzucker a) In tropischen Gebieten drei Jahre lagerungsfähig ohne Verluste b) Nahezu unbegrenzte Haltbarkeit im gemäßigten Klima Raffinierter Zucker Lagerungsgeeignet nur bei Temperatur- und Feuchtigkeitskontrollen	Bei hoher Feuchtigkeit u. a. Fermentation und Gewichtsverluste
Kautschuk	Rohkautschuk a) in tropischem Klima nur kurz lagerfähig b) bei gemäßigtem Klima nahezu unbegrenzte Lagerfähigkeit Kautschuk in Blocks a) bei üblicher Verpackung (Polyäthylen-Säcken) und bei ständiger Temperatur- und Feuchtigkeitskontrolle unbegrenzt lagerfähig in heißem Klima b) bei gemäßigtem Klima keine Beschränkungen	Zersetzung bei Schimmelbefall; Verluste bis zu 100 v. H.

Quelle: UNCTAD: An Integrated Programme for Commodities. Progress Report on Storage Costs and Warehouse Facilities, Genf 1975, TD/B/C.1/187, Annex I.

(4) Noch bedeutsamer als die bisher genannten direkten Kosten dürften aber die gesamtwirtschaftlichen Kosten der Lagerhaltung sein. Insbesondere dann, wenn die festgelegte Bandbreite der Interventionspreise vom langfristigen Trend der Marktpreise abweicht, impliziert die Errichtung der Marktausgleichslager eine **Fehlallokation**. Es werden in Entwicklungsländern ohnehin besonders knappe Ressourcen eingesetzt zur Produktion von Rohstoffen, die schließlich nur gelagert werden. Die Kosten dieser Fehlleitung entsprechen dem Wert, den diese Ressourcen bei alternativer Verwendung hätten erzeugen können. Sie sind um so höher, je stärker die Preisrelationen durch die Intervention der Marktausgleichslager verzerrt sind.

(5) Grundsätzliche Kritik an Marktausgleichslagern konzentriert sich darauf, daß sie den **Marktmechanismus** außer Kraft setzen. Die Gefahr hierfür ist besonders groß, wenn die Schwankungsbreite der Preise möglichst klein gehalten werden und die Preise selbst über ihren Markttrend hinaus angehoben werden sollen – was ja den Forderungen der Entwicklungsländer nach «just and stable prices» entspräche.

Die Angebotssteuerung wäre dann nicht mehr marktkonform. Der Absatz der Produkte erfolgte zu garantierten und über dem Marktpreisniveau liegenden Preisen. Die Produzenten könnten infolgedessen ihr Einkommen maximieren, indem sie ihre Produktion ausdehnten, da eine eventuelle Überschußproduktion nicht sinkende Preise zur Folge hätte, sondern zu festgelegten Mindestpreisen vom Marktausgleichslager aus dem Markt genommen würde. Bufferstockinterventionen zur Anhebung des Preisniveaus eines Rohstoffs über das Marktpreisniveau hinaus dürften auch sehr rasch an eine Finanzierungsgrenze stoßen oder aber ständig zusätzliche Finanzierungsmittel erfordern, die die Kosten des Programms weiter erhöhen. Die Agrarpolitik der Europäischen Gemeinschaften und die mit ihr verbundenen hohen Kosten und Fehlleitungen von Ressourcen bieten ein anschauliches Beispiel für diese Folgen von Marktausgleichslagern.

(6) Wird der Marktmechanismus außer Kraft gesetzt, indem die Preise künstlich über ihr Marktniveau hinaus angehoben werden, verringert sich auch der Zwang zu vertikaler und horizontaler **Diversifizierung** der Produktions- und Exportstrukturen der Entwicklungsländer. Denn diese Länder können ihr Einkommen maximieren, indem sie sich auf die Produktion der in das Bufferstocksystem einbezogenen Rohstoffe konzentrieren. Die Produktions- und Exportstrukturen der Entwicklungsländer würden infolgedessen noch stärker als schon zur Zeit von Rohstoffen dominiert. Die notwendige Diversifizierung würde behindert oder bereits erzielte Diversifizierungserfolge möglicherweise wieder aufgegeben. Diese Auswirkung der Errichtung von Marktausgleichslagern steht demnach auch völlig im Widerspruch zu der von den Entwicklungsländern selbst aufgestellten Zielsetzung, bis zum Jahr 2000 einen Anteil von 25 vH an der Weltindustrieproduktion zu erzielen, so unrealistisch diese Zielsetzung für sich genommen auch immer sein mag.

(7) Die Errichtung von Marktausgleichslagern hat auch **Verteilungswirkungen**, die möglicherweise nicht erwünscht sind. Innerhalb eines Entwicklungslandes erhöhten sich die Renten der Produzenten des Rohstoffes, die

Lieferanten von Vorleistungen und die Arbeitskräfte erhielten nicht notwendigerweise höher Entgelte.

Zwischen Entwicklungsländern sind unerwünschte Verteilungswirkungen dadurch zu erwarten, daß infolge des Bufferstocksystems einige wenige rohstoffreiche Entwicklungsländer begünstigt werden, während die vielen rohstoffarmen durch höhere Preise belastet werden.

Schließlich könnten einige Industrieländer (z.B. USA, Australien, Südafrika), die bei einigen Rohstoffen einen beträchtlichen Anteil am Weltmarkt bestreiten, durch Marktausgleichslager begünstigt werden, was sicher nicht der Intention dieses Systems entspräche. Gleiches gilt für Unternehmen aus Industrieländern, die in der Rohstoffgewinnung in Entwicklungsländern tätig sind.

(8) Ein realisiertes Marktausgleichslager wäre zudem – ähnlich dem Bretton-Woods-System[20] – eine Quelle sicherer Einkommen für die **Spekulation**. Kann beispielsweise der Preis eines Rohstoffes nur durch Verkäufe aus dem Marktausgleichslager bei seinem festgelegten Höchstpreis gehalten werden, können die Spekulanten, ausgestattet mit Informationen über das Interventionspotential des Bufferstocks, recht genau kalkulieren, wann die Interventionsfähigkeit des Systems erschöpft ist und aufgrund dessen die Preise über die Höchstpreise hinaus ansteigen werden. Sie werden daher als zusätzliche Käufer dieses Rohstoffes auftreten und ihn später zu den höheren Preisen wieder verkaufen.

Umgekehrt ist eine allgemeine Kaufzurückhaltung zu erwarten, wenn der Preis eines Rohstoffs seinen Mindestpreis erreicht hat. Denn sind die Finanzmittel des Fonds begrenzt, so ist eine Senkung der Bandbreite unvermeidlich; die Konsumenten können dann ihren Rohstoffbedarf zu niedrigeren Preisen decken. Die Rohstoffspekulation könnte folglich in einem Bufferstocksystem destabilisierend wirken.

(9) Sollen mit Hilfe des Marktausgleichslagers die Preise lediglich stabilisiert und nicht über das Marktpreisniveau hinaus angehoben werden, so stellt sich das Problem der exakten **Prognose** des zukünftigen Preistrends. Dieses Preisprognoseproblem ist aber in der realen Welt, in der die hellseherischen Fähigkeiten der Menschen nur unzureichend ausgebildet sind, nicht lösbar. Allein schon deswegen nicht, weil die Preisschwankungen ja gerade auf unterschiedlichen Erwartungen von Anbietern und Nachfragern beruhen[21]. Die im Rahmen eines Abkommens festgelegte Preisspanne kann dann lediglich einen Kompromiß zwischen deren unterschiedlichen Erwartungen beinhalten, sie kann indes keinesfalls das Ergebnis einer zuverlässigen Preisprognose sein.

Wird nun die Preisspanne zu niedrig angesetzt, besteht die Gefahr, daß die

[20] Im Währungssystem von Bretton Woods wurde für jede Währung eine Parität festgelegt, um die der Wechselkurs nur innerhalb einer bestimmten Bandbreite schwanken durfte. Drohte der Kurs die obere oder untere Interventionsschwelle zu überschreiten, mußte die jeweilige Notenbank am Devisenmarkt intervenieren, um den Wechselkurs innerhalb der Bandbreite zu halten.

[21] Vgl. Kapitel 4.3.6.

Bufferstocks nicht zur Befriedigung der Nachfrage zu dem niedrigen Preis ausreichen. Außerdem wird die Vertragstreue der Produzentenländer einer erheblichen Belastung unterzogen. Liegt der prognostizierte Preistrend dagegen über dem tatsächlichen, entstehen Überschüsse (vgl. EU-Agrarmarkt). Diese Überschüsse implizieren eine Fehlallokation von Ressourcen. Da sie auf dem Weltmarkt nicht verkauft werden können, müssen sie möglicherweise vernichtet werden. Zudem wächst in einer solchen Situation die Neigung der Verbraucherländer, aus dem Abkommen auszubrechen und sich auf dem nicht reglementierten Markt zu günstigeren Preisen mit dem Rohstoff zu versorgen.

(10) Als Ausweg aus dem Preisprognoseproblem wird häufig die **Formelflexibilität** angeführt; dabei wird die Preisspanne mit Hilfe gleitender Durchschnitte o. ä. an den Preistrend angepaßt. Hierbei kann jedoch der Preistrend selbst nicht beeinflußt werden. Das aber ist gerade das Ziel, das Rohstoffproduzenten mit Marktausgleichslagern verbinden.

4.5.2 Wirkungen auf Exporterlöse

Wesentliche Voraussetzung zur Errichtung von Marktausgleichslagern und der Vereinbarung multilateraler Liefer- und Abnahmeverpflichtungen ist der Abschluß internationaler Rohstoffabkommen. Ziel dieser Rohstoffabkommen ist nach den Vorstellungen der Entwicklungsländer die Stabilisierung der Rohstoffpreise auf einem Niveau, das «lohnend und gerecht» für die Produzenten und «fair» für die Verbraucher ist. In den einzelnen Rohstoffabkommen ist dann jeweils zu regeln, mit Hilfe welcher Instrumente diese Ziele realisiert werden sollen; sei es durch das gegenüber früheren Rohstoffabkommen neue Instrument der Marktausgleichslager, wie im Rahmen des Integrierten Rohstoffprogramms[22] für die zehn Kern-Rohstoffe vorgesehen, sei es durch Exportquoten oder multilaterale Liefer- und Abnahmeverpflichtungen, wie in den herkömmlichen Rohstoffabkommen.

Unabhängig davon, wie die Stabilisierung erreicht wird, sollen im folgenden einige allgemeine Überlegungen hinsichtlich der Erlös- und Wohlfahrtswirkungen der Preisstabilisierung angestellt werden. Dabei wird unterschieden zwischen angebots- und nachfragebedingten Preisinstabilitäten.

In der Ausgangssituation gelten die Angebotsfunktion A_1[23] und die Nachfragefunktion N. Der zugehörige Preis ist P_1, die Menge X_1; der Erlös entspricht dem Betrag der Fläche B + C + D. Infolge einer zyklischen Angebotsverknappung (z. B. durch Ernteausfälle) verschiebt sich die Angebotsfunktion nach A_2; die Menge sinkt auf X_2, während der Preis auf P_2 steigt. Der Erlös erhöht sich dabei um den Betrag der Flächen E + F + G und verringert sich um die Fläche D.

Insgesamt bewegen sich somit bei angebotsbedingten Preisschwankungen Preise und Mengen in entgegengesetzter Richtung; die Schwankungen weisen

[22] Vgl. Kapitel 4.6.
[23] Zum Beispiel bei einer guten Ernte eines Agrarprodukts.

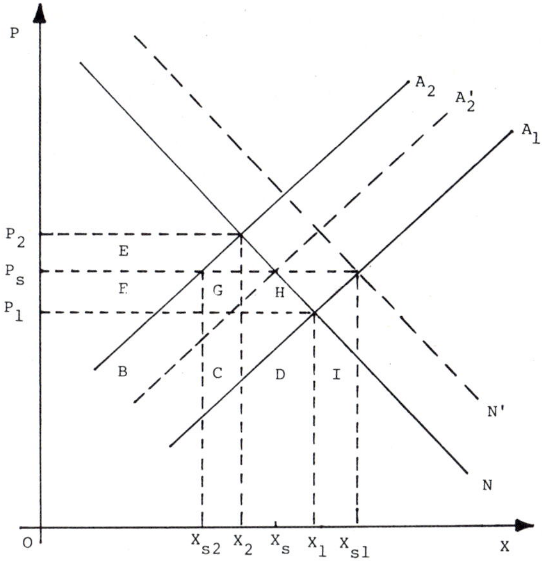

Abbildung 4.13 Preisstabilisierung bei angebotsbedingten Preisschwankungen

eine immanente Erlösstabilisierungstendenz auf. Durch Preisstabilisierungsmaßnahmen werden diese kompensierenden Preis-Mengen-Veränderungen jedoch eingeschränkt.

In einer Situation hohen Angeobts (A_1) kann der Preis beispielsweise dadurch auf P_s angehoben (stabilisiert) werden, daß der Bufferstock als zusätzlicher Nachfrager auftritt und die Nachfragekurve N nach N' verschiebt. Der Erlös beträgt dann B + C + D + F + G + H + I. Er ist damit um F + G + H + I größer als ohne Stabilisierung. Die Menge X_sX_{s1} wird im Bufferstock gelagert, an die Verbraucher geht nur die Menge OXs. Ist dagegen das Angebot niedrig (A_2), so kann der Preis P_s realisiert werden, indem der Bufferstock Teile seiner Lagerbestände verkauft und so die Angebotsfunktion von A_2 nach A_2' verschiebt. Die Exportländer liefern die Menge OX_{s2}, der Bufferstock die Menge $X_{s2}X_s$. Die Exporteure erzielen einen Erlös von B + F; er ist um E + G + C kleiner als ohne Stabilisierung. Der restliche Erlös fließt dem Bufferstock zu.

Setzt man die beiden Situationen (A_1 und A_2) zueinander in Beziehung, so ergibt sich ohne Stabilisierung die Erlösschwankung

$$ES_o = \frac{B+C+D}{B+C+E+F+G}$$

mit Stabilisierung die Erlösschwankung

$$ES_s = \frac{B+C+D+F+G+H+I}{B+F}$$

Vergleicht man die Werte der Zähler und Nenner der beiden Relationen, so ist offensichtlich $ES_o < ES_s$. ES_o liegt außerdem näher bei eins, dem Wert, der Stabilität der Erlöse anzeigt. Ein erfolgreiches Abkommen zur Preisstabilisierung hat folglich bei angebotsbedingten Preisschwankungen für die Exportländer größere Fluktuationen der Erlöse zur Folge, als dies bei frei schwankenden Preisen der Fall wäre. Lediglich bei extrem unelastischer Nachfrage (Nachfragekurve sehr steil) und unelastischem Angebot können Preisstabilisierungsmaßnahmen auch eine Stabilisierung der Exporterlöse bewirken.

Anders bei **nachfragebedingten Preisschwankungen**. Hier verändern sich Mengen und Preise gleichgerichtet, und es kann infolgedessen die Stabilisierung der Preise auch die Erlösschwankungen dämpfen (vgl. Abbildung 4.14).

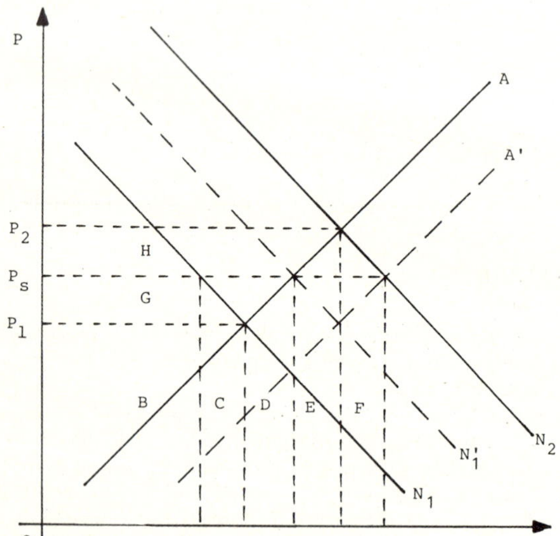

Abbildung 4.14 Preisstabilisierung bei nachfragebedingten Preisschwankungen

In der Ausgangssituation (N_1, etwa bei einer Baisse in den Verbraucherländern) gilt der Preis P_1 und die Menge X_1, der Erlös entspricht dem Ausmaß der Flächen B + C. Durch eine Nachfrageverschiebung (z. B. infolge eines Konjunkturaufschwungs in den Verbraucherländern) von N_1 auf N_2 erhöht sich der Preis auf P_2, die Menge auf X_2; der Erlös steigt um die Flächen D + E + G + H.

Auch hier sei wiederum die Stabilisierung anhand von Bufferstock-Interventionen erläutert. In einer Baisse-Periode (N_1) kann der Preis auf P_s stabilisiert werden, indem durch den Bufferstock die Nachfragefunktion von

N_1 nach N_1' verschoben wird. Die Importländer nehmen dann die Menge OX_{s1} auf, die Menge $X_{s1}X_s$ wird im Bufferstock gelagert. Der Erlös (B + C + D + G) ist um D + G höher als ohne Stabilisierung. In der Hausse-Periode (N_2) kann der Preis P_s realisiert werden, wenn der Bufferstock das Angebot aus seinen Lagerbeständen erhöht (A'). Die Exportländer liefern die Menge OX_s, der Bufferstock die Menge X_sX_{s2}. Der Erlös für die Exportländer beträgt dann B + C + D + G und ist um E + H geringer als ohne Stabilisierung[24].

Die Erlösschwankung ohne Stabilisierung ist gegeben durch

$$ES_o = \frac{B+C}{B+C+D+E+G+H}$$

jene mit Stabilisierung durch

$$ES_s = \frac{B+C+D+G}{B+C+D+G}$$

$ES_s = 1$, d.h. es wird völlige Erlösstabilisierung erreicht. Preisstabilisierung bei nachfragebedingten Schwankungen führt somit auch zur Erlösstabilisierung.

Preisstabilisierung wirkt folglich destabilisierend auf die Erlöse bei angebotsbedingten Schwankungen und stabilisierend bei nachfragebedingten Schwankungen. Tabelle 4.12 faßt die unterschiedlichen Ergebnisse bei angebots- und nachfragebedingten Schwankungen zusammen.

Tabelle 4.12 Wirkungen der Preisstabilisierung auf die Erlöse – bei angebots- und nachfragebedingten Preisschwankungen

I. Angebotsbedingte Preisschwankungen	Erlöse ohne Stabilisierung	Erlöse mit Stabilisierung
a hohes Angebot (A_1)	B+C+D	B+C+D+F+G+H+I
b) niedriges Angebot (A_2)	B+C+E+F+G	B+F
Summe	2 (B+C)+D+E+F+G	2B+C+D+2F+G+H+I
II. Nachfragebedingte Preisschwankungen	Erlöse ohne Stabilisierung	Erlöse mit Stabilisierung
a) niedrige Nachfrage (N1)	B+C	B+C+D+G
b) hohe Nachfrage (N_2)	B+C+D+E+G+H	B+C+D+G
Summe	2(B+C)+D+E+G+H	2(B+C+D+G)

Quelle: Abbildungen 4.13 und 4.14.

[24] An den Bufferstock fließen Erlöse in Höhe von E + F.

Durch die Preisstabilisierung verändert sich nicht nur die Schwankungsbreite der Erlöse, sondern auch ihr Niveau im Durchschnitt eines gesamten Zyklus. Das wird ebenfalls anhand von Tabelle 4.12 deutlich. Bei angebotsbedingten Schwankungen ohne Preisstabilisierung erzielen die Produzenten über den Zyklus hinweg einen Erlös von 2(B + C) + D + E + F + G, mit Preisstabilisierung beträgt er 2B + C + D + 2F + G + H + I. Der Zykluserlös ist demnach um F + H + I größer und um C + E kleiner als ohne Stabilisierung. Es hängt nun von der Elastizität des Angebots und der Nachfrage nach Rohstoffen ab, welcher der beiden Beträge überwiegt[25]. Preisstabilisierung bei angebotsbedingten Schwankungen verstärkt zwar die Schwankung der Erlöse, kann aber auch eine Erhöhung der Erlöse über den Zyklus hinweg zur Folge haben.

Bei nachfragebedingten Schwankungen beträgt der Zykluserlös ohne Stabilisierung 2(B + C) + D + E + G + H, mit Stabilisierung dagegen 2(B + C + D + G). Werden die Rohstoffpreise stabilisiert, so ist der Erlös D + G höher und um E + H geringer als ohne Stabilisierung. Da D + G < E + H, ist der Zykluserlös bei Stabilisierung kleiner als ohne. Preisstabilisierung bei nachfragebedingten Schwankungen bewirkt folglich einerseits eine Stabilisierung der Erlöse, vermindert aber andererseits den Gesamterlös eines Zyklus.

4.5.3 Wohlfahrtswirkungen

Neben den beschriebenen Wirkungen auf die Erlöse der Export- und die Ausgaben der Importländer, haben Abkommen zur Stabilisierung der Rohstoffpreise auch bedeutsame Konsequenzen für die Wohlfahrtsniveaus der beteiligten Länder und die Wohlfahrt der Welt insgesamt. Mangels eines besser geeigneten Wohlfahrtsindikators sollen Wohlfahrtsgewinne und -verluste mit Hilfe der Produzenten- und Konsumentenrente gemessen werden[26]. Die Veränderung der Weltwohlfahrt ergibt sich dann aus der Differenz der Wohlfahrtsgewinne und -verluste, wobei allerdings von einer Erhöhung der Weltwohlfahrt nur dann gesprochen werden kann, wenn die Gewinner die Verlierer kompensieren könnten (Kaldor-Hicks-Scitovsky-Kriterium). Unter den vereinfachenden Annahmen der bisherigen Analyse (z. B. linearer Verlauf der Angebots- und Nachfragefunktionen, rationales Verhalten der An-

[25] Je weniger preiselastisch Angebot und Nachfrage (je steiler die beiden Funktionen verlaufen), um so eher ist damit zu rechnen, daß die Flächen F + H + I größer sind als C + E und daß damit der Zykluserlös mit Stabilisierung größer ist als ohne.

[26] Die Konsumentenrente entspricht der Fläche zwischen der Nachfragefunktion und der Preisgeraden. Sie ergibt sich aus der Differenz zwischen dem Preis, den ein Käufer höchstens zu zahlen bereit ist, und jenem Preis, den er tatsächlich zahlt, multipliziert mit der gekauften Menge. Es wird folglich der Betrag, den ein Konsument im Vergleich zu seiner tatsächlichen Zahlungsbereitschaft «spart», als Wohlfahrtsgewinn interpretiert. Die Produzentenrente ergibt sich aus der Fläche zwischen der Angebotsfunktion und der Preisgeraden. Ein Wohlfahrtsgewinn der Produzenten besteht darin, daß sie für ihre gesamte Produktion einen höheren Preis erzielen, als sie für geringere Mengen verlangen würden.

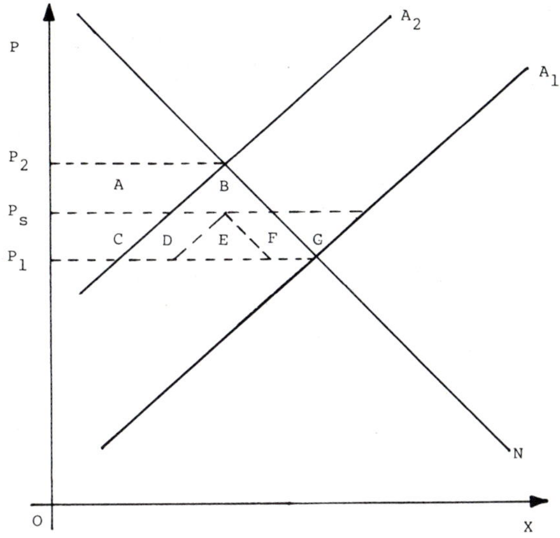

Abbildung 4.15 Wohlfahrtseffekte der Preisstabilisierung bei angebotsbedingten Preisschwankungen

bieter und Nachfrager) seien im folgenden auch die Wohlfahrtseffekte einer Preisstabilisierung erörtert.

Schwanken die Preise **angebotsbedingt,** führt die erfolgreiche Preisstabilisierung (Preis P_s) bei hohem Angebot (A_1) zu einem Wohlfahrtsgewinn für die Produzenten entsprechend den Flächen C + D + E + F + G; bei geringem Angebot (A_2) bewirkt die Preisstabilisierung einen Wohlfahrtsverlust im Ausmaß der Fläche A. Wegen A = C + D gilt A < C + D + E + F + G; über den gesamten Zyklus hinweg steigt daher das Wohlfahrtsniveau der Produzenten infolge der Preisstabilisierungsmaßnahmen an (um E + F +G). Die Konsumenten erleiden indes Wohlfahrtsverluste. Bei hohem Angebot (A_1) verringert sich durch die Stabilisierung die Konsumentenrente um C + D + E + F, bei geringem Angebot (A_2), erhöht sie sich um A + B. Im Verlauf des gesamten Zyklus sind die Wohlfahrtsverluste offenbar größer als die -gewinne (C + D + E + F > A + B)[27]. Ihr Verlust über den gesamten Zyklus hinweg entspricht dem Ausmaß der Fläche F. Diesem Wohlfahrtsverlust der Konsumenten steht ein Gewinn der Produzenten (E + F + G) gegenüber. Die Weltwohlfahrt (W) erhöht sich folglich um den Betrag der Flächen E + G.

$$\Delta W = E + G$$

[27] Da die Renten zu verschiedenen Zeitpunkten anfallen, müßten sie konsequenterweise noch mit einem entsprechenden Zinssatz abdiskontiert werden.

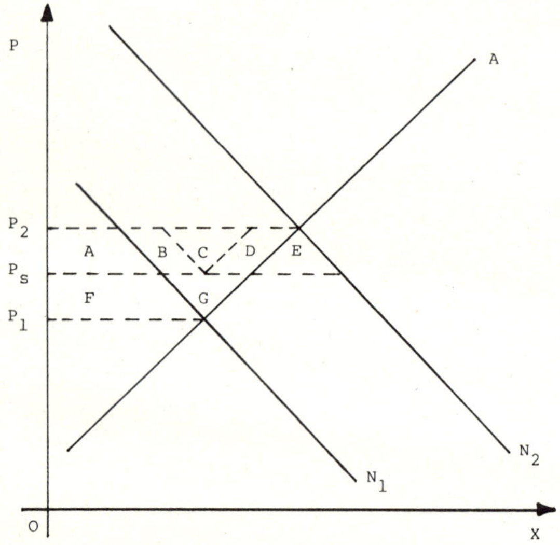

Abbildung 4.16 Wohlfahrtseffekte der Preisstabilisierung bei nachfragebedingten Preisschwankungen

Bei **nachfragebedingten** Schwankungen erleiden die Konsumenten in Phasen einer Rohstoffbaisse durch die Preisstabilisierung einen Wohlfahrtsverlust entsprechend der Fläche F, in einer Rohstoffhausse erzielen sie einen Gewinn im Ausmaß der Flächen A + B + C + D + E. Die Rohstoffproduzenten gewinnen F + G und verlieren A + B + C + D. Im Verlauf eines Zyklus erzielen die Importländer einen Wohlfahrtsgewinn (F < A + B + C + D + E, da F = A + B) und erleiden die Exportländer einen Wohlfahrtsverlust (F + G < A + B + C + D, mit G = C). Der Wohlfahrtsgewinn der Konsumenten (C + D + E) ist größer als der Verlust der Produzenten (D). Der Wohlfahrtsgewinn der Welt beträgt damit

$$\Delta W = C + E = 2E$$

Tabelle 4.13 enthält Schätzungen darüber, welche Länder von einer Preisstabilisierung und einer Preiserhöhung von 10 vH bei den zehn Kern-Rohstoffen[28] am meisten begünstigt und welche am stärksten benachteiligt würden.

Zu den Gewinnern zählen danach vorwiegend Entwicklungsländer, aber auch einige Industrieländer, wie Australien, Frankreich und Südafrika. Eindeutige Verlierer sind jedoch die Industrieländer, die USA und Japan, aber

[28] Die Kern-Rohstoffe sind zehn Rohstoffe, für die die Entwicklungsländer die Einrichtung von Marktausgleichslagern forderten. Vgl. Kapitel 4.6.

Tabelle 4.13 Internationale Verteilung der Wohlfahrtseffekte einer Preisstabilisierung und einer 10 vH Preiserhöhung bei den zehn Kernrohstoffen

Preisstabilisierung				Preiserhöhung			
am meisten begünstigte Länder		am stärksten benachteiligte Länder		am meisten begünstigte Länder		am stärksten benachteiligte Länder	
in vH der Gesamtbegünstigung		in vH der Gesamtbenachteiligung		in vH der Gesamtbegünstigung		in vH der Gesamtbenachteiligung	
1. Kuba	21,7	1. Vereinigte Staaten	18,4	1. Kuba	13,1	1. Vereinigte Staaten	19,2
2. Brasilien	10,4	2. Japan	9,3	2. Brasilien	6,6	2. Japan	13,4
3. Philippinen	6,5	3. Sowjetunion	6,4	3. Philippinen	4,6	3. Vereinigtes Königreich	8,1
4. Australien	6,3	4. Vereinigtes Königreich	6,8	4. Australien	4,3	4. Sowjetunion	6,3
5. Frankreich	5,8	5. Italien	3,8	5. Frankreich	3,3	5. Italien	5,1
6. Dom. Republ.	4,3	6. Bundesrepublik Deutschland	3,7	6. Vereinigte Staaten	3,3	6. Bundesrepublik Deutschland	4,9
7. Südafrika	3,7	7. Kanada	2,5	7. Sambia	3,0	7. Frankreich	3,6
8. Mexiko	2,8	8. Frankreich	2,2	8. Mexiko	3,0	8. Kanada	2,4
9. Mauritius	2,4	9. Niederlande	1,7	9. Chile	2,8	9. VR China	1,8
10. Peru	2,1	10. VR Chrina	1,2	10. Dom. Republ.	2,5	10. DDR	1,5
				11. Sowjetunion	2,3		
				...			
				14. Südafrika	2,2		
				15. Kanada	2,2		

Quelle: S. Baron, H. Glismann, B. Stecher, Internationale Rohstoffpolitik: Ziele, Mittel, Kosten, Tübingen 1977.

auch die Bundesrepublik Deutschland müßten einen großen Teil der Wohlfahrtsverluste tragen.

4.5.4 Konsequenzen für Rohstoffabkommen

Bezieht man die Wirkungen auf die Stabilität und das Niveau der Exporterlöse sowie die Wohlfahrtseffekte in die Beurteilung von Rohstoffabkommen ein, so befinden sich Ex- wie Importeure eines Rohstoffes in einem Dilemma. Bei überwiegend nachfragebedingten Preisschwankungen wirken sich Stabilisierungsmaßnahmen zwar dämpfend auf die Erlösfluktuation aus, sie senken jedoch auch den Zykluserlös und führen bei den Nettoexporteuren dieses Rohstoffs zu Wohlfahrtsverlusten, bei den Nettoimporteuren zu Wohlfahrtsgewinnen.

Anders bei überwiegend angebotsbedingten Preisfluktuationen. Preisstabilisierungsmaßnahmen erhöhen in diesem Fall die Instabilität der Exporterlöse, sie können allerdings die Summe der Erlöse des Zyklus erhöhen und sie bewirken bei den Nettoimporteuren des Rohstoffs Wohlfahrtsverluste, bei den Nettoexporteuren Wohlfahrtsgewinne. Tabelle 4.14 gibt eine Zusammenstellung der unterschiedlichen Wirkungen einer Stabilisierung der Rohstoffpreise. Die darin aufgeführten und hier nicht näher begründeten Wirkungen auf die Beschäftigung in den Erzeugerländern dürften ohne weiteres einsichtig sein.

Wie die Untersuchung verschiedener Ursachen der Instabilität der Roh-

Tabelle 4.14 Erlöswirkungen und Wohlfahrtseffekte einer Stabilisierung der Rohstoffpreise

Ziel	Ursache der Preisschwankungen angebotsbedingt	nachfragebedingt
Stabilität der Exporterlöse	negativ	positiv
Niveau der Exporterlöse	positiv	negativ
Stabilität der Beschäftigung in den Erzeugerländern	negativ	positiv
Wohlfahrt in den Erzeugerländern	positiv	negativ
Wohlfahrt in den Verbraucherländern	negativ	positiv
Weltwohlfahrt	positiv	positiv

Quelle: Abschnitte 4.5.2 und 4.5.3. Siehe auch Bremer Gesellschaft für Wirtschaftsforschung, Auswertung der Dokumentation der fünften Welthandels- und Entwicklungskonferenz: Manila 1979, Baden-Baden 1981.

stoffpreise ergab, können die Schwankungen bei mineralischen und landwirtschaftlichen Rohstoffen vorwiegend auf Konjunkturbewegungen in den Industrieländern zurückgeführt werden; bei Nahrungs- und Genußmitteln dürften sie vornehmlich durch Schwankungen des Angebots (Ernte) bedingt sein. Im einzelnen kann aufgrund ökonometrischer Untersuchungen folgende Unterteilung bezüglich der Ursachen der Preisschwankungen getroffen werden:

angebotsbedingt

Kaffee, Kakao, pflanzliche Öle (Palmöl, Sojabohnen) und – statistisch weniger gesichert – Bananen, Rindfleisch, Zucker, Baumwolle, Jute, Sisal, Zinn und Phosphat.

nachfragebedingt

Eisenerz, Kautschuk, Tee und – weniger sicher – Kupfer und Aluminium (Bauxit).

Unter den – sicherlich vereinfachenden – Annahmen der Analyse der Erlös- und Wohlfahrtswirkungen einer Preisstabilisierung ist bei jenen Rohstoffen, deren Preisschwankungen angebotsbedingt sind, mit einem Zielkonflikt zwischen Preisstabilität einerseits und Stabilität der Exporterlöse, Stabilität der Beschäftigung in den Erzeugerländern und Wohlfahrt in den Verbraucherländern andererseits zu rechnen; Zielkongruenz kann erwartet werden zwischen Preisstabilität auf der einen und Niveau der Exporterlöse sowie Wohlfahrt in den Erzeugerländern auf der anderen Seite. Steht das Kriterium der Erlösstabilisierung im Vordergrund, so ist nur für Eisenerz, Kautschuk und Tee sowie wahrscheinlich für Kupfer und Aluminium eine Preisstabilisierung, etwa durch Bufferstocks, zweckmäßig. Bei den übrigen Rohstoffen muß mit einem Mißerfolg gerechnet werden. Unter dem Aspekt des Niveaus der Exporterlöse und der Wohlfahrt in den Erzeugerländern erscheinen dagegen eher Rohstoffe mit angebotsbedingten Preisfluktuationen für Preisstabilisierungsmaßnahmen geeignet. Die Weltwohlfahrt wird in jedem Fall positiv beeinflußt. Die geschilderten Nachteile von Bufferstocks können diese Wohlfahrtsgewinne jedoch überkompensieren und so weltwirtschaftlich zu einem Verlust führen.

Die Erfahrungen mit bisherigen Rohstoffabkommen belegen die Schwierigkeiten, die gegensätzlichen Interessenlagen der beteiligten Länder in Einklang zu bringen. So beträgt die durchschnittliche Lebensdauer von 51 in der Vergangenheit abgeschlossenen Rohstoffabkommen nur 5,4 Jahre – und nur 4,3 Jahre, sofern das besonders langlebige Abkommen für Weizen ausgeschlossen wird. Auch bezüglich des Ziels der Preisstabilisierung sind die Erfolge bisheriger Abkommen gering. So waren die Preisfluktuationen bei Kaffee während der Jahre des Abkommens (1964–72) um bis zu 50 vH größer als in der Zeit ohne Abkommen (1950–1963); bei Zucker waren die Schwankungen während der Gültigkeit des Abkommens um bis zu 75 vH größer. Ähnliches gilt für Kautschuk. Das Abkommen für Kakao von 1970 wurde nicht wirksam, weil der Marktpreis weit über dem im Abkommen festgelegten Höchstpreis lag. Lediglich bei Weizen und Tee nahm während der Laufzeit der Abkommen die Preisstabilität zu, bei Weizen wohl aber eher infolge von Produktions- und Lagerhaltungsentscheidungen der USA und Kanadas, die außerhalb des Abkommens getroffen wurden.

Die Chancen für den Abschluß neuer oder die Fortführung bereits bestehender Rohstoffabkommen sind nicht günstig; insbesondere solche Rohstoffabkommen, die Maßnahmen zur Preisstabilisierung vorsehen, haben geringe Realisierungsaussichten. Seit 1974, als die Entwicklungsländer im Rahmen von UNCTAD IV die Forderung nach einem Integrierten Rohstoffprogramm erhoben (s. Kap. 4.6), wurde nur ein Rohstoffabkommen, das Preisstabilisierungsinstrumente enthält, abgeschlossen und wirksam. Dieses Abkommen für Kautschuk wurde im Jahr 1979 vereinbart und 1985 um zwei weitere Jahre verlängert. Zur Preisstabilisierung sind Bufferstock-Interventionen vorgesehen.

Für Kaffee galt bis zum Jahr 1989 ein Abkommen, das auch Instrumente zur Preisstabilisierung enthielt. Zur Preisstabilisierung wurden Exportkontrollen der Produzentenländer eingesetzt. Durch das Abkommen konnte offenbar das Preisniveau angehoben werden, die Preisfluktuationen wurden indes nicht verringert. Problematisch war auch die Aufteilung der Quoten unter die Mitgliedsländer, zumal dabei auch Qualitäts- und Sortenunterschiede (Robusta, Arabica) nicht berücksichtigt wurden. Zudem konnten «neue» Anbieter, die dem Abkommen nicht angehören (z.B. Indonesien), gewissermaßen als «Trittbrettfahrer» außerhalb des Abkommens hohe Wachstumsraten erzielen.

Für Kakao wurde im Jahr 1972 nach mehr als zehnjährigen Verhandlungen ein Abkommen geschlossen, das Marktausgleichslager und Exportquoten vorsah. Es gelang jedoch nicht, die Kakaopreise mit Hilfe dieser Instrumente innerhalb der festgelegten Preisspanne zu halten. Das Kakao-Abkommen von 1980 enthielt keine Produktions- und Exportquoten mehr, sondern beruhte allein auf Bufferstock-Interventionen. An diesem Abkommen nahmen jedoch weder der größte Konsument, die USA, noch der größte Produzent, Côte d'Ivoire, teil. Auch dieses Abkommen scheiterte bei dem

Versuch, die Preise in der Zielzone zu halten. Von 1984 an wurde über ein viertes Internationales Kakaoabkommen beraten. Die Vorstellungen der Produzenten auf der einen Seite und der Konsumenten auf der anderen hinsichtlich der angemessenen Preisspanne und der Art der Marktinterventionen lagen derart weit auseinander, daß lange Zeit keine Übereinkunft erreicht werden konnte. Im Juli 1986 wurde schließlich ein Abkommen geschlossen. Damit es in Kraft treten kann, mußten 80 vH der Produzenten und 65 vH der Konsumenten beitreten. Als Interventionsmechanismus waren Marktausgleichslager vorgesehen. Seit dem Jahr 1990 sind jedoch die preisregulierenden Instrumente des Kakao-Abkommens aufgehoben.

Das Internationale Zinnabkommen wurde lange Zeit als eines der erfolgreichsten Internationalen Rohstoffabkommen angesehen. Entsprechend spektakulär war daher dessen Zusammenbruch im Oktober 1985. Das erste Zinnabkommen wurde bereits 1956 zwischen Malaysia, Thailand und Indonesien sowie den wichtigsten westlichen Verbraucherländern geschlossen. Das sechste Abkommen trat 1982 nur provisorisch in Kraft, da die USA als größter Verbraucher und die Sowjetunion nicht beitraten und infolgedessen die im Abkommen verlangte Mindestbeteiligung (80 vH der Konsumenten und Produzenten) nicht erreicht wurde. Auch Bolivien, der viertgrößte Produzent, trat dem Abkommen nicht bei.

Die Instrumente zur Preisstützung im Rahmen dieses Zinnabkommens waren Exportquoten und Bufferstocks. Der Internationale Zinnrat (International Tin Council, ITC), schraubte die Mindestpreise für Zinn immer weiter nach oben (zuletzt 9500 Pfund pro Tonne), so daß der Bufferstockmanager, um die hohen Preise zu halten, gezwungen war, große Mengen des Metalls aus dem Markt zu nehmen und im Bufferstock zu lagern. Die finanziellen Mittel hierzu kamen zunächst aus Beiträgen der Mitglieder des Abkommens, später auch aus Bankkrediten. Im Jahr 1985 war das Marktausgleichslager auf über 65000 Tonnen angewachsen. Das Abkommen brach zusammen, als die Banken weitere Kredite für Bufferstockinterventionen verweigerten und auch die Mitglieder des Abkommens es ablehnten, finanzielle Mittel nachzuschießen. Der Zinnpreis fiel seitdem um mehr als die Hälfte. Zahlreiche Gruben, die bei den überhöhten Preisen noch Gewinne abwarfen, sind jetzt nicht mehr rentabel und müßten eigentlich schließen oder haben bereits die Produktion eingestellt.

Der viele Jahre künstlich hochgehaltene Zinnpreis hat dazu beigetragen, daß der Verbrauch an Zinn in den letzten Jahren kontinuierlich zurückgegangen ist. Das teure Zinn wurde sparsamer verwendet, wiederverwendet und durch andere Metalle oder durch Kunststoffe ersetzt. Dagegen haben die hohen Preise die Produzenten dazu verleitet, ihre Produktion zu erhöhen und die festgelegten Exportquoten zu umgehen. Schließlich wurde auch der Schmuggel mit Zinn (insbesondere in Malaysia, Thailand und Indonesien) lukrativ.

Insgesamt hat der spektakuläre Zusammenbruch des Zinnabkommens die Skepsis hinsichtlich der Funktionsfähigkeit Internationaler Rohstoffabkommen nur verstärkt und den Abschluß neuer Abkommen noch weniger wahrscheinlich werden lassen.

4.6 Neuordnung der Weltwirtschaft

Die gegenwärtige Weltwirtschaftsordnung wird von vielen Entwicklungsländern als ungerecht empfunden. In dieser Ordnung sehen sie die wesentliche Ursache für ihre unzureichende Eingliederung in die weltwirtschaftliche Arbeitsteilung; die teils geringen Entwicklungserfolge werden meist – in vielen Fällen gar ausschließlich – auf das bestehende Weltwirtschaftssystem zurückgeführt. Bei einer derartigen Beurteilung des gegenwärtigen Weltwirtschaftssystems liegt es nahe, daß die Entwicklungsländer verbesserte Handelsbeziehungen oder gar eine völlige Neuordnung der Weltwirtschaft fordern. Verbesserte Handelsbedingungen für die Entwicklungsländer waren in den sechziger und Anfang der siebziger Jahre Gegenstand einer Vielzahl von Konferenzen. Wichtigstes Verhandlungsgremium waren dabei die Welthandels- und Entwicklungskonferenzen der Vereinten Nationen (United Nations Conference on Trade and Development, UNCTAD). Die Forderung nach einer Neuordnung der Weltwirtschaft bestimmt seit etwa Mitte der siebziger Jahre die Diskussion zwischen den Industrie- und Entwicklungsländern (Nord-Süd-Dialog). Etwa ab dem Ende der achtziger Jahre wurde die Forderung nach einer tiefgreifenden Neuordnung der Weltwirtschaft durch andere Entwicklungen jedoch etwas in den Hintergrund gedrängt. Die zahlreichen positiven Ergebnisse wirtschaftspolitischer Reformen in Entwicklungsländern haben einen Umdenkungsprozeß eingeleitet. Insbesondere das Ende des Ost-Westkonfliktes hat dazu beigetragen, daß die Verhandlungen zwischen den Industrie- und den Entwicklungsländern weitaus sachlicher verlaufen und weniger von politischen Konflikten überlagert sind als zuvor. Zudem wuchs in vielen Entwicklungsländer die Befürchtung, daß zukünftig der Zufluß an Entwicklungshilfemitteln, Exportkrediten und Direktinvestitionen abnehmen wird, weil die verfügbaren Ressourcen der Industrieländer in die mittel- und osteuropäischen Reformstaaten umgelenkt werden. Im folgenden wird zunächst ein kurzer Überblick über die Verhandlungsgegenstände von UNCTAD I-III gegeben. Darauf soll die Entstehung der Diskussion um die Neuordnung der Weltwirtschaft skizziert sowie wichtige Stationen (einschl. UNCTAD IV und V) dieser Diskussion und ihre wesentlichen Ergebnisse aufgezeigt werden. Schließlich werden die wichtigsten Ergebnisse der letzten drei Konferenzen (UNCTAD VI-VIII) skizziert.

Im Anschluß daran werden die bedeutsamsten Forderungen zur Neuordnung der Weltwirtschaft erläutert und hinsichtlich ihrer ökonomischen Rationalität analysiert. Am Schluß dieses Kapitels werden noch einige alternative Maßnahmen zur Verbesserung der Stellung der Entwicklungsländer in der Weltwirtschaft diskutiert.

4.6.1 Die Welthandels- und Entwicklungskonferenz der Vereinten Nationen (UNCTAD)

Die **Welthandels- und Entwicklungskonferenz der Vereinten Nationen** (United Nations Conference on Trade and Development, **UNCTAD**) wurde im Jahr 1964 als ein ständiges Organ der UN-Vollversammlung gegründet.

Damit wurde dem Wunsch insbesondere der Entwicklungsländer, aber auch der Staatshandelsländer nach einer «Welthandelsorganisation» entsprochen. Sie sollte ein Forum sein zur Diskussion und Lösung anstehender Welthandelsprobleme mit dem Ziel der weiteren Integration der Entwicklungsländer in die Weltwirtschaft[29]. Ihre Zielsetzungen stimmen damit in wesentlichen Punkten mit denen des GATT überein.

Die UNCTAD hat gegenwärtig 187 Mitglieder. Die Bundesrepublik Deutschland ist seit dem Jahr 1965 Mitglied. Eine wichtige Rolle im Rahmen der UNCTAD spielt die **Gruppe der 77**; sie ist gewissermaßen das Sprachrohr der Entwicklungsländer in weltwirtschaftlichen Fragen[30]. Sie bildete sich anläßlich der UNCTAD I (1964) und wurde 1966 in Algier («Erklärung von Algier») gegründet. Ihren Namen erhielt die Gruppe der 77 nach ihren 77 Gründungsmitgliedern; heute gehören ihr 127 Mitglieder an.

Oberstes Gremium der UNCTAD ist die **Vollversammlung**, die in der Regel alle vier Jahre zusammentritt:

UNCTAD I	1964 in Genf,
UNCTAD II	1968 in New Delhi,
UNCTAD III	1972 in Santiago de Chile,
UNCTAD IV	1976 in Nairobi,
UNCTAD V	1979 in Manila,
UNCTAD VI	1983 in Belgrad,
UNCTAD VII	1987 in Genf,
UNCTAD VIII	1992 in Cartagena.

Wichtigstes Beratungsgremium zwischen den UNCTAD-Vollversammlungen ist der **Welthandels- und Entwicklungsrat**. Der Generalsekretär leitet das ständige Sekretariat der UNCTAD mit Sitz in Genf. Die Beschlüsse der Vollversammlung haben nur den Charakter von Empfehlungen und sind nicht bindend.

Die UNCTAD verfügt über zahlreiche Unterorgane: Hauptausschüsse, Unterausschüsse, ständige Gruppen und ad-hoc Gruppen. Die wichtigsten **Ausschüsse** sind der Rohstoffausschuß, der Ausschuß für Halb- und Fertigwaren, für unsichtbare Transaktionen und Finanzierung des Welthandels und der Schiffahrt, für Zollpräferenzen, für Technologietransfer und der für wirtschaftliche Kooperation zwischen Entwicklungsländern. Insgesamt hat sich im Laufe der Jahre eine Unzahl von Beratungsgremien und Unterorganen herausgebildet[31]. UNCTAD und GATT haben in Genf ein **Internationales Handelszentrum** (International Trade Centre) eingerichtet.

[29] Zwar bestand schon eine Organisation, in deren Rahmen Probleme des Welthandels hätten diskutiert werden können, das GATT. Es erschien den Entwicklungsländern wegen seiner Konzentration auf den Abbau von Handelshemmnissen zur Lösung ihrer Handelsprobleme jedoch nicht als das geeignete Forum.

[30] Vgl. hierzu auch Kapitel 2.

[31] Raùl Prebisch, der erste Generalsekretär (1964–1969), meinte, damit würde nur erreicht, daß immer mehr geredet werde; nicht einmal sein Nachfolger Gamani Corea sei in der Lage, alle Gremien zu nennen, die inzwischen dazu dienten, eine Diskussion der eigentlichen Probleme zu vermeiden.

4.6.2 Forderungen der Entwicklungsländer

Die zentralen Themen der bisherigen Vollversammlungen der UNCTAD waren die Handels- und Rohstoffpolitik sowie die Entwicklungsfinanzierung. Die Beschlüsse bezüglich der Entwicklungsfinanzierung haben in der Regel ihren Niederschlag in entsprechenden Empfehlungen des Entwicklungshilfeausschusses der OECD (DAC) gefunden. Sie enthalten Vorschläge zur Erhöhung der Entwicklungshilfe (insbesondere das 0,7%-Ziel) und zur Gewährung günstigerer Konditionen (Zinsen, Laufzeit, Freijahre) für Entwicklungshilfekredite.

In den Verhandlungen zur Handels- und Rohstoffpolitik (insbes. Rohstoffabkommen, Substitutionskonkurrenz, Marktzugangsbeschränkungen) waren die Standpunkte der Industrie- und der Entwicklungsländer indes oft unvereinbar. Um die Konferenzen beenden zu können, wurden häufig Formelkompromisse geschlossen und die kontroversen Probleme zur weiteren Beratung an Nachfolgekonferenzen und Ausschüsse verwiesen.

Schon bei UNCTAD II und III forderten die Entwicklungsländer den Abschluß eines «Allgemeinen Abkommens für Rohstoffe», in dessen Rahmen Abkommen für einzelne Rohstoffe vereinbart werden sollten. Hierzu konnten sich die Industrieländer nicht bereit finden.

Bezüglich der Substitutionskonkurrenz forderten die Entwicklungsländer die Reglementierung der Produktion von Kunststoffen, die Beseitigung von Handelshemmnissen für Rohstoffe, die mit synthetischen Produkten konkurrieren sowie Präferenzen auch für Rohstoffe.

Für den Bereich der Marktzugangsbeschränkungen erhoben die Entwicklungsländer die Forderung nach einem Stillhalten (standstill) bei protektionistischen Maßnahmen. Ferner verlangten sie den völligen Abbau von Handelsschranken bei jenen Rohstoffen, die von den Entwicklungsländern angeboten werden, und eine Reduzierung bei anderen Rohstoffen. Schließlich schlugen sie ein «market sharing arrangement» vor, das ihnen einen bestimmten und möglichst wachsenden Anteil an der Belieferung der Verbraucher mit Rohstoffen sichern sollte.

Bei der Behandlung dieser Forderungen und Vorschläge gelangte man meist zu keinen greifbaren Ergebnissen. Es wiederholte sich immer aufs neue das bekannte Muster: Die Entwicklungsländer erheben ihre (Maximal-)Forderungen, die Industrieländer können aus prinzipiellen, ordnungspolitischen oder aus anderen Gründen nicht zustimmen; schließlich werden die gegensätzlichen Resolutionsentwürfe an Nachfolgekonferenzen verwiesen und weitere Studien und Untersuchungen in Auftrag gegeben. So wurden die anstehenden Probleme von Konferenz zu Konferenz weiter geschleppt, sodann erneut diskutiert und wieder vertagt, ohne daß sie einer Lösung nähergebracht wurden.

Den entscheidenden Anstoß zur Intensivierung der Forderungen der Entwicklungsländer nach einer Neuordnung der Weltwirtschaft gaben wohl die Erfolge der OPEC, durch eine Reduzierung der Liefermengen den Ölpreis drastisch zu erhöhen. Das Selbstbewußtsein der Entwicklungsländer wurde gestärkt; solidarisches Verhalten ermöglichte es offensichtlich, den Industrieländern Handelsvorteile abzuringen.

Ein umfassender Forderungskatalog zur Neuordnung der Weltwirtschaft wurde erstmals auf der 6. Sondergeneralversammlung der UNO über Rohstoff- und Entwicklungsprobleme im April/Mai 1974 erstellt. Verabschiedet wurde eine «**Erklärung**» und ein «**Aktionsprogramm über die Schaffung einer Neuen Weltwirtschaftsordnung**». Einige Industrieländer äußerten zwar Bedenken, jedoch keine grundsätzliche Ablehnung.

Die 29. UNO-Vollversammlung verabschiedete dann im September 1974 die «**Charta der wirtschaftlichen Rechte und Pflichten der Staaten**». Besonders umstritten waren darin

- das Recht auf Verstaatlichung ausländischen Eigentums nach nationalen Gesetzen,
- das Recht auf Bildung von Rohstoffkartellen,
- die Pflicht aller Staaten zum Abschluß von Rohstoffabkommen und zur Sicherstellung gerechter Terms of Trade der Entwicklungsländer durch Anpassung der Ex- und Importpreise.

Im Februar 1975 fand in Dakar die Rohstoffkonferenz der Vereinten Nationen statt, bei der die Rohstoffprobleme der Entwicklungsländer und die Begründung der Forderung nach einer NWWO diskutiert wurden. Gleichfalls im Februar 1975 legte der UNCTAD-Generalsekretär Gamani COREA seinen Vorschlag über ein «**Integriertes Rohstoffprogramm**» (COREA-Plan) vor. Es ist wohl der bedeutendste konkrete Vorschlag zur Neugestaltung der internationalen Wirtschaftsordnung und stand auch lange Zeit im Zentrum der Diskussion bei den Verhandlungen zwischen den Industrie- und Entwicklungsländern.

Ergebnis der Zweiten UNIDO-Konferenz in Lima im März 1975 war eine «**Erklärung und ein Aktionsplan für industrielle Zusammenarbeit**». Deren wichtigster und zugleich problematischster Teil ist die Forderung nach Erhöhung des Anteils der Entwicklungsländer an der Weltindustriegüterproduktion von rund 7 vH im Jahr 1975 auf 25 vH im Jahr 2000[32].

Auf der 7. UNO-Sondervollversammlung im September 1975 wurden die auf den verschiedenen Konferenzen erhobenen Forderungen zusammengefaßt und eine «**Entschließung über Entwicklung und Internationale Zusammenarbeit**» verabschiedet. Ihr stimmten auch alle Industrieländer, ausgenommen die USA, zu.

Vorläufiger Höhepunkt der Diskussion um die Neuordnung der Weltwirtschaft war dann die UNCTAD IV in Nairobi. Auf einer Vorbereitungskonferenz (Drittes Ministertreffen der Gruppe der 77 in Manila) hatten die Entwicklungsländer eine gemeinsame Position erarbeitet und in der «**Manila-Deklaration**» niedergelegt. Die wichtigsten Elemente der Forderungen der Entwicklungsländer zur Neuordnung der Weltwirtschaft beinhalteten:

(1) Integriertes Rohstoffprogramm.
(2) Hilfe bei der Industrialisierung zur Erreichung des 25 vH-Ziels.
(3) Produzentenkartelle.
(4) Souveränität, Enteignung von ausländischem Eigentum nach nationalem Recht, nicht nach Völkerrecht.

[32] Vgl. Kapitel 2.32.

(5) Neuordnung des Weltwährungssystems.
(6) Weltumschuldungskonferenz mit dem Ziel eines generellen Schuldenmoratoriums.
(7) Erfüllung des 1 vH-Ziels bzw. 0,7 vH-Ziels bis 1978[33].
(8) Transfer von Technologie zu Vorzugsbedingungen.
(9) Förderung der Nahrungsmittelerzeugung, Nahrungsmittelhilfe.
(10) Kontrolle der multinationalen Unternehmen.

Zentrales Thema der UNCTAD IV und Kern der Forderungen der Entwicklungsländer war zweifellos das Integrierte Rohstoffprogramm (IR). Die Notwendigkeit international abgestimmter rohstoffpolitischer Maßnahmen wurde allgemein anerkannt; insbesondere die Zielsetzung der Preis- und Erlösstabilisierung war unbestritten. Zwar konnten die Standpunkte zu manchen Punkten angenähert werden, Gegenstand heftiger Kontroversen blieb aber die Forderung nach Errichtung eines Gemeinsamen Fonds zur Finanzierung der Bufferstocks im Rahmen des IR. Vor allem die USA, Japan, Großbritannien und die Bundesrepublik Deutschland wandten sich gegen die Errichtung von Bufferstocks und eines Gemeinsamen Fonds; ferner gegen die Indexierung der Rohstoffpreise. Sie sahen darin die Gefahr eines weltweiten Dirigismus und befürchteten, daß die Steuerungsfunktion des Marktmechanismus für die internationale Arbeitsteilung außer Kraft gesetzt werde. Sie befürworteten dagegen die Fortentwicklung der Weltwirtschaftsordnung nach marktwirtschaftlichen Prinzipien, den Grundsatz der Solidarität und des Schutzes des schwächeren Partners sowie enge Zusammenarbeit. Ferner wiesen sie darauf hin, daß einige Forderungen der Entwicklungsländer bereits erfüllt seien, wie etwa jene nach Zollpräferenzen. Im Gegensatz zu diesen Industrieländern stimmten Holland und Schweden den Forderungen der Entwicklungsländer weitgehend zu.

Die sozialistischen Länder indes wandten sich gegen Kolonialismus und imperialistische Ausbeutung und plädierten für die Selbstbestimmung der Entwicklungsländer. Ihre Lösungsvorschläge (Kooperation, Ausschaltung des Zwischenhandels, Kompensationsabkommen, Erfahrungsaustausch bei der Rohstoffproduktion) wichen jedoch von den Vorstellungen der Entwicklungsländer erheblich ab. Die VR China votierte für die Manila-Deklaration.

In einem **Kompromiß** (Resolution 93/IV) wurde dann neben der Formulierung einiger allgemeiner Maßnahmen der **Rohstoffpolitik** vereinbart, daß «die Frage eines Gemeinsamen Fonds zur Finanzierung einer großen Zahl von Aspekten der Rohstoffpolitik geprüft werden solle». Der UNCTAD-Generalsekretär wurde beauftragt, alle UNCTAD-Mitglieder zu einer Konferenz über den Gemeinsamen Fonds einzuladen. Dabei sollten die weiterhin strittigen Probleme der Aufgaben, der Funktion, der Finanzierung und des Managements des Gemeinsamen Fonds geklärt werden. Ferner wurde empfohlen, Konsultationen über einzelne Rohstoffe aufzunehmen und diese möglichst bis Ende 1978 durch die Vereinbarung von Rohstoffabkommen abzuschließen.

[33] Vgl. Kapitel 5 (Internationaler Kapitaltransfer).

Damit wurde das IR zwar verbal akzeptiert, seine Aufgabenstellung blieb jedoch im unklaren, konkrete Maßnahmen wurden nicht festgelegt. Die Entscheidung über den Gemeinsamen Fonds – eine unabdingbare Voraussetzung zur Errichtung der Bufferstocks – wurde auf Folgekonferenzen vertagt. Infolgedessen war auch die Entscheidung über das IR noch keineswegs endgültig.

Einem ähnlichen Muster folgten auch die Ergebnisse der Konferenz zum **Verschuldungsproblem.** Die Industrieländer stimmten einem generellen Schuldenmoratorium nicht zu. Die in Paris tagende Konferenz für Internationale Wirtschaftliche Zusammenarbeit (KIWZ) wurde vielmehr aufgefordert, sich noch vor Ende 1976 mit der Lage der am stärksten betroffenen Entwicklungsländer (MSAC) zu befassen. Für einzelne Länder sollten dann jeweils Umschuldungskonferenzen abgehalten werden. Im Bereich der allgemeinen Handelsprobleme erklärten sich die Industrieländer bereit, ihre Märkte für Produkte der Entwicklungsländer zu öffnen, verwiesen dabei aber auf Verhandlungen im Rahmen des GATT.

Erstmals mit besonderem Nachdruck forderten die Entwicklungsländer auch von den kommunistischen Staaten verstärkte Hilfeleistungen. Diese erklärten sich aber nicht zu substantiellen Leistungen bereit.

Eine weitere Station der Diskussion um die NWWO war die erwähnte **Konferenz für Internationale Wirtschaftliche Zusammenarbeit (KIWZ)**, die in den Jahren 1975 bis 1977 in Paris tagte. An dieser Konferenz nahm nicht die Gesamtheit der Industrie- und Entwicklungsländer teil, sondern nur acht Vertreter der Industrie- und 19 Repräsentanten der Entwicklungsländer. So hoffte man, leichter und schneller zu konkreten Ergebnissen in den vier Verhandlungsbereichen **Energie, Rohstoffe, Entwicklungspolitik** und **Finanzfragen** zu gelangen. Diese Hoffnungen wurden aber nicht erfüllt. Resultat der KIWZ war ein gemeinsames Schlußdokument mit 20 Punkten, über die Einigung erzielt wurde, und mit 21 Punkten, bei denen kein Konsens gefunden werden konnte.

Die UNCTAD V fand bereits 1979, drei Jahre nach UNCTAD IV, in Manila statt. Zentrales Thema dieser Konferenz war der weltweite **Protektionismus.** Einhellig sprachen sich die Industrie- und die Entwicklungsländer für den Abbau von Handelshemmnissen aus. Die Vorstellungen der Entwicklungsländer über die Festlegung quantitativer Ziele für ihre Beteiligung am Handel und an der Produktion von Industriewaren wurden jedoch von den Industrieländern aus ordnungspolitischen Erwägungen nicht akzeptiert.

Im Bereich der **Rohstoffpolitik** brachte UNCTAD V gegenüber UNCTAD IV wenig Neues, vor allem weil kurz vor der Konferenz, im März 1979, ein Kompromiß über die Errichtung des Gemeinsamen Fonds erzielt werden konnte.

Ein weiterer wichtiger Verhandlungsgegenstand bei UNCTAD V war die Beschleunigung des **Ressourcentransfers** an die Entwicklungsländer. Insbesondere die Länder, die das 0,7 vH-Ziel noch nicht realisieren konnten (allen voran die USA, die Bundesrepublik Deutschland, Japan und Großbritannien), wurden zu verstärkten Anstrengungen aufgefordert. Eine entsprechende Resolution wurde einstimmig verabschiedet.

Besonders hervorzuheben ist auch die Verabschiedung eines Aktionsprogramms zugunsten der am wenigsten entwickelten Länder (LLDC), das «**Comprehensive New Programme of Action for the Least Developed Countries**».

Auch während der beiden Konferenzen UNCTAD VI (Belgrad, 1983) und UNCTAD VII (Genf, 1987) standen die bekannten Themen im Mittelpunkt. Hinzu kamen die Probleme der weltwirtschaftlichen Rezession und der Auslandsverschuldung vieler Entwicklungsländer. Die Entwicklungsländer forderten, die anstehenden Schwierigkeiten durch dirigistische Eingriffe in den Wirtschaftsablauf, ein generelles Schuldenmoratorium und massive Kapitaltransfers aus den Industrieländern zu lösen, während die Industrieländer versprachen, dem Protektionismus Einhalt zu gebieten, die Entwicklungshilfeleistungen zu erhöhen, Schulden aber nur fallweise, d.h. jeweils für einzelne Länder, zu erlassen.

Schon bei der UNCTAD VII-Konferenz waren nicht nur die Hilfeleistungen der Industrieländer und der multilateralen Organisationen betont worden, sondern erstmals auch die Eigenanstrengungen der Entwicklungsländer. Das galt in verstärktem Maße auch für die Konferenz UNCTAD VIII in Cartagena/Kolumbien. Nach dem Ende des Ost-West-Konflikts lösten sich die zuvor innerhalb der UNCTAD recht starren Gruppenstrukturen (West, Süd, Ost) auf. Dadurch wurde eine offenere und weniger ideologisch geprägte Diskussion möglich. Marktwirtschaftliche Orientierung, Eigenverantwortung der Entwicklungsländer und internationale Kooperation sind die kaum noch umstrittenen Grundsätze, wobei naturgemäß die Entwicklungsländer verbesserte Handels- und Hilfebedingungen von seiten der Industrieländer, die Industrieländer dagegen Eigenanstrengungen der Entwicklungsländer stärker in den Vordergrund rücken.

Insgesamt hat die UNCTAD seit den siebziger Jahren erheblich an Bedeutung und Einfluß verloren. Die handelspolitisch relevanten Beschlüsse werden im Rahmen des GATT gefaßt. Der UNCTAD bleibt lediglich die Rolle eines internationalen Diskussionsforums.

4.6.2.1 Das Integrierte Rohstoffprogramm

Zentraler Diskussionspunkt in der Auseinandersetzung um die Neuordnung der Weltwirtschaft ist das vom UNCTAD-Generalsekretär Corea vorgeschlagene Integrierte Rohstoffprogramm (IR). Nach Corea genügt es nicht mehr, wie bisher, einzelne Rohstoffabkommen zu vereinbaren, sondern die Grundstruktur des Handels mit Rohstoffen soll von dem Vertragswerk erfaßt und verändert werden. **Ziele** des IR sind:

(1) ein Rohstoffpreisniveau, das real für die Konsumenten gerecht und für die Produzenten ausreichend ist («just prices»), das Investitionsanreize enthält, das die Erschöpfung der Rohstoffe und die Konkurrenz synthetischer Produkte berücksichtigt,

(2) zur Verminderung der Fluktuationen der Rohstoffpreise beizutragen («stable prices»),

(3) den Marktzugang für Rohstoffexporte in den Industrieländern zu verbessern,

(4) die Versorgung mit Rohstoffen zu sichern,
(5) zur Intensivierung der Verarbeitung von Rohstoffen in den Entwicklungsländern beizutragen und
(6) die Konkurrenzsituation von Rohstoffen gegenüber Substituten zu verbessern.

Zur Durchsetzung dieser Ziele sind im Rahmen des IR die folgenden **Instrumente** vorgesehen:
(1) Internationale Bufferstocks (Marktausgleichslager),
(2) Gemeinsamer Fonds (Commond Fund),
(3) System multilateraler Liefer- und Abnahmeverpflichtungen für Rohstoffe, für die keine Marktausgleichslager vorgesehen sind,
(4) Kompensationszahlungen, falls die anderen Instrumente versagen,
(5) Förderung der industriellen Weiterverarbeitung von Rohstoffen in Entwicklungsländern und Abbau des Protektionismus der Industrieländer bei Agrargütern und Rohstoffen.

18 Rohstoffe sollen in das IR einbezogen werden; davon sind zehn Rohstoffe die sog. **Kern-Rohstoffe** (Core Commodities):
- Kaffee
- Kakao
- Tee
- Zucker
- Naturkautschuk
- Baumwolle und Baumwollgarn
- Hartfasern und Hartfaserprodukte
- Jute und Juteprodukte
- Kupfer
- Zinn

Die übrigen acht Rohstoffe sind:
- Bananen
- Rindfleisch
- Fette und Öle
- tropische Hölzer
- Mangan
- Eisenerz
- Bauxit
- Phosphat

Bei einigen der zehn Kern-Rohstoffe bestreiten die Entwicklungsländer den gesamten Weltexport (z.B. bei Kaffee, Kakao, Kautschuk), im Durchschnitt aller zehn Rohstoffe liegt ihr Weltexportanteil bei rund 75 vH[34]. Für diese Rohstoffe sollen nach dem IR **Marktausgleichslager** errichtet werden.

Zur Finanzierung der Marktausgleichslager (Errichtung der Gebäude, Anschaffung der Lagerbestände, Zins-, Verwaltungs- und Unterhaltskosten) soll ein **Gemeinsamer Fonds** eingerichtet werden. Nach Berechnungen der UNCTAD entstehen allein für die Anschaffung der Erstausstattung der Marktausgleichslager Kosten in Höhe von 5,1 Mrd. US $ (Vgl. Tabelle 4.15). Andere Schätzungen belaufen sich auf bis zu 14 Mrd. US $[35]. Neuere Schätzungen der UNCTAD schwanken je nach Erfolgswahrscheinlichkeit und getrennter oder gemeinsamer Finanzierung der Ausgleichslager zwischen 4,58 und 7,39 Mrd. US $.

[34] Vgl. Tabelle 4.15 Der Weltexportanteil der Entwicklungsländer bei den 18 Rohstoffen betrug im Zeitraum 1975–79 59 vH.

[35] Die notwendige Mengenausstattung eines Bufferstocks und damit auch die Anschaffungskosten sind in starkem Maße abhängig von der Strategie, die verfolgt werden soll. Besonders hohe Mittel sind erforderlich, wenn die Bufferstock-Verwaltung versucht, das Angebot zu verstetigen. Geringer sind die Kosten, wenn versucht wird, die Nachfrage zu stabilisieren.

Tabelle 4.15 Angaben zum integrierten Rohstoffprogramm

	Weltexportanteile 1970-72, vH			Weltimportanteile 1970-72, vH			Buffer Stocks Mengen (1000t)		Anschaffungskosten[a]
	IL	EL	SL	IL	EL	SL	Minimum	Maximum	Mio US $
Kern-Rohstoffe									
Kaffee	2	98	0	90	6	4	600	1200	1100
Kakao	0	100	0	78	4	18	250	300	330
Tee	10	82	8	61	30	8	40	90	90
Zucker	23	70	8	65	19	17	3000	5500	1200
Baumwolle	21	63	16	51	20	29	535	535	600
Kautschuk	2	98	0	62	10	28	350	375	210
Jute	9	88	3	62	24	14	-	-	160
Sisal	21	79	0	87	7	7	120	180	60
Kupfer	40	54	6	87	6	7	560	740	1100
Zinn	16	81	3	81	12	7	30	50	270
Kern-Rohstoffe, gesamt	20	74	6	74	12	14	-	-	5120
Andere Rohstoffe									
Weizen	83	4	13	33	42	25			
Reis	42	36	22	13	79	7			
Bananen	.	.	.	.	.	.			
Rindfleisch	.	.	.	.	.	.			
Wolle	84	12	3	76	8	16			
Bauxit	26	61	13	80	8	12			
Eisenerz	48	38	14	88	1	11			
Kern- und andere Rohstoffe, gesamt	38	53	9	68	17	15			

[a]Mittelwert. IL = Industrieländer, EL = Entwicklungsländer, SL = Sozialistische Länder

Quelle: J.E. Behrmann, International Commodity Agreements: An Evaluation of the UNCTAD Integrated Commodity Programme, in. W.R. Cline (ed.), Policy Alternatives for a New International Economic Order, new York 1979. UNCTAD, A Common Fund for the Financing of Commodity Stocks, Amounts, Terms and Prospective Sources of Finances, Addendum (TD/B/C.1/184/Add.1/Corr.1), Genf 1975.

Bei den Verhandlungen der UNCTAD IV konnten die Industrie- und Entwicklungsländer – wie erläutert – nur eine grundsätzliche Einigung über die Errichtung von Marktausgleichslagern und des Gemeinsamen Fonds erzielen. Dabei blieb jedoch offen, wie der Gemeinsame Fonds ausgestaltet sein sollte, welche konkreten Aufgaben er wahrnehmen und über welche finanziellen Mittel er verfügen sollte. All das festzulegen, war Nachfolgekonferenzen vorbehalten. Diese Verhandlungen begannen Anfang des Jahres 1977 in Genf. Im März 1979, kurz vor UNCTAD V, gelang schließlich eine Einigung über die Grundzüge des Gemeinsamen Fonds. Die Erarbeitung des Vertragswerkes wurde im Juni 1980 abgeschlossen. Wegen zögerlicher Ratifikation des Vertrages konnte der Gemeinsame Fonds erst 1989 in Kraft treten. Die Bundesrepublik Deutschland ist 1985 Mitglied geworden und bringt 5,6 vH der Finanzmittel auf. 105 Staaten sind gegenwärtig Mitglied des Gemeinsamen Fonds.

Für den Gemeinsamen Fonds sind insgesamt Finanzmittel in Höhe von 750 Mio. US $ vorgesehen; damit sollen zwei Aufgaben erfüllt werden: Die Mittel des «**ersten Schalters**» (window) in Höhe von 470 Mio. US $ sollen zur Finanzierung von Marktausgleichslagern einzelner Rohstoffabkommen dienen. Dieser Betrag kann jedoch nicht direkt zur Errichtung eines Rohstofflagers verwendet werden. Er ist vielmehr gedacht als finanzieller Rückhalt zur Stärkung der Kreditwürdigkeit und zur Überbrückung von Liquiditätsengpässen. Mit den Zinserträgen sollen im wesentlichen die Verwaltungskosten der Marktausgleichslager abgedeckt werden. Die Rohstofflager selbst sollen dagegen aus Bareinlagen der einzelnen Rohstoffabkommen und durch Kreditaufnahme des Gemeinsamen Fonds finanziert werden.

Die Mittel des «ersten Schalters» kommen aus Pflichtbeiträgen und sollen aufgebracht werden durch einen Sockelbeitrag aller beteiligten Länder von jeweils einer Million US $ und zusätzlichen Beiträgen von rund 300 Mio. US $, wovon die Entwicklungsländer 10 vH, die westlichen Industrieländer 71 vH, die Staatshandelsländer 13 vH, China fünf und sonstige Länder ein von Hundert aufbringen wollen.

Für den **zweiten Schalter** sind 280 Mio. US $ vorgesehen. Hiermit sollen Maßnahmen zur Forschung und Entwicklung, zur Steigerung der Produktivität und Qualität und zur Verbesserung der Vermarktung im Rohstoffsektor finanziert werden; besonders die ärmeren Entwicklungsländer sollen davon profitieren. Die Maßnahmen zur Wettbewerbsverbesserung sollen vorwiegend auf jene Rohstoffe konzentriert werden, für die keine Marktausgleichslager errichtet werden können. Es wird erwartet, hierfür 70 Mio. US $ direkt von den UNCTAD-Mitgliedern aufzubringen und den Rest durch freiwillige Beiträge.

Während die Industrieländer nahezu drei Viertel zur Finanzierung des Gemeinsamen Fonds beitragen, haben sie nur 42 vH der Stimmrechte im Verwaltungsrat, die Entwicklungsländer 47 vH, die ehemaligen Staatshandelsländer 8 vH und China 3 vH. Eine Koalition aus den letzten drei Ländergruppen könnte somit die Industrieländer weit überstimmen. Wichtige Entscheidungen, z.B. Satzungsänderungen und finanzwirksame Entscheidungen, können allerdings nur mit ¾-Mehrheit gefaßt werden.

Der realisierte Gemeinsame Fonds entspricht bei weitem nicht den hochgesteckten Erwartungen, die die Entwicklungsländer ursprünglich mit ihm verbanden. Vergleicht man allein die Mittel von 470 Mio. US $ des «ersten Schalters» mit den von der UNCTAD sicher «vorsichtig» geschätzten 5,1 Mrd. US $, so wird deutlich, daß es sich bei dem realisierten Fonds lediglich um einen «Mini-Fonds» handelt.

4.6.2.2 Indexierung

Eine weitere Forderung der Entwicklungsländer zur Neuordnung der Weltwirtschaft – wenn auch schon einige Zeit weniger häufig erhoben – ist die der Koppelung ihrer Rohstoffpreise an die Industriegüterpreise (Indexierung). Ziel dieser Indexierung ist es, die reale Kaufkraft der Rohstoffexporte zu erhalten: die weltweite Inflation soll sich nicht zum Nachteil der Entwicklungsländer auswirken. Insgesamt soll die Indexierung ein weiteres Instrument zur Beschleunigung des Ressourcentransfers an die Entwicklungsländer und zur weltweiten Umverteilung sein. Ansatzpunkt hierfür sind die Terms of Trade und ihre – nach Einschätzung der Vertreter dieser Forderung – langfristige Verschlechterung zuungunsten der Entwicklungsländer.

Der Indexierung steht jedoch zunächst ein rein technisches Problem entgegen. Denn an welchen Index sollen die Rohstoffpreise gekoppelt werden? Wie bereits bei der Behandlung des Terms of Trade-Problems deutlich wurde, gibt es eine breite Palette unterschiedlicher Terms of Trade-Konzepte, die sehr verschiedene Aussagen enthalten, die aber nahezu keine Schlußfolgerungen auf die jeweiligen Wohlfahrtswirkungen zulassen.

Abgesehen hiervon sind auch einige grundsätzliche ökonomische Einwände gegen die Indexierung angebracht.

(1) Eine **güterspezifische Indexierung** kann zur Folge haben, daß der Preis eines Rohstoffs angehoben wird, auch wenn die Importpreise eines Landes nicht angestiegen sind. Bei **länderspezifischer Indexierung** – in Abhängigkeit vom jeweiligen Importgüterkorb – können in verschiedenen Ländern unterschiedliche Preise für den gleichen Rohstoff gelten.

(2) Die Anhebung des Preises eines Rohstoffes durch die Indexierung führt zur Produktionsausweitung, wenn die Angebotselastizität für diesen Rohstoff langfristig hoch ist. Infolgedessen werden **Produktionsüberschüsse** entstehen, die entweder den Weltmarktpreis senken, wenn sie auf den Weltmarkt gelangen, oder aber vernichtet werden müssen. Da sinkende Weltmarktpreise für einen Rohstoff aber der Zielsetzung der Indexierung zuwiderlaufen, bleibt praktisch als Ausweg nur die Vernichtung der Überschüsse.

(3) Hohe Rohstoffpreise dämpfen jedoch wiederum den Zwang zur horizontalen und vertikalen **Diversifizierung** und behindern damit die notwendige Verbreiterung der Produktionsstruktur der Entwicklungsländer; diese Konseqenz der Indexierung steht daher auch im Gegensatz zu den erklärten Zielsetzungen dieser Länder.

(4) Die Indexierung bestraft zudem die Entwicklungsländer, die rohstoffarm sind oder deren Rohstoffpreise nicht indexiert werden, denn sie müssen mehr Devisen für ihre Rohstoffimporte aufwenden, ohne daß ihre Exporterlöse in gleicher Weise ansteigen. Dagegen würden rohstoffreiche Industrieländer (z.B. die USA, Rußland, Australien, Südafrika) begünstigt – eine sicherlich unerwünschte Konsequenz der Indexierung. Rohstoffarme Industrieländer würden dagegen vermehrte Anstrengungen zur Entwicklung von Substituten unternehmen.

(5) Beschränkte man dagegen die Indexierung nur auf die Rohstoffexportpreise der Entwicklungsländer, so entstünden den übrigen Rohstoffproduzenten beträchtliche **Wettbewerbsvorteile**, denn sie könnten nun ihre Rohstoffe und die aus ihnen verarbeiteten Produkte gegenüber jenen Ländern wesentlich kostengünstiger herstellen. Zwangsläufig verlören die Entwicklungsländer dann Marktanteile bei den indexierten Rohstoffen und den aus diesen Rohstoffen verarbeiteten Produkten.

(6) Es ist aber auch zweifelhaft, ob über diese grundsätzlichen Probleme hinaus die Indexierung der Rohstoffe in der Tat zu den erhofften höheren Preisen führen würde. Denn wie in der empirischen Analyse des Verlaufs der Terms of Trade keine generelle Verschlechterung für die Entwicklungsländer festgestellt werden konnte, so folgt daraus im Umkehrschluß, daß eine Indexierung ihrer Terms of Trade auch zu keiner Verbesserung hätte führen

können. Betrachtet man die Terms of Trade der Rohstoffe (ohne Erdöl) gegenüber den Industriewaren, so hätte eine Indexierung der Rohstoffpreise im Vergleich zur tatsächlichen Entwicklung für verschiedene Zeiträume sogar eher eine Verschlechterung erbracht. Auch ein Vergleich der Preisentwicklung einzelner Rohstoffe mit dem Verlauf der Importpreise der nichtölexportierenden Entwicklungsländer in den Jahren 1960 bis 1980 zeigt, daß bei Indexierung die Preise einiger Rohstoffe auch niedriger gelegen hätten als bei ihrer tatsächlichen Entwicklung, z.B. die Preise für Kaffee, Kakao, Zucker, Zinn – und natürlich für Rohöl. Höhere Preise hätten sich ergeben u.a. bei Bananen, Kokosnußöl, Kupfer, Baumwolle, Erdnüssen, Eisenerz, Jute, Palmöl, Katuschuk, Sisal und Tee[36]. Hierin dürfte auch einer der Gründe liegen, weshalb die Forderung nach Indexierung in jüngster Zeit weniger engagiert vertreten wird.

4.6.2.3 Kartellierung

Eher theoretisch als praktisch interessant ist der Vorschlag der Entwicklungsländer, durch Bildung von Anbieterzusammenschlüssen (Kartellierung) zu einer Neuordnung der Weltwirtschaft beizutragen. Zweifellos dient bei diesen Überlegungen der Erfolg des OPEC-Kartelles als Beispiel.

Der Vorschlag der Kartellierung kann sich sinnvollerweise nicht an die Konsumenten richten, denn welches Individuum oder welches Land würde schon freiwillig seiner «Ausbeutung» durch ein Kartell zustimmen? Liegen die Voraussetzungen zur Bildung eines Produzentenkartells vor, ist es allein Sache der Produzenten, dieses Kartell zu bilden. Es stellt sich somit die Frage, welche Voraussetzungen zur Bildung von Produzentenkartellen gegeben sein müssen und ob diese in der Realität auch erfüllt sind.

Ein Produzentenkartell hat um so bessere Erfolgsaussichten,

(1) je größer sein Anteil an der Weltproduktion und an den Weltexporten des betreffenden Produkts und, bei Mineralien, je größer auch der Anteil an den Weltreserven ist, die sich im Besitz der Kartellmitglieder befinden,
(2) je unelastischer die Nachfrage nach diesem Produkt auf Preisänderungen reagiert (niedrige Preiselastizität der Nachfrage) und je geringer die Preiselastizität des Angebots der Produzenten ist, die nicht dem Kartell angehören,
(3) je schwächer die Konkurrenz von Substituten,
(4) je stärker der Zusammenhalt und die Disziplin unter den Kartellmitgliedern und
(5) je weniger anfällig das Kartell gegenüber Retorsions- (Vergeltungs-)maßnahmen der Konsumenten ist.

Offensichtlich waren diese Voraussetzungen beim OPEC-Kartell nach 1973 in nahezu idealer Weise erfüllt. Die OPEC-Mitglieder verfügten über einen großen Anteil an der Weltproduktion und an den Weltexporten, sie

[36] Dabei muß allerdings berücksichtigt werden, daß die Importpreisentwicklung auch den drastischen Anstieg der Rohölpreise seit 1973 enthält.

besaßen einen wesentlichen Teil der damals bekannten Reserven, die kurzfristige Preiselastizität der Nachfrage war sehr gering, ebenso die kurzfristige Preiselastizität des Angebots von Produzenten außerhalb der OPEC. Substitute für Rohöl waren kurzfristig nicht verfügbar, der Konflikt mit Israel gab dem Kartell ein gemeinsames politisches Ziel und bewirkte ein hohes Maß der Solidarisierung unter den Kartellmitgliedern und schließlich schreckten die Industrieländer vor Vergeltungsmaßnahmen gegenüber dem OPEC-Kartell zurück.

Diese «Idealsituation» währte indes nicht sehr lange. Schon im Jahr 1976 entstanden bei Preisverhandlungen innerhalb der OPEC Gegensätze, die die unterschiedlichen Interessenlagen der Mitgliedsländer widerspiegelten. Im Jahr 1980 kam der OPEC der Konflikt zwischen ihren Mitgliedsländern Iran und Irak zur Verringerung von Produktionsüberschüssen «zu Hilfe»[37]. Seit geraumer Zeit schließlich ist die OPEC immer weniger in der Lage, eine gemeinsame Förder- und Preispolitik zu vereinbaren, zu gegensätzlich sind die Interessen der volkreichen OPEC-Mitglieder ohne Zahlungsbilanzüberschüsse (z.B. Indonesien, Irak, Iran, Nigeria, Venezuela) auf der einen und die Interessen der Länder mit geringer Bevölkerungszahl und hohen Devisenüberschüssen (z.B. Kuwait, Saudi Arabien, Vereinigte Arabische Emirate) auf der anderen Seite.

Der Druck auf das OPEC-Kartell wird zudem verstärkt durch Maßnahmen zur Einsparung von Rohöl in den Verbraucherländern, vor allem in den Industrieländern. Das zeigt, daß die Preiselastizität der Nachfrage zwar kurzfristig relativ niedrig ist, daß sie aber mittel- bis langfristig durchaus angehoben werden kann. Die drastische Erhöhung der Rohölpreise durch die OPEC hat außerdem neue Anbieter angelockt, die nicht Mitglieder des Kartells sind (z.B. Mexiko, Großbritannien, Norwegen), sowie die Exploration neuer Lagerstätten und die Erforschung alternativer Rohölgewinnungsmöglichkeiten (Ölsand, Ölschiefer, Kohleverflüssigung) forciert. So ist das OPEC-Kartell, trotz äußerst günstiger Voraussetzungen, an der Konkurrenz von Wettbewerbern außerhalb des Kartells, an der geringen Disziplin der Kartellmitglieder sowie an der mittelfristig elastischen Reaktion der Nachfrager auf die erhöhten Preise gescheitert.

Diese Erfahrungen und die speziellen Eigenschaften anderer Exportprodukte der Entwicklungsländer lassen erwarten, daß ein Produzentenkartell für einen anderen Rohstoff nur geringe Erfolgsaussichten hat. Tabelle 4.16 enthält einige Angaben, die zur Beurteilung der Erfolgsaussichten von Produzentenkartellen für verschiedene Rohstoffe von Bedeutung sind.

Gemessen am Konzentrationsgrad der Ausfuhrländer und dem Anteil der Entwicklungsländer an den Weltausfuhren kommen am ehesten Kaffee, Kakao, Tee, Jute, Hartfasern, Kautschuk, Kupfer und Zinn in Betracht. Die Abhängigkeit der EU bei Kaffee, Kakao und Tee beträgt zwar 100 vH, Kaffee und Tee sind jedoch enge Substitute und auf sie ließe sich – ähnlich wie auf Kakao – notfalls auch ohne allzu große Wohlfahrtseinbußen ver-

[37] Die Rohölexporte aus Iran und Irak gingen damals drastisch zurück.

zichten. Drastische Preiserhöhungen dürften zu einem erheblichen Rückgang der Nachfrage nach diesen Rohstoffen führen. Auch Jute und Hartfasern können durch andere Produkte ersetzt werden.

Günstigere Voraussetzungen zur Kartellierung bietet Naturkautschuk. Hauptanbieter sind Indonesien, Malaysia, Thailand und Sri Lanka. Die Abhängigkeit der Industrieländer liegt bei 100 vH, doch kann Naturkautschuk sehr leicht durch synthetischen Kautschuk ersetzt werden. So stellt der Preis des aus Rohöl gewonnenen Kautschuks eine gewisse Obergrenze für den Preis des Naturkautschuks dar. Infolgedessen konnten die Produzenten von Naturkautschuk in den letzten Jahren in gewissem Maße an den Erfolgen der OPEC partizipieren, indem sie ihre Preise entsprechend erhöhen konnten. Dies dürfte den Anreiz zur Bildung eines Produzentenkartells für Naturkautschuk erheblich verringert haben[38].

Bei Kupfer und Zinn bestehen Möglichkeiten der Substitution durch Aluminium. Zudem gewinnt die Wiederverwendung von Abfällen und Schrott (Recycling) bei mineralischen Stoffen zunehmend an Bedeutung und schränkt somit die Erfolgsaussichten von Anbieterzusammenschlüssen ein. Für Aluminium beträgt die Recyclingrate beispielsweise über ein Drittel, für Zinn und Kupfer rund die Hälfte. Die Bildung eines Kupferproduzentenkartells dürfte zudem allein an den gegensätzlichen Interessen und politischen Differenzen der Hauptproduzentenländer Chile, Sambia, Peru und Zaire scheitern.

Insgesamt müssen somit die Erfolgsaussichten zur Bildung von Rohstoffproduzentenkartellen nach dem Muster der OPEC als gering eingeschätzt werden.

Erfolgreiche Produzentenzusammenschlüsse bestanden in der Vergangenheit – abgesehen von der OPEC – zwischen einigen multinationalen Bergwerksgesellschaften, so das Urankartell (Kanada) und das Nickelkartell (Australien); mitunter wird auch Bauxit als Produkt mit erfolgreichen Kartellierungstendenzen angeführt. Bestrebungen zur Kartellierung gab es bei Kupfer, Kautschuk, Bananen und Pfeffer, jedoch mit nur geringem Erfolg.

Bei hoher Preiselastizität der Nachfrage nach diesen Produkten besteht sogar die Gefahr sinkender Exporteinnahmen, wenn mit Hilfe von Exportbeschränkungen Preissteigerungen durchgesetzt werden sollen. Anders als einige OPEC-Staaten sind die meisten übrigen Entwicklungländer jedoch auf möglichst kontinuierlich fließende Exporteinnahmen angewiesen, da sie nur über geringe Devisenreserven – wenn überhaupt – verfügen. So wächst die Neigung eines Produzenten, nicht dem Kartell beizutreten und auf diese Weise von den höheren Preisen zu profitieren, ohne die Exportmengen beschränken zu müssen. Unter diesen Bedingungen kommt aber ein Produzentenkartell entweder nicht zustande oder hat nur kurzen Bestand.

[38] Ein weiterer Faktor dürfte sein, daß für Naturkautschuk als erstem Rohstoff im Jahr 1979 ein Bufferstockabkommen vereinbart wurde, das von 1980 an vorläufig und seit April 1982 endgültig in Kraft trat.

Tabelle 4.16 Für einen Anbieterzusammenschluß wichtige produktionstechnische und wirtschaftliche Merkmale von 18 Grunderzeugnissen

Erzeugnisse	Konzentrationsgrad der Ausfuhrländer[a]	Anteil der Ausfuhren aus Entwicklungsländern in v. H.	Abhängigkeit der europäischen EWG-Länder in v. H.	Gleichartigkeit des Erzeugnisses	Marktunabhängigkeit (gegenüber Ersatz und verwandten Erzeugnissen)
Weizen	4	4	3	durchschnittlich	stark
Mais	4	14,5	42	durchschnittlich	durchschnittlich
Reis	6	39	33	durchschnittlich	stark
Zucker	12	67	0–8	stark	stark
		28			
Kaffee	10	100	100	gering	stark
Kakao	4	100	100	durchschnittlich	durchschnittlich
Tee	4	81	100	gering	stark
		97			
Baumwolle	17	62	100	gering	durchschnittlich
Jute u. Waren daraus	2	88	100	durchschnittlich	sehr gering
Wolle	3	12	90	gering	durchschnittlich
Hartfasern	5	96,5	100	durchschnittlich	sehr gering
Kautschuk	2	100	100	durchschnittlich	gering
		60			
Kupfer	8	58	93	stark	verhältnismäßig stark
Blei	10	28	75	stark	verhältnismäßig stark
Zink	11	22	61	stark	verhältnismäßig stark
Zinn	4	86,5	96	stark	verhältnismäßig stark
Bauxit/Tonerde	10	56,4	51	durchschnittlich	verhältnismäßig stark
Eisenerz	7	38	37	durchschnittlich	verhältnismäßig stark
		50			
Insgesamt		51			

a) Zahl der Länder, die 75 v. H. der Ausfuhren tätigen.

Quelle: Kommission der Europäischen Gemeinschaften, Bulletin der Europäischen Gemeinschaften, Beilage 6/75, Entwicklung und Rohstoffe – Aktuelle Probleme.

4.6.3 Alternativen zu den Forderungen der Entwicklungsländer

Rohstoffabkommen, insbesondere Bufferstockabkommen oder multilaterale Liefer- und Abnahmeverpflichtungen, sind überwiegend auf die Stabilisierung der Preise eines Rohstoffes ausgerichtet. Wie bei der allgemeinen Analyse von Rohstoffabkommen (Kapitel 4.5) deutlich wurde, ist mit der Stabilisierung der Preise nicht notwendigerweise die Stabilisierung der Exporterlöse verbunden, es ist sogar eine Verstärkung ihrer Instabilität denkbar.

Die Forderungen der Entwicklungsländer konzentrieren sich vorwiegend auf das Ziel der Preisstabilisierung und -anhebung. Sie fordern aber auch ein System der **kompensatorischen Finanzierung** für die Fälle, in denen die anderen von ihnen verlangten Instrumente versagen. Die Erlösstabilisierung soll danach eine «ex post-Maßnahme» sein, in Ergänzung zur «ex ante-Stabilisierung» der Preise.

Bei der Erörterung von Rohstoffabkommen und verschiedenen Instrumenten zur Preisstabilisierung wurde gezeigt, daß diese einseitige Betonung des Preisstabilisierungsziels durch die Entwicklungsländer nicht rationaler Politik entspricht. Nicht die Stabilität der Exportpreise ist für einen möglichst kontinuierlichen Devisenzufluß ausschlaggebend, sondern die Stabilität der Erlöse.

4.6.3.1 Kompensatorische Finanzierung des IWF

Das älteste System zur Stabilisierung von Exporterlösen ist die kompensatorische oder **Ausgleichsfinanzierung** (compensatory financing) des Internationalen Währungsfonds (IWF). Sie wurde im Jahre 1963 innerhalb des IWF eingerichtet und soll **nominale Exporterlösschwankungen** bei allen exportierten Gütern ausgleichen. Ziehungsberechtigt ist jedes Mitgliedsland des IWF.

Seit 1976 können auch die Deviseneinnahmen aus Überweisungen im Ausland tätiger Arbeitskräfte und aus Tourismus in die Erlösstabilisierung einbezogen werden, seit 1981 auch die Ausgaben für Getreideimporte. Die kompensatorische Finanzierungsfazilität wird jedoch überwiegend zum Ausgleich von Exporterlösrückgängen in Anspruch genommen. Im Jahr 1988 wurde diese Fazilität erweitert zur Finanzierungsfazilität zum Ausgleich von Exporterlösschwankungen und unvorhergesehenen Ausgaben (Compensatory and Contingency Financing Facility). Hiermit soll den besonderen Problemen der hochverschuldeten Entwicklungsländer Rechnung getragen werden (s. Abschnitt 5.5.4.4).

Durch die Ausgleichszahlungen im Rahmen der kompensatorischen Finanzierungsfazilität sollen Zahlungsbilanzschwierigkeiten überbrückt werden, die durch Exporterlösausfälle (bei Waren- und Dienstleistungsausfuhren) oder höhere Ausgaben für Getreideimporte entstanden sind. Sie müssen temporärer Natur sein und ihre Ursachen sollen außerhalb des Einflußbereiches des Mitglieds liegen. Bei der Überwindung dieser Schwierigkeiten muß das Mitglied mit dem IWF zusammenarbeiten.

Sind diese Bedingungen erfüllt, ist die Höhe der Ausgleichszahlung (für

Tabelle 4.17 Kompensatorische Finanzierungsfazilität und IWF-Fazilitäten (Januar 1976–Juni 1984)

	Gesamt Mrd. SZR	Industrieländer	Entwicklungsländer	Anteile(vH) nach Verwendung Gesamt	Industrieländer	Entwicklungsländer	nach Ländergruppe Gesamt	Industrieländer	Entwicklungsländer
IWF-Ziehungen gesamt	46,22	9,54	36,68	100	100	100	100	21	79
Ziehungen im Rahmen der Kompensatorischen Finanzierungsfazilität	11,71	2,18	9,53	25	23	26	100	19	81
Ziehungen im Rahmen anderer Fazilitäten	34,51	7,36	27,15	75	77	74	100	21	79

Quelle: UNCTAD, Report of th Expert Group on the Compensatory Financing of Export Earnings Shortfalls, Genf 1985.

Exporterlösausfälle und/oder höhere Ausgaben für Getreideimporte) begrenzt durch den rechnerischen Erlösausfall und die Höhe des Ziehungsrechts. Bei Stabilisierung der Exporterlöse oder der Ausgaben für Getreideimporte allein beträgt das Ziehungsrecht 65 vH der Quote, unter gewissen Bedingungen kann das Ziehungsrecht für alle Stabilisierungsarten (Exporterlösausfall, höhere Ausgaben für Getreideimport und unvorhersehbare Ausgaben) auf insgesamt 95 vH der Quote erhöht werden (bezogen auf die im Jahr 1992 neu festgelegten Quoten).

Die Höhe des Exporterlösausfalls wird bestimmt anhand der Differenz zwischen dem tatsächlichen Exporterlös im Jahr des Erlösrückgangs und dem mittelfristigen Trend. Dieser Trend wird berechnet auf der Grundlage des geometrischen Fünfjahresdurchschnitts, wobei das Jahr des Erlösausfalls das dritte dieser Fünfjahresperiode ist, die zwei folgenden Jahre werden vom IWF in Zusammenarbeit mit dem jeweiligen Land geschätzt.

Die Kompensationszahlung erfolgt dadurch, daß das kreditnehmende (ziehende) Land eigene Währung beim IWF einzahlt und dafür Devisen oder SZR erhält. Es wird eine einmalige Abschlußgebühr (service charge) und ein jährlicher Zins (periodic charge, 6–7 vH) erhoben. Der Kredit muß innerhalb von drei bis fünf Jahren zurückgezahlt werden, indem die eigene Währung durch Devisen, Sonderziehungsrechte oder Gold zurückgekauft wird. Diese Rückzahlungspflicht besteht auch, wenn die weitere Erlösentwicklung unbefriedigend verläuft, in besonderen Fällen sind allerdings Ausnahmen möglich.

Hieran wird besonders deutlich, daß die Ausgleichsfinanzierung im Rahmen des IWF nur zur Kompensation kurzfristiger Exporterlösschwankungen geeignet ist. Diese strenge Konditionalität zusammen mit der Bindung der Ziehung an die Quote dürfte eine wesentliche Ursache dafür sein, daß die Ausgleichsfinanzierung von den Entwicklungsländern nur in geringem Umfang in Anspruch genommen wird. Tabelle 4.17 gibt einen beispielhaften Überblick über die Verteilung der Ziehungen im Rahmen dieser IWF-Fazilität auf Industrie- und Entwicklungsländer und die Bedeutung der kompensatorischen Finanzierung im Verhältnis zu anderen Fazilitäten. Der Beitrag der kompensatorischen Finanzierung zum Ausgleich der Exporterlösausfälle geht aus Tabelle 4.18 hervor.

Tabelle 4.18 Kompensatorische Finanzierungsfazilität und Exporterlösausfälle

	Anzahl der Ziehungen	Ziehungen	Exporterlösausfall	Ziehungen in vH der Exporterlösausfälle
		in Mrd. SZR		
1976–1979	88	3,41	6,86	50
1979–1984	112	8,43	13,58	62
1981	29	1,18	2,41	49
1982	28	2,52	4,03	63
1983	24	2,84	3,75	76

Quelle: UNCTAD, Report of the Expert Group on the Compensatory Financing of Export Earnings Shortfalls, Genf 1985.

4.6.3.2 Das Lomé-Abkommen

Das Lomé-Abkommen insgesamt und das STABEX-System als ein Teil dieses Abkommens werden vielfach als beispielhafte Form der Kooperation zwischen Industrieländern und Entwicklungsländern und als eine ordnungspolitisch günstige Alternative zu den Forderungen der Entwicklungsländer zur Neuordnung der Weltwirtschaft angesehen.

Vorläufer des Lomé-Abkommens

Bereits in den Römischen Verträgen, in denen Frankreich, Italien, die Benelux-Staaten und die Bundesrepublik Deutschland die Bildung der Europäischen Wirtschaftsgemeinschaft vereinbarten (1957), waren besondere Regelungen hinsichtlich einer Reihe von Entwicklungsländern enthalten (Artikel 131 ff.). Vor allem Frankreich und Belgien drängten – wohl auch um die finanziellen Lasten der Hilfeleistungen auch auf die übrigen Mitglieder der Gemeinschaft verteilen zu können – auf die Assoziierung ehemaliger Kolonien, zu denen sie noch immer besondere Beziehungen unterhielten. Die Gruppe der Assoziierten Afrikanischen Staaten und Madagaskar (AASM) umfaßte insgesamt 18 Staaten. Der Warenverkehr mit diesen Ländern war liberalisiert wie in der EWG.

Die Assoziierung im Rahmen der Römischen Verträge war gewissermaßen eine einseitige Erklärung der EWG-Mitgliedsländer. Nachdem in den sechziger Jahren mehr und mehr Länder politisch unabhängig geworden waren, war eine neue Rechtsgrundlage für die Assoziierung erforderlich. So wurde im Jahr 1963 das erste Abkommen von Jaunde/Kamerun (Jaunde I) abgeschlossen. Es trat 1964 mit einer Laufzeit von fünf Jahren in Kraft. 1969 wurde das Abkommen erneuert (Jaunde II); es war gültig von 1971 bis 1975.

Zentrale Elemente dieser beiden Abkommen waren:

- **Paritätische Besetzung** der Organe zur Verwaltung der Assoziierung (z.B. Assoziationsrat).
- **Technische und Finanzielle Zusammenarbeit.** Die Abwicklung dieser Zusammenarbeit erfolgte über den Europäischen Entwicklungsfonds (EEF). Für Jaunde I standen insgesamt 730 Mio. RE[39] zur Verfügung, für Jaunde II 905 Mio. RE. Davon waren 80 vH nicht rückzahlbare Zuschüsse. Zusätzliche Mittel wurden im Rahmen der Europäischen Investitionsbank (EIB) bereitgestellt.
- **Liberalisierung des Warenverkehrs.** Es wurde eine Freihandelszone (keine Binnenzölle, unterschiedliche Außenzölle) zwischen den AASM- und den EWG-Staaten gebildet. Nur bei einigen Gütern blieben zum Schutz der heimischen Industrien gewisse Protektionsmaßnahmen bestehen, meist jedoch mit einer Präferenzregelung.

Schon seit Mitte der sechziger Jahre hatten die ostafrikanischen Staaten Kenia, Tansania und Uganda sich um die Assoziierung mit der EWG bemüht – gegen den Widerstand Großbritanniens, ihres ehemaligen Koloniallandes. Im Jahr 1969 wurde dennoch das (Assoziierungs-)Abkommen von Arusha/Tansania abgeschlossen. Es sah die gleiche Laufzeit wie Jaunde II vor. Auch die Assoziierungsbedingungen entsprachen denen von Jaunde II, allerdings erhielten diese Länder keine Mittel aus dem EEF.

Das Lomé-Abkommen

Bereits seit 1973 hatten zwischen den Entwicklungsländern und der EG Verhandlungen über die Fortsetzung der Assoziierung nach dem Auslaufen der Verträge von Jaunde und Arusha stattgefunden. Durch den Beitritt Großbritanniens in die EG (1973) war zudem auch die Einbeziehung der Entwicklungsländer des britischen Commonwealth of Nations in die Assoziierung erforderlich geworden. Darüber hinaus sollte die Kritik an den bisherigen Abkommen bei den Neuverhandlungen berücksichtigt werden. Diese Kritik konzentrierte sich vor allem darauf, daß ein großer Teil der Länder

[39] RE = Rechnungseinheit. Bis 1971 entsprach eine RE einem US $; später fluktuierte der Wert und lag 1974 bis 1975 bei etwa 3,22 DM. Von 1975 bis 1980 galt die ERE (Europäische Rechnungseinheit), sie war an die Währungen der EG-Mitgliedsländer gebunden, ihr Kurs wurde täglich neu ermittelt. Seit Januar 1981 hat die European Currency Unit (ECU) die ERE ersetzt. Ihr Wert ist ebenfalls an einen Währungskorb gebunden. Im Dezember 1987 lag der Wert der ECU bei etwa 2,06 DM (Leitkurs: 2,05853).

Afrikas nicht in die Abkommen einbezogen und so von Handelserleichterungen und EEF-Mitteln ausgeschlossen war. Ferner waren die Entwicklungsländer bestrebt, die neu aufkommenden Forderungen nach einer Neuordnung der Weltwirtschaft, insbesondere im Rohstoffbereich, in die Verhandlungen einzubringen.

Im Februar 1975 wurde schließlich in Lomé/Togo zwischen 46 Entwicklungsländern des afrikanischen, karibischen und pazifischen Raums (AKP-Staaten) und den 9 EG-Staaten das Lomé-Abkommen (Lomé I) geschlossen. Der handelspolitische Teil des Abkommens trat am 1. 7. 1975 in Kraft, das gesamte Abkommen am 1. 4. 1976. Das 2. Lomé-Abkommen galt von 1980 bis 1985, das dritte Abkommen von 1985 bis 1990. Im Dezember 1989 wurde in Lomé das vierte Abkommen unterzeichnet. Die Laufzeit dieses Abkommens wurde auf zehn Jahre (bis zum Jahr 2000) ausgeweitet. Gegenwärtig zählen zu den AKP-Staaten 69 Länder, in denen circa 400 Mio. Menschen leben.

Handelspolitik

Die AKP-Staaten haben völlig freien Marktzugang zu den Märkten der EU bei **Industriewaren.** Bei **Agrargütern** ist der Marktzugang mit Ausnahme einiger Marktordnungsprodukte ebenfalls frei. Bei Agrargütern mit Einfuhrbeschränkungen bestehen für die AKP-Staaten jedoch Präferenzregelungen (z.B. bei Zitrusfrüchten, Fleisch, Getreide)[40]. Diese handelspolitischen Vergünstigungen für die AKP-Staaten sind nicht reziprok, d.h. die AKP-Staaten müssen der EU nicht die gleichen Vergünstigungen einräumen (Nicht-Reziprozität)[41]. Die Importe aus der EU müssen jedoch zumindest gleich behandelt werden wie Importe aus anderen Industrieländern (Meistbegünstigung). Die EU-Staaten haben sich vorbehalten, bei Marktstörungen Schutzmaßnahmen zu ergreifen, allerdings mit der Verpflichtung, daß diese eingehend begründet werden. Bezüglich der Ursprungsregelung werden alle AKP-Länder als zolltechnische Einheit betrachtet. Das erleichtert die administrative Abwicklung der Einfuhren.

Diese vor allem bezüglich der Industriewaren vorteilhaften handelspolitischen Regelungen können von den AKP-Staaten jedoch nur unzureichend genutzt werden. Ihre Exportstruktur ist durch Rohstoffexporte gekennzeichnet (über 80 vH, nur 2–3 vH der Industriewareneinfuhren der EU stammen aus den AKP-Staaten). Dies ist vor allem darauf zurückzuführen, daß dort Industriewaren nur in geringem Umfang hergestellt werden. Durch die Präferenzregelungen für andere Entwicklungsländer werden zudem die Marktzugangsvorteile der AKP-Staaten geschmälert. Diese fordern daher auch, daß ihr relativer Vorteil gegenüber anderen Entwicklungsländern erhalten bleiben soll. Die EU ist jedoch hierzu nicht bereit.

[40] Zur Verringerung der Benachteiligung der nicht-assoziierten Staaten räumt die EU einseitig allgemeine Zollpräferenzen für Halb- und Fertigwaren aus Entwicklungsländern ein; begünstigt sind dabei rund 100 Gütergruppen.

[41] Diese Regelung widerspricht folglich einem der Grundprinzpien des GATT.

Während diese handelspolitischen Vergünstigungen eher langfristig wirksam sein dürften, haben die rohstoffpolitischen Regelungen unmittelbare Auswirkungen auf die betroffenen Länder.

So wurde zusammen mit Lomé I das **Zuckerprotokoll** vereinbart. Seine Laufzeit beträgt jedoch unabhängig von der Lomé-Konvention sieben Jahre und verlängert sich danach automatisch. Es garantiert 16 AKP-Rohrzuckerexporteuren die Abnahme von jährlich 1,2 Mio. t Zucker (das sind rund 60 vH ihrer gesamten Zuckerexporte) zu EU-Interventionspreisen. Dadurch entstehen diesen Ländern zusätzliche Einnahmen. Das Zuckerprotokoll wird allerdings kritisiert, weil die kontinentalen EU-Staaten bereits mehr Zucker produzieren als innerhalb der EU abgesetzt werden kann. Diese Überschußmengen müssen dann mit Hilfe von Subventionen auf dem Weltmarkt verkauft werden. Das dürfte wiederum den Weltmarktpreis für Zucker tendenziell senken.

Das System zur Stabilisierung der Exporterlöse (STABEX)

Die für die Entwicklungsländer bedeutsamste Regelung des Lomé-Abkommens ist jedoch das System zur Stabilisierung der Exporterlöse (STABEX). Ursprünglich hatten die AKP-Staaten die Stabilisierung der Kaufkraft ihrer Erlöse gefordert (reale Stabilisierung). Dies hätte jedoch ähnliche Nachteile zur Folge wie die Indexierung und wurde daher von den EG-Staaten auch nicht akzeptiert.

Die Liste der Güter, die in das STABEX-System einbezogen sind, umfaßt 48 landwirtschaftliche Rohstoffe. Zwei Voraussetzungen müssen erfüllt sein, damit ein Land Leistungen aus dem System erhalten kann: Der Anteil der Exporte des jeweiligen Rohstoffs an den Gesamtexporten des Landes muß mindestens 6 vH betragen, dieser Wert wird **Abhängigkeitsschwelle** genannt[42]. Außerdem müssen die tatsächlichen Exporterlöse eines Jahres um mindestens 6 vH (**Auslöseschwelle**) unter dem Durchschnittserlös der vier vorangegangenen Jahre (Bezugsniveau) liegen[43]. Sind diese Voraussetzungen erfüllt, kann das Land Ausgleichszahlungen beantragen. Sonderregelungen gelten für die am wenigsten entwickelten AKP-Staaten[44], AKP-Binnenstaaten und AKP-Inselstaaten; für sie betragen die Abhängigkeits- und Auslöseschwelle jeweils 1,5 vH anstelle 6 vH[45].

Zur Erlösstabilisierung stehen für den Anwendungszeitraum von fünf Jahren insgesamt 1,5 Mrd. ECU zur Verfügung. Die Transferzahlungen werden früher zinslos gewährt. Seit Inkrafttreten von Lomé IV werden die

[42] Für Sisal beträgt die Abhängigkeitsschwelle 4,5 vH.

[43] Dabei werden nur die Ausfuhrerlöse in die EG berücksichtigt; in Ausnahmefällen auch die Ausfuhren nach AKP-Staaten oder nach allen Ländern – also auch jene nach den USA, Japan oder anderen, nicht zu den AKP-Staaten gehörenden Entwicklungsländern.

[44] Die Liste der am wenigsten entwickelten AKP-Staaten ist nicht identisch mit der Liste der LLDC.

[45] Bei Lomé I hatten diese Schwellen 7,5 vH und 2,5 vH betragen.

Mittel zur Stabilisierung der Exporterlöse an alle AKP-Staaten in Form von nicht rückzahlbaren Zuschüssen vergeben.

Vergleicht man das STABEX-System mit den Forderungen der Entwicklungsländer zur Neuordnung der Weltwirtschaft, so fällt als wesentliches Unterscheidungsmerkmal auf, daß im STABEX-System die Erlöse und nicht die Preise stabilisiert werden; es findet kein Eingriff in den Marktmechanismus mit den damit verbundenen Fehlallokationen statt. Das STABEX-System garantiert den hauptsächlich auf Rohstoffexporte angewiesenen Entwicklungsländern den kontinuierlichen Zufluß von Devisen – wozu die Preisstabilisierung nicht in allen Fällen in der Lage ist – und ermöglicht so die weitgehend störungsfreie Finanzierung der wachstumsnotwendigen Projekte und Programme. Insoweit kann das STABEX-System als beispielhaft für die Rohstoffpolitik der Industrieländer gegenüber den Entwicklungsländern angesehen werden.

Das STABEX-System weist jedoch auch einige gravierende Mängel auf. Prinzipiell wird durch die Stabilisierung der Exporterlöse der Zwang zur Diversifizierung der Wirtschaftsstruktur gemindert. Denn ein fallender Erlöstrend wird abgeschwächt, da das Bezugsniveau auf den vier vorangegangenen Jahren beruht. Langfristig kann aber auch das STABEX-System den Erlöstrend nicht kompensieren.

Bei steigendem Trend wirkt sich dagegen nachteilig aus, daß erst bei erheblich größeren Erlösrückgängen als 6 vH (1,5 vH) Ausgleichszahlungen möglich sind. Bei einer Erlösentwicklung über vier Jahre von 100, 110, 120, 130 Währungseinheiten (WE) werden erst dann Stabilisierungszahlungen möglich, wenn die Erlöse im fünften Jahr um 6 vH (1,5 vH) unter dem Bezugsniveau von 115 WE liegen. Sie müssen auf mindestens 108,1 (113,3) WE fallen, d.h. um etwa 17 vH (13 vH) des Erlöswertes des vorangegangenen Jahres zurückgehen.

Kritisiert wird ferner, daß es sich um kein sich selbst finanzierendes System (revolvierend) handelt; die Leistungen sind nicht rückzahlbar. Auch die Kontrolle von Mißbrauch – etwa durch bewußte Manipulation der Handelsströme – ist unzureichend; die Verwendung der ausgezahlten Mittel unterliegt keiner Erfolgskontrolle. Schließlich wird die Begrenzung des STABEX-Systems – sowie der anderen Regelungen des Lomé-Abkommens – auf die AKP-Staaten kritisiert.

Mineralienfonds (SYSMIN)

Schon bei den Verhandlungen zu Lomé I hatten die Entwicklungsländer gefordert, daß auch Mineralien in das STABEX-System einbezogen werden; die EG-Staaten fanden sich hierzu jedoch nur bei Eisenerz bereit. Im Rahmen von Lomé II wurde ein gesonderter Mineralienfonds eingerichtet. Seit dem 3. Lomé-Abkommen ist eine Sonderfazilität für Mineralien (SYSMIN, Système Minerais) vorgesehen. Begünstigt sind die Bergbauerzeugnisse Kupfer, Kobalt, Mangan, Phosphat, Bauxit/Aluminiumoxid, Zinn und Eisenerz. Die Abhängigkeitsschwelle beträgt hier 15 vH (10 vH für die Binnen-, Insel- und am wenigsten entwickelten Staaten), die Auslöseschwelle 10 vH. Im Gegensatz zum STABEX-System erfolgt beim Mineralienfonds jedoch keine automatische Stabilisierung. Vielmehr sind unter bestimmten Bedingungen projektbezogene Leistungen möglich, die der Beseitigung der Problemursachen dienen sollen. Hierfür stehen aus Mitteln des 7. Europäischen Entwicklungsfonds (1990–1995) 480 Mio. ECU zur Verfügung.

Finanzielle und Technische Zusammenarbeit

Neben den erläuterten handels- und rohstoffpolitischen Regelungen, einigen Bestimmungen über industrielle und landwirtschaftliche Kooperation sowie Privatinvestitionen und einer in den Vertragstext aufgenommenen Erklärung über den Schutz der Menschenrechte ist die Finanzielle und Technische Zusammenarbeit ein weiteres wesentliches Element des Lomé-Abkommens. Im Rahmen des Europäischen Entwicklungsfonds (EEF) finanziert die EG Entwicklungsprogramme der AKP-Staaten. Vier Bereiche werden dabei besonders gefördert:

- Entwicklung des ländlichen Raumes,
- Industrialisierung,
- Wirtschaftliche Infrastruktur und
- Soziale Entwicklung.

Einschließlich der Mittel für das STABEX-System, des Mineralienfonds (SYSMIN) und der im Rahmen der Europäischen Investitionsbank (EIB) vergebenen zinsverbilligten Mittel für Industrieprojekte belaufen sich die Mittel des 7. Europäischen Entwicklungsfonds (d.h. für die erste Hälfte der Laufzeit des vierten Lomé-Abkommens) auf 1,2 Mrd. ECU.

5 Internationaler Kapitaltransfer

5.1 Einführung

Die Theorien der Unterentwicklung (Entwicklungstheorien) bieten eine Fülle von Hinweisen für die Legitimation der ausführlichen Behandlung der Probleme, die im Zusammenhang mit der Finanzierung des Entwicklungsprozesses stehen. ROSTOW sieht z. B. in seiner Stadientheorie die Steigerung der Investitionsquote (Anteil der Investitionen am Volkseinkommen) als Voraussetzung für einen wirtschaftlichen Aufschwung. LEIBENSTEIN betrachtet die Bereitstellung einer Mindestkapitalmenge als eine entscheidende Voraussetzung für die Befreiung aus der Bevölkerungsfalle. Diese Aufzählung ließe sich beliebig fortsetzen. Selbst der Wandel des Entwicklungsverständnisses und die damit verbundenen Entwicklungstheorien (z. B. Dependenztheorie und Grundbedarfsstrategie) erkennen das langfristige Wachstum einer Volkswirtschaft als notwendiges, wenngleich nicht hinreichendes Ziel für Entwicklung an.

Vor dem Hintergrund der Entwicklungstheorien kommen sowohl exogene als auch endogene Faktoren sowie eine Kombination von beiden als Ursache der Kapitalknappheit in Betracht. Manche Theoretiker, vor allem Nicht-Ökonomen, bezeichnen das Problem der Kapitalknappheit als einen «Mythos», der aus einer Übernahme westlicher Industrialisierungsstrategien resultiert. Die natürliche Ausstattung eines Landes stelle genug Potential dar, um eine eigenständige Entwicklung zu ermöglichen. Erst die Einbindung der EL in die weltwirtschaftliche Arbeitsteilung und die daraus resultierende Spezialisierung führt zu Kapitalmangel.

Ganz gleich, welchen Faktoren die Knappheit an Kapital zugeschrieben wird, sind zwei Lösungsansätze erkennbar. Zum einen die **Mobilisierung inländischer Ressourcen**, d. h. die aktive Verwendung des verfügbaren Potentials für die Entwicklung und zum anderen der **Rückgriff auf ausländische Ressourcen** zur Unterstützung oder Ankurbelung des inländischen Entwicklungsprozesses. Diese Lösungsansätze, die, als Selbstfinanzierung (Innenfinanzierung) oder Fremdfinanzierung (Außenfinanzierung) bezeichnet werden können, sind komplementär zu verstehen. Nachfolgend werden Möglichkeiten erörtert, die eine Erhöhung der Sparquote bzw. Investitionsquote zum Ziel haben. Daß EL auf diesem Weg erfolgreich sein können, zeigt die Realität. Zudem ist nicht zu vergessen, daß der weit größere Teil aller Investitionen in den EL durch einheimisches Kapital finanziert wird. Die Aufnahme von «Fremdkapital» hat nur ergänzende Funktion. Doch gerade diese Ergänzung ist es, die den Entwicklungsprozeß entscheidend – in welche Richtung auch immer – beeinflussen kann. Der internationale Ressourcentransfer wird aus diesem Grund eingehend betrachtet.

5.1.1 Der Kapitalbegriff

Kapital ist, neben Arbeit und Boden (Natur), einer der drei Produktionsfaktoren. Im allgemeinen versteht man unter Kapital nur eine Summe Geldes (**Geldkapital**). Im volkswirtschaftlichen Sinne ist dieses Begriffsverständnis zu begrenzt, da der Bestand an Produktionsmitteln, der zur Güter- und Dienstleistungserstellung eingesetzt wird, ebenfalls als Kapital (**Sachkapital**) zu bezeichnen ist. Ferner stellt die Infrastruktur eines Landes, die sich nicht nur auf materielle Güter wie Kommunikationswesen, Verkehrswege, Gesundheitsdienste etc. beschränkt, sondern auch Rechtsprechung, Verwaltungssysteme etc. beinhaltet, das **Sozialkapital** einer Volkswirtschaft dar. Die gesamtwirtschaftlichen Komponenten werden ergänzt durch die Fähigkeiten der Individuen eines Volkes, die sich ausdrücken in ihrer physischen Leistungsfähigkeit und ihrem Wissensstand (Know-how). Dieses Potential wird als **Humankapital** bezeichnet.

Die Zerlegung des Kapitalstocks in seine heterogenen Einzelkomponenten ermöglicht die Analyse der Bedeutung und der Zusammenhänge jener Komponenten. Von Interesse ist vor allem die Frage, inwieweit die Ausstattung an Human- und Sachkapital für die Entwicklung von Bedeutung ist. Sieht man einmal davon ab, welche Schwierigkeiten die Messung des Bestandes an Humankapital mit sich bringt, zeigten empirische Untersuchungen, daß wirtschaftliche Entwicklung (gemessen an den Wachstumsraten des BSP) sich zu 30–50 vH durch die Sachkapitalausstattung erklären läßt. Die restlichen Anteile erklären sich aus der Zunahme der Produktqualität und der damit verbundenen Qualität der Arbeit. Ob nun Ausbildungsprogramme der Unternehmen oder der einfache «learning by doing» Effekt hierfür verantwortlich sind, sei dahingestellt. Wichtig ist, daß das Humankapital ein Komplement zum Sachkapital ist und daß sich dieses Verhältnis in bestimmten Relationen bewegt.

Eine ähnliche, sich innerhalb bestimmter Grenzen bewegende Substituierbarkeit besteht zwischen Sozial- und Sachkapital. Die Güter- und Dienstleistungserstellung benötigt gewisse infrastrukturelle Vorleistungen, ohne die sie sonst nicht oder nur bedingt stattfinden könnte. Eine exportorientierte Industrie benötigt Verkehrswege (Straßen, Eisenbahn, Flug- und Seehäfen) und Energieversorgungssysteme, die bestimmten Mindestanforderungen genügen müssen.

Die verschiedenen Komponenten des Kapitalstocks wirken gegenseitig komplementär. Die einseitige Förderung einer Komponente wird rasch an Grenzen stoßen, d.h. eine Expansion des Faktors Kapital muß die begrenzte Substituierbarkeit berücksichtigen. Zu beachten ist ferner, daß Investitionen in die Komponente Humankapital bedeutend längere Ausreifungszeiten besitzen als z.B. Sachkapitalinvestitionen. Diese Zusammenhänge angemessen zu berücksichtigen und sorgfältig abzustimmen, ist vornehmlich eine Aufgabe der Entwicklungsplanung.

5.1.2 Die Kapitalverwendung

Wie bereits gesagt wurde, stellt Kapital (besser: der Kapitalstock) einen Produktionsfaktor dar. Man unterstellt eine Beziehung zwischen dem Einsatz der Produktionsfaktoren (Input) und dem Produktionsergebnis (Output). Anders ausgedrückt, die Variablen Arbeit (A), Kapital (K) und Boden (L) (in neueren Ansätzen auch Technologie (T)) erklären die Variable Output (X). Somit ergeben sich zwei Arten von Variablen: solche, die «erklären» und dadurch modellexogen sind, und jene, die «zu erklären» sind und folglich als modellendogen bezeichnet werden. Unsere Modellgleichung lautet dann: X = f (A, K, L, (T)). Zur Vereinfachung werden im folgenden L und T als konstant angenommen und vernachlässigt und ein einfaches Zwei-Faktoren-Modell (eine Beziehung zwischen A und K, die einen bestimmten Output erzielt) unterstellt.

Wenn man sich nun Gedanken über das Faktoreinsatzverhältnis macht, gelangt man zu ähnlichen Erkenntnissen wie im vorangegangenen Abschnitt.

Die Güter- und Dienstleistungserstellung wird sicherlich nicht nur durch den Einsatz eines einzigen Faktors möglich sein, d. h. die Substituierbarkeit der beiden Faktoren ist durch bestimmte Grenzen limitiert. Anhand Abbildung 5.1 kann dies veranschaulicht werden.

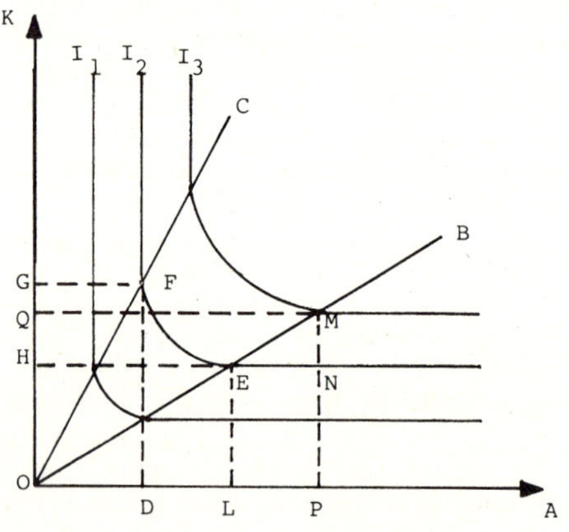

Abbildung 5.1 Faktoreneinsatzverhältnis und seine Begrenzung

Das Isoquantensystem (I1, I2, I3) stellt die verschiedenen Ausbringungsmengen (Output) dar. Auf den Kurven I1, I2, I3 sind diese Mengen gleich, wobei I3 > I2 > I1 gilt. Das Faktoreinsatzverhältnis wird durch die Geraden OB und OC repräsentiert. Der Output I2 kann, gemäß der Graphik, durch alternative Produktionspunkte erzielt werden. F mit einem relativ hohen

Einsatz an Kapital (GO) und dem Arbeitseinsatz OD. In E wird mit OL-Einheiten Arbeit und OH-Einheiten Kapital produziert. Im Vergleich zu Punkt F wurden also GH-Einheiten Kapital durch DL-Einheiten Arbeit substituiert.

Man gehe nun von einer Faktorausstattung eines EL aus, in dem der Faktor Arbeit (OP) relativ reichlicher vorhanden ist als Kapital (OH). Bei diesem Beispiel wäre die höchste realisierbare Ausbringungsmenge I2, wobei der Faktor Kapital in voller Höhe eingesetzt würde, der Faktor Arbeit jedoch nur in Höhe von OL-Einheiten. Die LP-Einheiten Arbeit müßten unbeschäftigt bleiben. Um auch diese effizient einzusetzen, wäre ein zusätzlicher Kapitalbedarf von NM (= HQ)-Einheiten notwendig, dann ließe sich aber auch ein höherer Output (I3) erzielen. Das Produktionsergebnis läßt sich folglich nicht verbessern, solange eine Limitation des Faktors Kapital besteht.

Die ausgewählten Punkte stellen bereits eine typische Situation dar, in der sich die EL befinden. Gesamtwirtschaftlich wird mit einer niedrigen Kapitalintensität (K/A = Ausstattung eines Arbeitsplatzes mit Kapital) und einer entsprechend hohen Arbeitsintensität (A/K) produziert. Berücksichtigt man ferner die hohen Wachstumsraten der Bevölkerung (im Durchschnitt 1970–1979 ca. 2,3 vH) bei sich verjüngender Altersstruktur und die damit einhergehende Steigerung der Erwerbsbevölkerung, wird offensichtlich, welche zentrale Bedeutung dem Faktor Kapital zukünftig beizumessen ist.

5.2 Ursachen des Kapitalmangels

Der bestehende Kapitalmangel in den EL, der sich vor allem ausdrückt in ständig steigender Kreditaufnahme und defizitären Zahlungsbilanzen, hat mannigfaltige Ursachen. Zunächst ist eine **Devisenlücke** feststellbar. Der Bestand an Devisen reicht nicht aus, um Vorprodukte oder Investitionsgüter zu importieren, die für die heimische Produktion bzw. geplante Investition notwendig sind. Gemessen an den zur Verfügung stehenden Mitteln ist die Importquote zu hoch, was bedeutet, daß importsubstituierende Maßnahmen zu ergreifen sind.[1] Eine Politik der Importsubstitution beruht auf dem Einsatz wirtschaftspolitischer Instrumente (Importprotektion), die u.a. geeignet sind, ausländische Investoren anzuziehen. Werden von diesen kapitalintensive Industrien errichtet, die in Konkurrenz mit den seitherigen Importen treten, können langfristig mehr ausländische Vorprodukte benötigt werden, als vor den importsubstituierenden Maßnahmen erforderlich waren. Das EL steht dann vor der Situation, seine Importstruktur geändert zu haben, nicht aber sein Importvolumen. Ein weiterer Grund des Devisenmangels können gestiegene Importpreise sein. Diese zahlungsbilanzbedingten Engpässe lassen sich nur zum Teil durch importsubstituierende Maßnahmen aufheben, da manche Güter, Erdöl ist wohl das gegenwärtig aktuellste Beispiel, nur sehr langfristig, wenn überhaupt, ersetzt werden können.

Des weiteren ist die **Sparlücke** dafür verantwortlich, daß das für eine

[1] Vgl. Abschnitt 3.9.5.

Tabelle 5.1 Mögliche Ursachen des Kapitalmangels in Entwicklungsländern

Kapitalexport	– Kapitalflucht (Gefahr des Verlustes, Enteignung) – Kapitaltransfer (Positive Ertragserwartung im Ausland, Risikostreuung, Retransfer von Gewinnen der MNK, Zinsen, Rückzahlungen) – ‹brain drain› (Abwanderung von qualifizierten Arbeitskräften)
Devisenlücke	– Preise für Importe zu hoch – Preise für Exporte zu niedrig – Importquote (M/BSP) zu hoch – Exportquote (X/BSP) zu niedrig
Sparlücke	– Sparquote (S/BSP) zu niedrig – Steuerquote (T/BSP) zu niedrig
Investitionslücke	– Investitionsquote (I/BSP) zu gering
Bevölkerungswachstum	– Wachstum der Bevölkerung übersteigt Wachstum des BSP
Institutionelle Hemmnisse	– finanzielle Infrastruktur ineffizient

vorgegebene Investitionsquote (Anteil der Bruttoinvestitionen am BSP) notwendige Kapital nicht zur Verfügung steht. Auf diese Zusammenhänge wird im weiteren noch eingegangen werden.

Mit diesen beiden Lücken verbunden können bestimmte exogene Faktoren für den Kapitalmangel verantwortlich gemacht werden. Hohe Inflationsraten und ein unsicheres politisches Klima induzieren **Kapitalexporte** von den EL in die IL. Unterliegen diese Exporte staatlicher Aufsicht und Begrenzung, ist eine Kontrolle möglich. Werden illegal Transaktionen vorgenommen (**Kapitalflucht**), wird diese Kontrolle bewußt umgangen. Kapital in heimischer Währung oder in Form von Devisen ist in diesen Fällen vorhanden, nur der Wille zur Anlage im Lande selbst fehlt. Der Verzicht, Finanzkapital in Sachkapital umzuwandeln, könnte als **Investitionspessimismus** bezeichnet werden. Die politischen und ökonomischen Motive sind zusammengefaßt folgende: Besteht die Gefahr der Enteignung oder Beschlagnahmung, d.h. die Gefahr des Verlustes oder der Einschränkung der Verfügungsfreiheit durch die Kontrollinstanz, soll der Eingriffnahme durch den Transfer in ein politisch «stabileres» Land entgangen werden. Der Gesichtspunkt der Risikostreuung (Verteilung der Anlagegüter auf mehrere Länder) kann ebenfalls ein Beweggrund sein. Hauptsächlich werden jedoch, bei freiem Kapitalverkehr, positive Ertragserwartungen den Transfer bewirken. Mangelnde Anlagemöglichkeiten, hohe Risikokosten und niedrige Ertragserwartungen sind dafür verantwortlich. Dieses ist z.T. auch der Grund für die Abwanderung von qualifizierten Arbeitskräften (Humankapital), die als «brain-drain» bezeichnet wird. Bessere Bezahlung und attraktivere Lebensbedingungen sind auch hier die ökonomischen Ursachen.

5.3 Transfer zu Sonderkonditionen - Entwicklungshilfe

Der Rückgriff auf ausländisches Kapital ist weder eine notwendige noch hinreichende Bedingung für eine schnelle wirtschaftliche Entwicklung. Die Ergänzung der heimischen Ressourcen durch Kreditaufnahme im Ausland ist jedoch von den meisten Ländern im Laufe ihrer Geschichte vorgenommen worden. Die USA waren bis zur Jahrhundertwende Kapitalimporteure, und das vorrevolutionäre Rußland hatte sich extensiv gegenüber Westeuropa verschuldet. In unserer Zeit erreicht der internationale Ressourcentransfer unerwartete Höhen. Dieser Prozeß wurde angeheizt durch die hohen Wachstumsraten in den IL, die sowohl eine expansive Wirtschaftspolitik betrieben als auch als Kapitalanbieter auftraten, durch die Liberalisierung im internationalen Ressourcentransfer seit dem Zweiten Weltkrieg und, nicht zuletzt, durch die intensive Kapitalnachfrage der EL zur Schließung ihrer Devisen- und Sparlücke.

Die internationale Staatengemeinschaft betont in ihrer Strategie für die Dritte Entwicklungsdekade, daß die für die angestrebte Wachstumsbeschleunigung notwendigen steigenden Investitionen und Importe einen real erheblich größeren Zufluß finanzieller Ressourcen in die EL notwendig machen. Das internationale Finanzsystem müsse dahingehend verbessert werden, daß zukünftig mehr finanzielle Mittel zu Bedingungen in die EL fließen können, die den Entwicklungszielen und wirtschaftlichen Verhältnissen dieser Länder besser angepaßt sind. Vor allem für die Erhöhung des Nettozuflusses von zu Marktkonditionen bereitgestelltem Kapital wird eine Notwendigkeit gesehen, um den Gesamtressourcenbedarf zu decken.

Die EL sind bezüglich ihrer Wirtschaftsstruktur, ihres Industrialisierungsgrades und ihrer Wirtschaftspolitik durchaus keine homogene Gruppe. Deshalb ist es wichtig, die Lücken in der Entwicklungsfinanzierung nach Charakter, Größenordnung sowie Priorität der Einzelstaaten entsprechend zu schließen. Abbildung 5.2 gibt einen Überblick über die möglichen Finanzierungsarten.

Der Zufluß ausländischer Ressourcen, die Form der Übertragung sei dahingestellt, bedeutet für ein EL die Vergrößerung seines Einkommens. Als relevante Zielgröße der entwicklungspolitischen Entscheidung entwickelt sich nun die Verwendung dieses zusätzlichen Einkommens. Generell hat, wie auch bei der bisherigen Betrachtung des tatsächlichen Einkommens, das Land die Möglichkeit, dieses zusätzliche Einkommen konsumptiven Zwekken zuzuführen oder für investive Zwecke zu verwenden. Unter Zuhilfenahme von Abbildung 5.3 kann diese Entscheidungsfindung nachvollzogen werden.

Die Befriedigung des Gegenwartskonsums (C_t) wird auf der Abszisse abgetragen. Die Möglichkeit der Kapitalakkumulation, d.h. die Befriedigung des Konsums in einer nachfolgenden Periode (C_{t+1}), ist auf der Ordinate dargestellt. Die Strecke AB stellt die intertemporale Transformationsgerade dar. Das Indifferenzkurvensystem (U_1, U_2) zeigt die intertemporale Präferenzstruktur zwischen Gegenwarts- und Zukunftskonsum aller privaten

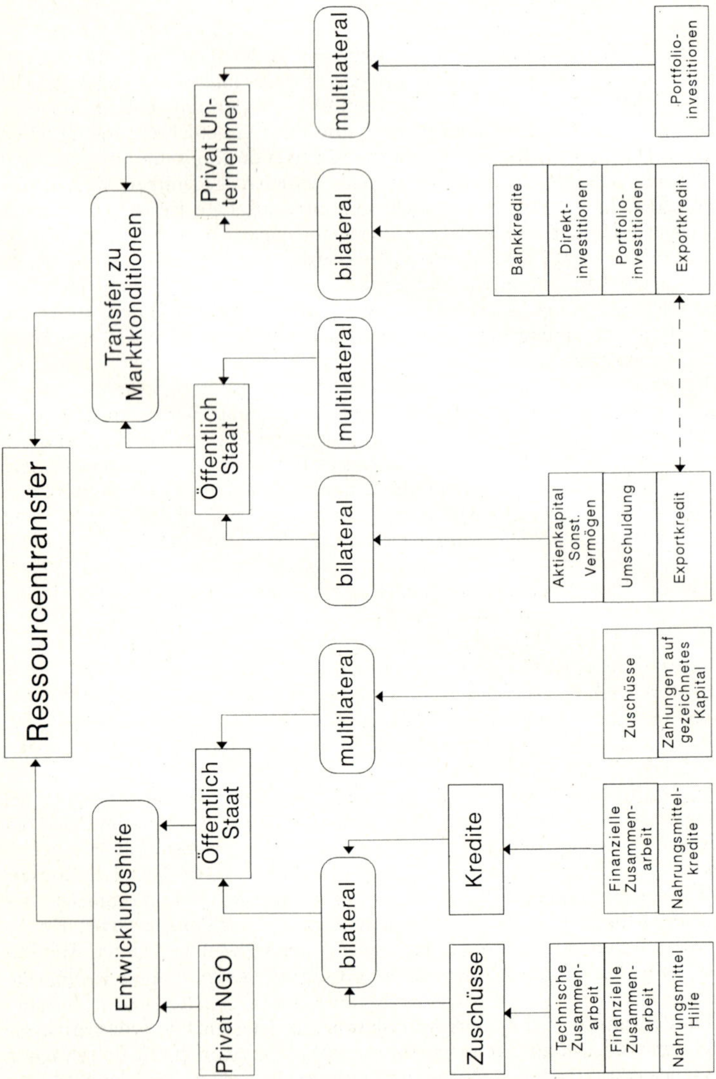

Abbildung 5.2 Aufteilung des Ressourcentransfers

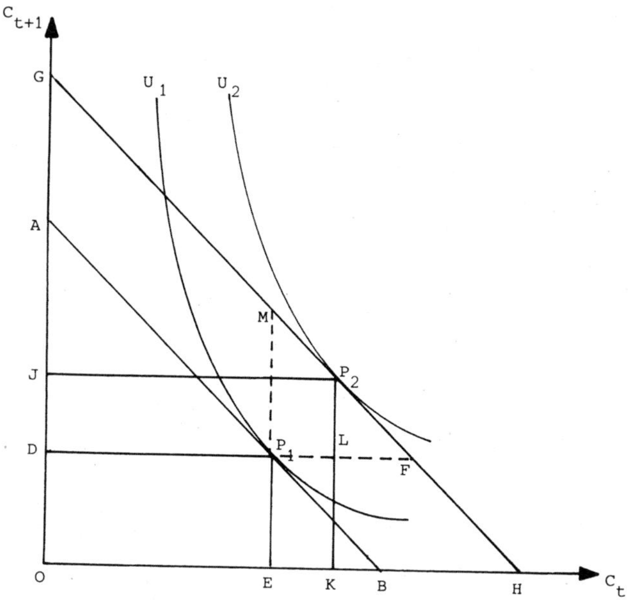

C_t = Gegenwartskonsum
C_{t+1} = Zukunftskonsum

U_1, U_2 = Präferenzen

Situation vor Kapitalimport
AB = Transformationsgerade
OB = Produktionsergebnis in t
OA = Produktionsergebnis in t+1
OE = Konsum in t
EB = Investitionen in t
OD = Konsum in t+1
DA = Investitionen in t+1
P_1 = Produktionspunkt
P_1F = Kapitalimport (Entwicklungshilfe, Kredite etc.)

Situation nach Kapitalimport
GH = Transformationsgerade
OK = Konsum in t
KH = Investitionen in t
OJ = Konsum in t+1
GJ = Investitionen in t+1
P_2 = Produktionspunkt
P_1L = Konsumanteil des Kapitalimports
LF = Investitionsanteil des Kapitalimports

Abbildung 5.3 Gesamtwirtschaftliche Wirkung des Kapitalimports

Haushalte. Der Tangentialpunkt (P_1) der Indifferenzkurve U_1 mit der Transformationsgeraden (AB) stellt das Produktionsgleichgewicht dar. Es entspricht der optimalen Kapitalakkumulation aus der Sicht der privaten Haushalte. Erhöht sich nun aufgrund von Kapitalimporten (P_1F) der Kapitalstock, verschiebt sich die Transformationsgerade nach G und H. Das Produktionsoptimum befindet sich dann in P_2. Wie verändern sich nun die Konsum- und Investitionsmöglichkeiten? Der bisherige Konsum (OE) erhöht sich auf OK. Die Investitionen, die in Höhe von EB vorgenommen wurden, erhöhen sich auf KH. Daraus folgt, daß der Kapitalimport sowohl zu Investitionen (LF) verwendet als auch konsumiert (P_1L) wird.

Diese Aufteilung des Kapitalstromes ist jedoch nicht immer erwünscht. Entwicklungshilfe sollte vornehmlich zur Durchführung von Investitionsvorhaben verwendet werden oder ist in speziellen Fällen (Nahrungsmittelhilfe) für konsumptive Zwecke bestimmt. Wäre z.B. die vollständige investive Verwendung des Kapitalimports erwünscht, müßte Produktionspunkt M realisiert werden. Dies ist jedoch nicht möglich, da die Präferenzen der Haushalte eindeutig anders gelagert sind. Der hier angesprochene Sachverhalt kann mit dem **Freisetzungseffekt** erklärt werden. Der Manövrierspielraum eines Landes erhöht sich durch den Kapitalimport, so daß eine Mittelumschichtung vorgenommen werden kann. Entwicklungshilfegelder können nicht direkt zum Kauf von Rüstungsgütern verwendet werden. Da jedoch Mittel frei werden, die anstelle der Entwicklungshilfe zur Projektfinanzierung eingesetzt worden wären, können diese zum Kauf jener Güter benutzt werden. Es besteht keine Möglichkeit seitens der Kapitalexporteure, diesen Effekt zu verhindern. Die Entscheidung über die letztendliche Produktionsaufteilung liegt in den Händen der Empfängerländer.

Der hier zu behandelnde Abschnitt betrachtet alle Transferleistungen von den Industrieländern in die Entwicklungsländer zu «weicheren» als den marktüblichen Konditionen. Diese Zahlungen werden im allgemeinen Sprachgebrauch als **Entwicklungshilfe oder Entwicklungszusammenarbeit** bezeichnet.

Bevor eine Unterscheidung nach Geberseite und Durchführungsformen vorgenommen wird, lassen sich verschiedene Teilansätze oder Motive für die Vergabe von Entwicklungshilfe feststellen. Die Motivation für Entwicklungshilfe ist meist vielschichtig, so daß verschiedene **Motivationskomponenten** unterschieden werden können.

Aus der Sicht der Entwicklungsländer wird vor allem eine **moralische Komponente** betont, die die Industriestaaten verpflichtet, eine Art «Wiedergutmachung» an die ehemaligen Kolonien zu leisten. So bezeichnete NASSER bei der Gründung der OAU (1963) die Entwicklungshilfe als eine Steuer, die die Großmächte mit kolonialer Vergangenheit als Entschädigung für die Ausplünderung zu zahlen haben. Diese Formel, die praktisch Eingang in alle Entwicklungsländerprogramme gefunden hat, benutzen die Staatshandelsländer, um ihren geringen Entwicklungsbeitrag zu begründen. Erst in jüngster Zeit werden auch sie von den Entwicklungsländern aufgefordert, ihre Leistungen zu erhöhen.

Losgelöst vom Gedanken der Wiedergutmachung ist eine **humanitäre oder soziale Komponente** zu identifizieren, die hauptsächlich bei den privaten Trägern anzutreffen ist. Ähnlich dem Gedanken des nationalen Sozialstaates soll ein Transfer der Reichen an die Armen stattfinden, um deren Not zu lindern. Andererseits dürfen sich die EL nicht als Almosenempfänger verstanden wissen, sondern diese Übertragungen sollten ein selbstverständliches Angebot der Hilfe sein.

Demgegenüber orientiert sich die **politische Komponente** an rein ideologischen Gesichtspunkten. Von der Geberseite werden nur jene Länder unterstützt, die sich politisch opportun verhalten, wobei auch machtpolitische Überlegungen ausschlaggebend für die Mittelvergabe sein können[2].

Die **ökonomische Komponente** der Entwicklungshilfe wird von beiden Seiten gleichermaßen betont. Der Transfer bedeutet für die EL, wie noch zu erörtern sein wird, einen Kapitalschub, der sich positiv auf die wirtschaftliche Entwicklung auswirken kann. Gleichzeitig schaffen sich die IL sowohl Absatzmärkte als auch Handelspartner. Diese positiven Rückwirkungen für die IL werden auch als «Bumerang-Effekt» bezeichnet.

5.3.1 Private Entwicklungshilfe

Aus der Vielschichtigkeit der Begründungen für eine Zusammenarbeit mit der Dritten Welt ergibt sich eine große Anzahl privater Initiativen, die national oder international auftreten. Diese Gruppierungen lassen sich grob in drei Kategorien fassen. Erstens sind die **kirchlichen Organisationen** auszumachen, die eine durchgängige Struktur von Gemeindeebene bis hin zu Weltzusammenschlüssen vorweisen, zweitens sind **politische Organisationen** weltweit tätig, und drittens gibt es eine große Anzahl von unterschiedlichsten Gruppen (**Freie Träger**), die hauptsächlich in den Bereichen Gesundheit und Bildung aktiv sind.[3]

Diese Organisationen werden zusammengefaßt als sog. **nicht-staatliche Organisationen (non-governmental organizations, NGO)** bezeichnet.

Die Vorteile, die die privaten Organisationen besitzen, sind darin zu sehen, daß sie jenseits der formalen Grenzen der staatlichen Entwicklungshilfe wirksam werden können und häufig mit Partnerorganisationen in den EL zusammenarbeiten, die in die Zielgruppe der Entwicklungsmaßnahmen integriert sind. Dies bedeutet, daß eine bedarfsorientierte Hilfe eher möglich ist und, über die bestehenden Verteilungssysteme der Partner, ein kontrollierbarer Mitteleinsatz erfolgen kann.

Die finanziellen Mittel werden hauptsächlich durch Spenden oder Beiträge aufgebracht, d.h. es erfolgt eine unmittelbare Mitwirkung der Bevölkerung im Geberland. Dies setzt ein positives Verständnis für die Belange der EL voraus. Das Gesamtvolumen lag 1990 bei ca. 5,1 Mrd. US-$. Die Mittelaufbringung durch Spenden beherbergt jedoch auch eine Gefahr. Konjunkturbedingt kann es zu Schwankungen des Gesamtvolumens kommen, was sich nachteilig auf eine kontinuierliche und für die EL vorhersehbare Zusammenarbeit auswirkt. So war 1974 als Reaktion auf die Ölpreiserhöhung und 1981 als Ausdruck der allgemein pessimistisch beurteilten Wirtschaftslage ein Rückgang der Spendenaufkommen festzustellen.

Auch von staatlicher Stelle werden die Vorteile der NGOs erkannt, was dazu führte, daß die nicht-staatlichen Organisationen von dieser Seite fi-

[2] Zu denken ist hier an die «Hallstein-Doktrin» oder die revidierte Konzeption der Entwicklungspolitik der Reagan-Administration in den USA.

[3] Private Unternehmen können zwar auch einen möglichen Beitrag zur Entwicklung eines Landes leisten, ihre Transferzahlungen finden aber größtenteils zu Marktbedingungen statt, und ein «Opfer» (Zuschuß) ist nicht erkennbar.

nanzielle Unterstützung erfahren. Der Anteil der Förderung der freien gesellschaftlichen Gruppen durch die Bundesregierung liegt derzeit bei ca. 9 vH des Entwicklungshilfeetats.

Private Entwicklungshilfe erfolgt normalerweise in Form von Schenkungen, d.h. die eingeräumten Sonderkonditionen sind so groß, daß ein «konditionsloser Kredit» entsteht.

5.3.2 Öffentliche Entwicklungshilfe

Bei der öffentlichen oder staatlichen Entwicklungshilfe (official development assistance/aid, ODA) handelt es sich um Zuschüsse, Darlehen oder Kredite des öffentlichen Sektors, wobei Bund, Länder und Gemeinden als Träger auftreten. Die Finanzierung erfolgt aus Steuermitteln. Vorwiegend soll Entwicklungshilfe der Förderung der Wirtschaftlichkeit und der Hebung des Lebensstandards dienen.

Die Abgrenzung der ODA von anderen Transferleistungen erfolgt mittels des **Zuschußelementes (grant element)**, das mindestens 25 vH betragen muß.

Die Bevorzugung zeigt sich in den Freijahren (rückzahlungsfreie Zeit des Kredites), der Laufzeit (Zeit bis zur vollständigen Rückzahlung des Kredites) und dem Zinssatz. Um die tatsächliche Vergünstigung zu erhalten, wird der Gegenwartswert einer jeden Rückzahlung mit der Alternativrendite bestimmt, die erzielbar wäre, wenn der Kredit anderweitig verwendet würde. Diese Alternativrendite (Marktzinssatz) wird in der Regel mit 10 vH angenommen. Formal läßt sich der «geopferte» Betrag wie folgt berechnen:

$$V = K - \sum_{i=1}^{n} \frac{T_i + Z_i}{(1 + r)^i}$$

V = Zuschußäquivalent
K = Nominalwert des Kredites
n = Laufzeit
T = Tilgungszahlung am Ende des Jahres i
Z = Zinszahlung am Ende des Jahres i
r = Abzinsungssatz (r = p/100)
p = Zinssatz

Der Grad der Vergünstigung des Kredites, das Zuschußelement (G), kann nun als Prozentsatz des Nominalwertes des Kredites ausgedrückt werden:

$$G = \frac{V \times 100}{K}$$

Dieses Zuschußelement muß nun, wie erwähnt, mindestens 25 vH betragen, damit der Kredit als ODA anerkannt wird. Eine reine Schenkung hat demnach ein Zuschußelement von 100 vH, ein Kredit, der mit 10 vH zu verzinsen ist (ohne Freijahre) enthält kein Zuschußelement.

5.3.2.1 Formen

Entsprechend der Verschiedenartigkeit der EL und den daraus resultierenden unterschiedlichen Bedürfnissen, haben sich vielfältige Formen der Entwicklungszusammenarbeit ausgeprägt. Die große Anzahl von Institutionen und Organisationen, denen jeweils mehrere Instrumente zur Verfügung stehen, sind Zeugen dieser Entwicklung. Prinzipiell kann zunächst zwischen bilateraler und multilateraler Entwicklungshilfe unterschieden werden.

Bilaterale Zusammenarbeit steht für die direkte Hilfe zwischen Geber- und Nehmerland, ohne Zwischenschaltung internationaler Organisationen. Für den bilateralen Weg sprechen hauptsächlich Argumente der Geberseite. Es wird hervorgehoben, daß vor allem ökonomische Überlegungen zu berücksichtigen seien, da konkrete Eigeninteressen, sei es bezüglich der Exportchancen (Arbeitsplatzsicherung), oder sei es auf dem Gebiet der Rohstoffversorgung, bestehen. Werden diese Interessen berücksichtigt, so besteht auch eine potentiell verbesserte Chance für eine stetige (steigende) Mittelbewilligung durch das Parlament. Die Rechtfertigung gegenüber dem Steuerzahler und dem Wähler fällt leichter, da sowohl die administrativen Kosten günstiger als auch die Kontrollmöglichkeiten der Mittelverwendung besser sind.

Die EL sehen demgegenüber die Gefahr der Einflußnahme seitens der Gebernation und befürchten, daß Entwicklungshilfe zu einer Art «Belohnung für politisches und wirtschaftliches Wohlverhalten» benutzt werden könnte.

Die Vergabe von bilateraler Hilfe ist an verschiedene administrative Phasen gebunden, die international nicht vereinheitlicht, aber doch ähnlich sind. Dieses Verfahren wird anhand eines Projektes der Technischen Zusammenarbeit der Bundesrepublik Deutschland dargestellt. Verantwortlich für die Vergabe und politische Federführung ist das Bundesministerium für wirtschaftliche Zusammenarbeit und Entwicklung (BMZ).

(1) Projektvorschlag und Antragstellung durch die Regierung des EL (Unterstützung durch Botschaft möglich)
(2) Antragsprüfung durch das BMZ unter Beteiligung der Durchführungsorganisationen (GTZ oder KfW)
(3) Entwicklungspolitische Vorentscheidung
(4) Vorprüfung (meist durch externe Gutachter)
(5) Entscheidung über Förderungswürdigkeit
(6) Auftragserteilung zur Projektdurchführung
(7) Durchführbarkeitsstudie
(8) Regierungsvereinbarung, Projektabkommen
(9) Projektdurchführung (Steuerung und Überwachung über GTZ bzw. KfW und BMZ)
(10) Projektfortschritts- und Projektkontrollberichte
(11) Projektübergabe
(12) Schlußbericht
(13) evtl. Evaluierung der Langzeitwirkung

Unter **multilateraler Zusammenarbeit** werden alle Leistungen internationaler Organisationen an EL subsumiert. Finanziert werden diese Organisationen durch die Beiträge der Mitgliedsstaaten und die Kreditaufnahme am freien Kapitalmarkt. Da auf der Geberseite immer mehrere Länder auftreten und die Transferleistungen indirekt erfolgen, ist für die EL ein direkter Geberstaat nicht zu erkennen. Hierin liegt der entscheidende Vorteil der multilateralen Hilfe. Weder eine Einmischung noch eine Kontrolle der Geberländer ist möglich, was nicht gleichzeitig bedeutet, daß eine Erfolgskontrolle unterbleibt. Hierfür sind die internationalen Organisationen zuständig, die wiederum ihren Mitgliedern Rechenschaft abzulegen haben. Das Haushaltsvolumen und die verpflichtenden Mitgliedsbeiträge sorgen außerdem für eine langfristige Kontinuität, und es besteht die Möglichkeit, Großprojekte zu finanzieren und evtl. auch risikoreichere Investitionen vorzunehmen.

Nachteile ergeben sich vor allem aus dem verhältnismäßig großen Verwaltungsaufwand, der ebenfalls aus den Beiträgen zu finanzieren ist und folglich nicht als Entwicklungshilfe zur Verfügung steht. Außerdem können alle Vorteile der bilateralen Zusammenarbeit umgekehrt als Nachteile der multilateralen Zusammenarbeit aufgefaßt werden.

Internationale Organisationen, die sich entwicklungspolitischen Aufgaben widmen, sind:

Vereinte Nationen (Sonder- und Unterorganisationen)
- United Nations Development Programme (UNDP)
- International Labour Organization (ILO)
- World Health Organization (WHO)
- Food and Agriculture Organization (FAO)
- World Food Programme (WFP)
- International Fund for Agricultural Development (IFAD)
- United Nations Industrial Development Organization (UNIDO)
- United Nations Educational, Scientific and Cultural Organizations (UNESCO)
- United Nations Children's Fund (UNICEF)

Weltbankgruppe
- International Bank for Reconstruction and Development (Weltbank, IBRD)
- International Development Association (IDA)
- International Finance Corporation (IFC)

Andere internationale Organisationen
- International Monetary Fund (IMF)
- General Agreement on Tariffs and Trade (GATT)
- United Nations Conference on Trade and Development (UNCTAD)

Regionalbanken
- Afrikanische Entwicklungsbank (AfDB)
- Asiatische Entwicklungsbank (AsDB)
- Interamerikanische Entwicklungsbank (IDB)

Außer den aufgeführten Organisationen werden die Beiträge zu sämtlichen anderen UN-Organisationen und der entwicklungspolitische Beitrag an die EG als multilaterale Zusammenarbeit verbucht.

Tabelle 5.2 Formen der Entwicklungshilfe der DAC-Staaten (in Mill. US $)

Art	1970	1975	1980	1985	1990
Öffentliche Hilfe	6949	13867	27463	29429	52960
Bilateral	5672	9809	18120	21917	37147
Zuschüsse	3321	6269	14135	17842	30770
Kredite	2351	3540	3985	4075	6377
Multilateral	1277	4046	9177	7512	15814
UN	371	1199	2176	2336	4046
EG	158	675	1587	1479	3233
IDA	582	1319	3106	1948	4222
Reg. Entwickl. Banken	4	20	1717	1231	2766
Private Hilfe	860	1346	2386	2884	5075

Quelle: OECD, Zusammenarbeit im Dienste der Entwicklung, Bericht 1992, Paris 1992.

5.3.2.2 Instrumentarium

Das Instrumentarium der Entwicklungszusammenarbeit setzt sich je nach Geberland aus unterschiedlichen Komponenten zusammen. Die nachfolgenden Ausführungen orientieren sich weitgehend am Instrumentarium der Bundesrepublik Deutschland, das insgesamt sehr stark differenziert ist und unzählige Mischverfahren kennt. Im wesentlichen sind zwei Komponenten zu unterscheiden:

- Technische Zusammenarbeit (TZ) und
- Finanzielle Zusammenarbeit oder Kapitalhilfe (FZ).

Tabelle 5.3 Die Haushalte des BMZ 1990 und 1991 (in Mio. DM)

	1990	1991
Einnahmen	1372,9	1473,8
FZ-Zinsrückflüsse	333,1	360,3
FZ-Tilgungsrückflüsse	835,7	903,3
Sonstige Einnahmen	204,1	201,2
Ausgaben	7864,7	8296,6
Bilaterale Ausgaben	5694,0	5719,8
FZ	2589,2	3053,3
Golf-Sonderhilfe	490,0	
TZ	2165,2	2265,4
Sonstige Maßnahmen	449,6	401,0
Multilaterale Ausgaben	2108,0	2506,3
Verwaltungsausgaben	62,7	70,5

Quelle: BMZ, Journalistenhandbuch Entwicklungspolitik 1993, Bonn 1992.

Ziel der **Technischen Zusammenarbeit** (TZ) ist, das Leistungsvermögen von Menschen und Organisationen in Entwicklungsländern zu erhöhen. Im Rahmen der TZ können insbesondere folgende Leistungen erbracht werden:

- Entsendung von Beratern, Ausbildern, Sachverständigen, Gutachtern und sonstigen Fachkräften;
- Bereitstellung von Ausrüstung und Materialien für die Ausstattung der geförderten Einrichtungen;
- Gewährung von Zuschüssen an Fachkräfte, die das Entwicklungsland als integrierte Fachkräfte unter Vertrag nimmt;
- Aus- und Fortbildung einheimischer Fach- und Führungskräfte im Entwicklungsland selbst, in anderen Entwicklungsländern oder in der Bundesrepublik Deutschland;
- Finanzierungsbeiträge zu Projekten und Programmen leistungsfähiger Träger in den Entwicklungsländern.

Diese Maßnahmen werden unentgeltlich durchgeführt. Sie knüpfen an bestehende oder von Entwicklungsländern zu gründende Organisationseinheiten (Träger) an. Für fortgeschrittene Entwicklungsländer, andere Gebernationen und internationale Organisationen wird die Möglichkeit eingeräumt, sich der Einrichtungen der TZ gegen Entgelt zu bedienen (Drittgeschäft). In der Bundesrepublik Deutschland wird mit der Durchführung der TZ überwiegend die Deutsche Gesellschaft für Technische Zusammenarbeit (GTZ) beauftragt.

Die **Finanzielle Zusammenarbeit** (**FZ**) oder Kapitalhilfe ist dem Volumen nach das bedeutendste Instrument der entwicklungspolitischen Zusammenarbeit. Sie wird überwiegend in Form günstiger Darlehen gewährt. Die Konditionen richten sich nach der wirtschaftlichen Leistungskraft des Partnerlandes:

- Die LDC erhalten seit 1978 nicht-rückzahlbare Zuschüsse (Finanzierungsbeiträge);
- MSAC-Staaten sowie Entwicklungsländer, die unter die Weltbankregelung für besonders günstige IDA-Konditionen fallen (d.h. Länder mit einem Pro-Kopf-Einkommen von z.Zt. 1135 US$) erhalten Kredite zu den Konditionen 0,75 vH Zinsen, 40 Jahre Laufzeit bei 10 Freijahren;
- den übrigen Entwicklungsländern werden Kredite zu den Konditionen 2 vH Zinsen, 30 Jahre Laufzeit bei 10 Freijahren eingeräumt.

Die FZ hat die Aufgabe, das Produktionspotential einschließlich der wirtschaftlichen und sozialen Infrastruktur in den Entwicklungsländern durch die Bereitstellung von Kapital besser nutzbar zu machen oder zu erhöhen. Der größte Teil der FZ-Mittel wird in Form der **Projekthilfe** vergeben, d.h. für einzelne, abgrenzbare Investitionsvorhaben (z.B. Straße von A nach B, Stromverteilung in der Region C, Düngemittelfabrik).

Bei der **Programmhilfe** steht dagegen nicht das einzelne, isolierte Projekt im Vordergrund, sondern die Gesamtheit mehrerer, aufeinander abgestimmter Maßnahmen, die sich auf eine mehr oder weniger umfassende Förderung eines bestimmten Bereiches konzentrieren und koordiniert durchgeführt werden.

Im Rahmen der **Warenhilfe** werden den Entwicklungsländern die häufig fehlenden Devisen für den Import von Waren und Leistungen zur Verfügung gestellt. Die Warenhilfe soll vor allem zum Ausbau, zur Aufrechterhaltung (Ersatzteillieferungen) und zur besseren Nutzung der Produktionskapazitäten, aber auch zur Ausrüstung wissenschaftlicher, technischer, medizinischer und ähnlicher Einrichtungen verwandt werden.

Seit 1987 steht der Bundesregierung als neues Instrument die **Strukturhilfe** zur Verfügung. Sie dient dazu, Devisen für den Import von Waren und Dienstleistungen im Zusammenhang mit von der Weltbank gebilligten Strukturanpassungsprogrammen rasch zur Verfügung zu stellen.

Die FZ ist volumenmäßig das bedeutendste Instrument der Entwicklungshilfe. Abgewickelt wird sie in der Bundesrepublik über die Kreditanstalt für Wiederaufbau (KfW).

Eine Sonderheit der FZ stellen die **Lieferbindungen** dar, d. h. die Kreditvergabe ist gekoppelt mit der Auflage, in bestimmter Höhe des Kredites Waren im Geberland zu kaufen. Für das Geberland bietet sich die Möglichkeit, Strukturpolitik zu betreiben, da nicht mehr wettbewerbsfähige Exportindustrien am Leben erhalten werden.

Für das Nehmerland können Lieferbindungen verschiedene Auswirkungen haben. Diese sind abhängig von der Höhe der liefergebundenen Kapitalhilfen, der gesamten empfangenen Kapitalhilfe aller Länder, den bestehenden länderspezifischen Importquoten sowie dem tatsächlichen Importvolumen. Es ist anzunehmen, daß die FZ in der Regel eine Wertminderung erfährt, da der Preis für liefergebundene Ware über dem Weltmarktpreisniveau liegt. Wäre dies nicht der Fall, so wäre eine Lieferbindung nur dann sinnvoll, wenn die Nachfrage für ein konkurrenzfähiges Produkt gesichert werden soll. Weiterhin kann es möglich sein, daß die liefergebundenen Waren den Faktorknappheitsverhältnissen des EL nicht entsprechen. Die importierte Technologie ist bei den gegebenen Bedingungen zu kapitalintensiv. Andererseits führen Lieferbindungen zur zwangsläufigen Vernachlässigung entsprechender Wirtschaftsbereiche im Nehmerland. Letztlich stellen Lieferbindungen eine Handelsumlenkung zugunsten der Geberländer dar, die zur Verzerrung der internationalen Handelsströme führt.

Laut DAC waren 1990 insgesamt 56,7 vH der Entwicklungshilfeleistungen an Lieferungen aus den Geberländern gebunden.

Bei der **Nahrungsmittelhilfe** werden den EL Nahrungsmittel kostenlos oder in Form von Nahrungsmittelkrediten zur Verfügung gestellt. Geht man von den Zielsetzungen der Entwicklungshilfe aus, so stellt diese Form der Übertragung einen Beitrag zur Hebung des Lebensstandards dar. Die Wirtschaftlichkeit eines Landes wird nicht erhöht. Kritiker sprechen der Nahrungsmittelhilfe jegliche langfristig positive Wirkung ab, da sie keine Übertragung von Know-how, Technologie oder Kapital bedeutet und von ihr eher eine hemmende Wirkung auf die Produktionstätigkeit der Landwirtschaft ausgeht. Falls diese Hilfe importsubstituierende Wirkung besitzt, tritt ein devisensparender Effekt ein. Dies führt jedoch zu einem Exportrückgang bei Nahrungsmittel produzierenden Ländern. Da vor allem EL als Nahrungsmittelexporteure auftreten, kann eine Marktverdrängung stattfinden. Die hier aufgeführten Wirkungen sind in einem längerfristigen Zusammenhang zu sehen. Kurzfristig, in Form von Katastrophenhilfe, können Nahrungsmittellieferungen durchaus positiven Charakter besitzen.

Ein weiteres Unterscheidungsmerkmal der Entwicklungshilfe resultiert aus den Auflagen, die der Nehmerseite gemacht werden. **Projekthilfe** bindet die Transferleistungen an ein bestimmtes Projekt. Hier ist eine bewußte Einflußnahme der Geberseite möglich. Als Beispiel sei hier die Vergabepolitik des BMZ in jüngster Zeit erwähnt. Da grundbedarfsorientierte Projekte eine besonders starke Förderung erfahren, werden die EL gezwungen, ihre Projekte an die Vorstellungen der Geberseite anzupassen, anders gelagerte Projekte selbst zu finanzieren oder andere Geber dafür zu finden. Es findet also eine formale Verwendungsverpflichtung statt.

Die **Programmhilfe** dient zur Verwirklichung von Entwicklungsprogrammen der EL, indem größere Förderungsbereiche erfaßt werden. Die verfügbaren Mittel werden konzentriert in einem bestimmten Sektor oder einer Region eingesetzt. Wesentliches Merkmal der Programmhilfe ist, daß sie sich auf die Gesamtheit der Maßnahmen eines bestimmten Programmes erstreckt. Da der Begriff «Programm» letztendlich auch eine bestimmt umrissene Einheit darstellt, die natürlich im Vergleich zu «Projekt» weiter gefaßt ist, kommt es auch hier zu einer Verwendungsverpflichtung.

Betrachtet man die Vor- und Nachteile dieser beiden Instrumentarien, lassen sich ähnliche Argumente wie bei bi- und multilateraler Zusammenarbeit finden. Projekthilfe wird von der Geberseite bevorzugt vergeben werden, da Kontrolle[4] und Vertretbarkeit eher möglich sind. Die Programmhilfe wird eine Bevorzugung durch die Nehmerseite erfahren, da sie einen größeren Handlungsspielraum mit sich bringt.

5.3.2.3 Forderungen der Entwicklungsländer

Mit viel Optimismus wurde Ende 1961 von der Generalversammlung der Vereinten Nationen das «Jahrzehnt der Entwicklung» proklamiert und ein ausführlicher Ziel- und Maßnahmenkatalog unterbreitet. In der 4. Entwicklungsdekade (1991–2000) sind die Forderungen der EL durch unzählige internationale Verhandlungsrunden modifiziert und entsprechend umfassender geworden.

Die nachfolgenden Ausführungen beschränken sich zum einen auf wichtige Forderungen bezüglich der ODA, und zum anderen gehen sie von den Resolutionen und Empfehlungen der 35. Tagung der UN-Generalversammlung (Internationale Entwicklungsstrategie für die 3. Entwicklungsdekade) vom 20. Januar 1981 aus.

Diese Resolutionen beinhalten sowohl quantitative als auch qualitative Forderungen und zielen auf eine direkte oder indirekte Erhöhung der ODA ab.

In der «Internationalen Strategie für die 2. Entwicklungsdekade der Vereinten Nationen (1971–1980)» wurde festgelegt, daß jedes wirtschaftlich

[4] Hier besteht z.B. die Möglichkeit, die Nutzen-Kosten-Analyse einzusetzen.

Tabelle 5.4 Nettobetrag der öffentlichen Entwicklungshilfe der DAC-Länder an die Entwicklungsländer und multilateralen Stellen (1980, 1985, 1989–1991)

Länder	Auszahlungen									
	1980		1985		1989		1990		1991	
	Mio. US-$	% des BSP	Mio. US-$	% des BSP	Mio. US-$	% des BSP	Mio. US-$	% des BSP	Mio. US-$	% des BSP
Australien	667	0.48	749	0.49	1020	0.38	955	0.34	1050	0.38
Österreich	178	0.23	248	0.38	282	0.23	394	0.25	548	0.34
Belgien	595	0.50	438	0.54	703	0.46	889	0.46	831	0.42
Kanada	1075	0.43	1631	0.49	2320	0.44	2470	0.44	2604	0.45
Dänemark	481	0.74	440	0.80	937	0.93	1171	0.94	1200	0.96
Finnland	110	0.22	211	0.40	846	0.63	846	0.63	930	0.76
Frankreich	4162	0.63	3995	0.78	5162	0.54	7194	0.60	7484	0.62
Deutschland	3567	0.44	2942	0.47	4980	0.41	6320	0.42	6890	0.41
Irland	30	0.16	39	0.24	49	0.17	57	0.16	73	0.19
Italien	683	0.17	1098	0.31	3613	0.42	3395	0.31	3352	0.30
Japan	3353	0.32	3797	0.29	8965	0.31	9069	0.31	10952	0.32
Niederlande	1630	0.97	1135	0.91	2094	0.94	2538	0.92	2517	0.88
Neuseeland	72	0.33	54	0.25	87	0.22	95	0.23	100	0.25
Norwegen	486	0.87	575	1.03	917	1.05	1205	1.17	1178	1.14
Portugal	n. a.	n. a.	n. a.	n. a.	n. a.	0.24	148	0.25	213	0.31
Spanien	n. a.	n. a.	n. a.	n. a.	n. a.	0.14	959	0.20	1177	0.23
Schweden	962	0.78	840	0.86	1799	0.96	2007	0.91	2116	0.92
Schweiz	253	0.24	302	0.31	558	0.30	750	0.32	863	0.36
Großbritannien	1854	0.35	1531	0.34	2587	0.31	2638	0.27	3248	0.32
Ver. Staaten	7138	0.27	9403	0.24	7676	0.15	11394	0.21	11262	0.20
DAC-Länder insg.	27296	0.35	29428	0.35	46727	0.34	52960	0.33	26709	0.33

Quelle: OECD, Development Co-operation, versch. Jahrgänge.

fortgeschrittene Land seine öffentliche Entwicklungshilfe bis Mitte der 70er Jahre auf mindestens 0,7 vH des BSP (**0,7 Prozent-Ziel**) steigern soll. Mit Ausnahme der USA und der Schweiz stimmten alle IL dieser Resolution zu. Immer nachdrücklicher wurde diese Forderung auf UNCTAD II-VIII wiederholt, da die Industrieländer ihren Verpflichtungen nicht nachkamen. Von den **OECD-Ländern** haben 1991 nur Norwegen, Dänemark, Schweden und erstmals auch Finnland den Richtsatz erreicht. Vergleicht man die absoluten Beträge, sind die Beiträge dieser Staaten jedoch eher bescheiden.

Die beiden größten Geberländer waren 1991 die Vereinigten Staaten und Japan, gefolgt von Frankreich und Deutschland. In den Entwicklungshilfestatistiken der USA werden umfangreiche Beträge für die Erlassung von Militärschulden als ODA verbucht, die bei den Gesamtangaben über die DAC-Entwicklungshilfe jedoch unberücksichtigt bleiben.

Der Jahresbericht des DAC schließt erstmals auch die Leistungen Portugals ein, das im Dezember 1991 wieder Mitglied des DAC wurde, wie auch Spanien, das dem DAC zum gleichen Zeitpunkt beitrat. Dadurch erhöhten sich die ODA-Leistungen der DAC Länder um 1,4 Mrd. US-$. Da der BSP-Anteil der öffentlichen Entwicklungshilfe in beiden Ländern jedoch unter dem DAC-Durchschnitt liegt, hat die Einbeziehung dieser Länder in die Entwicklungshilfestatistik das ODA/BSP-Verhältnis der DAC-Länder insgesamt geringfügig, d.h. um 0,01 vH sinken lassen.

Das gesamte Entwicklungshilfevolumen der DAC-Länder ist in den letzten Jahren real gesehen stetig gewachsen, womit sich die Grundtendenz der beiden vergangenen Dekaden weiter fortsetzte. Die jahresdurchschnittlichen Zuwachsraten bewegten sich während des letzten Jahrzehnts zwischen 2,4 und 3 vH. Real sind die ODA-Leistungen in den letzten Jahren um rd. 11 Mrd. US-$ gesteigert worden, wodurch sich das Gesamtvolumen auf die jetzige Summe von ungefähr 60 Mrd. US-$ erhöht hat.

Mit der Ausweitung des Enwicklungshilfevolumens gingen einige bedeutende Verlagerungen bei der Verteilung der ODA-Leistungen an die verschiedenen Gruppen von Entwicklungsländern einher. Für den Zeitraum 1979/80 bis 1989/90 ist festzustellen, daß nahezu 85 vH der in diesem Zehnjahreszeitraum von den DAC-Ländern erbrachten Mehrleistungen an bilateraler und multilateraler ODA den LDC und anderen zur unteren Einkommensgruppe zählenden Ländern zugute kamen. Zu Beginn des Jahrzehnts gingen 30 vH der bilateralen ODA an die afrikanischen Ländern südlich der Sahara; von den zur gleichen Zeit zusätzlich vergebenen ODA-Mitteln erhielt diese Region 40 vH. Bei den multilateralen Leistungen tritt die Konzentration auf die Subsahara-Länder noch stärker zutage: 68 vH der Leistungssteigerungen entfielen im genannten Zeitraum auf diese Region.

Obwohl die Leistungen an Indien absolut gesehen etwas zurückgingen, konnte Asien bei der bilateralen wie auch bei der multilateralen ODA 28 vH des Zuwachses für sich verbuchen, wovon 9 vH auf China entfielen, das damit zu einem bedeutenden Empfängerland wurde.

Wenn das Entwicklungshilfevolumen in absoluten Zahlen auch stetig zugenommen hat, ist das ODA/BSP-Verhältnis doch mehr oder weniger konstant geblieben, obgleich Portugal und Spanien neu in die Statistik einbezogen worden sind. Überhaupt ist festzustellen, daß das globale ODA/BSP-Verhältnis der DAC-Länder außerordentlich stabil war, und zwar nicht nur in den letzten Jahren, sondern seit Beginn der internationalen Entwicklungshilfeanstrengungen überhaupt. Das ist die Resultante recht unterschiedlicher Leistungsniveaus und Trendentwicklungen in den einzelnen DAC-Ländern.

Ein Großteil der im Zeitraum 1980/81 bis 1990/91 zu verzeichnenden Erhöhung geht auf die Anstrengungen Japans, Frankreichs und Italiens zurück. Die einzelnen Länder, bei denen in dieser Periode ein absoluter Rückgang festzustellen war, sind Großbritannien, Belgien und Neuseeland. Den relativ größten Zuwachs erzielten Finnland, Italien, Portugal, Norwegen, Japan und die Schweiz.

Zu den Ländern, in denen sich der BSP-Anteil der ODA in den letzten zehn Jahren deutlich erhöht hat, gehören Finnland, Norwegen, Dänemark, Italien, Schweden, die Schweiz und die neuen DAC-Mitglieder Portugal und Spanien.

Gesunken ist das ODA/BSP-Verhältnis in den letzten Jahren in den Niederlanden, Belgien, Australien, Neuseeland, Großbritannien, Deutschland und den USA.

Bei den Entwicklungshilfeleistungen der nicht der OECD angehörenden Geber hat sich in den letzten Jahren ein tiefgreifender Wandel vollzogen, der zu einem Rückgang ihrer relativen Bedeutung geführt hat. Insgesamt betragen die Leistungen dieser Länder gegenwärtig rd. 4 Mrd. US-$, während sich die Entwicklungshilfe aller DAC-Länder auf 57 Mrd. US-$ beläuft. Die nicht der OECD angehörenden Geber lassen sich in drei Gruppen unterteilen: die ehemalige UdSSR und die mittel- und osteuropäischen Länder, die arabischen Länder und eine kleine Gruppe sonstiger Entwicklungsländer.

Tabelle 5.5 Entwicklungshilfe nach Gebergruppen

Gebergruppe	Nettoauszahlungen							
	1980		1985		1990		1991	
	Mrd. US-$	% des BSP	Mrd. US-$	% des BSP	Mrd. US-$	% des BSP	Mrd. US-$	% des BSP
OECD/DAC	27,3	0,37	29,5	0,35	54,5	0,35	58,0	0,34
Arabische Länder	9,5	3,26	3,6	1,28	5,9	n. a.	2,7	n. a.
Osteuropäische Länder	2,8	n. a.	3,6	n. a.	2,2	n. a.	1,1	n. a.
Sonstige Geber (EL)	0,7	0,12	0,5	0,06	0,5	0,04	0,5	n. a.

Quelle: BMZ, Journalisten-Handbuch Entwicklungspolitik 1993, Bonn 1992.

Über die Leistungen der **ehemaligen UdSSR und der Länder Mittel- und Osteuropas** liegen nur wenig Informationen vor. Es gibt jedoch Hinweise, daß die Entwicklungshilfe der ehemaligen Sowjetunion 1991 weiter zurückgegangen ist. Die mittel- und osteuropäischen Länder haben ihre Programme entweder eingestellt oder auf eine technische Hilfe bescheidenen Ausmaßes begrenzt. Die Ausgaben für diese Aktivitäten dürften geringer sein als die

Kreditrückzahlungen, die von den früheren Empfängern geleistet werden. Die genannten Länder mußten ihre Entwicklungshilfe wegen ihrer eigenen schwierigen Wirtschaftslage reduzieren. Es besteht kaum Hoffnung, daß diese Länder in naher Zukunft in der Lage sein werden, ihren Platz unter den Gebern wieder einzunehmen. Im Gegenteil, es ist davon auszugehen, daß sie einen festen Platz als Empfängerländer einnehmen werden.

Die Hilfeleistungen der **arabischen Staaten** gingen stark zurück – von 5,5 Mrd. US-$ im Jahr 1990 auf 2,7 Mrd. US-$ – wobei dieser Betrag allerdings immer noch etwas höher lag als in den Jahren 1988 und 1989. Diese Entwicklung ist das Ergebnis des Golf-Konflikts, der sowohl den Umfang als auch die Verteilung der arabischen Entwicklungshilfe sehr stark beeinflußte. Nach der Invasion Kuwaits durch den Irak im August 1990 leisteten die großen arabischen Golfstaaten hohe Zahlungen an die Länder, die die Befreiung Kuwaits unterstützt hatten. Im Jahr 1992 dürfte es unweigerlich zu einer weiteren Abnahme der arabischen Hilfe kommen, da ein Großteil der Auszahlungen vom Vorjahr auf Zusagen beruht hatte, die 1990 erteilt worden waren. Neue bedeutende Zusagen wurden seit 1991 nicht mehr gemacht. Katar gewährt bereits seit vielen Jahren keine Entwicklungshilfe mehr. Algerien kann keine großen Beträge bereitstellen, und die libysche Entwicklungshilfe war meistens enttäuschend gering. Es bleibt abzuwarten, ob Kuwait und die Vereinigten Arabischen Emirate auch künftig eine wichtige Rolle als Geber spielen werden. Angesichts des hohen Mittelbedarfs für den Wiederaufbau Kuwaits würde es nicht überraschen, wenn die kuwaitische Entwicklungshilfe in den kommenden Jahren beträchtlich zurückginge, so daß dann von den arabischen Ländern nur noch Saudi-Arabien als wichtiger Geber übrigbliebe.

Als **sonstige Geber** von Entwicklungshilfe treten einige Entwicklungsländer auf. Taiwans Hilfe stieg 1991 auf 121 Mio. US-$ (ca. 0,07 vH des BSP) und dürfte somit gemeinsam mit China (1991 ca. 120 Mio. US-$) der größte Geber dieser Gruppe sein. Indiens Nettoauszahlungen an Entwicklungshilfe gingen Schätzungen zufolge von 110 Mio. US-$ im Jahr 1990 auf rd. 80 Mio. US-$ 1991 zurück. In dieser Abnahme schlagen sich die erheblich verminderten Beiträge an multilaterale Stellen nieder. Israels Entwicklungshilfe (1991 ca. 22 Mio. US-$) besteht aus technischer Hilfe (Kurzzeitexperten) und Stipendien für Studienaufenthalte in Israel. Die Republik Korea hat ebenfalls Beschlüsse zur Aufstellung eines Entwicklungshilfeprogramms gefaßt, doch waren die Auszahlungen bislang noch gering (1991 ca. 70 Mio. US-$). Der größte Teil der koreanischen Zusammenarbeit besteht aus bilateralen Zuschüssen, die im Rahmen der multinationalen Finanzhilfe in Verbindung mit der Golfkrise hauptsächlich an Ägypten, Jordanien, die Türkei und andere Länder des Mittleren Ostens gingen.

Die Bestandsaufnahme der Entwicklungszusammenarbeit ist, gemessen an den quantitativen Zielvorgaben, unbefriedigend. Die Zukunftsaussichten für substantielle Steigerungen sind nicht positiv. Es ist zu befürchten, daß nicht einmal der gegenwärtige Status gehalten werden kann. Auf den internationalen Konferenzen im Rahmen der UN fordern die Entwicklungsländer seit Jahren zusätzliche Maßnahmen zur Erhöhung der ODA. Bereits 1990 sollte das 0,7-Prozent Ziel erreicht sein und in der kommenden Dekade insgesamt 1 Prozent des BSP an ODA zur Verfügung stehen.

Die IL müssen gewaltige Anstrengungen unternehmen, um diesen Forderungen nachzukommen. Sowohl die Aussagen der einzelnen Länder über die zukünftigen Budgetausstattungen der Ressorts, als auch die längerfristige gesamtwirtschaftliche Situation lassen die Erfüllung der Forderung in einem pessimistischen Licht erscheinen[5].

Um nun die Entwicklungshilfe aus dem Kräftespiel zwischen den Interessen der EL und den Budgetrestriktionen seitens der Parlamente der IL zu befreien, wurde von der Nord-Süd-Kommission unter dem Vorsitz von W. BRANDT, ein Konzept übernommen, das die Aufbringung der notwendigen **Finanzmittel durch automatische Mechanismen** vorsieht.

Die Kommission geht von den Gegebenheiten des modernen Wohlfahrtsstaates aus, in dem eine progressive Steuerbelastung und, über die Sozialabgaben, ein Umverteilungsmechanismus bestehen. Steuerzahler und Subventionsempfänger sind nur indirekt miteinander verbunden. Dieses Prinzip soll auf die internationale Ebene übertragen werden, wobei die vollzogene Akzeptierung auf nationaler Ebene die Ausgangsbedingung darstellt. Die zweite Bedingung umfaßt die Verwaltungsebene, d.h. es muß eine effizient arbeitende internationale Behörde geschaffen werden, die in die Steuerhoheit der Nationalstaaten eingreifen, Steuern einziehen und verteilen kann. Die dritte Bedingung beinhaltet das Steuerobjekt (Gegenstand der Besteuerung) und die Bemessungsgrundlage. Denkbar wäre die Besteuerung des Welthandelsvolumens in Form einer Exportsteuer oder eine Abgabe, die im proportionalen Verhältnis zu den Rüstungsausgaben erhoben würde. Ein weiterer Vorschlag, die Besteuerung grenzüberschreitender Umweltschäden, scheint an der Problematik der Quantifizierung externer Effekte zu scheitern. Weiterhin wird an eine Besteuerung des Verbrauches nicht erneuerbarer Ressourcen gedacht. Bei allen Vorschlägen scheint das Problem der Steuerinzidenz und die tatsächliche Steuerlast einer Volkswirtschaft schwierig lösbar[6].

Geprägt durch vorwiegend ökonomische Beweggründe, sehen die IL Möglichkeiten, durch einen massiven Ressourcentransfer für ausgewählte Investitionsprogramme (**Globale Investitionsfonds**) den Mittelabfluß und die damit verbundene Zahlungsbilanzbelastung über eine erhöhte Nachfrage der EL

[5] An dieser Stelle muß festgestellt werden, daß der Umfang der Transferleistung nicht der alleinige, entscheidende Faktor ist. Effiziente Hilfe muß nicht immer mit großen Geldbeträgen verbunden sein. Dies beweist auch die Tatsache, daß die Suche nach erfolgversprechenden Projekten häufig fruchtlos endet und der Entwicklungshilfeetat nicht immer voll ausgeschöpft werden kann, da auch die Absorptionskapazitäten der EL Grenzen besitzen.

[6] So kann sich die Exportsteuer als Importzoll für die EL auswirken und, da Rüstungsausgaben oder Umweltschäden nicht zwingende Kennzeichen einer leistungsfähigen Volkswirtschaft sind, unterschiedliche Steuerbelastungen hervorrufen, die ärmere Länder relativ härter treffen als entwickelte Staaten. Im Falle der Rüstungsabgabe würde die absurde Situation eintreten, daß nur bei höheren Rüstungsausgaben die Entwicklungshilfemittel steigen würden.

aufzufangen. Da die EL mit einem verstärkten Mittelzufluß rechnen können, stehen auch sie den Überlegungen zur Etablierung von Investitionsfonds positiv gegenüber.

Als Vorbild dient die **Marshall-Plan-Hilfe**, die von den USA u.a. dem kriegszerstörten Deutschland gewährt wurde. Zunächst werden in den Empfängerländern durch die Investitionen Wachstumsimpulse induziert, die über «for- and backward linkages» sowohl Nachfrage im eigenen Land wie auch in den IL schaffen. Dies wirkt sich stabilisierend auf die Produktionskapazität, Arbeitsplätze und Faktorentlohnung aus.

Diesen theoretischen Überlegungen steht die Realität der EL gegenüber. Qualifizierte Arbeitskräfte und eine Leistungsmotivation, wie sie im Nachkriegs-Deutschland vorhanden waren, sind nur begrenzt anzutreffen. Andererseits sind die EL auf völlig unterschiedlichen Entwicklungsniveaus, und der Einsatz der begrenzten Mittel (ca. 10 Mrd. US-$ jährlich) würde sich im Interesse der IL auf diejenige Länder konzentrieren, die eine rasche Nachfrageerhöhung gewährleisten könnten. Diese Länder sind sicherlich nicht identisch mit den ärmeren EL, in denen institutionelle, personelle und materielle (Basisinfrastruktur) Gegebenheiten denkbar ungünstig sind.

Auf ähnlichen, theoretischen Überlegungen basiert die Erstellung eines **Globalen Infrastruktur Fonds (UNIDO)**. Durch einige wenige (bis ca. 50) Großprojekte soll der Ausbau der Infrastruktur gefördert werden, wobei an eine gemeinsame Nutzung der Einrichtung durch mehrere Länder gedacht ist. Abgesehen von den Standortproblemen, wobei es die positiven und negativen externen Effekte zu berücksichtigen gilt, besitzen Infrastrukturmaßnahmen eine längere Ausreifungszeit, so daß, außer den durch den Bau bedingten Effekten, mit Rückwirkungen auf die Nachfrage erst nach mehreren Jahren zu rechnen ist.

In aller Regel werden die geplanten Projekte mit einer hochstehenden Technologie ausgerüstet sein und eine sehr hohe Kapitalintensität besitzen, so daß nur mit mittelbaren Wirkungen zu rechnen ist.

Problematisch erscheint auch die Finanzierung dieses Fonds. Das jährliche Budget soll von folgenden Gebern gespeist werden: USA, Japan, Bundesrepublik Deutschland rund 5 Mrd. US-$, alle anderen IL ebenfalls 5 Mrd. US-$ und die OPEC 3 Mrd. US-$.

Insgesamt soll die Fondsausstattung 500 Mrd. US-$ betragen. Nur 3 Länder zeichnen nach diesen Vorstellungen für ca. ein Drittel der Mittelausstattung. Es ist fraglich, ob diese sich dazu tatsächlich bereit erklären.

Von seiten der EL wurden mehrere Maßnahmen gefordert, die auf die qualitative Veränderung der ODA-Mittel abzielen. Teilweise ist damit eine indirekte Aufstockung der Mittel verbunden, oder es wird eine Verlagerung der Transferleistungen auf bestimmte Instrumente, Durchführungsformen oder auf ausgesuchte Empfängerländer gewünscht. Einige dieser Forderungen werden an dieser Stelle angeführt, bei einigen wurden die Vor- und Nachteile schon in den vorangegangenen Abschnitten erwähnt.

Vorgeschlagen wurde die **Erhöhung des Mindestanteils des Zuschußelementes** von 25 vH auf 50 vH. Dies würde bedeuten, daß alle Leistungen, die ein grant-element von niedriger als 50 vH aufweisen, nicht mehr als öffentliche Entwicklungshilfe angesehen würden. Um die derzeitigen Anteile zu halten oder gar eine Erhöhung der Mittel in Richtung auf das 0,7 Prozent-Ziel zu erreichen, müßten mehr Kredite mit weicheren Konditionen vergeben werden.

Eine weitere Forderung bezieht sich auf die Änderung des Nettobetrages, der die Grundlage zur Feststellung der ODA bildet. Bisher wurde das **Nettoleistungsprinzip** angewandt, das sich aus Bruttotransfer abzüglich der Tilgungsrückflüsse berechnet. Nunmehr soll das **Nettotransferprinzip** eingesetzt werden, das zusätzlich die Zinszahlungen berücksichtigt.

Geht man von einem konstanten Bruttobetrag aus, so ist der Nettobetrag beim Nettotransferprinzip um die Zinszahlungen geringer. Um nun einen mindestens konstanten Anteil der ODA am BSP zu halten, müssen die Zinszahlungen durch zusätzliche Entwicklungshilfe kompensiert werden. Wichtig ist bei dieser neuen Berechnungsmethode, daß die Möglichkeiten der Manipulation eingedämmt werden, nämlich Kredite mit verhältnismäßig langen Tilgungszeiten und dafür höheren Zinssätzen auszustatten.

Zwei ineinandergreifende Forderungen beziehen sich auf die konditionelle Ausstattung der ODA. Auf multilateraler Ebene werden **«weichere» Konditionen** und auf bilateraler Ebene eine **Erhöhung des durchschnittlichen Zuschußelementes** gefordert. Inhaltlich bedeuten diese Resolutionen das gleiche.

Der Soll-Wert für das durchschnittliche Zuschußelement soll von 86 vH auf 96 vH angehoben werden. 1990/91 haben Japan, die USA, Portugal, Österreich und Deutschland nicht einmal das alte Richtmaß erreicht.

Die Norm für das Zuschußelement an LDC liegt derzeit noch bei 90 vH, soll jedoch auf 100 vH angehoben werden, d.h. die Hilfe an die Ländergruppe der ärmsten EL wird als verlorener Zuschuß vergeben. Dies wird von allen DAC-Ländern bereits praktiziert.

Weitere Forderungen beziehen sich auf die **verstärkte Vergabe von multilateraler Hilfe und Programmhilfe**.

Das Verhältnis zwischen bi- und multilateraler ODA hat sich von ungefähr 3:1 auf ein Verhältnis von 4:1 verschoben, wobei dieser Wert je nach Geberland stark schwankt. Während Frankreich nur rund 10 vH seiner Entwicklungszusammenarbeit über multilaterale Stellen abwickelt, liegt dieser Anteil für Dänemark, Finnland und Norwegen bei fast 40 vH.

Wie bereits dargestellt, wirken sich Lieferbindungen nachteilig auf die EL aus, deshalb fordern sie die Aufhebung der bestehenden Lieferbindungen. Grob läßt sich folgendes feststellen: Ungefähr die Hälfte der ODA ist nicht direkt an Lieferungen und Leistungen aus den Geberländern gebunden. Indirekt wird jedoch, häufig über mündliche Absprachen oder einseitige Erklärungen der Nehmerländer, der Wille zum Ausdruck gebracht, bei den Geberländern die für das Entwicklungsvorhaben notwendigen Waren einzukaufen. Diese Willenserklärung wird zusehends notwendig, da immer mehr Geberländer auf die nationalen Beschäftigungseffekte Wert legen.

Eine weitere Forderung der EL zur Erhöhung des Ressourcentransfers ist die Koppelung von Sonderziehungsrechten (SZR) und Entwicklungshilfe, der sog. Link.

Tabelle 5.6 Profil der öffentlichen Entwicklungshilfe

Länder	Anteil ODA/DAC 1990/91 %	Jahresdurch-schnittl. reale Veränderung 1985/86–1990/91 %	Zuschußelement der gesamten ODA 1990/91 %	Lieferunge-bundene ODA 1990 %	ODA an multilaterale Stellen (einschl. EG) 1990/91 %	ODA an LDCs 1990/91 %
Australien	1,8	–3,2	100,0	8,5	77,4	8,8
Österreich	0,8	2,9	64,1	30,3	64,1	15,2
Belgien	1,5	0,0	94,8	0,0	39,4	34,9
Kanada	4,5	1,2	96,9	25,5	56,4	5,6
Dänemark	2,1	3,7	100,0	0,0	41,8	38,2
Finnland	1,6	13,2	96,7	17,3	63,0	5,7
Frankreich	13,2	–0,4	70,8	39,5	21,9	26,9
Deutschland	11,8	2,2	72,2	19,5	31,5	25,2
Irland	0,1	–3,5	100,0	0,0	59,2	32,3
Italien	6,0	1,4	75,4	9,4	35,4	28,9
Japan	17,1	7,1	38,6	69,9	59,3	14,2
Niederlande	4,5	1,8	92,0	34,7	29,0	28,6
Neuseeland	0,2	–2,4	100,0	72,4	35,9	7,7
Norwegen	2,2	2,8	99,5	36,7	70,2	3,7
Portugal	0,3	41,0	77,1	0,0	23,8	68,1
Spanien	1,9	35,7		0,0	34,6	16,2
Schweden	3,6	2,9	100,0	53,1	62,8	5,3
Schweiz	1,6	4,6	100,0	51,9	66,5	4,6
Großbritannien	5,1	–0,1	98,9	0,0	44,1	30,3
Ver. Staaten	20,0	0,0	73,9	58,9	62,3	3,9
DAC-Länder insges	99,9	1,7	71,7	43,3	27,6	24,4

Quelle: OEDC, Development Co-operation, 1992 Report, Paris 1992.

Die SZR wurden im Jahr 1969 vom Internationalen Währungsfonds (IWF) eingeführt, um über den internationalen Bestand an Gold, Devisen und Reservepositionen beim IWF hinaus internationale Liquidität zu schaffen. Anders als die normalen Ziehungsrechte im Rahmen des IWF setzen die SZR keine Einzahlungen der Mitglieder voraus, können daher leichter geschaffen werden als diese. Der Beschluß hierzu muß vom Gouverneursrat mit einer Mehrheit von 85 vH gefaßt werden. Jedes Mitgliedsland erhält dann einen dem Prozentsatz seiner Quote[7] entsprechenden Anteil am Gesamtbetrag der geschaffenen SZR. Benötigt nun ein Land Devisen zur Finanzierung eines (vorübergehenden) Zahlungsbilanzdefizits, so kann es diese

[7] Die Quote eines Mitgliedslandes des IWF ist der im SZR ausgedrückte Betrag, den es zu 25 vH in SZR (bis 1978 in Gold) und zu 75 vH in eigener Währung in den IWF einzahlt. Sie ist etwa vergleichbar mit dem eingezahlten Eigenkapital. Die Quote ist auch die Grundlage für die Ziehungsrechte und die Zuteilung von SZR. Sie ist ferner, wenn auch nicht exakt, maßgebend für die Stimmrechte eines Landes im IWF.

Devisen gegen Hingabe von SZR beim IWF erhalten. Der IWF bestimmt (designiert) das Land, das diese SZR annehmen und dafür Devisen hingeben muß. Das Defizitland darf die ihm zugeteilten SZR im Durchschnitt der jeweils vorangegangenen fünf Jahre allerdings nur zu 85 vH in Anspruch nehmen; bis zum Jahr 1979 galten 70 vH. Ein designiertes Land muß nicht mehr als 200 vH seiner Zuteilungsquote an SZR entgegennehmen. Der Zins für die Inanspruchnahme beträgt 80 vH des durchschnittlichen, gewichteten Marktzinssatzes in den USA (Gewicht: 49 vH), der Bundesrepublik Deutschland (18 vH), Großbritannien, Frankreich und Japan (je 11 vH).

Grundsätzlich haben die SZR, wie auch die «normalen» Ziehungsrechte im Rahmen des IWF, die Aufgabe, kurzfristige Zahlungsbilanzdefizite zu überbrücken. Sie sollen nicht zum Ausgleich permanenter Defizite und zur Vermeidung entsprechender Anpassungsmaßnahmen herangezogen werden. Die Begrenzung der Ausschöpfung der SZR auf 85 vH der Quote, die Rekonstitutionspflicht der Beträge, die 85 vH der Quote übersteigen, sowie die erforderliche Mehrheit von 85 vH, wenn neue SZR geschaffen werden, sollen dazu beitragen, daß die SZR den Charakter eines Zahlungsmittels zur Überbrückung kurzfristiger Defizite nicht verlieren.

Bei den SZR handelt es sich somit um praktisch «aus dem Nichts» geschaffene internationale Liquidität. Ein Land erhält Devisen, ohne sie verdienen zu müssen. Angesichts der Anstrengungen, die damit verbunden sind, Devisen auf traditionellen Wegen (Export) zu verdienen, ist leicht einzusehen, daß viele Defizitländer, insbesondere die Entwicklungsländer, darüber Klage führen, ihre Anteile an den SZR seien zu gering. Sie erheben daher die Forderung, bei der Schaffung und Verteilung von SZR bevorzugt berücksichtigt zu werden. Auf der Arusha-Konferenz (1979) erneuerten die Entwicklungsländer (Gruppe der 77) die Forderung nach einer Koppelung von SZR und Entwicklungshilfe mit der Begründung, so würden die Lasten des Zahlungsbilanzausgleichs zwischen Überschuß- und Entwicklungsländern «gerechter» und «ausgewogener» verteilt.

Der Link läßt sich mit unterschiedlichen Verfahren durchführen. Denkbar wäre ein direkter Link, bei dem die EL einen größeren Anteil an den geschaffenen SZR erhalten, als ihrer Quote entspricht, oder die IL einen Teil ihres Anteils den EL direkt zur Verfügung stellen. Diese Verfahren lassen sich auch indirekt vorstellen, indem die IL einen bestimmten Anteil ihrer SZR an eine internationale Entwicklungsfinanzierungsinstitution (z. B. Weltbank) übertragen. Diese Institution übernimmt dann die Verteilung an die EL.

Unabhängig vom konkreten Link-Verfahren würde somit die Schöpfung von SZR und ihre Koppelung an die Entwicklungshilfe dazu führen, daß den Entwicklungsländern zusätzliche Devisen zuflössen; zahlungsbilanzbedingte Anpassungsprozesse könnten hinausgeschoben werden. Dieser Vorschlag rührt jedoch an den Grundlagen des Internationalen Wirtschaftssystems; denn es würde internationale Liquidität geschaffen und einer Ländergruppe ohne Auflagen bezüglich der Beseitigung des Liquiditätsengpasses zur Verfügung gestellt.

Bei der Beurteilung des Link-Vorschlags muß man zudem berücksichtigen, daß die Entwicklungsländer eine grundlegende Reform des internationalen

Währungssystems fordern. Insbesondere beanspruchen sie mehr «Mitbestimmung» im Rahmen des IWF, als ihnen bisher aufgrund ihrer Quote zusteht; sie möchten das UNO-Prinzip «one-country-one-vote» auch auf den IWF übertragen. Unter diesen Bedingungen könnten die Geberländer dann von den Empfängerländern im Entscheidungsprozeß über die Ressourcenübertragung durch internationale Geldschöpfung majorisiert werden. Der IWF würde dann zu einer internationalen Entwicklungsbank, die allerdings einzigartige Besonderheiten aufwiese: Der Kreditnehmer entscheidet über die Höhe des Kredits, über die Rückzahlungsbedingungen und vor allem darüber, wer den Kredit zur Verfügung stellen muß. – Jede private Geschäftsbank müßte unter diesen Bedingungen sehr bald Konkurs anmelden.

Ein gewichtiger Einwand gegen den Link ist ferner, daß er die **Inflation** weltweit anheizen würde. Da die SZR praktisch aus der «Retorte» geschaffen werden, steht ihnen kein entsprechender Betrag an Gütern gegenüber, die internationale Liquidität erhöht sich ohne entsprechenden realen Gegenwert – ein Anstieg der Preise ist die unausweichliche Konsequenz. Nur wenn die erhöhte internationale Liquidität in einem Land nachfragewirksam wird, in dem unausgelastete Kapazitäten bestehen, oder wenn die Zentralbank des Geberlandes die inländische Geldmenge entsprechend der Höhe der erhaltenen SZR (streng genommen in Höhe der zurückfließenden eigenen Währung) einschränkt, kann diese Konsequenz vermieden werden. Fraglich ist jedoch, ob die regionalen und strukturellen Nachfrageveränderungen gerade der Verteilung der unausgelasteten Kapazitäten entsprechen oder ob die Zentralbanken zu den Geldmengenkürzungen bereit und in der Lage sind. Es ist vielmehr zu erwarten, daß sich die gesteigerte Nachfrage auf einige wenige Industrieländer konzentrieren wird, deren Exportsektor bereits ohnehin ausgelastet ist.

Da nur Überschußländer zur Einlösung von SZR gegen Devisen in der Lage wären, müßten sie die Hauptlast der Koppelung von SZR und Entwicklungshilfe tragen. Der Bestand an SZR würde permanent zunehmen, während sie dafür durch eigene Exportanstrengungen erwirtschaftete Devisen oder eigene Währung hingeben müßten. Beim Eintausch von SZR gegen eigene Währung an das Ausland erhöht sich – sofern sie nicht als Devisenreserve gehalten wird – der Export und sinkt entsprechend der im Inland verfügbare Güterberg. Da zu den Überschußländern meist diejenigen Länder zählen, die noch am stärksten um Stabilität bemüht sind, würden sie infolgedessen für ihre Stabilitätsbemühungen sogar noch bestraft.

Die Last der Entwicklungshilfe wird in einem solchen System zudem sehr ungleich verteilt, denn Pro-Kopf-Einkommen und Zahlungsbilanzsaldo sind keineswegs eng miteinander verknüpft. Im Extremfall wäre sogar denkbar, daß ein Entwicklungsland mit Zahlungsbilanzüberschüssen Entwicklungshilfe leistet.

Die Entwicklungsländer verweisen mitunter auch darauf, daß mit Hilfe des Link die Vergabe der Entwicklungshilfe vereinfacht und beschleunigt werden könnte, da sie so aus den Haushaltsauseinandersetzungen der jeweiligen Parlamente herausgehalten werden könnte. Dies widerspricht jedoch dem bedeutsamen demokratischen Grundsatz, daß jede Besteuerung parlamentarischer Kontrolle unterliegen muß (no taxation without representation). Darüber hinaus liegen die Probleme des Mittelabflusses nicht in den einzelnen nationalen Parlamenten, wo man meist über die Notwendigkeit der Entwicklungshilfe weitgehend einig ist, sondern bei der Entwicklungshilfeadministration und, ganz besonders, in den Entwicklungsländern selbst.

5.4 Transfer zu Marktkonditionen

Ein großer Teil des Kapitalbedarfs der EL wird nicht über Entwicklungshilfe abgewickelt, sondern zu «normalen» Marktkonditionen. Diese externe Finanzierung ist stark von den herrschenden Weltmarktbedingungen abhängig und ändert sich somit in ihrer Zusammensetzung entsprechend den bestehenden Konditionen. Waren es zum Ende der 60er Jahre hauptsächlich öffentliche Stellen, die neben dem Transfer zu Sonderkonditionen auch Kredite zu Marktbedingungen vergaben, so stellte Anfang der 80er Jahre hauptsächlich die private Seite, und hier besonders die Kreditvergabe der Geschäftsbanken, die Finanzierungsquelle dar. Mit der ständig steigenden Verschuldung der EL, den zunehmenden Umschuldungen und den drohenden Ausfällen von Krediten, hat sich das Bild Mitte der 80er Jahre wieder gewandelt. Die öffentliche Entwicklungshilfe trägt mit mehr als 50 vH zum Kapitaltransfer bei, der internationale Bankensektor ist unter diesen Umständen nicht weiter bereit, Kredite zu vergeben. Sein Beitrag ist auf ca. 10 vH des Gesamttransfers gefallen.

Im folgenden Abschnitt werden die üblichen Finanzierungsarten vorgestellt und die Zusammensetzung und Größenordnung des Gesamttransfers erläutert, wobei ausdrücklich betont sein soll, daß dies nicht die einzigen Möglichkeiten der Deviseneinnahme sind[8].

Auch der Transfer zu Marktbedingungen läßt sich nach verschiedenen Kriterien gliedern[9], da sowohl der öffentliche als auch der private Sektor als Geber auftreten und die Transfers auf bi- und multilateraler Ebene stattfinden. Die Unterscheidungsmerkmale sind somit identisch mit jenen des Entwicklungshilfebereiches, nur findet man auf dem privaten Sektor keine gemeinnützigen Organisationen oder caritativen Verbände, sondern private Unternehmen, die sich in der Regel an der Gewinnmaximierung orientieren.

Diese grundlegend unterschiedliche Ausgangssituation muß vor allem bei der Analyse der Auswirkungen der Transaktionen im Auge behalten werden, da die Handlungsmotive nicht mit denen entwicklungsorientierter Institutionen vergleichbar sind. Kreditaufnahme auf dem freien Kapitalmarkt be-

[8] Weitere Möglichkeiten sind z. B. Exporterlöse, die im Rahmen von Kapitel 4 behandelt werden, und die Überweisungen durch Gastarbeiter. Letztere stellen in Ländern wie Jordanien (175 vH), Pakistan (93 vH), Ägypten (89 vH) und Portugal (61 vH), gemessen in Anteilen der Warenausfuhr, einen wichtigen Posten der Zahlungsbilanz dar.

[9] Vgl. Abbildung 5.2.

Tabelle 5.7 Nettobetrag der finanziellen Gesamtleistungen an die Entwicklungsländer (Mrd. US-$)

	1970	1975	1980	1985	1990	1991
Entwicklungshilfe (ODA)	7.9	14.9	27.3	37.0	63.0	62.0
Öffentl. Kredite	1.0	3.4	7.0	11.6	17.1	17.0
Exportkredite	2.7	5.6	17.2	4.6	4.5	3.1
Direktinvestitionen	3.7	11.4	11.2	6.5	26.9	28.4
Bankkredite	3.0	8.5	49.0	15.2	15.0	7.0
Portfolioinvestitionen	0.3	0.4	1.1	4.4	0.2	9.0
Übrige private Leistungen	0.4	1.2	1.8	1.2	5.6	6.0
Zuschüsse von NRO	0.9	1.3	2.4	2.9	4.9	5.0
Summe	19.9	46.7	117.0	83.4	137.2	137.5

Quelle: OECD, Financing and External Debt of Developing Countries, 1991 Survey, Paris 1992.

deutet zusätzliche Devisen für notwendige Investitionen. Direktinvestitionen besitzen einen Spareffekt, da die Investitionen extern vorgenommen werden. Die Devisenlücke bzw. die Sparlücke ist die relevante Bezugsgröße, wenngleich politische und sozioökonomische Auswirkungen zu beachten sind. Es wäre jedoch falsch, den Transfer zu Marktkonditionen mit demselben Maßstab zu messen wie Entwicklungshilfe, da die erklärten Ziele zunächst nicht kompatibel sind. Der starke Rückgang des Transfers zu Marktkonditionen, speziell der Export- und Bankkredite, hat die öffentliche Entwicklungshilfe zum Rückgrat der externen Finanzierung werden lassen. Dies zeigt, wie wichtig ein Instrument werden kann, das nicht nach rein ökonomischen Kriterien eingesetzt wird. Andererseits spiegelt dieser Trend die Einschätzung des Marktes wider im Hinblick auf das Potential der EL – eine Entwicklung, die vor allem für die Zukunft nachdenklich stimmt.

5.4.1 Exportkredite

Exportkredite werden hauptsächlich zur Förderung des Handels eingesetzt. Über die Bereitstellung finanzieller Mittel durch die Exporteure oder Importeure wird die Liquiditätslage eines Nehmerlandes verbessert, so daß eine größere Menge an Gütern gehandelt werden kann, wobei der Kreditgeber sowohl Lieferant als auch Abnehmer sein kann. Exportkredite sind folglich eine Art Vorfinanzierung. Beim **Lieferantenkredit** erfolgt die Bezahlung erst nach einer bestimmten Frist nach dem Erhalt der Ware. Aufgrund der harten Konkurrenz am Weltmarkt und der Kapitalknappheit in den EL ist diese Kreditart von großer Bedeutung. Wird ein Warenstrom von einem EL in ein IL vorausgesetzt, kann der Importeur die Importgüterproduktion vorfinanzieren, indem er bereits vor dem Erhalt der Ware bezahlt. Hier handelt es sich um einen **Abnehmerkredit**. Beide Kreditarten werden i.d.R. über Finanzierungsinstitute abgewickelt. Beim Lieferantenkredit kann sich der Lieferant dadurch refinanzieren, daß er sich aufgrund seiner Lieferung bei einer Geschäftsbank verschuldet. Beim Abnehmerkredit tritt der Lieferant nur als Vermittler auf. Zwischen einer Bank und dem Importeur wird ein Kreditvertrag geschlossen. Die Bezahlung des Lieferanten aufgrund seines Liefervertrages mit dem Importeur wird direkt von der finanzierenden Bank geleistet.

Insgesamt werden rund 20 vH der Investitionsgüterexporte, das entspricht etwa 10 vH der Gesamtgüterausfuhr, der DAC-Länder durch Lieferantenkredite finanziert.

Gewöhnlich besitzen die Kredite eine Laufzeit von durchschnittlich 7 Jahren mit einem festen Zinssatz von ungefähr 8 vH. Die meisten Länder subventionieren diese Kredite, so daß auch bei stark schwankenden Kreditzinsen der Zinssatz konstant gehalten werden kann[10].

Die Konditionen der Exportkredite der DAC-Länder unterliegen den OECD-Richtlinien über die Exportkredite. Diese Kontrolle verhindert den Wettbewerb und nimmt den EL die Möglichkeit, «Umschichtungen» verschieden konditionierter Kredite vorzunehmen.

Das Verhältnis privater und öffentlicher Exportkredite betrug 1985 etwa 5:1. Es darf jedoch nicht übersehen werden, daß ein Großteil der privaten Exportkredite durch öffentliche Bürgschaften gesichert ist, d.h. es besteht für den öffentlichen Sektor ein Obligo in Höhe der privaten Kredite. Da über diese Absicherung die beiden Verfahren von ihrer Wirkung her identisch sind, können sie für die Analyse problemlos zusammengefaßt werden. Welches Verfahren Anwendung findet, hängt im übrigen von den Usancen in den einzelnen Ländern ab.

Exportkredite waren bis 1981 eine wichtige und beliebte Finanzquelle, hauptsächlich für den Nahen Osten, Asien und Afrika. Der starke Rückgang wird sich fortsetzen, und man geht davon aus, daß bereits ein negativer Zahlungsstrom eingesetzt hat. Dies bedeutet, daß die EL für Tilgung und Zinsen früherer Kredite mehr aufbringen müssen, als ihnen an neuen Krediten zufließt. Die dramatische Entwicklung hat mehrere Ursachen. Da im Zeitraum 1974–1981 mehr als 40 vH aller Exportkredite mit den ölexportierenden Ländern des Nahen Ostens abgeschlossen wurden, wirkt sich die rückläufige Nachfrage dieser Länder besonders gravierend aus. Hinzu kommt, daß das niedrige Zinsniveau für Bankkredite das Niveau der subventionierten Exportkredite erreicht hat, womit ein wesentlicher Vorteil dieser Kreditart aufgehoben ist. Ferner ist zu vermuten, daß die Zunahme des Tauschhandels (Ware gegen Ware) zu einer Unterschätzung des Exportkreditmarktes führt, da diese Geschäfte zwar Zahlungsstundungen beinhalten, diese aber nicht als Kredit verbucht werden.

5.4.2 Bankkredite

Zur Finanzierung laufender Zahlungsbilanzdefizite und zur Durchführung produktiver Investitionen werden von den EL Kredite auf dem freien Kapitalmarkt aufgenommen. Die durchschnittliche Laufzeit beträgt ca. 10 Jahre, wodurch sie zwar von den Banken als «mittelfristig» eingestuft werden, im

10 Der rechnerische Vorteil könnte ähnlich dem Zuschußelement errechnet werden und liegt in diesem Fall unter 25 vH.

Vergleich zur FZ aber relativ kurzfristig rückzahlbar sind. In der Regel handelt es sich um Kredite von Bankinstituten an Nicht-Banken, die auf eine Währungseinheit lauten, die für Geber- und Nehmerland eine Fremdwährung darstellt[11].

Bankkredite waren für zahlreiche EL das einzige Mittel, trotz gestiegener Ölpreise ihre Importe und Investitionen aufrecht zu erhalten und dadurch ihre relativ hohen Wachstumsraten des BSP zu erzielen. Besonders für EL mit mittlerem und hohem Einkommen bestand ein guter Zugang zum Kreditmarkt. Deshalb ist es nicht verwunderlich, daß eine Konzentration auf wenige Kreditnehmer bestand. Diese waren vornehmlich im lateinamerikanischen Raum zu finden.

Mehr noch als im Falle der Exportkredite ist der extreme Rückgang der privaten Bankkredite eine Folge der internationalen Schuldenkrise und der fallenden Ölpreise. Die 1984/85 vergebenen Kredite des internationalen Finanzmarktes gingen zum überwiegenden Teil nicht mehr in die EL mit hohem oder mittlerem Einkommen, sondern an Länder, die seither wenig Bankkredite in Anspruch genommen haben. An erster Stelle ist hier China zu nennen. Die Auszahlungen an die 15 am höchsten verschuldeten Länder sind praktisch gleich null. Bei diesen Ländern kam es zu einer Entwicklung, die einen «Gebrauchtmarkt für Kredite» hervorbrachte, da der Marktwert der Kredite, gehandelt auf dem «Gebrauchtmarkt», erheblich unter dem Buchwert der Bankbilanzen liegt.

Ferner ist festzustellen, daß die Neuvergabe von Krediten oder Umschuldungen innerhalb des Londoner Clubs stark von der Einhaltung der wirtschaftspolitischen Empfehlungen des IMF abhängig gemacht werden, was in Zeiten einer vielversprechenden Profitrate (noch) keine Rolle gespielt hat. Früher lag die Attraktivität der Bankkredite in Konkurrenz zu IMF-Mitteln gerade in der Nichteinflußnahme des Kreditgebers auf die nationale Wirtschaftspolitik. Der ständig wachsende Schuldendienst zeigte jedoch, daß erforderliche Anpassungsmaßnahmen nicht oder verspätet vorgenommen wurden. Der internationale Bankensektor hat in den letzten 10 Jahren einen Prozeß durchgemacht, der von einem Extrem zum anderen führte: Von der exzessiven Kreditvergabe bis zur fast völligen Einstellung von Neukrediten für Schwellenländer und der stiefmütterlichen Behandlungen von ärmeren EL bis zu deren Neuentdeckung.

Der durchschnittliche Zinssatz der Bankkredite lag bei ca. 13 vH. Im Gegensatz zu Exportkrediten oder FZ bestehen flexible Zinssätze. Folglich wirken sie sich auf den Schuldendienst stärker aus. Insgesamt ist die Zahlungsbilanzbelastung dieser Kredite bedeutend größer als bei allen anderen Finanzierungsarten. Ebenso ist der Kreditausfall für die Geschäftsbanken nicht abgesichert und erhöht deren Risiko.

[11] Dies geschieht häufig in US-$, daher auch der Ausdruck Euro-Dollar-Markt.

5.4.3 Portfolioinvestitionen

Portfolioinvestitionen sind Anlagen in ausländischen Wertpapieren, wobei die Motivation des Investors ausschließlich vom Renditedenken geprägt wird. Die Investitionen sind mit allen Risiken (Kursverluste, Geldentwertung, keine Dividendenausschüttung) und Vorteilen (hoher Liquiditätsgrad, Kursgewinne, Dividende) verbunden, die Wertpapiergeschäfte mit sich bringen. Handelt es sich um festverzinsliche Wertpapiere, ist dem Investor der Ertrag bezüglich Höhe und Zeitpunkt bekannt, was bei Aktien nicht der Fall ist. In den DAC-Mitgliedsländern bestehen unterschiedliche Vorschriften über die Höhe der Anteile, die ein Investor besitzen kann, ohne daß eine Einflußnahme in die Geschäftsleitung zu unterstellen ist[12]. Die Grenzwerte differieren von 10 vH bis 51 vH.

Bilaterale Portfolioinvestitionen werden statistisch häufig unter private Bankkredite subsumiert, da die Käufer (dies müssen nicht die Investoren sein) Banken sind. Multilaterale Portfolioinvestitionen werden von den internationalen Organisationen als ertragbringende Anlagen und zu Stützungen getätigt.

Neben der Ausgabe von (privaten) Aktien besteht die Möglichkeit, daß ein Land als solches (öffentliche) Wertpapiere ausgibt. Voraussetzung für die Inanspruchnahme des Rentenmarktes ist die Bonität (Kreditwürdigkeit, die sich aus der subjektiven Bewertung der wirtschaftlichen und politischen Situation eines Landes ableitet) des Schuldners. Da der «Markt» über die Bonität entscheidet, finden nur wenige EL Zugang. Die wichtigsten Emittenten am Rentenmarkt waren Mexiko, Brasilien und Venezuela.

Von wichtiger Bedeutung für die Emittenten ist, daß die Verschuldung am Rentenmarkt die Kapazität eines Landes zur Aufnahme weiterer Anleihen in der Regel nicht tangiert, wie z.B. die Verschuldung bei privaten Banken. Bei einer angemessenen Rendite und reibungslosem Absatz der Schuldverschreibung werden sie bei der Ermittlung des Risikos durch die betreffende Bank nicht in Ansatz gebracht, d.h. das Land besitzt nach wie vor denselben Kreditspielraum.

Im Gegensatz zu Krediten stellen Investitionen keine Erhöhung der Zahlungsbilanzverpflichtung eines Landes dar. Im allgemeinen setzt der Investor eines IL Kapital oder kapitalähnliche Güter im EL ein oder kauft über Wertpapiere Anteile an Anlagegütern des EL.

In jüngster Zeit ist ein bisher nie dagewesener Zustrom an Zuflüssen privater Wertpapierinvestitionen in die Entwicklungsländer zu beobachten. Man geht für 1992 von mehr als 27 Mrd. US-$ aus. Diese Ströme signalisieren, daß eine Reihe von Entwicklungsländern mit hauptsächlich mittlerem Einkommen nach einem Jahrzehnt der Schuldenkrise wieder Marktzugang haben. Es wird vermutet, daß ein großer Teil der ursprünglichen Zunahme der privaten Portfolioinvestitionen durch die Rückkehr von Fluchtkapital finanziert wurde. Im Inland wohnende Staatsangehörige mit

[12] Dies ist als Unterscheidungskriterium von Direktinvestitionen wichtig.

umfangreichen Beteiligungen im Ausland bleiben auch weiterhin bedeutende Investoren, besonders für Portfolioströme nach Lateinamerika. Zu diesen Einzelinvestoren gesellt sich zunehmend eine potentiell viel größere Gruppe von institutionellen Investoren. Diese institutionellen Investoren, zu denen Pensionsfonds und Lebensversicherungsgesellschaften gehören, werden hauptsächlich durch die Vorteile der Portfolio-Diversifizierung motiviert, die entstehen, wenn sie einen kleinen Teil ihrer umfangreichen Gesamtanlagen in Obligationen von Entwicklungsländern anlegen.

5.4.4 Direktinvestitionen

Die außerordentlich vielfältigen Formen, die die außenwirtschaftlichen Beziehungen mit sich bringen, machen es schwer, eine exakte Trennungslinie zwischen Portfolio- und Direktinvestitionen zu ziehen. Als Direktinvestitionen werden im internationalen Kapitalverkehr jene Investitionen bezeichnet, die vom Investor in der Absicht durchgeführt werden, einen unmittelbaren Einfluß auf die Geschäftsführung (-tätigkeit) des kapitalnehmenden Unternehmens zu erlangen. Die Direktinvestitionen stellen den Ausdruck einer rentabilitätsorientierten, unternehmerischen Tätigkeit dar. Art und Intensität der Kooperation und der Einwirkungsmöglichkeiten sind sehr unterschiedlich. Es besteht aber immer ein direktes Eigentumsrecht des Investors.

Die Abgrenzung gegenüber Portfolioinvestitionen wird dementsprechend über die «Motivation» des Investors vorgenommen. Es wird meist davon ausgegangen, daß bei Direktinvestitionen das **Kontrollmotiv** im Vordergrund steht, wogegen bei Portfolioinvestitionen das eher kurzfristig orientierte **Ertragsmotiv** dominiert.

Der Begriff «Direktinvestitionen» wird häufig als äquivalente Bezeichnung für zwei voneinander unterschiedliche Tatbestände benutzt:

- Zum einen handelt es sich um die in einem bestimmten Zeitpunkt im Ausland kumulierten Direktinvestitionen, also um eine Bestandsgröße.
- Zum anderen werden die in einer bestimmten Zeitperiode getätigten Direktinvestitionen erfaßt, d. h. die Direktinvestitionen werden als Stromgröße definiert.

Die beiden Größen differieren logischerweise erheblich, sind jedoch funktional leicht zu trennen. Die Unkorrektheit liegt lediglich in der synonymen Verwendung. Die Bestandsgröße wird mit Hilfe der Buchwertmethode (Buchwert der Direktinvestitionen und deren Veränderung) aus den Rechnungsunterlagen der Auslandsniederlassungen erfragt. Die Stromgröße kann durch die sogenannte Transaktionswertmethode (getätigte Transaktionen ohne die im Anlageland erwirtschafteten und reinvestierten Gewinne) erfaßt werden. Da in den nationalen Statistiken der Länder diese beiden unterschiedlichen Meßkonzepte Anwendung finden, fällt der internationale Vergleich schwer.

Die Anlage der Direktinvestitionen kann unterschiedliche Formen annehmen. Je nachdem, welcher Maßstab zugrunde gelegt wird, ergeben sich alternative Systematisierungen. Der Grad der Einflußnahme auf die Unternehmensführung läßt drei unterschiedliche Einteilungen zu: a) Direktinvestitionen können zur Gründung, zum Erwerb oder Erhalt von Tochtergesellschaften, Zweigniederlassungen oder Betriebsstätten getätigt werden oder b) zum Zwecke des Erwerbs von Beteiligungen an Neugründungen oder bereits bestehenden Unternehmen und c) zur Darlehensgewährung an Unternehmen im Ausland. Die relevanten Bestimmungsgrößen sind in diesen Fällen die Rechtspersönlichkeit, die betriebswirtschaftlichen Funktionen und die Beteiligungsanteile.

Direktinvestitionen besitzen somit mehrere Charakteristika. Das wichtigste ist das bestehende Kontrollmotiv, das sowohl in Form einer Mehrheitsbeteiligung ausgeübt werden als auch in der direkten Mitwirkung im Management des betreffenden Unternehmens bestehen kann. Weiterhin sind Direktinvestitionen tatsächlich getätigte Transaktionen, wobei stets eine Transaktion vom privaten Sektor eines Landes in den privaten Sektor eines anderen Landes stattfindet. Werden die Investitionsgüter im Anlageland angeschafft, liegt eine monetäre Transaktion vor. Eine reale Transaktion bedeutet dagegen den Import von Investitionsgütern ins Anlageland. Beide Transaktionen sind materieller Natur. Werden Know-how, Patente oder Lizenzen übermittelt, spricht man von immateriellen Transaktionen.

Diese definitorischen Abgrenzungen der Direktinvestitionen können nicht dazu beitragen, eine weitere, verbreitete synonyme Verwendung des Begriffes einzudämmen. Multinationale Konzerne[13] werden gleichgesetzt mit Direktinvestitionen. Ob dies richtig ist, bleibt fraglich, solange keine einheitliche Definition für diese Unternehmen besteht. Als allgemeine Kennzeichnung können folgende Merkmale identifiziert werden:

- Größe
- Konzentrationstendenz («Dinosaurier-Effekt»)
- Kapitalakkumulation
- Machtakkumulation
- oligopolistischer Charakter (wenige Anbieter)
- zentralistische Kontrolle
- starke wirtschaftliche (und politische) Position
- internationales Expansionsstreben (weltweite Unternehmensstrategie)
- Profitabilität (Gewinnmaximierung)
- hohe Auslandsanteile an Gewinn und/oder Personaleinsatz
- Produktionsstreuung (horizontale und vertikale Diversifikation)

Setzt man den Schwellenwert für «Größe» mit 100 Mio. US-$ Umsatz an, wie es das Department of Economic and Social Affairs des UN-Generalsekretariats im «Report on Multinational Corporations in World Development» im August 1973 getan hat, gelten alle mittelständischen Unternehmen mit einem bedeutend kleineren Jahresumsatz nicht als «Multis»,

[13] In der nationalen und internationalen Diskussion konnte man sich bis heute noch nicht einmal auf einen einheitlichen Begriff, geschweige denn Begriffsinhalt einigen. Folgende Bezeichnungen stehen in der Literatur für den an und für sich gleichen Sachverhalt: trans- oder multinationale Unternehmen/Konzerne, supranational enterprises, global corporations, cosmocorps etc.

obgleich sie multinational tätig sind. Es stellt sich generell die Frage, inwieweit die kleineren Direktinvestoren, die zugegebenermaßen einen geringen Anteil an den gesamten Direktinvestitionen bestreiten, einen größeren entwicklungsökonomischen Beitrag leisten als jene «Multis».

5.4.4.1 Erklärungsansätze

Die Beweggründe für Direktinvestitionen sind verschiedenster Natur. Je nachdem, welche wirtschaftlichen Funktionen den Investitionsobjekten zugrunde liegen, können die EL erkennen, inwieweit die Direktinvestitionen mit ihren wirtschaftlichen Rahmenvorstellungen kompatibel sind.

Ist das primäre Ziel des investierenden Unternehmens auf die **Absatzsteigerung** ausgerichtet, kann eine Unterscheidung bezüglich des Absatzmarktes vorgenommen werden. Falls eine Erhöhung der Absätze im Anlageland angestrebt wird, spricht man von Binnenorientierung. Ist eine Erhöhung in anderen Ländern (Drittländern) oder im Ursprungsland (Sitz des Mutterkonzerns) beabsichtigt, liegt eine Exportorientierung vor.

Hinter einer **binnenmarktorientierten Direktinvestition** steht die Absicht, direkt für das Gastland zu produzieren. Ein entscheidender Indikator für den Investor ist das Nachfragevolumen und somit die Größe des tatsächlichen oder potentiellen Marktes. Nur bei einer ausreichenden Größe wird eine Investition reizvoll sein. Werden bei Nichtvorhandensein dieser Anreize trotzdem Direktinvestitionen durchgeführt, sind andere Gründe dafür verantwortlich.

(1) Erschweren **Importrestriktionen** den Warenverkehr oder behindern sie diesen ganz, bieten sich Direktinvestitionen in dem betreffenden Land an. Dies kann eine bewußte Politik der Importsubstitution des Gastlandes sein, wenn gleichzeitig mit den Restriktionen Anreize zugunsten der Inlandsproduktion verbunden sind. Nur auf diese Weise besteht für den Investor die Möglichkeit, seinen Absatzmarkt zu sichern, da Importe nicht oder nur zu den um den Zollsatz erhöhten Preisen möglich sind.

(2) Strebt ein Unternehmen eine **Kapazitätsausweitung** an, um dadurch sinkende Stückkosten (economies of scale) zu realisieren, kann es sinnvoll sein, die Aufnahme der Massenproduktion ins Ausland zu verlagern, da dort eine günstigere Beschaffung der Produktionsfaktoren (Arbeit) möglich ist. Dies ist vor allem dann besonders lohnend, wenn seitens des Ziellandes zusätzliche Subventionen erteilt werden.

(3) Bestand der Binnenmarkt schon vorher als Absatzmarkt, entfallen durch Direktinvestitionen die **Transportkosten**. Diese können je nach Art der transportierten Güter erheblich variieren.

(4) Mehrere Beweggründe, Direktinvestitionen vorzunehmen, stehen im Zusammenhang mit der **Konkurrenzsituation** des investierenden Unternehmens. Bestehen Importrestriktionen, können durch die Investitionen möglicherweise innovative Entwicklungsvorsprünge gegenüber der Konkurrenz erzielt werden. Eventuell besteht die Möglichkeit, die monopolistische Stellung auszubauen und, durch die bessere Marktkenntnis, technologische, organisatorische und vermarktungstechnische Vorsprünge zu erzielen.

Bei bereits bestehender, verschärfter Konkurrenz, kann das investierende Unternehmen nur durch Marktnähe die nötigen Kundendienst- und Serviceleistungen bieten und Informationen über nationale Gesetzgebung, Normen und Vorschriften im Produktbereich sowie nationale Eigenheiten präzise und zu einigermaßen günstigen Informationskosten erhalten. Die Marktsicherung ist in diesem Falle das ausschlaggebende Motiv.

(5) Besteht eine Diskrepanz zwischen der Kaufkraftparität (Relation zweier Währungen gemessen an einem Warenkorb) und dem **Wechselkurs**, können Direktinvestitionen induziert werden. Eine permanente Unterbewertung erschwert die Importe eines Landes und fördert die Exporte, da die heimische Ware im Ausland relativ billig zu kaufen ist. De facto wirkt eine Unterbewertung wie eine protektionistische Politik (Importrestriktionen), d.h. die Argumente von Punkt (1) können geltend gemacht werden. Der verfälschte Wechselkurs fördert aber auch die Möglichkeit, Produktionsfaktoren günstig zu erwerben, wobei in diesem Falle weniger an Arbeit, als an Boden und Kapitalgüter gedacht ist.

Werden Produktionsanlagen im Ausland errichtet, um von dort aus Exporte vorzunehmen, besitzt das Gastland in einem bestimmten Fertigungsbereich einen Standortvorteil. Dieser Standortvorteil bedeutet einen Kostenvorteil im internationalen Wettbewerb und ermöglicht die Belieferung internationaler Märkte. Solche Investitionen werden als **exportorientierte Direktinvestitionen** bezeichnet.

(1) Die naheliegendste Erklärung für diesen Vorteil besteht in den niedrigen Produktionskosten im Gastland, die hauptsächlich durch die billigen Arbeitslöhne und Lohnnebenkosten ermöglicht werden. Des weiteren ist es notwendig, rentable Betriebsgrößen zu installieren, da die hohen fixen Kosten (technologische Ausstattung etc.) nur durch einen großen Absatzmarkt (Massenproduktion) aufgefangen werden können. Es besteht durchaus die Möglichkeit, daß ein Teil der Produktion auf dem Binnenmarkt abgesetzt wird, der größere Anteil wird jedoch exportiert, wobei auch Reimporte in das Mutterland des Investors vorgenommen werden.

(2) Teilweise verlangt der harte Wettbewerb unter den Anbietern eine Verlagerung der Produktion in das kostengünstigere Ausland. Wird der Markt im Heimatland des Investors von billigeren Auslandsprodukten überschwemmt[14] und können die Produktionskosten durch bestehende Richtlinien (Mindestlöhne etc.) nicht weiter gesenkt werden, ergibt sich zwangsläufig die Auslagerung arbeitsintensiver Fertigungsbereiche ins Ausland. In diesem Fall ist der Verdrängungswettbewerb der Beweggrund für die Direktinvestitionen.

(3) Die EL sind zum Teil dazu übergegangen, für die Ansiedelung ausländischer Unternehmen erhebliche Vergünstigungen einzuräumen. Steuervergünstigungen, Grundstücksbeschaffungen, erhöhte Abschreibungsmöglichkeiten usw. sind indirekte (oder direkte) Subventionen, die dazu führen, daß vor allem die Kapitalkosten fallen und es folglich besonders lohnend

[14] Z.B. im Phonobereich oder im Bereich der optischen Industrie in Deutschland durch Importe aus Japan.

erscheint, kapitalintensive Produktionen in den EL anzusiedeln. Die typischen komparativen Vorteile spielen nur eine untergeordnete Rolle.

(4) Besteht zwischen mehreren Ländern eine Zollunion (einheitliches Zollgebiet ohne Binnenzölle mit gemeinsamen Außenzöllen) oder eine Wirtschaftsgemeinschaft (harmonisierte Außenhandels- und Zollpolitik), können durch Direktinvestitionen in einem dieser Länder nicht nur die Handelshemmnisse dieses Landes, sondern die aller Verbundländer überwunden werden.

Die klassische Form der Direktinvestitionen, die auch häufig als kolonialtypisch bezeichnet wird, besteht in Investitionen, die getätigt werden, um Rohstoffvorkommen abzubauen und/oder die klimatischen Bedingungen auszunutzen, die die Erzeugung bestimmter agrarischer Produkte ermöglichen. Solche Investitionen nennt man **beschaffungsorientierte Direktinvestitionen**. Der ausschlaggebende ökonomische Faktor ist die Nichtverfügbarkeit dieser Produkte im Mutterland. Vor allem während der Kolonialzeit (und nicht nur damals) wurde die Nichterneuerbarkeit der mineralischen Ressourcen nur wenig beachtet, und der Argwohn der EL, die ihre Vorräte schwinden sahen, war durchaus berechtigt. Nach Erlangen der Selbständigkeit war es deshalb oberstes Ziel dieser Länder, die Kontrolle über ihre Rohstoffvorkommen zu erreichen. So ist es ihnen, besonders heutzutage, ein dringendes Anliegen, weiterverarbeitende Industrien aufzubauen, um a) nicht nur reine Rohstofflieferanten zu bleiben und b) die Gewinne aus der Weiterverarbeitung selbst zu erhalten sowie c) verstärkte Beschäftigungsmöglichkeiten auch über Koppelungseffekte zu erzielen.

Strenggenommen ist die am billigen Arbeitslohn orientierte Begründung für Direktinvestitionen ebenfalls ein «beschaffungsorientiertes» Argument, da der Produktionsfaktor Arbeit in den EL billiger «beschafft» werden kann.

Ein erklärender Ansatz für Direktinvestitionen wird immer mehrere der aufgeführten Beweggründe berücksichtigen müssen, obgleich eine grobe Einteilung nach den hier genannten Kriterien möglich ist.

5.4.4.2 Umfang und Struktur

In der zweiten Hälfte der 80er Jahre nahmen die Direktinvestitionen weltweit von annähernd 47 Mrd. US-$ im Jahre 1985 auf 132 Mrd. US-$ im Jahre 1989 zu. In diesem Zeitraum erhöhten sich auch die Zuflüsse in die Entwicklungsländer; allerdings war deren Wachstumsrate deutlich niedriger als die der Ströme in die Industrieländer. Daher ging der Anteil der Entwicklungsländer an den weltweiten Direktinvestitionen in dieser Periode von 24 vH auf 13 vH zurück. Diese Entwicklung war insgesamt enttäuschend, sind die Entwicklungsländer doch stark bemüht, durch Liberalisierung der Investitionsbedingungen und verstärkte Fördermaßnahmen ihren Anteil am weltweiten Zufluß von Direktinvestitionen zu erhöhen. Der abnehmende Trend gilt für alle wichtigen Herkunftsländer. Vor allem Deutschland und Frankreich engagierten sich in den späten 80er Jahren kaum mehr in den Entwicklungsländern neu. In jüngster Zeit ist jedoch eine Trendwende zu erkennen, die hauptsächlich durch japanische, amerikanische und britische Investoren eingeleitet wird. Absolut gesehen wurde 1991 wieder ein Höchststand erreicht, der in etwa dem bereits früher erreichten Anteil am weltweiten Direktinvestitionszufluß entspricht.

Tabelle 5.8 Direktinvestitionen wichtiger Industrieländer in den Entwicklungsländern 1980 bis 1991 in vH der gesamten nationalen Direktinvestitionen

Herkunftsland	Bestände				Jährl. Kapitalzuflüsse		
	1980	1985	1990	1991	1989	1990	1991
USA	19	22	17	18	18	26	31
Japan	53	45	24	24	16	17	20
Frankreich	25	24	7		6	3	6
Deutschland	17	13	8	8	5	3	4
Großbritannien	17	17	11		9	16	
Niederlande	12	10	8		11	7	11

Quelle: Jungnickel, R.: Neue Trends der internationalen Direktinvestitionen, in: Wirtschaftsdienst 1993/VI.

Da Direktinvestitionen durch unternehmerische Entscheidungen geprägt sind, ist es nicht verwunderlich, daß sich die gesamten Investitionen stark konzentrieren. Lateinamerika ist im Trend der vergangenen Dekade die attraktivste Region für Unternehmen aus den Industrieländern gewesen und absorbierte rund 42 vH der ausländischen Investitionen, dicht gefolgt von Asien mit einem Anteil von 37 vH. Während im lateinamerikanischen und karibischen Raum hauptsächlich die Vereinigten Staaten nahezu die Hälfte aller Direktinvestitionen getätigt haben, überwiegen im ostasiatischen und pazifischen Raum die japanischen Direktinvestitionen. Wie Untersuchungen zeigen[15], scheint die geographische Nähe eine große Rolle zu spielen. Die Investoren konzentrieren sich in der Regel auf wenige, den Herkunftsländern «nahegelegene» Entwicklungsländer. Neben räumlicher Nähe spielen auch kulturelle, sprachliche und politische Nähe sowie Transportkosten eine Rolle.

Die jüngsten Zuflüsse konzentrieren sich zu etwa zwei Drittel auf Ostasien (in erster Linie China, Malaysia, Indonesien und Thailand). In China wurden 1992 über 10 Mrd. US-$ neu investiert. Die Anzahl der Unternehmen mit Auslandskapital hat sich allein 1992 ungefähr verdoppelt und trägt zu ca. 5 vH zur Industrieproduktion bei. Der Nahe Osten und Lateinamerika sind insgesamt zurückgefallen, wobei Brasilien die größten Verluste zu verzeichnen hat. Mexiko, Argentinien und Kolumbien konnten rund zwei Drittel des Direktinvestitionszuflusses nach Lateinamerika für sich verbuchen.

Vergleicht man die sektorale Verteilung (Branchenstruktur) der wichtigsten IL, ist festzustellen, daß in die verarbeitende Industrie der größte Anteil

[15] UNCTC: World Investment Report 1991, New York 1991.

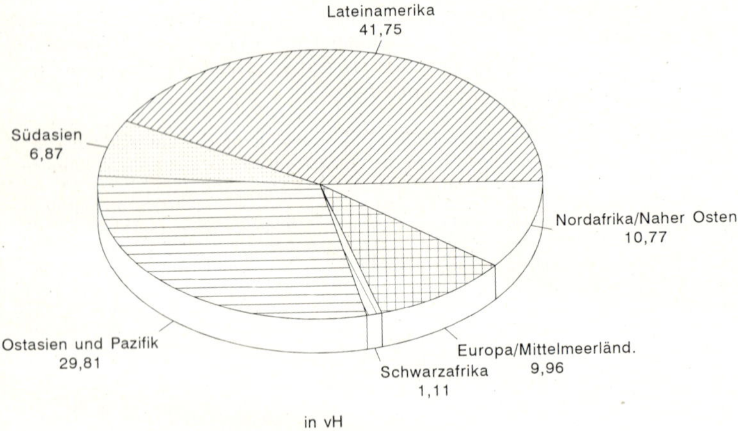

Abbildung 5.4 Direktinvestitionen in Entwicklungsländern, Regionale Trends 1980–1989

Quelle: IWF, Zahlungsbilanzstatistiken, August 1991

investiert wird. Der extraktive Sektor ist – Japan ausgenommen – von nachgeordneter Bedeutung. Besonders die deutschen Investoren vernachlässigen diesen Sektor. Japan und die USA betonen die Rohstoffsicherung bedeutend stärker. Die deutschen Direktinvestitionen konzentrieren sich traditionell auf den verarbeitenden Sektor. Über die Jahre ist jedoch ein sinkender Anteil zu verzeichnen. Dafür nehmen die Investitionen im Dienstleistungssektor stetig zu, was darauf zurückzuführen ist, daß Dienstleistungsunternehmen wie Banken, Versicherungen oder Wirtschaftsprüfungsgesellschaften den Industrieunternehmen nachfolgen.

Das gegenwärtige Problem der Entwicklungsländer ist, ob es ihnen gelingt, ihren Anteil an den wachsenden weltweiten Direktinvestitionen zu erhöhen, um damit stabil und steigend an der sich jetzt vollziehenden

Tabelle 5.9 Bestand an Direktinvestitionen wichtiger Industrieländer nach Branchen (1978 in vH)

Branchen	Deutschland	USA	Großbritannien	Japan
Land- und Forstwirtschaft	0,6		10,8	3,0
Bergbau (ohne Erdöl)	1,4	5,4	3,3	
Erdöl und Erdgas	64,4	11,6		25,0
Verarbeitende Industrie	26,7	36,6	38,3	43,7
Dienstleistungen	0,7	46,7	47,6	27,4
Sonstige				0,9

Quelle: IFO-Schnelldienst 6/81, München 1981.

Internationalisierung der Produktion partizipieren zu können. Um dies zu erreichen, werden sie sich auf politische Verbesserungen stützen müssen, die in den 80er Jahren mit dem Ziel begannen, die Bedeutung der Direktinvestitionen in ihren Volkswirtschaften zu fördern. Wie im Falle der Industrieländer, wird dies eine langfristige Aufgabe sein, die detaillierte Arbeiten erfordert wie auch politisch schwierige Entscheidungen mit sich bringt. Die aus diesen Anstrengungen resultierenden Erträge sollten jedoch die entstehenden Kosten aufwiegen.

5.4.4.3 Auswirkungen

Bei der Frage, wie sich Direktinvestitionen auswirken, können bereits im ideologischen Vorfeld unterschiedliche Positionen ausgemacht werden. Die **marxistische Theorie** leitet aus dem beschaffungsorientierten Ansatz die Ausbeutung sowohl der natürlichen Ressourcen, der billigen Arbeitskräfte und der Kapitalkraft ab. Die Ablehnung des Privateigentums führt konsequenterweise zur Ablehnung der privaten Direktinvestitionen. Ebenso ablehnend stehen den Direktinvestitionen, die von den IL in den EL getätigt werden, die Anhänger der **Dependenz-Theorie** gegenüber. Die Ausbeutung der weltwirtschaftlichen Peripherie (EL) durch die politischen und wirtschaftlichen Metropolen (IL) findet über eine institutionalisierte Verbindung zwischen Metropole und Zentrum der Peripherie (Brückenköpfe) statt. Diese Verbindung wird u.a. über Direktinvestitionen hergestellt. Positive Wirkungen der Direktinvestitionen werden nicht gänzlich geleugnet, doch strebt man die Ausnutzung dieser Vorteile in einem System an, in dem die EL untereinander kooperieren (**Süd-Süd-Kooperation**). Im Arusha Programme for Collective Self-Reliance (1979) der Gruppe der 77 werden z.B. multinationale Marketing-Unternehmen und Staatshandelsorganisationen gefordert, die in Teilbereichen die Aufgaben und Funktionen von multinationalen Konzernen wahrnehmen sollen.

Befürworter der Direktinvestitionen finden sich unter den Neoklassikern, Marktwirtschaftlern, Liberalisten oder wie auch immer genannten «**Freihändlern**». Sie sehen für beide Seiten Vorteile, da Direktinvestitionen die konsequente Ausnutzung der weltwirtschaftlichen Arbeitsteilung darstellen. Besonders für die EL ergeben sich «kostenlose» Zahlungsbilanzverbesserungen, Wachstums- und Beschäftigungswirkungen, sowie die Übertragung von Know-how und Technologie.

Wesentlich für die Überprüfung der Auswirkungen von Direktinvestitionen ist die Position, die der Empiriker bezieht. Es sind grundsätzlich zwei empirisch begründete, alternative Ansätze zu unterscheiden:

- Alternative I (**Additive Annahme**)
  Direktinvestitionen erfolgen zusätzlich zu den heimischen Investitionen. Ihr einzelwirtschaftlicher Effekt entspricht dem gesamtwirtschaftlichen Effekt.
- Alternative II (**Substitutive Annahme**)
  Direktinvestitionen ersetzen und/oder verdrängen heimische Investitionen. Ihr einzelwirtschaftlicher Effekt entspricht nicht dem gesamtwirtschaft-

lichen Effekt. Der Nettoeffekt strebt gegen Null und kann durchaus negativ sein.

Kennt man diese unterschiedlichen Ausgangssituationen, wird verständlich, warum über die Auswirkungen von Direktinvestitionen in den EL eine solch kontroverse Meinungsvielfalt besteht. Erschwerend tritt hinzu, daß eine wertfreie empirische Untermauerung der gegensätzlichen Thesen nicht vorgelegt werden kann. Besonders die Untersuchung der Frage, «was wäre gewesen, wenn?» bleibt für die sozialwissenschaftlichen Disziplinen eine kaum überwindbare Hürde.

Die Bewertung der **Zahlungsbilanzwirkungen**[16] der Direktinvestitionen stellt den Analytiker vor eine schwierige Aufgabe, da sich kurz- und langfristige, direkte und indirekte Wirkungen einstellen, die sich in den Teilbilanzen der Zahlungsbilanz verschiedenartig niederschlagen. Für diese Analyse möge eine stark vereinfachte Zahlungsbilanz genügen.

Die aktivierenden Wirkungen stellen eine Verbesserung der Zahlungsbilanzsituation dar, passivierende Wirkungen verschlechtern die Situation der Zahlungsbilanz.

Die ursprünglichen Investitionen (die eigentlichen Direktinvestitionen) und nachfolgende Kapitaltransfers des Mutterkonzerns stellen einen Kapitalimport dar und wirken sich aktivierend auf die Zahlungsbilanz aus. Demgegenüber stehen die sogenannten Einkommenstransfers (Gewinne, Zinsen, Löhne und Gehälter für ausländisches Personal), die einen passivierenden Effekt hervorrufen. Je nach Art der Produktion fallen weitere Importe von Rohstoffen und Zwischenprodukten, Kapitalgüterimporte und Importe von Dienstleistungen in Form von Patenten und Lizenzen an, die alle passivierende Wirkung besitzen. Der Export von Fertigprodukten (exportorientierte Direktinvestition) hat dagegen einen positiven Effekt auf die Zahlungsbilanz. Insgesamt sind diese genannten Transaktionen die einzigen exakt quantifizierbaren Auswirkungen. Sie werden als die **finanziellen und realen Primäreffekte** bezeichnet.

Dem ursprünglichen Kapitalzustrom zu Beginn des ausländischen Engagements und weiteren Kapitalzuführungen in nachfolgenden Perioden stehen (Devisen-) Abflüsse (Gewinne etc.) gegenüber. Die Aufrechnung dieser beiden monetären Ströme (capital inflow/outflow Ansatz) führt in den meisten Fällen zu einer negativen Bewertung der Zahlungsbilanzwirkung. Die reine Geldstromrechnung ist jedoch eine fragwürdige Methode. Zum einen werden Devisenabflüsse und Kapitalexporte völlig unterschiedlicher Zeitperioden und Ursächlichkeit einander zugeordnet[17], und zum anderen bleiben sämtliche **Sekundäreffekte** unberücksichtigt.

[16] In diesen Ausführungen ist mit dem Begriff Zahlungsbilanz ausschließlich die Zahlungsbilanz eines EL gemeint. Selbstverständlich sind auch Veränderungen in der Zahlungsbilanz der IL zu konstatieren, die jedoch hier nicht untersucht werden sollen.

[17] Vgl. hierzu die am Anfang dieses Kapitels angestellten Überlegungen zu Bestands- und Stromgrößenvergleichen.

Zahlungsbilanz

Aktiva	Passiva
Warenexport Dienstleistungsexport Kapitalimport	Warenimport Dienstleistungsimport Kapitalexport

Geht man von Alternative I (additive Annahme) und binnenmarktorientierten Direktinvestitionen aus, stellt sich ein importsubstituierender Effekt ein, der über die Verkürzung (ein über einen bestimmten Zeitraum beobachtbarer Rückgang) der Passivseite der Zahlungsbilanz (Warenimporte gehen zurück) eine aktivierende Wirkung ausübt. Wird für den Weltmarkt produziert, führt dies, über die steigenden Warenexporte, ebenfalls zu einer aktivierenden Wirkung.

Unterstellt man jedoch Alternative II (substitutive Annahme), sind die Wirkungen unbestimmt – je nachdem, welche spezifische Produktionsweise gewählt wird, ob z.B. mehr Vorprodukte als seither importiert werden müssen und wie viele nichtheimische Arbeitskräfte beschäftigt sind. Bei der bestehenden Kapitalknappheit der EL kann man jedoch davon ausgehen, daß nur ca. 1/4 der Direktinvestitionen von heimischen Investoren hätten getätigt werden können.

Weiterhin können sich über induzierte Entwicklungseffekte (linkages) weitere Zahlungsbilanzwirkungen ergeben. Als Ergebnis läßt sich festhalten:

(1) Der reine capital inflow/outflow-Ansatz muß ergänzt werden durch eine Güterstrombetrachtung und die damit verbundenen Zahlungsbilanzwirkungen.

(2) Beide Alternativsituationen sind wirklichkeitsfremd. Einerseits können, durch die Kapitalknappheit bedingt, nicht alle Investitionen von heimischen Investoren durchgeführt werden, und andererseits sind sie, vor allem in den Schwellenländern, nicht absolut zusätzlich.

(3) Der importsubstituierende Effekt der binnenmarktorientierten Direktinvestitionen ist nicht in vollem Umfang zu bewerten, da schon aus Gründen der Devisenknappheit nicht alle Produkte importiert wurden, die jetzt im Inland abgesetzt werden. Zudem meinen die Kritiker, daß häufig nur die Konsummuster der IL übernommen werden und diese Verhaltensweise zusätzlich über Werbung gefördert wird, obwohl kein originärer Bedarf nach diesen Gütern besteht.

(4) Unter den Leistungsströmen in die EL ist eine gewisse Interdependenz festzustellen. Direktinvestitionen üben einen Sogeffekt auf andere Kapitaltransfers aus. Sowohl Bankkredite als auch Entwicklungshilfeleistungen zur Durchführung von Infrastrukturmaßnahmen sind denkbar, wenn deren Notwendigkeit für die Vermarktung der Produkte aus den Direktinvestitionen erkennbar wird.

(5) Die Frage der Transferpreismanipulation (Überfakturierung der Vorprodukte des Mutterkonzerns) und die damit verbundenen negativen Zahlungsbilanzeffekte ist nicht quantitativ zu beantworten. Die einzelnen Trans-

aktionen bieten mehrere Ansatzpunkte für versteckte Gewinntransfers, die sicherlich auch wahrgenommen werden. Die zunehmende interne Konkurrenz zwischen den Tochterunternehmen und die separaten Erfolgsbilanzen treten jedoch dieser Praxis entgegen.

Arbeitslosigkeit ist eines der zentralen Probleme der EL, welches sich zukünftig noch weiter verschärfen wird. Die Bereitstellung von Arbeitsplätzen kann mit dem Bevölkerungswachstum nicht Schritt halten. Sieht man von Indien und China ab, beträgt die durchschnittliche jährliche Zunahme der Erwerbspersonen (Bevölkerung im arbeitsfähigen Alter von 15–64 Jahre) der Länder mit niedrigem Einkommen ca. 2,3 vH (1980–2000). Für das Jahr 2000 errechnete die ILO einen Bedarf von zusätzlich 921 Mio. Arbeitsplätzen, um allein den weltweiten Anstieg der Erwerbspersonen aufzufangen, wobei die gegenwärtige Arbeitslosigkeit[18] auf dem jetzigen Stand fortgeschrieben würde. Direktinvestitionen bieten einen Beitrag zur Problemlösung an, denn nahezu alle Direktinvestitionen schaffen, einzelwirtschaftlich betrachtet, zusätzliche Arbeitsplätze. Dies erklärt sich aus dem bereits erwähnten Faktoreinsatzverhältnis und dem Argument der billigen Arbeitskraft in den EL.

Mehrere empirische Untersuchungen belegen diesen positiven **Beschäftigungseffekt**. Geht man von der Zusätzlichkeit der Direktinvestitionen aus, wird dieser Effekt um so positiver, je mehr Arbeitskräfte bei einer bestimmten Investitionssumme beschäftigt werden können. Statistisch kann sich jedoch der paradoxe Fall ergeben, daß trotz positivem Beschäftigungseffekt eine steigende Zahl an Arbeitslosen zu verzeichnen ist. Dieses ist möglich, wenn sich, angesichts hoffnungsvoller Erwartungen, versteckt Arbeitslose auf den Arbeitsmarkt begeben und sich «arbeitslos» melden oder eine Migration von Unterbeschäftigten aus anderen Sektoren einsetzt und diese dann ebenfalls keine Arbeit finden.

Werden bei den Direktinvestitionen, im Verhältnis zu den gegebenen Faktorproportionen, zu kapitalintensive Produktionsweisen benutzt und verdrängen diese Investitionen traditionelle heimische Produktion, können, gesamtwirtschaftlich betrachtet, mehr Arbeitsplätze vernichtet als geschaffen werden. So kann z.B. ein Unternehmen zur Herstellung von Plastiksandalen mit wenigen Arbeitskräften auskommen und seine Produkte billiger, d.h. konkurrenzfähiger, anbieten, als die in handwerklichen Familienbetrieben

[18] Die Erfassung und Messung der Arbeitslosigkeit bereitet einige statistische Schwierigkeiten. Offene Arbeitslosigkeit (arbeitsuchende Personen finden keine Beschäftigung) wird nur in den Ländern exakt erfaßt, in denen sich, durch die Bekanntgabe dieses Zustandes, Vorteile für den Arbeitslosen ergeben. Versteckte Arbeitslosigkeit (arbeitslose Personen, die die Suche wegen mangelnder Erfolgsaussichten bereits abgebrochen haben), offene Unterbeschäftigung (Personen, die unfreiwillig weniger als die normale Arbeitszeit beschäftigt sind) und versteckte Unterbeschäftigung (Personen, die bei normaler Arbeitszeit anomal niedrige Einkommen beziehen oder eine anomal niedrige Produktivität erzielen oder deren vorhandene Fähigkeiten nicht ausgenutzt werden) sind hingegen praktisch nicht quantitativ zu erfassen. Aus diesem Grund sind Statistiken über Arbeitslosigkeit in den EL nur mit größter Vorsicht zu interpretieren.

traditionell gefertigten Ledersandalen. Der gesamtwirtschaftliche Beschäftigungseffekt wäre in diesem Fall negativ.

Es erhebt sich die Frage, warum trotz der reichlich vorhandenen Arbeitskraft kapitalintensive Technologien eingesetzt werden. Mehrere Gründe können hierfür ausschlaggebend sein:

- Die EL bieten auch für kapitalintensive Produktionsverfahren Anreize, da sie andere Effekte (Zahlungsbilanz etc.) für wichtiger erachten.
- Die ungelernten Arbeitskräfte in den EL sind nicht in der Lage, eine Produktqualität herzustellen, die auf dem Weltmarkt konkurrenzfähig wäre.
- Die Kosten der technologischen Anpassung der Produktionstechniken sind höher als die erwarteten Gewinne.

Eine eindeutige Beurteilung der **Primäreffekte** auf die Beschäftigungssituation fällt nicht leicht. Einerseits sind (Alternative I) positive Effekte unbestreitbar, die jedoch von «deutlich positiv» bis «schwach positiv» bezeichnet werden. Geht man von der substituierenden Wirkung (Alternative II) aus, können, bei realistischer Betrachtung, nur negative Effekte erwartet werden, da ausländische Investoren technologisch höherstehende Produktionsverfahren einsetzen und somit Arbeitsplätze vernichten.

Diese Beurteilung darf nicht zu vorschnellen Schlußfolgerungen Anlaß geben, da, ähnlich den Zahlungsbilanzeffekten, auch im Beschäftigungsbereich mit mittelbaren Wirkungen zu rechnen ist. Diese **Sekundäreffekte** beruhen auf den erwähnten forward (Outputverwendung) und backward (Inputverwendung) linkages. Das Ausmaß des indirekten Beschäftigungseffektes in vorgelagerten Industrien hängt entscheidend von der Branchenstruktur der Direktinvestitionen ab. Der Effekt wird mit Abstand bei denjenigen Produktionen am größten sein, die auf dem Einsatz der in den EL jeweils reichlicher vorhandenen Ressourcen beruhen. Dies trifft in erster Linie bei solchen Industriezweigen zu, die landwirtschaftliche Erzeugnisse verarbeiten. Wird z.B. in einem EL, dessen Agrarproduktion hauptsächlich aus Zuckerrüben besteht, eine Zuckerfabrik durch ausländische Investoren errichtet, ist der direkte Beschäftigungseffekt gering. Da die Nachfrage nach Zuckerrüben jedoch u.U. erheblich steigt, könnte sich die Beschäftigungslage im benachbarten Anbaugebiet nachhaltig verbessern. Mit steigender Beschäftigung verbessert sich die Einkommenssituation und die Nachfrage nach Konsumgütern sowie Dienstleistungen. Dies kann zur Errichtung neuer einheimischer Unternehmen führen, die ihrerseits neue Arbeitskräfte benötigen. Dieser potentielle, indirekte Effekt ist ebenfalls den Direktinvestitionen zuzurechnen.

Eng mit dem Beschäftigungseffekt verbunden ist die Verbesserung des Ausbildungsniveaus. Den ausländischen Unternehmen stehen mehrere direkte oder indirekte Möglichkeiten offen, die, je nach Branche und vorhandenem Bildungsniveau, auf unterschiedlichen Ebenen ansetzen können. Dem «training on the job» wird allgemein eine weitaus größere Effizienz zugeschrieben als der herkömmlichen theoretischen Ausbildung.

Die Gesamtwirkung auf die Beschäftigung hängt vor allem von der Bewertung der Sekundäreffekte ab. Hierbei stößt man rasch an die Grenzen analytischer Methoden, da die ex-post Betrachtung die wahrscheinliche Entwicklung der alternativen Situation nicht zu quantifizieren vermag. Allgemein kann formuliert werden, daß positive Beschäftigungseffekte durch Direktinvestitionen erzielt werden, ihr Ausmaß jedoch stark vom jeweiligen Sektor abhängt, in den investiert wurde. Die größten Effekte dürften vor allem über die Koppelungseffekte in den verarbeitenden Industrien zu erzielen sein.

Die Bedeutung der Direktinvestitionen für die wirtschaftliche Entwicklung der EL beschränkt sich nicht nur darauf, daß sie via Kapitalimporte zur Vergrößerung des realen Kapitalstocks führen, sondern es findet auch ein **Transfer von neuem Know-how** statt, das in den Direktinvestitionen inkorporiert und dessen Bedeutung für das wirtschaftliche Wachstum unbestritten ist. Das Wachstum wird in der Wirtschaftstheorie nicht nur auf die Erhöhung des Kapitalstocks und des Arbeitskräftepotentials, sondern auch auf die Einführung von neuen technischen Verfahren und organisatorischem Vermögen zurückgeführt. Technischer Fortschritt spiegelt sich meistens in einer Produktionssteigerung wider. Insofern wären die Direktinvestitionen ein mehrfach entscheidendes, entwicklungspolitisches Instrument. Unbestreitbar ist der technologische Rückstand der EL gegenüber den IL. Ein Indiz dafür sind die vergleichsweise geringen Ausgaben der EL für Forschung und Entwicklung[19].

Die **technologische Lücke** zwischen IL und EL ist weiterhin in dem niedrigen Bildungsniveau der Bevölkerung begründet. Der Kooperation der EL untereinander und der Schaffung gemeinsam nutzbarer Technologien (Technical Cooperation among Developing Countries, TCDC) wird deshalb innerhalb der EL eine besondere Bedeutung beigemessen[20], über die Befürwortung dieser Kooperation ist man jedoch bisher nicht hinausgekommen.

Die Überwindung der Lücke kann unter diesen Gegebenheiten nur über einen Transfer durch die IL erfolgen, wobei im wesentlichen zwei Möglichkeiten bestehen: a) durch eigene Produktion in den EL, also Direktinvestitionen, oder b) durch den Kauf dieser Technologien seitens des Staates oder privater Unternehmen. Der Kauf von Technologie ist sowohl mit hohen Kosten als auch mit einem verfügbaren Potential an qualifizierten Arbeitskräften – zum Einsatz und zur Wartung der technischen Anlagen – verbunden. Ein opportun handelndes EL müßte demgemäß Direktinvestitionen vorziehen, die nicht nur kostenlose Technologie vermitteln, sondern auch langfristig Arbeitskräfte in der Handhabung dieser Technologie unterweisen.

Die Devise für die EL kann jedoch nicht «Technologie um jeden Preis» lauten, sondern die Forderung muß stringent auf angepaßte Technologie zu angemessenen Preisen abzielen. Angepaßt bedeutet hier, daß nur Techniken

[19] In den IL werden jährlich durchschnittlich 2–3 vH des BSP für Forschung und Entwicklung ausgegeben, während in den EL diese Ausgaben nur 0,3 vH ihres BSP betragen.

[20] So wurde anläßlich einer UN-TCDC Konferenz in Buenos Aires (1978) ein Aktionsplan mit 38 Empfehlungen zur technischen Zusammenarbeit verabschiedet.

zum Einsatz gelangen, die die Rahmenbedingungen[21] des jeweiligen EL berücksichtigen. Warum dieses Ziel von privatwirtschaftlicher Seite teilweise mißachtet wird, wurde bereits erörtert. Hier stellt sich eine Aufgabe, die u. a. von der technischen Zusammenarbeit im Rahmen der Entwicklungshilfe wahrgenommen werden könnte.

Auf einzelne Aspekte wachstumswirksamer Effekte der Direktinvestitionen wurde bereits in den vorangegangenen Abschnitten eingegangen. Insofern wird deutlich, daß jeder Einzeleffekt indirekt auch mit **Wachstumseffekten** verbunden sein kann, sofern eine Erhöhung des BSP erzielt wird[22].

Global betrachtet erhöhen Direktinvestitionen den Kapitalstock eines Landes und sind somit ein Mittel, um dem Ziel der Überwindung des Kapitalmangels bzw. der Durchbrechung der Teufelskreise des mangelnden Kapitalangebotes und der mangelnden Kapitalnachfrage näherzukommen. Außerdem entstehen Lohneinkommen, die weitere Wachstumseffekte induzieren, und Zinseinkommen, welche ebenfalls, sofern sie nicht repatriiert werden, multiplikative Wirkungen besitzen. Des weiteren erzielt der Staat Steuereinnahmen (bei den Unternehmen von Gewinn und Umsatz, bei den Haushalten von Lohn und Einkommen), die der Finanzierung von Entwicklungsprojekten zugute kommen können.

Kritische Stimmen, die gegen Direktinvestitionen laut werden, sehen in diesen eine Zementierung der peripheren Situation der EL. Folgende Argumente werden angeführt: Das Wachstum der EL wird durch Direktinvestitionen verhindert, denn der Kapitalmangel in den EL ist keine natürliche Gegebenheit, sondern das Produkt von Direktinvestitionen. Inländisches Kapital wird in erheblichem Maße für flankierende Infrastrukturmaßnahmen gebunden. Außerdem kommt es zu Faktorpreisverzerrungen, da die Abwerbung von Fachkräften der heimischen Industrie – über höhere Löhne seitens der ausländischen Unternehmen – erfolgt. Nicht zuletzt führt die räumliche Konzentration in ökonomischen Verdichtungsräumen, angezogen durch Absatzmärkte und Infrastrukturbedingungen, zu einem ökonomischen Dualismus.

Es ist auffällig, daß die Kritiker ihr Augenmerk bei der Betrachtung der Direktinvestitionen auf andere Zusammenhänge richten als die Befürworter der liberalen ökonomischen Tradition.

Da es an einer ausreichenden empirischen Basis für die Beurteilung des tatsächlichen Ausmaßes der Problematik mangelt, sind allzu häufig die Diskussionen zu einem im Grunde sinnlosen Schlagabtausch entartet. So wird häufig weder eine ausreichende Differenzierung hinsichtlich Branchenstruktur und Unternehmenspolitik der betreffenden Investoren vorgenommen, noch die Tatsache berücksichtigt, in welcher spezifischen wirtschaftlichen Situation sich das jeweilige Gastland befindet. Eine Versachlichung des Themas würde sicherlich konstruktivere Ergebnisse liefern.

[21] Rohstoffvorkommen, Klima, Arbeitskräftepotential, Kapitalausstattung, Bildungsniveau, Nachfragestruktur etc.

[22] Definitionsgemäß wird die Erhöhung des BSP mit Wachstum gleichgesetzt.

5.5 Auslandsverschuldung

Die Verschuldung vieler Entwicklungsländer und auch einiger Industrieländer ist seit einigen Jahren ein zentrales Problem sowohl der einzelnen betroffenen Länder selbst als auch der internationalen Wirtschaftsbeziehungen insgesamt. Zeitweise (insbesondere im Herbst 1982) hatte sich die Lage derart dramatisch zugespitzt, daß gar der Zusammenbruch des internationalen Währungssystems und eine daraus folgende neue Weltwirtschaftskrise befürchtet wurde. Diese Gefahr scheint zwar nicht mehr zu bestehen, viele verschuldete Länder befinden sich indes in äußerst schwierigen Anpassungsprozessen, und auch die Weltwirtschaft insgesamt hat die Folgen der Verschuldungsprobleme noch keineswegs überwunden.

5.5.1 Umfang und Struktur

Die gesamten **lang- und kurzfristigen Bruttoauslandsschulden** der Entwicklungsländer übertrafen im Jahr 1985 erstmals 1000 Mrd. US-$ (IWF-Kredite werden in der Regel nicht zu den Auslandsschulden gezählt). Zwischen 1985 und 1992 sind die lang- und kurzfristigen Auslandsschulden um weitere 500 Mrd. US-$ angewachsen. Allein die **langfristigen Schulden** der Entwicklungsländer nahmen von 1975 bis 1992 um rund 1000 Mrd. US-$ zu, die durchschnittliche jährliche Wachstumsrate der langfristigen Schulden betrug in diesem Zeitraum rund 12,5 vH.[23] Besonders rasch stiegen die langfristigen Schulden zwischen 1975 und 1982 (durchschnittlich 18,2 vH pro Jahr), während sich der Schuldenzuwachs nach dem Krisenjahr 1982 abflachte (1982 bis 1992 auf etwa 8 vH). Die **kurzfristigen Schulden** (das sind Verbindlichkeiten mit unter einem Jahr Laufzeit), die eine wichtige Rolle bei der Finanzierung des Außenhandels der Entwicklungsländer spielen, nahmen zwischen 1982 und 1992 nur um durchschnittlich 5 vH jährlich zu.

Auch die **Zusammensetzung** des Schuldenbestandes der Entwicklungsländer hat sich vor allem zwischen 1975 und 1982, dem Jahr, in welchem die Verschuldungskrise der Entwicklungsländer einen kritischen Höhepunkt erreichte, tiefgreifend geändert. Im Jahr 1975 bestand noch ein Drittel der langfristigen Schulden aus Krediten zu vergünstigten Konditionen, bereits im Jahr 1982 waren es nur noch 22 vH. Seitdem verschob sich die Struktur des Schuldenbestandes wieder hin zu einem höheren Anteil von Schulden aus Krediten mit vergünstigten Bedingungen (26,6 vH, 1991). Insbesondere das rasche Anwachsen der Kredite von Banken hat zu dieser Strukturveränderung zwischen 1972 und 1982 beigetragen. Fast 60 vH der Zunahme der nicht vergünstigten Kredite in diesem Zeitraum gehen allein auf den Anstieg der Bankenkredite zurück.

Die Veränderung der Struktur des Schuldenbestandes der Entwicklungsländer hat zur Folge gehabt, daß auch ihr **Schuldendienst** beträchtlich ge-

[23] Da im Jahr 1982 das Konzept der Schuldenerfassung umgestellt wurde, sind die Angaben für die Jahre 1975 und 1980 in Tabelle 5.10 nicht völlig vergleichbar mit jenen ab dem Jahr 1982.

Tabelle 5.10 Auslandsschulden der Entwicklungsländer 1975–1992 (Jahresende, Mrd. US $)

	1975	1980	1982	1985	1988	1989	1990	1991	1992
Langfristige Schulden									
OECD Länder u. Kapitalmärkte	131	347	453	598	684	685	683	709	734
– ODA	34	57	59	74	113	115	127	136	141
– Exportkredite	40	113	125	158	171	181	194	214	242
– Kapitalmärkte	51	162	258	353	383	372	344	341	333
davon Banken	46	146	235	314	331	313	280	267	255
Anleihen	5	16	23	39	52	59	64	75	78
– sonst. Privat	6	15	11	13	16	17	18	18	18
Multilateral	21	55	73	146	210	218	245	259	261
Nicht-OECD	21	47	50	116	161	168	167	165	161
Langfristige Schulden, gesamt	**173**	**449**	**576**	**860**	**1056**	**1071**	**1094**	**1134**	**1155**
davon: vergünstigt:	59	109	127	165	248	258	281	337	364
nicht vergünstigt:	114	340	449	695	808	812	813	797	791
Kurzfristige Schulden									
Banken			201	175	199	204	237	245	297
Exportkredite			26	31	47	51	64	67	55
Kurzfristige Schulden, gesamt			**227**	**206**	**246**	**255**	**301**	**312**	**352**
Gesamte Auslandsschulden			**803**	**1089**	**1332**	**1353**	**1428**	**1480**	**1542**

Quelle: OECD, Financing and External Debt of Developing Countries, Paris, lfd Jhg.

wachsen ist (vgl. Tabelle 5.11). Denn nicht vergünstigte Kredite sind per definitionem mit höheren Schuldendienstleistungen verbunden; ihre Zinssätze sind höher und die Laufzeiten kürzer als bei vergünstigten Krediten und in der Regel werden keine Freijahre, in denen noch keine Rückzahlung des Kredits erforderlich ist, eingeräumt. Schließlich bringt eine steigende Kreditaufnahme zwangsläufig auch höhere Schuldendienstleistungen mit sich. Zwischen 1975 und 1982 haben sich die Rückzahlungen (Amortisationen) und Zinszahlungen insgesamt vervierfacht, wobei jene für vergünstigte Kredite nur eine unwesentliche Rolle spielten. Der Anstieg ist nahezu ausschließlich auf erhöhte Rück- und Zinszahlungen für Kapitalmarktkredite und Exportkredite zurückzuführen. Nach dem Krisenjahr 1982 nahmen die Schuldendienstzahlungen der Entwicklungsländer bis zum Jahr 1988 weiter zu, ihr Anstieg flachte sich allerdings, unter anderem infolge zahlreicher Umschuldungsvereinbarungen, deutlich ab. Zwischen 1988 und 1992 veränderten sich die jährlichen Schuldendienstzahlungen für langfristige Schulden sowie für die gesamten Schulden (einschl. Zinsen für kurzfristige Schulden) kaum, sie sanken sogar geringfügig.

Tabelle 5.11 Schuldendienst der Entwicklungsländer 1975–1992 (Mrd. US $)

	1975	1980	1982	1985	1988	1989	1990	1991	1992
Schuldendienst für langfristige Schulden									
OECD Länder u. Kapitalmärkte	21,4	73,8	93,6	98,8	103,3	101,3	93,2	90,4	90,6
– ODA	1,7	2,8	2,8	3,1	5,8	5,7	6,3	6,2	6,6
– Exportkredite	10,4	29,4	32,0	40,7	37,0	40,2	35,6	33,7	35,0
– Finanzmärkte	8,5	38,0	57,3	53,5	59,0	53,7	48,9	47,0	45,5
– sonst. Privat	0,9	3,6	1,5	1,4	1,5	1,7	2,4	3,5	3,5
Multilateral	1,6	4,6	6,2	16,5	32,0	30,0	34,7	35,6	35,9
davon IWF	–	–	–	6,7	10,7	10,0	10,4	8,8	8,1
Nicht-OECD	2,0	5,4	4,2	5,2	4,9	5,4	6,3	5,8	5,5
Schuldendienst für langfr. Schulden, gesamt	**25,1**	**83,8**	**104,0**	**120,7**	**140,7**	**137,4**	**134,3**	**131,9**	**131,0**
davon: vergünstigt	3,0	5,7	5,5	5,2	9,0	8,7	10,1	11,5	11,6
Rückzahlung, langfr. Schulden	–	–	53,9	65,8	79,7	79,4	80,4	82,6	87,2
Zinsen, langfr. Schulden	–	–	50,1	54,9	61,0	58,0	53,9	49,6	44,8
Zinsen, kurzfr. Schulden	–	–	24,8	17,1	20,0	22,7	21,7	17,9	16,8
Schuldendienst, gesamt	–	–	**128,9**	**137,8**	**160,7**	**160,1**	**156,0**	**149,8**	**147,8**

Quelle: OECD, Financing and External Debt of Developing Countries, Paris, lfd Jhg.

Tabelle 5.12 Zinssätze für langfristige Schulden der Entwicklungsländer nach Kreditart, 1972/73–1986

	1972/73	74/76	77/78	1979	1980	1981	1982	1983	1984	1985	1986
Schulden mit festem Zins	4,5	4,9	5,2	5,6	5,7	5,7	5,7	5,4	5,3	6,0	6,1
OECD ODA-Kredite	2,5	2,4	2,3	2,2	2,3	2,2	2,1	2,2	2,2	2,1	2,2
OECD Export-Kredite	6,0	6,5	6,9	7,0	7,1	7,1	7,3	7,5	7,3	8,3	8,6
Anleihen	7,0	7,7	8,0	7,5	7,5	7,6	8,0	7,0	7,3	11,3	9,0
Sonstige private Kredite	8,4	8,5	8,5	9,2	11,5	13,4	13,1	10,0	9,6	7,7	7,0
Multilaterale Kredite											
vergünstigt	3,5	3,2	2,8	2,2	1,8	1,6	1,5	1,5	1,3	1,7	1,7
nicht vergünstigt	8,9	9,0	9,8	10,0	9,6	8,8	8,6	8,1	8,3	8,5	8,8
Nicht-OECD bilaterale Kredite	2,2	2,3	3,4	3,2	3,2	3,4	3,8	3,0	2,7	3,0	3,0
Schulden mit variablem Zins	8,3	9,9	8,4	12,3	15,5	17,4	17,1	12,2	11,5	11,2	8,6
Langfristige Schulden, gesamt	5,0	6,0	6,2	7,6	8,9	9,5	9,6	8,3	8,0	8,4	7,2

Quelle: OECD, Financing and External Debt of Developing Countries, 1986 Survey, Paris 1987.

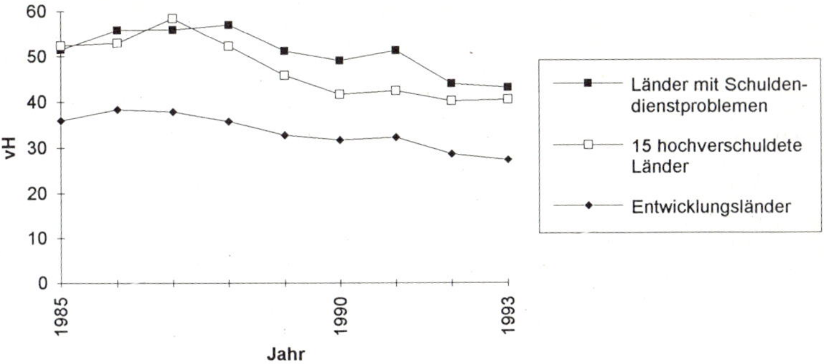

Abbildung 5.5 Auslandsschulden im Verhältnis zum BSP 1985–1993

Quelle: IMF, World Economic Outlook, October 1993, Washington, D.C. 1993.

Die Höhe der Schuldendienstleistungen wird nicht nur von der Struktur der Verschuldung bestimmt. Gerade im Zusammenhang mit der krisenhaften Zuspitzung des Schuldenproblems im Jahre 1982 war auch die Entwicklung der Zinsen auf den internationalen Kapitalmärkten von großer Bedeutung (vgl. Tabelle 5.12). Die durchschnittlichen Zinsen der langfristigen Schulden der Entwicklungsländer stiegen von 1972/73 bis 1982 auf nahezu das Doppelte. Besonders drastisch erhöhten sich die Zinsen privater Kredite und der Kredite mit variablen Zinssätzen. Dagegen blieben die Zinsen von ODA-Krediten und Exportkrediten vergleichsweise stabil.

Schließlich wirken sich auch die zahlreichen Abkommen zur **Umstrukturierung** von Schulden auf die Höhe der Schuldendienstleistungen der Entwicklungsländer aus, indem die Laufzeiten der Kredite verlängert und Zinssätze reduziert und dadurch die jährlichen Rückzahlungen gesenkt werden.

Absolute Zahlen des Schuldenbestands und des Schuldendienstes sagen allerdings nur wenig aus über die «Verschuldung» und die Last, die für ein Land damit verbunden ist, den Schuldendienst aufzubringen. Daher werden Schuldenbestand und Schuldendienst gewöhnlich in Beziehung gesetzt zum Bruttosozialprodukt (BSP) bzw. Bruttoinlandsprodukt (BIP) und zu den Exporten von Gütern und Dienstleistungen. Mit betriebswirtschaftlichen Maßstäben der Verschuldung und Überschuldung sind diese Relationen indes nicht zu vergleichen. Das Verhältnis des Schuldendienstes (Zinszahlungen plus Amortisation) zu den Exporten von Gütern und Dienstleistungen (= **Schuldendienstrelation**) wird jedoch häufig als Indikator für die Last angesehen, die damit verbunden ist, die Schulden zu bedienen. Denn eine Schuldendienstrelation von 20 vH beinhaltet, daß 20 vH der Exporterlöse für Zinsen und Rückzahlungen von Krediten verwendet werden müssen und daß nur 80 vH der Exporterlöse für Importe zur Verfügung stehen. Noch im Jahr 1975 hatte die Schuldendienstrelation der Entwicklungsländer insgesamt unter 10 vH gelegen. In Abbildung 5.5 ist der Verlauf der Relation

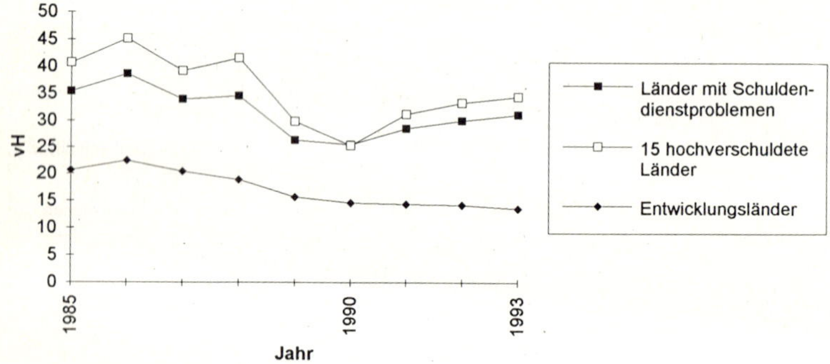

Abbildung 5.6 Schuldendienstrelation 1985–1993

Quelle: IMF, World Economic Outlook, October 1993, Washington, D.C. 1993.

Auslandsschulden[24] zum Bruttosozialprodukt aller Entwicklungsländer, von 15 hochverschuldeten Entwicklungsländern sowie von solchen Ländern abgetragen, die in den vergangenen Jahren Schwierigkeiten hatten, den Schuldendienst zu leisten[25]. Abbildung 5.6 veranschaulicht die Entwicklung der Schuldendienstrelation für die drei genannten Ländergruppen.

Wenn auch meist von der Verschuldung **der** Entwicklungsländer die Rede ist, bestehen dennoch erhebliche Unterschiede in der Verschuldungssituation zwischen Ländergruppen und – in noch größerem Maße – zwischen einzelnen Ländern. Hohe Schuldenbestände und Schuldendienstleistungen sind nicht für alle in gleicher Weise charakteristisch. Auf Süd- und Mittelamerika entfielen im Jahr 1985, zu einer Zeit, als die internationale Verschuldungskrise ihren Höhepunkt erreicht hatte, rund 40 vH des gesamten Schuldenbestandes der Entwicklungsländer und 41 vH des Schuldendienstes (Tabelle 5.13). Abgesehen von Afrika südlich der Sahara, war unter den Entwicklungsländern diese Region bezogen auf das BSP am höchsten verschuldet, gefolgt von Afrika und Asien. Auch gemessen an der Schuldendienstrelation wiesen Süd- und Mittelamerika die höchste Belastung auf.

Bis Ende 1992 hatte sich der Anteil Süd- und Mittelamerikas an den Auslandsschulden der Entwicklungsländer auf 32,6 vH verringert, während jener Asiens von 26,6 vH im Jahr 1985 auf 30,5 vH im Jahr 1992 ange-

[24] Ohne Verbindlichkeiten beim Internationalen Währungsfonds.

[25] Diese Ländereinteilung wird vom IWF vorgenommen. Die 15 hochverschuldeten Länder sind Argentinien, Bolivien, Brasilien, Chile, Côte d'Ivoire, Ekuador, Kolumbien, Mexiko, Marokko, Nigeria, Peru, Philippinen, Uruguay, Venezuela und das ehemalige Jugoslawien.
Bei den Ländern mit Schuldendienstproblemen handelt es sich um 72 Länder, die im Zeitraum 1986 bis 1990 Rückstände bei auswärtigen Zahlungsverpflichtungen aufwiesen oder mit offiziellen oder privaten Gläubigern (z.B. Banken) Umschuldungsvereinbarungen getroffen hatten.

Tabelle 5.13 Regionale Struktur der Auslandsverschuldung der Entwicklungsländer, 1985 und 1992 (in vH)

		Anteil an		Schulden/ BSP	Schuldendienst-relation
		Schulden	Schulden-dienst		
Afrika	1985	15,3	16,7	45,8	27,4
	1992	16,0	14,5	56,1	25,1
Afrika südl.	1985	6,6	–	64,2	21,9
der Sahara	1992	9,0	–	70,6	21,8
Asien	1985	26,6	26,4	24,2	13,8
	1992	30,5	31,4	23,8	7,7
Naher Osten und	1985	19,0	15,5	31,0	11,8
Europa	1992	20,9	16,7	19,9	12,7
Süd- und Mittelamerika	1985	39,1	41,3	53,6	41,7
	1992	32,6	37,5	37,3	35,6
Entwicklungsländer	1985	100	100	36,0	20,6
gesamt	1992	100	100	28,6	14,2
am wenigsten entwickelte	1985	6,4	–	64,0	20,7
Länder (LLDC)	1992	8,0	–	50,5	24,5
15 hochverschuldete	1985	44,5	–	52,4	40,7
Länder	1992	37,2	–	40,2	33,3

Quelle: IMF, World Economic Outlook, October 1993, Washington, D.C. 1993. Eigene Berechnungen.

stiegen war. Der Anteil Afrikas südlich der Sahara wuchs von 6,6 auf 9 vH. Auch der Anteil der am wenigsten entwickelten Entwicklungsländer an den Auslandsschulden aller Entwicklungsländer nahm zu, von 6,4 vH auf 8 vH. Dagegen sank der Anteil der 15 hochverschuldeten Länder von 44,5 vH auf 37,2 vH.

Insgesamt zeigt diese Entwicklung der regionalen Struktur der Auslandsverschuldung und der Verschuldungskennzahlen, daß die Entwicklungsländer noch immer mit schwierigen Verschuldungsproblemen zu kämpfen haben. Die durchgängige Verringerung der Schuldendienstrelationen ist aber auch Ausdruck der Umschuldungsvereinbarungen zwischen Schuldner- und Gläubigerländern und ein Resultat der erfolgreichen Strukturanpassungen der Entwicklungsländer. Die Zahlen können aber auch nicht verdecken, daß besonders in Afrika die Verschuldungsprobleme weiterhin besonders akut sind und eine Wende zur Verbesserung der wirtschaftlichen Situation noch nicht erzielt werden konnte.

Noch ausgeprägter sind die Unterschiede, wenn man einzelne Länder betrachtet. Meist wird jenen Entwicklungsländern, die die höchsten Schuldenbestände aufweisen, auch weltweit die größte Aufmerksamkeit zuteil. So entfielen im Jahre 1985 auf die 12 größten Schuldner fast 60 vH des

Schuldenbestandes der Entwicklungsländer. Das Verhältnis der Schulden zum BSP dieser Länder insgesamt betrug 53 vH, die Schuldendienstrelation 24 vH. Neben diesen größten Schuldnern werden aber oft die «kleinen» Schuldner übersehen, deren Schuldenbestand zwar gering ist, die bezogen auf ihr wirtschaftliches Potential aber oft schon als überschuldet betrachtet werden können. Beispielsweise lag die Relation Schuldenbestand/BSP im Jahr 1985 für Mali bei 122 vH, für Togo bei 121 vH, Sambia 150 vH, Mauretanien 208 vH, Bolivien 125 vH, Jemen (VR) 135 vH, Nikaragua 185 vH und Jamaika 167 vH. Außergewöhnlich hohe Schuldendienstrelationen weisen etwa Birma mit 51 vH, Somalia 45 vH, Jemen (VR) 42 vH, Jemen (AR) 56 vH, Jamaika 37 vH und Costa Rica mit 37 vH auf.

5.5.2 Verschuldungskrisen

Nimmt ein Land Kredite im Ausland auf und steigt daraus folgend die Auslandsverschuldung dieses Landes, so ist das nicht grundsätzlich negativ zu beurteilen. Vielmehr drückt sich darin aus, daß das betreffende Land seine Wachstumszielsetzungen höher ansetzt als aufgrund der im Inland verfügbaren Ressourcen realisierbar und daß es infolgedessen auf ausländische Ressourcen zurückgreift. Die inländische **Sparlücke** und die eventuell vorhandene **Devisenlücke** werden durch **Kapitalimporte** geschlossen. Diesen Ländern mit anwachsender Auslandsverschuldung stehen offenbar andere gegenüber, die nicht ihre gesamten inländischen Ersparnisse auch im Inland investieren und daher Kapital exportieren. Gerade im Verhältnis zwischen den Industrie- und den Entwicklungsländern sind entsprechende Kapitalströme sogar unumgänglich, sollen die Einkommensunterschiede zwischen diesen beiden Ländergruppen abgebaut werden. Denn jeder Transfer realer Ressourcen, der nicht durch Exporteinnahmen finanziert werden kann, geht, sieht man von Schenkungen ab, automatisch mit Kapitalimporten, d.h. dem Anwachsen der Auslandsverbindlichkeiten einher. Ähnlich wie private Unternehmen ihre Investitionen meist nicht ausschließlich aus Eigenkapital finanzieren, sondern Fremdkapital aufnehmen, so kann auch ein Land versuchen, seine Wachstumszielsetzungen mit Hilfe von Kapitalimporten zu erreichen. Wie bei einem privaten Unternehmen, so ist es auch bei einem Land nur innerhalb gewisser Grenzen möglich, das Wachstum durch Kapitalimporte zu finanzieren. Das Verhältnis der Auslandsschulden zu den Exporterlösen ($d = D/X$) sowie die Veränderung dieser Relation ($\dot{d}$) sind von besonderer Bedeutung bei der Beurteilung der Kreditwürdigkeit eines Landes.

Die Veränderung des Bestandes an Auslandsschulden eines Landes (ΔD) hängt ab von den Zinsen (i), die auf den Altbestand an Schulden (D) zu zahlen sind, und dem Außenbeitrag (Saldo der Handels- und Dienstleistungsbilanz):

$$\Delta D = iD - (X - M).$$

Dividiert man diese Gleichung durch D, erhält man die relative Veränderung der Schulden ($\dot{D}$)

$$\Delta D/D = \dot{D} \doteq i - (X - M)/D,$$

wobei (X — M)/D = h den Außenbeitrag (Ressourcenlücke) als Bruchteil der Schulden angibt. Bei ausgeglichener Handelsbilanz wachsen die Schulden mit der Höhe des Zinssatzes. Die Veränderung der Relation Schulden/Exporte ergibt sich durch Subtraktion der Veränderungsrate der Exporte

$$\dot{d} = \dot{D} - \dot{X} = i - \dot{X} - h.$$

Bei gegebenem Verhältnis Außenbeitrag/Schulden (h) wird demnach die Veränderung der Schuldenrelation ausschließlich vom Zinssatz und von der Wachstumsrate der Exporte bestimmt. Ob das Verhältnis Schulden/Exporte steigt oder fällt ($\dot{d} > 0$ oder $\dot{d} < 0$), hängt demnach davon ab, ob der Zinssatz größer oder kleiner ist als die Wachstumsrate der Exporte korrigiert um den Einfluß des Außenbeitrags.

Wenn sich die Kreditwürdigkeit eines Landes an der Relation Schulden/Exporte (d) bzw. Schuldendienst/Exporte bemißt, muß ein Land folglich bestrebt sein, diese Relation möglichst niedrig oder doch zumindest unterhalb eines gewissen Schwellenwerts, der als kritische Grenze angesehen wird, zu halten. Wird dieser Wert überschritten, entstehen Verschuldungskrisen, wie beispielsweise im August 1982 im Falle Mexikos. Solche Verschuldungskrisen sind dadurch gekennzeichnet, daß sich das betreffende Land nicht mehr in der Lage sieht, den Schuldendienst (iD) zu leisten, während die Gläubiger nicht mehr bereit sind, neue Kredite zu vergeben ($\Delta D = 0$).

Für das Entstehen von Verschuldungskrisen können folglich verschiedene Einflußfaktoren verantwortlich sein. Diese befinden sich teils in der Kontrolle des jeweiligen Landes, teils aber auch außerhalb.

5.5.3 Welt- und binnenwirtschaftliche Ursachen der Verschuldung

In dem einfachen Modell, das im vorangegangenen Abschnitt abgeleitet wurde, sind wesentliche Faktoren, die den Anstieg der Verschuldung und das Entstehen von Verschuldungskrisen beeinflussen, enthalten. Die ausschlaggebenden Variablen sind der Zinssatz, der für die Auslandsschulden gezahlt werden muß, die Wachstumsrate der Exporte sowie die Export- und Importmengen und die jeweiligen Preise, d.h. die Terms of Trade. Weltwirtschaftliche Einflüsse spielen folglich eine wichtige Rolle beim Anstieg der Auslandsverschuldung und dem Entstehen von Verschuldungskrisen.

Zum raschen Wachstum der Verschuldung der Entwicklungsländer und der teils krisenhaften Verschärfung der Schuldensituation trug bei, daß in den siebziger und zu Anfang der achtziger Jahre mehrere, für die Entwicklungsländer **ungünstige weltwirtschaftliche Einflüsse** zusammentrafen. So verschlechterten sich die **Terms of Trade** vieler Entwicklungsländer drastisch. Zunächst verteuerte der Anstieg der **Rohölpreise** nach 1973/74 die Öleinfuhren der Entwicklungsländer; steigende Preise für **verarbeitete Produkte**, teilweise eine Folge der gestiegenen Rohölpreise, erhöhten die Preise der Einfuhren der Entwicklungsländer zusätzlich. Schließlich sanken die Preise der **Ausfuhrgüter**, insbesondere der Rohstoffe, zahlreicher Entwicklungsländer. 1979/80 stiegen die Rohölpreise nochmals beträchtlich.

Das Sinken der Ausfuhrpreise der Entwicklungsländer war mitverursacht dadurch, daß die Weltmarktnachfrage nach den Exporten dieser Länder infolge der **weltweiten Rezession** zu Beginn der achtziger Jahre beträchtlich zurückging. Auch der weltweit zunehmende Protektionismus behinderte den Exporterfolg der Entwicklungsländer. So kamen die Exporterlöse und damit die Exportwachstumsrate der Entwicklungsländer sowohl von seiten der Exportmengen als auch der Exportpreise unter Druck.

Schließlich trug auch der drastische Anstieg der **Zinssätze** auf den internationalen Kapitalmärkten dazu bei, daß sich die Verschuldungsprobleme der Entwicklungsländer verschärften. In diesem Zusammenhang ist bedeutsam, daß sich die Kreditquellenstruktur der Auslandsschulden der Entwicklungsländer seit den siebziger Jahren grundlegend verändert hat (vgl. Tabelle 5.10). Der Anteil nicht vergünstigter Kredite am gesamten (langfristigen) Schuldenbestand wuchs von rund 65 vH auf knapp 80 vH, zu einem großen Teil darauf zurückzuführen, daß die Ausleihungen von Banken im Rahmen des Euro-Kapitalmarktes rapide zunahmen. Für diese Kredite werden meist variable Zinssätze vereinbart. Grundlage hierfür ist die **Prime Rate** (Zinsen der Banken in den USA für erste Adressen) oder die **London Interbank Offered Rate** (LIBOR), an die die Kreditzinsen in der Regel vierteljährlich angepaßt werden. Zusätzlich zur Prime Rate oder LIBOR wird noch ein Aufschlag (**spread**) erhoben, der sich nach der Kreditwürdigkeit des jeweiligen Schuldners richtet. Er liegt bei Entwicklungsländern zwischen einem und zweieinhalb Prozent. Als dann zu Beginn der achtziger Jahre mehrere Industrieländer, darunter auch die USA und die Bundesrepublik Deutschland, einschneidende Maßnahmen zur Bekämpfung der Inflation ergriffen, stiegen die Zinssätze beträchtlich an. So erhöhte sich die LIBOR (für Drei-Monats-Geld im Jahresdurchschnitt) von 8,9 vH im Jahr 1978 auf 16,8 vH im Jahr 1981, die Prime Rate von 9,1 vH auf 18,9 vH. Entsprechend verteuerten sich die Kredite mit variablen Zinssätzen auf über 17 vH im Jahr 1981 (vgl. Tabelle 5.12). Seitdem sanken die variablen Zinsen zwar wieder, mit einem variablen Zinssatz ausgestattete Kredite sind aber in der Regel wesentlich teurer als Kredite mit festem Zins.

Die Zinssätze (für langfristige Schulden insgesamt und für Schulden mit variablem Zinssatz) übertrafen insbesondere Anfang der achtziger Jahre die Wachstumsrate der Exporte der Entwicklungsländer (Abbildung 5.7). Auf der Grundlage der Überlegungen zum Entstehen von Verschuldungskrisen (Kapitel 5.5.2) mußte sich die Verschuldungssituation in diesem Zeitraum verschlechtern.

Von verschiedenen Autoren wurde der Versuch unternommen, das Ausmaß der externen Schocks zu quantifizieren. Cline (1983 und 1984) beispielsweise veranschlagt den **externen Schock** infolge des Ansteigens der Rohölpreise auf 260 Mrd. US-$, den Terms of Trade-Verlust auf 79 Mrd. US-$, den Exportmengen-Verlust auf 21 Mrd. US-$ und den Verlust infolge des Zinsanstiegs auf 41 Mrd. US-$[26]. Der externe Schock insgesamt beläuft

[26] Den Ölpreis-Schock berechnet er als Differenz (im Zeitraum 1974–1982) zwischen den tatsächlichen Ausgaben der ölimportierenden Entwicklungsländer für Ölim-

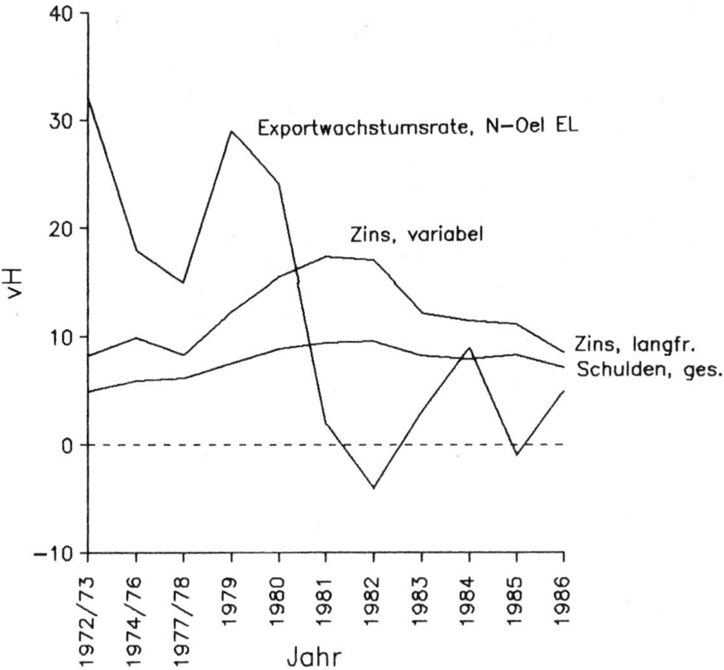

Abbildung 5.7 Zinssätze für langfristige Schulden und Wachstumsrate der Exporte der Entwicklungsländer, 1972/73–1986

Daten aus: IMF, International Financial Statistics, Yearbook 1987, Washington, D.C. 1987. OECD, Financing and External Debt of Developing Countries, 1986 Survey, Paris 1987.

sich nach dieser Schätzung auf rund 400 Mrd. US-$; im gleichen Zeitraum nahm die Verschuldung der Entwicklungsländer um 480 Mrd. US-$ zu. Nach CLINE's Auffassung kann daraus zwar nicht geschlossen werden, daß circa 80 vH des Schuldenzuwachses unmittelbar auf externe Schocks zurückzuführen sind. Seine Berechnungen legen allerdings nahe, daß diese weltwirtschaftlichen Einflüsse eine wichtige Rolle beim Anstieg der Auslandsverschuldung der Entwicklungsländer spielen.

porte und den hypothetischen Ausgaben, wenn die Ölpreise entsprechend der Inflation in den USA angestiegen wären. Der Terms of Trade Verlust ergibt sich aus der Veränderung der Aus- und Einfuhrpreise der Entwicklungsländer in den Jahren 1981 und 1982 gegenüber 1980, der Exportmengenverlust aus dem Rückgang der Ausfuhr der Entwicklungsländer in diesen beiden Jahren gegenüber 1980; der Zins-Schock schließlich errechnet sich aus dem Ansteigen des (realen) Zinssatzes (LIBOR minus US Inflation) im Zeitraum 1981 und 1982 über den Durchschnittswert der Jahre 1961–80.

Tabelle 5.14 Einfluß externer Schocks auf den Saldo der Leistungsbilanz von Entwicklungsländern[1], 1974–1981

	Mrd. US-$ 1974–1981	in vH des Schuldenstandes
Ägypten	13,0	87,7
Argentinien	18,8	79,5
Brasilien	43,0	66,2
Chile	16,7	139,9
Elfenbeinküste	– 0,6	– 7,3
Indien	15,9	87,2
Indonesien	–43,3	–249,6
Jugoslawien	18,8	123,6
Kolumbien	0,6	8,0
Malaysia	– 6,1	–128,0
Mexiko	22,2	41,8
Nigeria	–46,8	–783,7
Philippinen	16,2	161,4
Südkorea	24,0	122,8
Thailand	17,2	235,5
Türkei	19,9	136,9
Venezuela	–27,8	–185,2
Zaire	1,5	37,3

[1] Berücksichtigt werden Veränderungen der Terms of Trade, der Zinssätze und der realen Weltmarktnachfrage.

Quelle: P. Nunnenkamp, Die Entstehung und Bewältigung von Verschuldungskrisen, in: Die Weltwirtschaft, H.2 (1985), S. 191

Weltwirtschaftliche Einflüsse alleine können die Verschuldungsprobleme der Entwicklungsländer jedoch nicht ausreichend erklären. Das wird deutlich anhand eines Vergleichs des geschätzten externen Schocks und des Schuldenstandes einzelner Entwicklungsländer (Tabelle 5.14). Die zusammengefaßten weltwirtschaftlichen Einflüsse (Veränderung der Terms of Trade, der Zinssätze und der Weltmarktnachfrage, 1974 bis 1981) beliefen sich beispielsweise für Brasilien auf 43 Mrd. US-$, was rund zwei Dritteln der Auslandsverschuldung Brasiliens im Jahr 1981 entsprach. Bei einigen Ländern (Chile, Jugoslawien, Philippinen, Südkorea, Thailand, Türkei) war indes der Schuldenstand im Jahr 1981 wesentlich größer als der kumulierte externe Schock der vorangegangenen Jahre. Für manche Länder waren die weltwirtschaftlichen Einflüsse im Beobachtungszeitraum sogar positiv, etwa für Indonesien, Nigeria und Venezuela. Der Anstieg der Öleinnahmen hat die ansonsten negativen externen Schocks, denen diese Länder ausgesetzt waren, überkompensiert. Trotz dieser im Saldo positiven weltwirtschaftlichen Einflüsse zählen gerade diese Länder zu den besonders hoch verschuldeten.[27] Daraus folgt, daß neben den weltwirtschaftlichen Einflüssen

[27] Außergewöhnlich ist wohl das Verhältnis zwischen externem Schock und Schuldenstand im Falle Nigerias, wo der Schuldenstand fast das Achtfache des wohlgemerkt positiven externen Einflusses ausmacht.

Tabelle 5.15 Externe Schocks und wirtschaftspolitische Reaktionen von Entwicklungsländern

	außen-orientierte						binnen-orientierte					
	NICs		LDCs		NICs u. LDCs		NICs		LDCs		NICs u. LDCs	
	1974–1976	1979–1981	1974–1976	1979–1981	1974–1976	1979–1981	1974–1976	1979–1981	1974–1976	1979–1981	1974–1976	1979 1981
	in vH des BSP											
Terms of Trade Effekt	6,0	6,9	3,4	5,5	5,4	6,5	2,8	1,9	3,0	3,4	2,9	2,3
Exportmengen effekt	1,1	3,8	0,8	1,0	1,0	3,1	0,4	0,4	0,9	0,8	0,6	0,6
Externer Schock gesamt	7,1	10,7	4,2	6,5	6,4	9,6	3,2	2,3	3,9	4,2	3,5	2,9
Zinseffekt	-	1,6	-	1,8	-	1,5	-	1,6	-	0,6	-	1,3
Gesamt	7,1	12,3	4,2	8,3	6,4	11,1	3,2	4,9	3,9	4,8	3,5	4,2
	in vH des externen Schocks											
zusätzliche externe Finanzierung (netto)	-0,4	6,2	52,9	75,4	8,5	17,6	85,1	28,3	147,2	90,1	103,5	52,4
Exportsteigerung	32,5	29,2	24,8	29,5	31,2	29,2	-11,5	32,9	- 11,7	- 16,3	-11,6	13,7
Importsubstitution	39,6	22,2	24,7	-13,5	37,1	16,3	15,4	-18,7	-36,9	13,7	- 0,1	- 6,1
Wirkungen geringeren BSP-Wachstums	28,3	42,4	- 2,4	8,6	23,2	36,9	11,0	57,5	1,4	12,5	8,2	40,0

Quelle: B. Ballassa, Developing Country Debt: Policies and Prospects, in: The International Debt Problem, Lessons for the Future, ed. by H. Giersch, Tübingen 1986, S. 111.

auch binnenwirtschaftliche Faktoren zum Anstieg der Auslandsschulden der Entwicklungsländer beigetragen haben; Fehler und Versäumnisse der nationalen Wirtschaftspolitik kamen offenbar zu den negativen externen Einflüssen hinzu oder haben positive weltwirtschaftliche Wirkungen sogar überkompensiert.

Hinweise hierauf enthält ein Versuch, die Anpassungsreaktionen verschiedener Ländergruppen auf externe Schocks zu quantifizieren (Tabelle 5.15). Die in die Studie einbezogenen Entwicklungsländer sind unterteilt in außen- und binnenorientierte Schwellenländer (NIC) und übrige Entwicklungsländer (LDC). Für die außenorientierten NIC und LDC beträgt der geschätzte externe Schock 6,4 vH (1974–76) und 11,1 vH (1979–81) des BSP, für die binnenorientierten 3,5 vH bzw. 4,2 vH. Es liegt nahe, daß der externe Schock für die eine Ländergruppe größer ist als für die andere, da sich beide definitionsgemäß in ihrer Exponiertheit gegenüber weltwirtschaftlichen Einflüssen unterscheiden. Sehr unterschiedlich ist allerdings auch die Reaktion der beiden Ländergruppen auf die externen Schocks. Die binnenorientierten NIC und LDC haben den ersten externen Schock (1974–76) völlig und den zweiten (1979–81) zur Hälfte durch zusätzliche externe Finanzierung, d.h. durch zunehmende Schulden ausgeglichen, die außenorientierten nur zu knapp 9 vH bzw. 18 vH. Während die binnenorientierten Länder teils sogar ihre Exporte verringerten und die Importe erhöhten, konnten die außenorientierten Länder einen beträchtlichen Teil des externen Schocks dadurch abfangen, daß sie ihre Ausfuhren steigerten und die Einfuhren reduzierten. Beide Ländergruppen mußten darüber hinaus einschneidende Wachstumsverluste hinnehmen, um einen Teil der weltwirtschaftlichen Einflüsse zu kompensieren.

Natürlich können vielfältige weitere Ursachen dafür ausgemacht werden, daß die Auslandsverschuldung der Entwicklungsländer in den letzten Jahren derart rasch angewachsen ist und daß immer wieder Verschuldungskrisen auftreten. So etwa die ineffiziente Verwendung der Kredite oder ihre Verwendung für Konsumausgaben, die Finanzierung von langfristigen Investitionen mit kurz- oder mittelfristigen Krediten, hohe Inflationsraten ohne entsprechende Anpassungen der Währungsparitäten sowie Kapitalflucht und die unvorsichtige Kreditvergabe der internationalen Banken. Diese Faktoren sind allerdings meist mehr oder minder direkt verknüpft mit jenen Variablen, die zuvor als ausschlaggebend für das Entstehen bzw. das Vermeiden von Verschuldungskrisen abgeleitet wurden.

5.5.4 Lösungsansätze

5.5.4.1 Die Position der Gläubiger

Das Auftreten von Verschuldungskrisen ist in der Regel damit verbunden, daß das betreffende Land Schwierigkeiten hat, den Schuldendienst aufzubringen, und seine Kreditwürdigkeit derart gering ist, daß es auch von Kreditgebern, die noch nicht Gläubiger dieses Landes sind, keine neuen Kredite erhalten kann. Dennoch erhalten die meisten Länder, die mit Verschuldungsproblemen zu kämpfen haben, neue Kredite (fresh money) und können damit ihren Schuldendienst finanzieren oder gar ihre Netto-Kreditaufnahme erhöhen. Die Bereitschaft der Gläubiger, neue Kredite zu vergeben, ist vor allem darin begründet, daß sie gewissermaßen in einer «Gläubiger-Falle» gefangen sind; gemäß dem Diktum von Bertolt Brecht: bei einem Kredit von 1000 DM hat der Schuldner ein Problem, bei einem Kredit von einer Million DM hat die Bank (d.h. der Gläubiger) ein Problem.

Diese Gläubiger-Falle veranlaßt die Kreditgeber zu **unfreiwilligen Ausleihungen**: die Qualität der früheren und nun weniger sicher gewordenen Kredite soll durch neue Kredite gestärkt werden. Die Entscheidung darüber, ob es sinnvoll ist, in einer Verschuldungskrise neue Kredite zu vergeben, hängt einerseits vom Risiko ab, auch diesen neuen Kredit zu verlieren, und andererseits davon, in welchem Maße die Wahrscheinlichkeit der Rückzahlung der ausstehenden Kredite durch die neuen Kredite erhöht wird.

Der Gläubiger steht vor dem folgenden Kalkül: Der Vorteil bzw. Nutzen des neuen Kredits ergibt sich aus der Reduktion der Wahrscheinlichkeit des Verlusts der ausstehenden Kredite

$(P_0 - P_1)\,D,$

mit P_0 = alte Verlust-Wahrscheinlichkeit, P_1 = neue Verlust-Wahrscheinlichkeit, D = ausstehende Kredite.

Die Kosten der Vergabe eines neuen Kredits bestehen in der neuen (nach Vergabe des neuen Kredites reduzierten) Verlust-Wahrscheinlichkeit (P_1) multipliziert mit dem neuen Kreditbetrag (L)

$P_1\,L.$

Der Netto-Vorteil des neuen Kredits entspricht der Differenz von Kosten und Nutzen,

$N = (P_0 - P_1)\,D - P_1\,L.$

Ist der Netto-Nutzen positiv, werden neue Kredite gewährt, ist er dagegen negativ, werden die Gläubiger nicht zur Vergabe neuer Kredite bereit sein.

Der Netto-Nutzen neuer Kredite bezogen auf die ausstehenden Kredite (N/D) wird schließlich von drei Variablen bestimmt: der ursprünglichen Verlust-Wahrscheinlichkeit (P_0), dem Rückgang der Verlustwahrscheinlichkeit ($P_0 - P_1$) und dem Verhältnis neue Kredite zu ausstehenden Schulden (L/D)

$N/D = P_0 - P_1\,[1 + (L/D)].$

Tabelle 5.16 enthält Werte für den erwarteten Netto-Nutzen bezogen auf die ausstehenden Kredite für alternative Kombinationen der ursprünglichen und der neuen Verlust-Wahrscheinlichkeit sowie der Relation neue Kredite zu ausstehende Schulden. Aufgrund der Umschuldungsverhandlungen im Anschluß an die mexikanische Verschuldungskrise im August 1982 erhielt Mexiko von den internationalen Banken neue Kredite in Höhe von 7 vH der ausstehenden Schulden. Bei einem Rückgang der Verlust-Wahrscheinlichkeit infolge dieser neuen Kredite von nur 10 vH ergibt sich für die Gläubiger bereits ein Netto-Nutzen von 5 bis 9 vH der ausstehenden Schulden, je nach vorheriger Verlust-Wahrscheinlichkeit. Selbst bei neuen Krediten in Höhe von 20 vH der ausstehenden Schulden ist der Netto-Nutzen dieser Kredite mit nur einer Ausnahme positiv. Wird zudem noch ein höherer Rückgang

Tabelle 5.16 Erwarteter Netto-Nutzen zusätzlicher Kredite (Netto-Nutzen als Anteil der ausstehenden Kredite)

Neue Kredite/ Schulden	ursprüngliche Verlust-Wahrscheinlichkeit	Rückgang der Verlust-Wahrscheinlichkeit			
		0,1	0,2	0,3	0,4
0,07	0,2	0,093	0,200	n. a.	n. a.
	0,4	0,079	0,186	0,293	0,400
	0,5	0,072	0,179	0,286	0,393
	0,6	0,065	0,172	0,279	0,386
	0,8	0,051	0,158	0,265	0,372
0,15	0,2	0,085	0,200	n. a.	n. a.
	0,4	0,055	0,170	0,285	0,400
	0,5	0,040	0,155	0,270	0,385
	0,6	0,025	0,140	0,255	0,370
	0,8	–0,005	0,110	0,225	0,340
0,20	0,2	0,080	0,200	n. a.	n. a.
	0,4	0,040	0,160	0,280	0,400
	0,5	0,020	0,140	0,260	0,380
	0,6	0,000	0,120	0,240	0,360
	0,8	–0,040	0,080	0,200	0,320
0,30	0,2	0,070	0,200	n. a.	n. a.
	0,4	0,010	0,140	0,270	0,400
	0,5	–0,020	0,110	0,240	0,370
	0,6	–0,050	0,080	0,210	0,340
	0,8	–0,110	0,020	0,150	0,280
0,40	0,2	0,060	0,200	n. a.	n. a.
	0,4	–0,020	0,120	0,260	0,400
	0,5	–0,060	0,080	0,220	0,360
	0,6	–0,100	0,040	0,180	0,320
	0,8	–0,180	–0,040	0,100	0,240

Quelle: W. R. Cline, International Debt and the Stability of the World Economy, Washington, D. C. 1983, S. 76.

der Verlust-Wahrscheinlichkeit erwartet, sind neue Kredite selbst unter vergleichsweise unrealistischen Bedingungen vorteilhaft. Begrenzt man die Tabelle auf den wirklichkeitsnahen Bereich, etwa bis zu 20 vH neue Kredite/ Schulden sowie den Rückgang der Verlust-Wahrscheinlichkeit um bis zu 20 vH, so ist der Netto-Nutzen neuer Kredite nur in zwei Fällen negativ. Das bedeutet aber, daß es sich für die Gläubiger in den meisten Situationen lohnt, neue Kredite zu gewähren, um auf diese Weise die Rückzahlungswahrscheinlichkeit der ausstehenden Schulden zu erhöhen. Nur in Fällen von eindeutiger Zahlungsunfähigkeit eines Landes empfiehlt es sich für die Gläubiger, keine zusätzlichen Kredite bereit zu stellen.

Diese Überlegungen gelten indes nur für die Gläubiger insgesamt bzw. unterstellen, daß es nur einen einzigen Gläubiger gibt. Bei mehreren Kreditgebern könnten einzelne versucht sein, als «Trittbrettfahrer» (free rider) von den Maßnahmen der anderen Gläubiger zur Stärkung der Zahlungsfähigkeit des Schuldners zu profitieren, ohne selbst einen eigenen Beitrag zu leisten. Das gilt insbesondere für solche Banken, die nur in geringerem Umfang Ausleihungen an das betreffende Land vorgenommen haben. Denn der individuelle Beitrag dieser Bank hat nur eine unmerkliche Wirkung auf die Rückzahlungswahrscheinlichkeit; aus der individuellen Sicht der Bank ist der Netto-Nutzen zusätzlicher Kredite negativ. Es bedarf daher eines Verfahrens zur Internalisierung der externen Effekte von Umschuldungsmaßnahmen.

Hierzu bieten sich drei Möglichkeiten an: Zum einen können der IMF und/oder die jeweiligen Zentralbanken die Maßnahmen der Banken koordinieren bzw. Druck auf jene Banken ausüben, die sich nicht beteiligen wollen. Zum anderen besteht die Möglichkeit, daß die großen Banken die kleineren unter Druck setzen, was nicht schwer sein dürfte, da diese meist auf vielfältige Weise mit jenen wirtschaftlich verbunden sind. Schließlich könnte auch von den Schuldnerländern selbst Druck auf die weniger exponierten Banken ausgehen, indem diese Länder eine bevorzugte Behandlung der kooperationsbereiten Banken in Aussicht stellen.

5.5.4.2 Die Position der Schuldner

Bei der Analyse des Entstehens von Verschuldungskrisen wurde abgeleitet, daß der Erhalt der Kreditwürdigkeit eines Landes (abgesehen von der Relation Außenbeitrag zu Schulden) allein davon abhängt, daß die Exporte mindestens mit der Höhe des Zinssatzes, der auf die Schulden zu entrichten ist, wachsen. Bei gegebenem internationalen Zinssatz hängt es somit vor allem von der Wachstumsrate der Exporte ab, in welchem Maße ein Land weitere Kredite im Ausland aufnehmen kann, ohne seine Kreditwürdigkeit zu beeinträchtigen. Solange die Wachstumsrate der Exporte über dem Zinssatz liegt, kann ein Land seine Verschuldung um mehr als die Zinszahlungen erhöhen und damit ein permanentes Handelsbilanzdefizit finanzieren. Der absolute Schuldenstand würde kontinuierlich anwachsen, ohne aber die Schuldenrelation, d.h. die Kreditwürdigkeit des Landes zu verschlechtern. Alte Schulden würden revolvierend durch neue abgelöst, so wie auch vielfach in Unternehmen über viele Jahre hinweg eine bestimmte Fremdkapitalquote aufrecht erhalten wird, auch wenn sich die Zusammensetzung der jeweiligen Kredite im Zeitverlauf durchaus ändern kann.

Unter diesen Bedingungen ist demzufolge die Verschuldung eines Landes nicht in der absoluten Höhe begrenzt, sondern einzig durch die Notwendigkeit, die Kreditwürdigkeit zu erhalten. Die optimale Strategie eines Schuldners wird dann darin bestehen, den Barwert, d.h. die auf die Gegenwart abdiskontierte Summe der künftigen Zahlungsströme, zu maximieren. Entscheidende Voraussetzung dieser Strategie ist allerdings, daß das Kreditangebot mengenmäßig nicht begrenzt ist; das ist aber kaum realistisch. Vielmehr ist damit zu rechnen, daß die verfügbaren Kreditbeträge auf den internationalen Kapitalmärkten und die Kreditwilligkeit der Gläubiger begrenzt sind. Das kann aber dazu führen, daß der Barwert künftiger Zahlungsströme negativ wird. Sind die erwarteten künftigen Zahlungsströme auf Dauer negativ, tritt eine Krise ein, da es dann für den Schuldner vorteilhaft ist, seine Schuldendienstzahlungen einzustellen. Abbildung 5.8 veranschaulicht diese Überlegungen von NIEHANS.

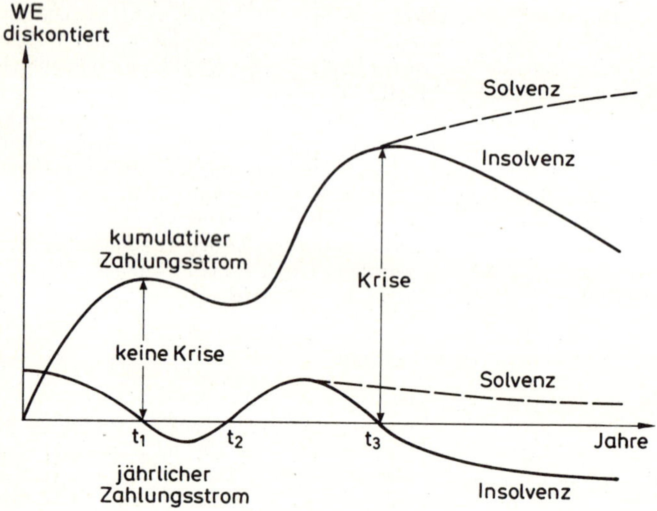

Abbildung 5.8 Nettozahlungsströme

Die untere der beiden Kurven repräsentiert die abdiskontierten jährlichen Zahlungsströme, die obere die kumulierten Zahlungsströme über einen bestimmten Planungshorizont. Unter welchen Voraussetzungen besteht nun für den Schuldner ein Anreiz zur Zahlungseinstellung? Im Zeitpunkt t_1 wird der jährliche Zahlungsstrom zwar negativ, die kumulierten Zahlungsströme erreichen in diesem Zeitpunkt aber noch nicht ihr globales Maximum, da die jährlichen Zahlungsströme von t_2 an wieder positiv sind. Anders dagegen im Zeitpunkt t_3 (betrachtet wird die durchgezogene Kurve). In diesem Zeitpunkt erreicht der kumulierte Zahlungsstrom seinen höchsten Wert, von t3 an sind alle zukünftigen jährlichen Zahlungsströme negativ. In dieser Situation ist es für den Schuldner sinnvoll, seine Zahlungen einzustellen. Gilt dagegen die unterbrochene Kurve, wird ein rationaler Schuldner bemüht sein, solvent zu bleiben. Selbst wenn die jährlichen Zahlungsströme kleiner werden, so werden sie dennoch nicht negativ, d.h. die kumulierten Zahlungsströme steigen kontinuierlich an, ohne je ihr Maximum zu erreichen.

Auch wenn es für ein Schuldner-Land, sofern der Insolvenz-Pfad gilt, folglich sinnvoll sein kann, seine Zahlungen einzustellen, ist der Solvenz-

Pfad auch aus Sicht des Schuldners dem Insolvenz-Pfad überlegen, weil im einen Fall der Barwert unendlich ist, im anderen dagegen endlich. Das bedeutet, daß ein Schuldner in der Regel bemüht sein wird, solvent zu bleiben. Lediglich wenn die kumulierten Zahlungsströme bei Solvenz niemals die Höhe der Zahlungsströme des Insolvenz-Pfads zum Zeitpunkt der Krise erreichen, besteht auch für den Schuldner ein starker Anreiz zur Insolvenz.

Allerdings wird es ein Schuldner in der Regel nicht zu einer offenen Zahlungsverweigerung kommen lassen. Vielmehr wird er versuchen, mit dieser Drohung die Gläubiger zu Umschuldungsverhandlungen und dabei zu einer Verbesserung der Kreditkonditionen und zur Vergabe neuer Kredite zu bewegen, um auf diese Weise die Kurve der abdiskontierten Zahlungsströme weiter nach oben zu verschieben.

Aus diesem Kalkül des Schuldners folgen auch einige Verhaltensmaßregeln für die Gläubiger. Sie müssen dafür sorgen, daß der Schuldner niemals in eine Situation gerät, in der sich Insolvenz für ihn lohnt. Das bedeutet, die Kurve der kumulierten Zahlungsströme darf niemals ihren absoluten Höhepunkt erreichen. Das wird um so eher zu realisieren sein, je langsamer die Verschuldung zu Beginn anwächst. Hat dagegen die Schuld in der Anfangsphase explosionsartig zugenommen, ist es kaum noch möglich, den Schuldenzuwachs auf ein langfristig annehmbares Niveau (d.h. auf die Höhe der Wachstumsrate der Exporte bzw. des Sozialprodukts) herabzudrücken, ohne dem Schuldner einen starken Anreiz zu vermitteln, die Zahlungen einzustellen. In solch einer Situation wird es dann kaum zu umgehen sein, daß die Gläubiger einen Teil der Kredite abschreiben, um die Verschuldung auf ein Niveau zurückzuführen, von dem aus ein kumulativer Zahlungsstrom ohne globales Maximum möglich ist.

5.5.4.3 Umschuldungsverhandlungen

Seit 1982 wurden in mehreren hundert Fällen die Schulden von Entwicklungsländern umstrukturiert, darunter die Schulden vieler Länder mehrfach. Im Jahr 1986 allein wurden die Schulden von 24 Entwicklungsländern mit einem Gesamtvolumen von 71,1 Mrd. US-$ umgeschuldet. 1992 vereinbarten 16 Entwicklungsländer Abkommen zur Umstrukturierung von Schulden bei öffentlichen Gläubigern in Höhe von 18,6 Mrd. US-$. Die Verhandlungen über die Umstrukturierung von öffentlichen und öffentlich garantierten Krediten werden im Rahmen des Pariser Clubs geführt, Schulden gegenüber Geschäftsbanken werden in Verhandlungen mit Bankenausschüssen (Londoner Club) umstrukturiert, wobei die meist sehr große Zahl von Banken durch einen Lenkungsausschuß vertreten wird. An den Umschuldungsverhandlungen nimmt jeweils auch der Internationale Währungsfonds (IWF) teil. Anfang der achtziger Jahre wurden in der Regel nur einjährige Abkommen geschlossen. Seit Mitte der achtziger Jahre werden auch mehrjährige Umschuldungsabkommen (multiyear restructuring agreement, MYRA) vereinbart. Dabei werden nicht mehr nur die laufenden Fälligkeiten eines einzelnen Jahres, sondern die mehrerer Jahre umgeschuldet. Während die öffentlichen Gläubiger sowohl Tilgungen als auch Zinsen umschulden, vereinbaren die Geschäftsbanken grundsätzlich nur die Umschuldung von Tilgungen.[28] Die Zahlung der Zinsrückstände ist eine Voraussetzung für den erfolgreichen Abschluß von Umschuldungsverhandlungen. Da mit diesen Abkommen meist auch verbunden ist, daß die Geschäftsbanken neue Kredite gewähren, dienen diese Kredite indirekt zur Finanzierung der Zinszahlungen. Die Aufrechterhaltung oder Ausweitung kurzfristiger Kreditlinien durch die Geschäftsbanken ist eine weitere Maßnahme, um akute Zahlungsprobleme der Schuldner zu überbrücken. Die konsolidierten öffentlichen Schulden sind in der Regel nach einer tilgungsfreien Zeit von fünf bis sechs Jahren innerhalb von bis zu zehn Jahren zu tilgen. Die entsprechenden Fristen für Schulden gegenüber Geschäftsbanken sind geringfügig kürzer. Bei kommerziellen Schulden gilt der jeweilige Marktzinssatz, wobei die Zinsmargen (spread) in den letzten Jahren auf bis zu unter einem Prozent gesenkt wurden. Für die ärmsten und die besonders hoch verschuldeten Entwicklungsländer wurden nach und nach die Umschuldungsbedingungen weiter verbessert: 10 Freijahre, bis zu 20 Jahre Gesamtlaufzeit, Reduzierung der laufenden Forderungen. In besonderen Fällen können sogar noch günstigere Bedingungen eingeräumt werden.

Generelle Schuldenmoratorien werden auch von den öffentlichen Kreditgebern abgelehnt. Bei den ärmsten Entwicklungsländern sind einige öffentliche Geber aber zu länderweisen Verhandlungen über die Streichung von Schulden bereit. Seit 1978 hat beispielsweise die Bundesrepublik Deutschland solchen Ländern (insbesondere in Afrika südlich der Sahara) Rückzahlungsverpflichtungen in Höhe von rund 8 Mrd. DM erlassen.

5.5.4.4 Der Internationale Währungsfonds

Der Internationale Währungsfonds (IWF) spielt bei der Überwindung von Verschuldungskrisen eine wichtige Rolle. Er berät die verschuldeten Länder bei ihrem Bemühen, die erforderlichen wirtschaftspolitischen Anpassungsmaßnahmen durchzuführen, er ist bei den meisten Umschuldungsverhandlungen vertreten und stellt den Ländern internationale Liquidität zur Überbrückung von Zahlungsbilanzproblemen zur Verfügung. Besonderen Einfluß auf die Wirtschaftspolitik der verschuldeten Länder besitzt der IWF dadurch, daß die öffentlichen und die privaten Gläubiger zur Voraussetzung von Umschuldungsabkommen machen, daß die Schuldner ein **Stabilisierungsprogramm** mit dem IWF vereinbaren. Von dieser Regel sind die Gläubiger bisher nur in ganz wenigen Fällen abgewichen.

Der IWF wurde im Jahr 1944 im Rahmen der Konferenz von Bretton Woods gegründet. Er hat gegenwärtig rund 180 Mitglieder, davon sind etwa 155 Entwicklungsländer. Besonders in den letzten Jahren ist die Anzahl der Mitgliedsstaaten beträchtlich angestiegen, da zahlreiche neue, unabhängige Staaten, vor allem auf dem Territorium der ehemaligen Sowjetunion, Mitglieder des IWF wurden. Damit wurde der IWF zu einer nahezu alle Länder

[28] In beiden Fällen können bis zu 100 vH der Fälligkeiten umgeschuldet werden.

der Erde umfassenden Institution. Gerade die vielen ehemals sozialistischen Länder erhoffen sich vom IWF Beratung und Unterstützung bei ihrem schwierigen Transformationsprozeß.

Aufgabe des IWF ist es, ein ausgewogenes Wachstum des Welthandels zu fördern, die internationale währungspolitische Zusammenarbeit zu fördern, geordnete Währungsbeziehungen zwischen den Mitgliedsländern aufrechtzuerhalten, auf die innere und äußere Stabilität der Währungen der Mitgliedsländer hinzuwirken und die Finanzierung und den Abbau von Zahlungsbilanzungleichgewichten zu fördern. Die Mitglieder des IWF verpflichten sich, den internationalen Kapitalverkehr nicht zu behindern sowie Manipulationen der Wechselkurse oder des internationalen Währungssystems zu vermeiden, die dazu geeignet sind, einen wirksamen Zahlungsbilanzausgleich zu verhindern oder einen unfairen Vorteil gegenüber den anderen Mitgliedsländern zu erlangen. Störungen auf den Devisenmärkten sollen falls nötig durch Interventionen behoben werden, wobei die Interessen der übrigen Mitglieder berücksichtigt werden sollen. Der IWF überwacht die Wechselkurspolitik seiner Mitglieder. Im Zusammenhang mit dem internationalen Verschuldungsproblem sind insbesondere die verschiedenen Möglichkeiten des IWF von Bedeutung, seinen Mitgliedern internationale Liquidität bereit zu stellen.

Jedes Mitgliedsland besitzt eine **Quote**. Sie wird in Sonderziehungsrechten (SZR) ausgedrückt und entspricht gewissermaßen dem Anteil des Landes am IWF. Bei der Festlegung der Quoten werden vor allem das Bruttoinlandsprodukt, die Währungsreserven und die außenwirtschaftlichen Transaktionen des jeweiligen Landes herangezogen. Seit der letzten (neunten) «Allgemeinen Quotenüberprüfung» (in Kraft seit 1993) beträgt die Gesamtsumme der Quoten rund 155 Mrd. SZR. Der Quotenanteil der Industrieländer beträgt knapp 60 vH, jener der Entwicklungsländer rund 40 vH, davon halten 12 wichtige Ölexportländer circa 10 vH. Nach der Quote richtet sich auch das Stimmrecht eines Landes. Für Beschlüsse von grundsätzlicher Bedeutung ist eine Mehrheit von 85 vH der Stimmrechte erforderlich, sie können daher nur in einem breiten Konsens gefaßt werden.

Jedes Mitglied ist zur **Subskription** in Höhe der eigenen Quote verpflichtet. Ein Viertel der Quote ist in SZR (früher Gold) einzuzahlen, in Ausnahmefällen wird auch eigene oder fremde Währung akzeptiert, der Rest wird in eigener Währung eingezahlt. Zur Überbrückung von Zahlungsbilanzschwierigkeiten stehen dem Land verschiedene **Ziehungsmöglichkeiten** (Tranchen), deren Höhe sich jeweils als Prozentsatz der Quote bemißt, offen.

Im Rahmen der **Reservetranche** besitzt das Mitglied ein automatisches Ziehungsrecht, das in der Regel 25 vH der Quote beträgt, nämlich der nicht in eigener Währung geleisteten Subskription. Hat der IWF indes einen Teil der in eigener Währung erbrachten Subskription an andere Länder ausgeliehen, erhöht sich entsprechend die Reservetranche des Mitglieds, theoretisch bis auf 100 vH der Quote. Für Länder mit schwacher Zahlungsbilanz besteht allerdings kaum die Aussicht, daß sich auf diese Weise ihre Reservetranche erhöht. Ziehungen innerhalb der Reservetranche setzen echte eigene

Finanzierungsleistungen voraus, sind daher nicht eine Kreditgewährung des IWF und aus diesem Grunde auch gebührenfrei.

Innerhalb der **Kreditfazilitäten** erhält ein Mitglied Fremdwährung oder SZR vom IWF gegen eigene Währung; das Land erhält gewissermaßen einen Devisenkredit, der mit Devisen oder SZR wieder zurückgekauft (rekonstituiert) werden muß. Die Kredittranchen erlauben dem Mitglied Ziehungen von insgesamt 100 vH der Quote, wobei 25 vH auf die **erste Kredittranche** entfallen und jeweils 25 vH auf die drei **höheren Kredittranchen**. Die Laufzeiten für diese Kredittranchen (Rückkaufperiode) liegen bei drei bis fünf Jahren.

Tiefgreifende außen- und binnenwirtschaftliche Strukturprobleme werden sich kaum in wenigen Jahren beheben lassen. Daher wurde 1974 die **Erweiterte Fondsfazilität** (EFF) eingeführt. Im Rahmen dieser Fazilität werden Programme von drei (in Ausnahmefällen vier Jahren) Laufzeit finanziert, mit deren Hilfe Zahlungsbilanzprobleme behoben werden sollen, die durch makroökonomische und strukturelle Probleme verursacht sind. Ziehungen innerhalb der Kredittranchen werden auf die Ziehungen im Rahmen der EEF angerechnet. Die jährlichen Ziehungsmöglichkeiten, einschließlich der Kredittranchen, sind auf 68 vH der Quote begrenzt, kumulativ auf maximal 300 vH. Die Rückkaufperiode beträgt 4,5 bis 10 Jahre.

Im Jahr 1981 wurden die Ziehungsmöglichkeiten innerhalb der Kredittranchen und der Erweiterten Fondsfazilität durch die **Politik des erweiterten Zugangs** ausgeweitet. Damit sollten die Ziehungsmöglichkeiten für eine begrenzte Zeit aufgestockt werden, um den größeren Zahlungsbilanzproblemen und dem größeren Bedarf an internationaler Liquidität im Gefolge der weltwirtschaftlichen Probleme Rechnung zu tragen. Ursprünglich beliefen sich die Ziehungsmöglichkeiten durch diese Politik (einschließlich Kredittranchen und Erweiterter Zugang) auf 150 vH der Quote pro Jahr und 450 vH innerhalb von drei Jahren, bei einer Obergrenze von 600 vH für die Gesamtziehungen. Die Politik des erweiterten Zugangs hatte somit hinsichtlich der Ziehungsmöglichkeiten die gleichen Auswirkungen wie eine Quotenerhöhung. Mit der Quotenerhöhung im Jahre 1983 war daher auch beabsichtigt, diese Politik wieder zu beenden. Angesichts der auch zu diesem Zeitpunkt weiter bestehenden weltwirtschaftlichen Probleme schien es den meisten Mitgliedern jedoch sinnvoll, die Politik des erweiterten Zugangs fortzusetzen, wobei die Ziehungsgrenzen allerdings schrittweise reduziert wurden. Die Politik des erweiterten Zugangs ist aufgrund der neunten allgemeinen Quotenüberprüfung im Jahr 1992 ausgelaufen.

Die **Fazilität zur Strukturanpassung** wurde im Jahr 1986 eingerichtet und 1987 ergänzt durch die erweiterte Strukturanpassungsfazilität. Sie soll dazu dienen, in Ländern mit niedrigem Einkommen makroökonomische Anpassungsmaßnahmen und strukturelle Reformen zu erleichtern und das wirtschaftliche Wachstum zu fördern. Hierzu erarbeiten das ziehende Land, der IWF und die Weltbank ein auf drei Jahre ausgelegtes und jährlich aktualisiertes Strukturanpassungsprogramm. Im ersten Programmjahr können 15 vH der Quote gezogen werden, im zweiten 20 vH und im dritten Jahr wieder 15 vH; insgesamt ist die Ziehungsmöglichkeit über den Dreijahreszeitraum auf 50 vH der Quote begrenzt. Diese Fazilität steht allerdings nicht allen Mitgliedern offen. Ziehungsberechtigt sind 58 Mitglieder mit niedrigem Einkommen, die auch Kredite der IDA erhalten können. China und Indien haben auf eine Inanspruchnahme verzichtet. Ziehungen im Rahmen dieser Fazilität sind mit 0,5 vH zu verzinsen und nach fünf Freijahren innerhalb der darauf folgenden fünf Jahre zurückzuzahlen.

Die Zielsetzungen der **erweiterten Strukturanpassungsfazilität**, die Bedingungen für den Zugang und die Art der Anpassungsprogramme sind ähnlich wie bei der Strukturanpassungsfazilität. Strukturanpassungsprogramme im Rahmen der erweiterten Strukturanpassungsfazilität unterscheiden sich jedoch bezüglich Ausmaß und Intensität sowie der Überwachung der Politik. Auch die Zugangsgrenzen sind deutlich höher. Im Durchschnitt sind die Ziehungen (über einen Dreijahreszeitraum) auf 110 vH der Quote, maximal jedoch auf 190 vH begrenzt. In Ausnahmefällen kann die Grenze auf 255 vH der Quote angehoben werden. Ursprünglich sollte die erweiterte Strukturanpassungsfazilität Ende 1993 auslaufen. Wegen der guten Erfahrungen mit diesen Anpassungsprogrammen und dem fortbestehenden Anpassungsbedarf sollen die Programme jedoch weitergeführt werden.

Neben den erörterten Fazilitäten gibt es zwei weitere Ziehungsmöglichkeiten. Zum einen die **Kompensatorische Finanzierungsfazilität** zum Ausgleich von Exporterlösausfällen und von erhöhten Ausgaben für Getreideimporte (95 vH der Quote). Zum anderen die **Fazilität zur Finanzierung von Marktausgleichslagern** (35 vH).[29]

Im Jahr 1988 wurde die Kompensatorische Finanzierungsfazilität, insbesondere im Hinblick auf die speziellen Probleme der verschuldeten Entwicklungsländer, erweitert zu einer Finanzierungsfazilität zum Ausgleich von Exporterlösschwankungen und unvorhergesehenen Ausgaben (Compensatory and Contingency Financing Facility). Hierdurch soll ermöglicht werden, daß Fondsunterstützte Anpassungsprogramme auch bei unvorhergesehenen ungünstigen externen Einflüssen (z. B. unerwarteter Anstieg der Zinsen auf den internationalen Kapitalmärkten) fortgeführt werden können. Im Falle einer ansonsten (d. h. abgesehen vom Exporterlösausfall oder den erhöhten Getreideimportkosten) zufriedenstellenden Zahlungsbilanzsituation ist die Ziehungsmöglichkeit auf 65 vH der Quote begrenzt, insgesamt belaufen sich die Ziehungsmöglichkeiten auf maximal 95 vH der Quote. Ziehungen im Rahmen der Fazilität zum Ausgleich unvorhergesehener Ausgaben können allerdings nur in Verbindung mit einem Beistandsabkommen, einem Abkommen im Rahmen der erweiterten Fondsfazilität, der Strukturanpassungsfazilität oder der erweiterten Strukturanpassungsfazilität vorgenommen werden.

Voraussetzung für die Ziehung ist, daß der Fonds überzeugt ist, das ziehende Land werde bei der Lösung der Zahlungsbilanzprobleme mit dem Fonds zusammenarbeiten. Ziel ist die Stabilisierung der Wirtschaft, die Vermeidung der Kapitalflucht, die Durchführung struktureller und institutioneller Reformen, die Reduzierung der Inflation. Das ziehende Land ver-

[29] Vgl. hierzu Kapitel 4.6, insbesondere Abschnitt 4.6.3.

pflichtet sich, keine neuen Restriktionen für den Außenhandel und den Kapitalverkehr einzuführen oder bestehende nicht zu erhöhen. Ziel der Unterstützung ist es generell, daß die begünstigten Mitgliedsländer möglichst bald Anpassungsprogramme im Rahmen der üblichen Fondsfazilitäten vereinbaren. Die Ziehungen sind auf 50 vH der Quote begrenzt. Die Auszahlungen erfolgen in Raten, je nach Fortschritt des Programms und Kooperationsbereitschaft mit dem Fonds. Die Rückkaufperiode liegt zwischen 4 und 10 Jahren.

Speziell für die Transformationsländer in Mittel- und Osteuropa sowie in Zentralasien wurde im Jahr 1993 eine Systemübergangsfazilität geschaffen. Mit den Mitteln dieser Fazilität soll der wirtschaftliche Transformationsprozeß in diesen Ländern gefördert werden.

Ziehungen im Rahmen der verschiedenen Fazilitäten müssen verzinst werden, da es sich gewissermaßen um einen Währungskredit des IWF an das ziehende Land handelt. Abgesehen von der Reservetranche (kein Zins) und der Fazilität zur Strukturanpassung mit einem Zinssion 0,5 vH beträgt der Zinssatz gegenwärtig circa 7 vH, wobei sich der Zins bei einigen Fazilitäten nach den Kosten des IWF richtet, bei anderen nach dem Marktzinssatz.

Kredite im Rahmen der IWF-Fazilitäten werden indes nur gewährt, wenn das kreditnehmende Land mehr oder minder weitgehende **wirtschaftspolitische Auflagen** (Konditionen) akzeptiert. Diese Konditionen werden um so strenger, je weiter ein Mitglied seine Ziehungsmöglichkeiten in Anspruch nimmt. Ziehungen im Rahmen der Reservetranche (Reserveposition) sind ohne Auflagen möglich, das ziehende Land muß lediglich anhand seiner Zahlungsbilanz- und Reserveentwicklung seinen Bedarf nachweisen. Das Mitglied besitzt ein automatisches Ziehungsrecht.

Für Ziehungen innerhalb der Ersten Kredittranche sowie der Kompensatorischen Finanzierungsfazilität und Bufferstock-Fazilität sind nur mit geringen Auflagen verbunden. Das ziehende Land muß lediglich nachweisen, daß es sich bemüht, seine Zahlungsbilanzschwierigkeiten zu beheben.

Bei Ziehungen im Rahmen der Höheren Kredittranchen und der Erweiterten Fondsfazilität werden zwischen dem IWF und dem jeweiligen Land Beistandsabkommen geschlossen. Das Land erklärt sich in einer Absichtserklärung (letter of intent) bereit, mit Unterstützung des Fonds ein Stabilisierungsprogramm durchzuführen, das die Ursachen der Zahlungsbilanzprobleme beheben soll. Diese Programme enthalten wirtschaftspolitische Auflagen und konkrete Zielvorgaben (Konditionalität). Die IWF-Kredite werden in der Regel in Teilbeträgen und nur nach Fortschritt des Stabilisierungsprogramms ausgezahlt. Diese Programme werden erstellt auf der Grundlage einer eingehenden Analyse der wirtschaftlichen Lage des jeweiligen Landes und in Abständen von einem halben Jahr überprüft.

Kernpunkte dieser Stabilisierungsprogramme sind wirtschaftspolitische Auflagen, wie die Abwertung der Währung, die Verringerung des Staatsdefizits, die Reduzierung der Protektion der heimischen Wirtschaft und der Diskriminierung der Exporte, die Korrektur der verzerrten inländischen Preisrelationen, insbesondere der Abbau der Nahrungsmittelsubventionen und die Aufhebung von Mindestlohnvorschriften. Insgesamt müssen die inländische Absorption reduziert, die Importe zurückgeführt, die Exporte erhöht, der Konsum eingeschränkt und die Investitionsmittel erhöht und effizienter verwendet werden. Oberstes Ziel dieser Auflagen ist es, die Ursache der Zahlungsbilanzdefizite zu beseitigen und die Bedingungen für wirtschaftliches Wachstum zu verbessern.

Es ist nur allzu verständlich, daß die betroffenen Länder solchen Auflagen heftigen Widerstand entgegensetzen. Häufig wird der IWF daher kritisiert, er mache den verschuldeten Ländern zu strenge Auflagen und berücksichtige zu wenig die tiefgreifenden internen Anpassungsfolgen der Stabilisierungsprogramme. Besonders wird hervorgehoben, daß die Last der Anpassung vorwiegend von den ärmeren Bevölkerungsschichten getragen werden müsse. Den Ländern, die sich in einer Verschuldungskrise befinden, bleibt indes kaum ein anderer Ausweg, als ein Stabilisierungsprogramm durchzuführen und dabei mit dem IWF zu kooperieren. Nur dann besteht Aussicht, von den privaten Banken und den öffentlichen Gläubigern neue Kredite zu erhalten. Ohne den Abschluß eines Beistandsabkommens würde vermutlich der Zufluß neuer Kredite völlig versiegen. Die notwendigen Anpassungsmaßnahmen müßten dann aber noch einschneidender sein, da ohne neue Kredite die inländische Absorption noch weiter reduziert werden müßte.

6 Nationale Wirtschafts- und Entwicklungspolitik

6.1 Einführung

Die Einschätzung der Aufgaben und der Bedeutung der nationalen Wirtschafts- und Entwicklungspolitik hat in der Vergangenheit verschiedene Wandlungen durchlaufen. Noch bis in die siebziger Jahre hinein bestand weitgehende Einmütigkeit darüber, daß der Entwicklungsprozeß von der jeweiligen nationalen Regierung planvoll gesteuert werden müsse und keineswegs dem freien Spiel der Marktkräfte überlassen werden dürfe. Diese Einschätzung wurde bestärkt durch die ungünstigen Erfahrungen vieler Länder während der Weltwirtschaftskrise der zwanziger und dreißiger Jahre sowie durch die rasche Industrialisierung in der UdSSR.

Das System einer zentral verwalteten Wirtschaft wurde für viele Länder zum Leitbild, ohne daß sie sich der menschlichen Leiden und der immensen Ressourcenvernichtung, mit der diese Erfolge erkauft wurden, bewußt waren. Auch bilaterale und multilaterale Entwicklungshilfegeber drängten in vielen Fällen die Entwicklungsländer, stärker in den Wirtschaftsablauf einzugreifen und die wirtschaftliche und soziale Entwicklung anhand vorgegebener Planziele und mit Hilfe spezieller Verfahren und Instrumente zu steuern. Daher versuchten viele Entwicklungsländer, die wirtschaftliche und soziale Entwicklung ihrer Länder mit Hilfe nationaler Pläne und mit einer mehr oder minder weitreichenden nationalen Entwicklungsplanung voranzutreiben.

Die Begeisterung für eine umfassende Entwicklungsplanung, wie sie ehemals (mit wenigen Ausnahmen) in den Entwicklungsländern weit verbreitet war, ist heute fast vollständig verflogen. Ernüchtert wurde Bilanz gezogen. Der «Planoptimismus» hat sich gelegt und hat einem «Planpessimismus» Platz gemacht. Tiefgreifende und umfassende staatliche Eingriffe in den Wirtschaftsablauf haben nicht die erhofften Erfolge bewirkt. Die Realität blieb meist hinter den oft allzu ambitiös gesteckten Zielen zurück. Waren die Planungsmodelle auch sorgfältig und mit intensiver Beratung durch internationale Experten ausgearbeitet, so scheiterten sie meist an der Umsetzung. Es kam hinzu, daß oft gerade die Entwicklungsländer wirtschaftliche und soziale Entwicklungserfolge erzielten, die explizit auf staatliche Entwicklungspläne verzichteten oder zumindest das Ausmaß der staatlichen Interventionen reduzierten. Solche «Politikwechsel» führten dann meist in vergleichsweise kurzer Zeit zu merklichen Entwicklungserfolgen. Umgekehrt ließ sich meist kaum ein positiver Effekt der Entwicklungsplanung nachweisen.

Schließlich diskreditierte der Kollaps der ehemals sozialistischen Staaten Ost- und Mitteleuropas die Idee einer zentral gelenkten staatlichen Wirtschaft völlig. Das Konzept einer marktwirtschaftlichen Organisation der Wirtschaft hat sich in den Entwicklungsländern (mit einigen wenigen Ausnahmen) durchgesetzt.

Auch in anderer Hinsicht hat ein Umdenkungsprozeß stattgefunden: Während noch bis in die siebziger Jahre hinein die außenwirtschaftlichen Faktoren in der Wirtschafts- und Entwicklungspolitik die erste Priorität einnahmen, werden seit einigen Jahren zunehmend den nationalen Faktoren der Wirtschaft- und Entwicklungspolitik, den Eigenanstrengungen und den nationalen Rahmenbedingungen Beachtung geschenkt. Auch hier haben die beispielhaften Erfolge einiger Länder den Umdenkungsprozeß gefördert. Aber auch das Scheitern der Entwicklungsländer bei ihrem Versuch, eine neue Weltwirtschaftsordnung durchzusetzen, und die Erfolge einiger Länder bei der Anpassung ihrer Wirtschaftsstruktur im Verlauf der internationalen Verschuldungskrise haben hierzu beigetragen.

Vor dem Hintergrund dieser Erfahrungen läßt sich jedoch kein allgemeingültiges wirtschaftspolitisches Rezept herausfiltern oder ein bestimmter institutioneller Rahmen festlegen, der für alle Länder und unter allen Umständen in gleicher Weise Gültigkeit besitzt. Was unter einer angemessenen Entwicklung für ein Land zu verstehen ist, hängt von dessen Entwicklungsstand, den natürlichen Ressourcen und den jeweiligen Zielen ab.

In diesem Kapitel, das die wirtschaftspolitischen Aspekte in den Vordergrund stellt, ohne die sozialen Gesichtspunkte einer entwicklungspolitischen Aufgabenstellung zu vernachlässigen, wird der komplexe Prozeß der Wirtschafts- und Entwicklungspolitik erörtert.

Wirtschafts- und entwicklungspolitische Ziele sowie der ordnungspolitische Rahmen werden zunächst theoretisch aufbereitet. Die allgemeinen Zielsetzungen einer ökonomischen Entwicklungspolitik verlangen jedoch nach einer Ordnung, die ihre Umsetzung garantiert. Nach der Erörterung idealtypischer Ansätze werden diese in ihrem Bezugssystem – die Entwicklungsländer – betrachtet.

Wenn auch zentrale Wirtschaftsplanungsmodelle kaum noch angewendet werden und die nachteiligen Folgen weitreichender staatlicher Interventionen in den Wirtschaftsablauf offenkundig sind, so beruht ein jedes Wirtschaftssystem dennoch darauf, daß die Wirtschaftssubjekte, das heißt der Staat, die Konsumenten und die Produzenten, ihre Aktivitäten planvoll vorbereiten und durchführen. Hierzu können sie, unabhängig vom Wirtschaftssystem, auf bestimmte Programmierungsmethoden und -techniken zurückgreifen.

Sowohl die nationalen Entwicklungsprogramme wie auch die Projekte der internationalen Entwicklungszusammenarbeit müssen, um ihren Erfolg zu garantieren, zielgerichtet gesteuert und, bezüglich ihrer kurz- und langfristigen Wirkungen, ständig bewertet werden. Der Aufbau von sog. Monitoring- und Evaluierungssystemen stellt hohe Anforderungen. Dieses Kapitel schließt mit einer Darstellung von Methoden und Techniken, um solche Systeme nicht nur etablieren, sondern auch effizient einsetzen zu können.

Schließlich werden in einem letzten Abschnitt wichtige Felder der nationalen Entwicklungspolitik erörtert und Ansatzpunkte erläutert, die in den letzten Jahren im Zentrum der nationalen entwicklungs- und wirtschaftspolitischen Aktivitäten der Entwicklungsländer stehen.

6.2 Entwicklungsökonomische Ziele

Als übergeordnete entwicklungspolitische Zielsetzung gilt allgemein die Hebung des Entwicklungsniveaus im wirtschaftlichen, sozialen und politischen Bereich mit der Absicht, das Gefälle zu den Industrieländern zu verringern. Basis dabei ist die Überzeugung, daß das Entwicklungsniveau der Industrieländer ein erstrebenswertes Vorbild für die Entwicklungsländer abgibt. Es würde hier zu weit führen, die Richtigkeit oder Fehlerhaftigkeit dieser Überzeugung zu diskutieren. Das «Vorbild hochentwickeltes Industrieland» erscheint in seiner Absolutheit zumindest im soziokulturellen und bis zu einem gewissen Maße auch im politischen Bereich für «die» Entwicklungsländer, die wiederum eine höchst differenzierte Gruppe darstellen, fragwürdig. Noch am ehesten vertretbar ist diese Zielsetzung der Verringerung des Grabens («gap») im ökonomischen Bereich, wenn man unter ökonomischer Entwicklung die Fähigkeit zur möglichst weitgehenden Befriedigung der Bedürfnisse der Bevölkerung eines Landes versteht.

Im Hinblick auf die nationale Wirtschafts- und Entwicklungspolitik, insbesondere die Quantifizierung von entwicklungsökonomischen Zielen, erhebt sich das Problem der Messung des Entwicklungsstandes oder, in dynamischer Betrachtung, des Entwicklungsprozesses. Im ökonomischen Zusammenhang dieser Einführung wird zur Operationalisierung das verfügbare Gütervolumen in bezug auf Quantität, Qualität und Verteilung als Meßgröße herangezogen, d.h. das obengenannte allgemeine entwicklungsökonomische Oberziel wird reduziert auf die Veränderung dieses Gütervolumens im Zeitablauf.

Dies erscheint auf den ersten Blick durchaus gerechtfertigt, da einerseits der «Entwicklungsstand» schwer zu messen ist[1], und man andererseits von einer positiven Korrelation zwischen ökonomischer, sozialer und politischer Entwicklung ausgeht.

Der erstgenannte Grund schneidet sowohl das Problem internationaler Vergleiche des Pro-Kopf-Einkommens an wie auch das der Abgrenzung zwischen Industrieländern und Entwicklungsländern. Ist das operationale Ziel eine verbesserte bzw. ausreichende materielle Güterversorgung in einem Entwicklungsland, gemessen als Steigerung des Pro-Kopf-Einkommens, so kann man die ganze Unzulänglichkeit der volkswirtschaftlichen Bruttosozialproduktsberechnungen (wie Doppelzählungen der Vorleistungen, schwer quantifizierbarer Subsistenzbereich, Nichtberücksichtigung der Einkommensverteilung, nicht monetär entlohnte (Haus-)Arbeit u.a.) nicht außer acht lassen.

Der zweite Grund geht von einer positiven Korrelation zwischen Wachstum des Pro-Kopf-Einkommens und Fortschritten in der sozialen und politischen Entwicklung aus. Diese Überlegung ist auf den ersten Blick plausibel, könnten doch mit nachlassendem ökonomischen Druck durch bessere Güterversorgung mehr Anstrengungen auf den sozialen und politischen Bereich

[1] Vgl. Kapitel 2.

verlagert werden. Die Praxis zeigt, daß dies bei weitem nicht der Normalfall ist.

Parallelentwicklung oder Diskrepanzen sind empirisch nicht eindeutig nachweisbar, so daß eine klare Aussage nur schwer möglich erscheint. Dennoch sollen trotz offensichtlicher Mängel die genannten Konzepte hier als Grundlage der Erläuterung entwicklungsökonomischer Ziele dienen, m.a.W. es wird die allgemeine entwicklungspolitische Zielsetzung auf eine überwiegend ökonomische Betrachtung konzentriert und anhand der Veränderung des Pro-Kopf-Einkommens operationalisiert.

Es ergeben sich dann drei Dimensionen der Veränderung des Pro-Kopf-Einkommens, die Grundlage einer ökonomischen Entwicklung sowohl für Entwicklungsländer als auch für Industrieländer sind. Es handelt sich um die Bedingungen der Entstehung, der Verwendung und der Verteilung des Einkommens[2].

6.2.1 Optimale Produktionsstruktur

Voraussetzung für die optimale Einkommensentstehung ist es, eine maximale Bedürfnisbefriedigung bei effizienter Produktion zu erzielen.

Dazu müssen folgende Bedingungen erfüllt werden: Zunächst muß auf der für das Land durch die jeweiligen Faktorbestände und den jeweiligen Stand der Technik vorgegebenen Transformationskurve produziert werden. Das bedeutet, daß die Produktion des einen Gutes nur bei Verzicht auf bestimmte Produktionsmengen des anderen Gutes – ausgehend von einer Zweigüterproduktion – ausgedehnt werden kann. Auf der Grundlage der Produktionsfunktionen in den betreffenden Produktionsbereichen müssen alle Faktoren so zugeteilt sein, daß es keine alternative Verwendung gibt, in der sie ein höheres Wertgrenzprodukt erbringen würden.

Ferner müssen die produzierten Güter so auf die Individuen der Gesellschaft verteilt sein, daß auf Basis der gesellschaftlichen Wohlfahrtsfunktion maximale Bedürfnisbefriedigung und daher die höchstmögliche soziale Indifferenzkurve in dem durch die Wohlfahrtsfunktion vorgegebenen Indifferenzkurvensystem erreicht wird. Dies besagt, daß die Grenzraten der Substitution zwischen allen beliebigen Güterpaaren eines bestimmten Güterbündels (im Zweigütermodell also zwei) in sämtlichen Alternativen ihrer Verwendung übereinstimmen müssen. Diese spezifischen Grenzraten der Substitution sind dann gleich den sozialen.

Schließlich muß die Produktionsstruktur optimal auf die Nachfragestruktur abgestimmt sein. Dies bedeutet, daß bei Produktion auf der Transformationskurve und optimaler Güterverteilung die höchstmögliche soziale Indifferenzkurve erreicht wird. Die Realisierung dieser auf die bestmögliche Bedürfnisbefriedigung abgestimmten optimalen Produktion nennt man auch das **Top Level Optimum**.

[2] Diese Dreiteilung und die folgenden Erläuterungen dazu lehnen sich an die entsprechenden Ausführungen in: H.-R. Hemmer, Wirtschaftsprobleme der Entwicklungsländer, München 1978, S. 47 ff., an.

Hier gilt es nun zu unterscheiden, ob dieses in einer geschlossenen oder in einer offenen Volkswirtschaft verwirklicht werden soll. Grundlegend ist hier die Unterscheidung zwischen nationalen und internationalen Gütern. Letztere sind solche Güter, die entweder zwischen Ländern gehandelt werden oder gehandelt werden könnten, für die also ein Preis auf dem Weltmarkt besteht. Es ist die weitaus größere Gruppe von Gütern.

Demgegenüber sind nationale Güter dadurch gekennzeichnet, daß sie entweder (z.B. wegen zu hoher Transportkosten) nicht handelsfähig sind, wie bestimmte Rohstoffe (Sand, Kies, Wasser), Infrastrukturleistungen und Dienstleistungen, oder nur für die spezifischen Bedingungen in einem bestimmten Land produziert und auch nur dort nachgefragt werden (z.B. klimaangepaßte Kleidung).

Natürlich ist die Bestimmung des Top Level Optimums für nationale Güter auch in einem Land von Bedeutung, das Handelsverflechtungen mit der übrigen Welt hat, d.h. eine offene Volkswirtschaft ist. Der Grund ist, daß in einem solchen Land auch die Optimalbedingungen für die Industrien der nationalen Güter bestimmt werden müssen.

Betrachtet man nun ein Zweigütermodell (für die Güter X und Y), so ist das Top Level Optimum für nationale Güter wie in Abbildung 6.1 darstellbar.

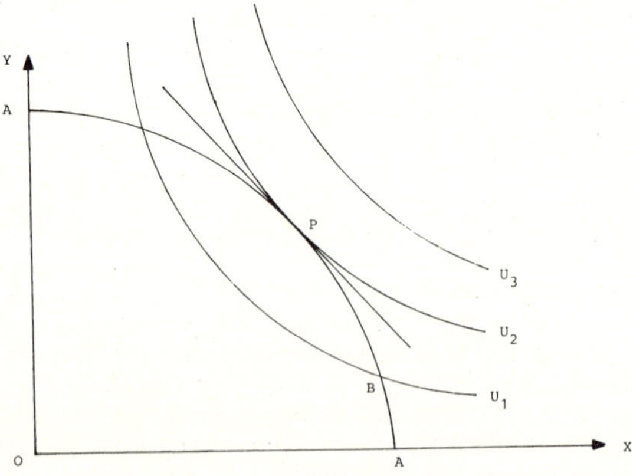

Abbildung 6.1 Optimale Produktionsstruktur bei nationalen Gütern

Als Realisierung des Optimums gilt nun die Erfüllung aller oben aufgeführten Bedingungen. Es muß ein Produktionspunkt auf der Transformationskurve des Landes, vorgegeben durch die Linie AA, verwirklicht werden. Ferner existiert für die betrachtete Gesellschaft eine Schar von Indifferenzkurven (U), die ein gegebenes gesellschaftliches Präferenzsystem repräsentieren und damit die Erfüllung der zweiten Bedingung gewährleisten.

Das Top Level Optimum wird nun durch optimale Abstimmung der effizienten Produktion (auf der Transformationskurve) auf die gesellschaftliche Präferenzstruktur erreicht. Graphisch liegt es dort, wo die Transformations- oder Produktionsmöglichkeitskurve die höchsterreichbare Indifferenzkurve tangiert, im vorliegenden Modell also in Punkt P. Hier tangiert die gegebene Transformationskurve AA die gerade noch erreichbare gesellschaftliche Indifferenzkurve U_2. In diesem Punkt sind alle genannten Bedingungen gleichzeitig erfüllt. Graphisch wird dies verdeutlicht durch die Identität der Steigungen von Transformationskurve und Indifferenzkurve in diesem Punkt. Die Steigung der erstgenannten, die Grenzrate der Transformation, drückt aus, in welchem Maße man auf die Produktion des Gutes X verzichten muß, wenn man die Produktion von Y um eine Einheit ausdehnen möchte. Sie repräsentiert also das soziale Grenzkostenverhältnis. Die Steigung der Indifferenzkurve, die soziale Grenzrate der Substitution, ist Ausdruck für die Menge des Gutes Y, die dem Güterbündel der Gesellschaft hinzugefügt werden muß, wenn sie auf eine Einheit von X verzichten soll, ohne Nutzeneinbußen zu erleiden.

Fallen diese Steigungen zusammen, wie in P, so ist gewährleistet, daß die Wohlfahrt des Landes unter den gegebenen Produktionsmöglichkeiten durch eine Umstrukturierung nicht erhöht werden kann. Dies wäre aber der Fall, wenn z. B. in Punkt B produziert würde. Hier könnte durch die Umstrukturierung der Produktion zugunsten von Y eine höhere Indifferenzkurve als U_1, mithin eine größere gesellschaftliche Wohlfahrt, erreicht werden. Dies ist so lange möglich, bis in P wieder die Transformationskurve die Indifferenzkurve U_2 tangiert.

Beachtet werden muß, daß diese optimale Produktionsstruktur nur für den gerade betrachteten Zeitpunkt gültig ist, da es sich um eine statische Betrachtung handelt. Im Laufe eines Entwicklungsprozesses, also eines dynamischen Vorganges ist aber damit zu rechnen, daß die einzelnen Industrien unterschiedlich von der Änderung von Präferenzen und Entwicklungen der gesamtwirtschaftlichen Produktionsmöglichkeiten betroffen werden. Dies äußert sich in zweifacher Weise:

Bei wachsender Güterversorgung können sich auf der Nachfrageseite die Präferenzen zugunsten höherwertiger Güter verschieben und z. B. für Grundnahrungsmittel relativ nachlassen. Auf der Angebotsseite werden nicht alle Industrien in gleicher Weise am Wachstumsprozeß teilnehmen, sondern manche werden überproportional, andere in geringerem Maße wachsen, stagnieren oder gar schrumpfen. Diese vielleicht sogar gewünschten Strukturänderungen bedingen im ersten Fall eine Drehung des Indifferenzkurvenschemas zugunsten der nun höher bewerteten Güter; im zweiten Fall verschiebt sich die Transformationskurve nicht einfach parallel, sondern ändert auch ihre Form. Beides führt zu neuen Tangentialpunkten, also anderen Top Level Optima. Wenn man also die Bedingungen für das Top Level Optimum im Rahmen der Entwicklung bestimmen will, dürfen die oben aufgezeigten Veränderungen ebensowenig außer acht bleiben, wie beispielsweise die Einführung oder das Entstehen neuer Güterarten und neuer Produktionstechniken.

Der grundsätzliche Unterschied des Top Level Optimums bei internationalen Gütern zu dem bei nationalen Gütern liegt darin, daß sich Indifferenzkurve und Transformationskurve nicht mehr berühren müssen, Konsum- und Produktionspunkt also auseinanderfallen können. Die Differenzen zwischen Nachfrage- und Angebotsstruktur werden nun durch den Handel geschlossen.

Graphisch müssen die Steigungen der Transformationsfunktion und der Indifferenzkurve immer noch gleich sein, wie aus Abbildung 6.2 deutlich wird.

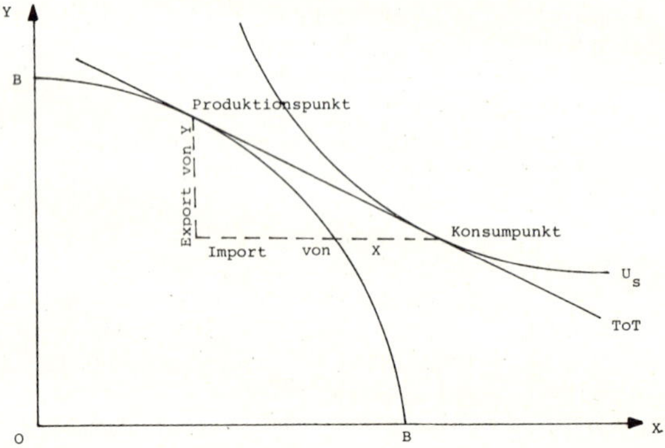

Abbildung 6.2 Optimale Produktionssstruktur bei internationalen Gütern

Grenzrate der Transformation und Grenzrate der Substitution sind also noch identisch im Optimalpunkt, nur passen sich das Grenzkostenverhältnis und das Grenznutzenverhältnis, die Steigungen der Transformationskurve BB und der sozialen Indifferenzkurve Us, nun an das Verhältnis der Weltmarktpreise für die Güter X und Y an, das durch die Gerade TOT repräsentiert wird. Diese Weltmarktpreise gelten für das betrachtete Land als Datum, es verhält sich folglich unter vollkommener Konkurrenz am Weltmarkt als Mengenanpasser.

Eine eingehendere Behandlung der Optimalbedingungen des Effizienzzieles in der Produktion internationaler Güter kann hier unterbleiben, da diese schon im Kapitel 4 im Rahmen der Außenhandelsprobleme der Entwicklungsländer erörtert wurden. Es sollen aber noch kurz die Unterschiede zum Top Level Optimum bei nationalen Gütern aufgeführt werden:

(1) Nationale Angebots- und Nachfragestrukturen können divergieren, da die Differenzen durch den Außenhandel geschlossen werden.

(2) Die Umstrukturierung der Produktion ist nicht nur wie bei nationalen Gütern möglich, sondern sie ist notwendig, d.h. ein gewisser Grad von Spezialisierung ist erforderlich.

(3) Potentiell kann durch den Außenhandel ein größerer sozialer Wohlstand, also eine höhere soziale Indifferenzkurve als in einer geschlossenen

Volkswirtschaft erreicht werden, da die Diskrepanz zwischen dem Angebot aus heimischer Produktion und der inländischen Nachfrage durch den Handel beseitigt werden kann. Es kann letztlich mehr konsumiert werden als im Land produziert wird. Der Grund liegt beim Tausch von Gütern, die mit komparativen Kostenvorteilen gegenüber anderen Ländern produziert werden, gegen Güter, in deren Produktion das betrachtete Land komparative Kostennachteile aufweist. Diese komparativen – aber selbstverständlich auch die absoluten – Kostenvorteile bzw. Kostennachteile drücken sich am Weltmarkt in absoluten Preisvorteilen bzw. -nachteilen aus.[3]

Demgegenüber laufen die Struktureffekte des Wirtschaftswachstums im Laufe einer Entwicklung analog denen ab, die schon bei den Optimalbedingungen der nationalen Güterproduktion angedeutet wurden.

Die Verwirklichung des Effizienzzieles ist eine Voraussetzung für eine ökonomische Entwicklung und seine Dringlichkeit weitgehend unumstritten. Angesichts der hohen offenen und versteckten Arbeitslosigkeit, der ineffizienten Anwendung von Technologien und der Vergeudung von Ressourcen in vielen Entwicklungsländern ist der Schluß angebracht, daß auf diesem Gebiet durch Umstrukturierung und effizientere Ausnutzung des verfügbaren Produktivitätspotentials schon ein erheblicher Beitrag zur Forcierung der ökonomischen Entwicklung geleistet werden kann. Andererseits hängt es natürlich auch von äußeren Bedingungen ab, ob sich z. B. mögliche Vorteile einer Produktionsspezialisierung im Zuge von Handelsverflechtungen verwirklichen lassen oder sich als Fehlallokationen erweisen. Verwiesen sei hier nur auf den Protektionismus sowohl in den Industrie- als auch den Entwicklungsländern, wofür freiwillige Selbstbeschränkungsabkommen zwischen einigen Entwicklungs- und Industrieländern über die Einfuhrmengen bestimmter Waren (z. B. das Multifaserabkommen) und der Agrarprotektionismus der EU nur die augenfälligsten Beispiele sind.

6.2.2 Gerechte Einkommensverteilung

Als nächstes stellt sich die Frage, wie die entstandenen Einkommen verteilt bzw. umverteilt werden sollen. Während das Ziel der optimalen Produktionsstruktur noch eher dem Bereich der positiven Ökonomie zuzurechnen ist, wird der normative Charakter des Verteilungszieles schon an der Forderung nach «gerechter» Einkommensverteilung deutlich. Die Ansicht, was «gerecht» ist, unterliegt eindeutig einem Werturteil, so daß seine Verwirklichung objektiv nur äußerst schwer zu überprüfen ist.

Lange Zeit ging man zudem davon aus, daß im Laufe wirtschaftlichen Wachstums die großen Diskrepanzen in der Verteilung, ein signifikantes Merkmal der Unterentwicklung, quasi automatisch abgebaut werden könnten. Grundlage war die Ansicht, daß die Umverteilung von Beständen schwieriger sei, da sie auf größeren Widerstand der Betroffenen stoßen würde, als Zuwächse unter neuen Gesichtspunkten «gerechter» zu verteilen.

[3] Siehe dazu Kapitel 4.

Diese Überlegung, so überzeugend sie auf den ersten Blick auch erscheinen mag, trifft in vielen Fällen nicht zu. Das Wachstum der Pro-Kopf-Einkommen kommt in der Regel nicht allen Bevölkerungsgruppen in gleicher Weise zugute. In Anbetracht dessen muß das Verteilungsziel als eigenständiges entwicklungsökonomisches Ziel angesehen werden. Es hat die Beseitigung von Verteilungsdiskrepanzen zum Inhalt mit der Absicht, die Güter und Dienstleistungen, in der Praxis die verfügbaren monetären Einkommen, die durch die wirtschaftliche Aktivität entstanden sind, so auf die Mitglieder einer Gesellschaft zu verteilen, daß ein höchstmögliches Ausmaß an Bedürfnisbefriedigung erzielt wird.

Für diese Korrekturen lassen sich soziale, ethisch-humanitäre, aber auch politische Gründe, die darauf abzielen, daß soziale Spannungen aufgrund ungerechter Verteilungssituationen zur Beeinträchtigung anderer nationaler Ziele führen können, und letztlich ökonomische Überlegungen anführen, da eine «gerechte» Verteilung von Einkommen erheblich zur Motivation von Leistungsbereitschaft und damit zur Mobilisierung von Produktivitätsreserven aufgrund «lohnenderer» Tätigkeit beitragen kann.

Als schwierig erweist sich die Aufgabe, den Begriff «gerecht» im Rahmen des Verteilungszieles zu bestimmen. Gerechtigkeit der Einkommensverteilung beinhaltet auch eine gewisse Gleichverteilung der Einkommen, welche theoretisch nach drei Prinzipien determiniert werden kann. Das erste ist das **Egalitätsprinzip**. Es basiert auf der Vorstellung der absoluten Gleichheit der individuellen Einkommen innerhalb einer Periode. Das zweite Prinzip ist das **Bedarfsprinzip**. Ihm zufolge werden die Einkommen einer Periode gemäß den individuellen Bedürfnissen verteilt. Jeder erhält soviel, wie er zur Befriedigung seiner Bedürfnisse braucht. Das dritte Prinzip beruht auf der Vorstellung, daß jedes Individuum einen bestimmten Beitrag zum Sozialprodukt leistet. Gemäß diesem Wertbeitrag zum Sozialprodukt, der individuellen Leistung, sollen die Mitglieder der Gesellschaft Einkommen erhalten. Es ist dies das **Leistungsprinzip**.

Die Realitätsferne der beiden erstgenannten und die Ungerechtigkeiten, zu denen das dritte Prinzip führen kann, sind offensichtlich.

Das erste Prinzip kann nur dann zu maximaler gesellschaftlicher Wohlfahrt führen, wenn alle Mitglieder der Gesellschaft identische Bedürfnisstrukturen aufweisen. Von einer derartigen Identität der Bedürfnisse, mithin einem exakt gleichen Nutzenergebnis gleicher Einkommen, ist in der Realität nicht auszugehen. Vielmehr sind die Bedürfnisse unterschiedlich und die Nutzenstiftung von Einkommensgrößen pauschal nicht vergleichbar. Eine Verteilung auf Basis des Egalitätsprinzips muß daher zu Ungerechtigkeiten führen und hemmt die Leistungsbereitschaft der Individuen.

Die praktische Anwendung des Bedarfsprinzips stößt auf unüberwindliche Schwierigkeiten. Die exakte Bestimmung der individuellen Bedürfnisse als Grundlage der Verteilung von Einkommen dürfte in der Realität nahezu unmöglich sein, zumal man davon ausgehen kann, daß keinesfalls alle Nachfragegrößen einkommensabhängig sind. Das Bedarfsprinzip als Verteilungsnorm ist inoperational.

Die Gleichheitsnorm des Leistungsprinzips – gleiche Leistung, gleiches

Einkommen – kann hingegen nur dann zu gerechten Ergebnissen führen, wenn man von gleichen Startbedingungen der Gesellschaftsmitglieder ausgehen kann. Das bedeutet, daß alle Produktionsfaktoren, wie individuelle Erbanlagen, Fähigkeiten, Ausbildung, soziale Mobilität u.ä., gleich verteilt sein müssen, und daher alle dieselbe Leistungsfähigkeit haben. Unterschiede bei den individuellen Sozialproduktsbeiträgen ließen sich dann auf unterschiedlichen Leistungswillen zurückführen. Daß diese Voraussetzungen in der Realität nicht zutreffen, bedarf keiner weiteren Erläuterungen. Auch das Leistungsprinzip führt daher interpersonell zu ungerechten Ergebnissen in der Einkommensverteilung.

Für eine realistische Zielgestaltung ist die ausschließliche Anwendung einer dieser Verteilungsnormen also unbrauchbar. Jedoch ist ein Kompromiß aller drei Verteilungsnormen denkbar in der Form, daß die Verteilung nicht zu unterschiedlich, aber auch nicht zu egalitär sein darf.

Als Gründe für diese Zielformel lassen sich alle obengenannten Kritikpunkte der idealtypischen Verteilungsnormen anführen. Demnach sind Gründe für eine gewisse Einkommensdifferenzierung z.B. unterschiedliche Bedürfnisse und unterschiedlicher Wille zur Leistung. Als Rechtfertigung für ein bestimmtes Ausmaß an Gleichheit der Einkommen läßt sich u.a. die unterschiedliche Leistungsfähigkeit der Gesellschaftsmitglieder anführen.

Die oben erzielte Kompromißformel bedeutet nun, daß eine bestimmte Toleranzbreite der Einkommensdifferenzen von der Gesellschaft als tragbar akzeptiert wird. Das Ausmaß dieser Toleranzbreite, ihre Unter- bzw. Obergrenze, muß durch die Entscheidungsträger gemäß der Forderung nach Maximierung der gesellschaftlichen Wohlfahrt festgelegt werden.

Operationalisieren läßt sich diese Toleranzbreite mit Hilfe des Konzepts der LORENZ-Kurve. Ein Beispiel bietet die Abbildung 6.3.

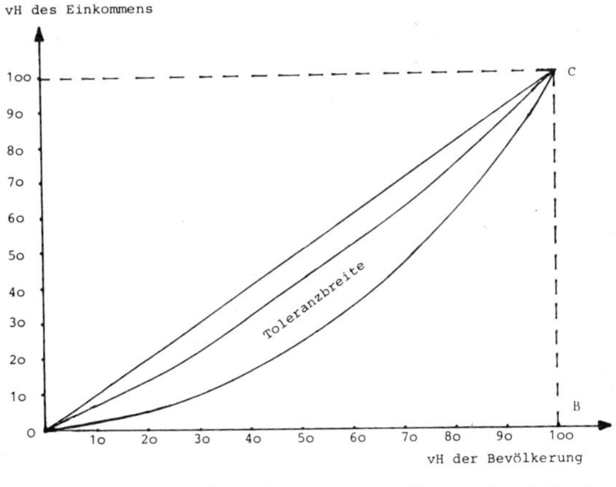

Abbildung 6.3 Toleranzbreite der Einkommensverteilung anhand der Lorenz-Kurve

Auf ihrer Ordinate sind die kumulierten Prozentanteile der Einkommen, auf ihrer Abszisse die kumulierten Prozentanteile der Bevölkerung abgetragen. Vervollständigt man diesen Koordinatenquadranten zu einer Box, so stellt die Diagonale dieser Box die Linie der absoluten Gleichverteilung der Einkommen dar. Jede Abweichung von dieser Diagonale bedeutet daher ein gewisses Maß an Ungleichverteilung.

Die maximale Toleranzbreite ist nun zwischen zwei von den Entscheidungsträgern festgelegten Kurven denkbar, wobei die der Diagonale am nächsten liegende Kurve das gerade noch tolerierte Ausmaß an Gleichheit der Einkommen, die der Diagonale entferntere das höchstakzeptierte Ausmaß an Ungleichverteilung repräsentiert. Die tatsächlich angestrebte Verteilung kann nun zwischen diesen beiden Toleranzkurven liegen.

Formal läßt sich diese Toleranzbreite mit dem GINI-Maß ausdrücken. Der GINI-Koeffizient dient als Meßgröße der Gleichheit der Einkommensverteilung. Er wird gebildet durch das Verhältnis der Fläche unter der LORENZ-Kurve, die durch das Integral errechnet werden kann, zum gesamten unteren Dreieck (O-B-C) der Box.

Eine Zielvorgabe ist dann in der Form denkbar, daß ein GINI-Maß angestrebt wird, das zwischen denen der Begrenzungskurven liegt:

$G_{max} \geqq G_{Ziel} \geqq G_{min}$.

Verwiesen werden muß allerdings auf Schwächen dieses Meßkonzepts, das sich nur auf totale Einkommenskonzentrationen bezieht und keine Verteilungsdiskrepanzen partieller Art berücksichtigt. Gemäß der Definition des GINI-Maßes sind nämlich gleiche Koeffizienten bei verschiedenen Kurvenverläufen denkbar. Diese Unzulänglichkeit wird besonders daran deutlich, daß sich Kurven mit identischen GINI-Koeffizienten überschneiden können.

Als letzter, aber äußerst wichtiger Punkt muß im Rahmen des Verteilungszieles das Problem der **absoluten Armut** angesprochen werden, das durch die Aggregation des GINI-Konzepts nicht erfaßt wird. Dieses Problem hat in vielen Entwicklungsländern, vornehmlich in Afrika und Asien, ein erschreckendes Ausmaß erreicht und nimmt trotz positiver Wachstumsraten noch zu. Für eine gerechte Einkommensverteilung muß daher zusätzlich noch gefordert werden, daß eine Verteilung realisiert wird, die einer möglichst großen Zahl der absolut Armen das Existenzminimum im physischen und soziokulturellen Bereich sichert. In der Praxis kann dies durch Festlegung eines Mindesteinkommens für alle Gesellschaftsmitglieder erfolgen. Schwierigkeiten ergeben sich aber sowohl bei der Durchsetzbarkeit dieses Mindesteinkommens als auch bei der Bestimmung des zu sichernden Grundbedarfs.[4]

6.2.3 Optimale Einkommensverwendung

Als letztes Grundproblem ökonomischer Zielsetzung bleibt die Entscheidung darüber, wie die entstandenen Einkommen verwendet werden sollen, also die Entscheidung für Gegenwarts- und/oder Zukunftskonsum bzw. im Produk-

[4] Vgl. dazu Kapitel 3.3.5.

tionsbereich die Aufteilung der Ressourcen auf die Produktion von Konsum- und/oder Investitionsgütern.

Grundlage ist die Frage der optimalen Güterversorgung in einem längeren Zeitraum. Denn neben der Produktion von Gütern zur aktuellen Konsumption besteht die Möglichkeit, durch Produktion von Investitionsgütern die Fähigkeit zu erhalten und auch auszuweiten für Konsum in künftigen Perioden, mithin den Produktionsapparat zu erhalten bzw. für sein Wachstum zu sorgen.

In der Regel werden die Mitglieder einer Gesellschaft die Möglichkeiten zum Konsum um so geringer einschätzen, je weiter in der Zukunft sie liegen. Gründe dafür sind unter anderem die Risiken, die der Aufschub in künftige Perioden mit sich bringt, aber auch die Erwartung steigender Einkommen in der Zukunft. Die Entscheidung auf der Verwendungsseite lautet also: Konsum zur unmittelbaren Bedürfnisbefriedigung und/oder Konsumverzicht zur Erhaltung und Erhöhung der Konsummöglichkeiten in späteren Perioden.[5]

Entsprechend stellt sich die Alternative auf der Produktionsseite zwischen der Erzeugung von Verbrauchsgütern und/oder Investitionsgütern. Letztere tragen über ihren Kapazitätseffekt zur Erhaltung bzw. Vergrößerung des Kapitalstocks bei und sichern damit die Fähigkeit zu künftiger Produktion.

Um die Entscheidungsgrößen vergleichbar zu machen, summiert man die Nettokonsumeffekte der Investitionen, d.h. die zu verschiedenen Zeitpunkten erzielbaren Konsumströme und notwendigen Konsumverzichte, auf, saldiert sie miteinander und diskontiert sie auf ihren **Gegenwartswert** ab. Als Diskontfaktor dient die **soziale Zeitpräferenzrate**, die als Hilfsgröße die Abnahme der Wertschätzung künftiger Konsumströme über einen Zeitraum hinweg repräsentiert. Mit ihr kann man theoretisch messen, welchen Wert eine Konsumgröße, die zu einem bestimmten späteren Zeitpunkt anfällt, zum Zeitpunkt des dazu fälligen Konsumverzichts darstellt, also welchen «Gegenwartswert» sie hat, und so beide Werte vergleichbar machen.

Konkret verlangt das Ziel der optimalen Einkommensverwendung daher die Maximierung des Gegenwartswertes des Konsums. Hierzu müssen zunächst auf der Verwendungsseite die Konsumverzichte derart erfolgen, daß mit dem gegebenen Kapitalangebot – also den Konsumverzichten – die höchstmögliche gesellschaftliche Indifferenzkurve erreicht wird.[6] Wird nun eine bestimmte Kombination aus Gegenwarts- und Zukunftskonsum erreicht, bei der alle individuellen Zeitpräferenzraten untereinander und mit der sozialen Zeitpräferenzrate übereinstimmen, so ist der Gegenwartswert des Konsums maximiert.

Auf der Seite der Investoren, der Kapitalnachfrager, müssen ferner die bereitgestellten Kapitalbeträge so auf die Investitionsmöglichkeiten aufgeteilt werden, daß durch Umschichtung der Investitionen der Ertrag nicht mehr

[5] Für eine große Zahl von Menschen in den Entwicklungsländern dürfte diese Entscheidung allerdings rein theoretisch sein, da ihr Einkommen nicht einmal das Existenzminimum in der Gegenwart sicherstellt.

[6] Es ist zu beachten, daß das Indifferenzkurvenschema in diesem Fall jeweils gleiche Nutzenniveaus von Kombinationen aus Gegenwarts- und Zukunftskonsum repräsentieren soll.

gesteigert werden kann. Es muß demnach auf, nicht innerhalb der intertemporalen Transformationskurve der Gesellschaft investiert werden. Formal ist diese Bedingung erfüllt, wenn die verfügbaren Konsumverzichte bzw. Investitionen in ihren alternativen Verwendungsmöglichkeiten denselben Grenzertrag erbringen.

Das Ziel der optimalen Einkommensverwendung ist schließlich erfüllt bei optimaler Abstimmung des Kapitaleinsatzes (= Investitionen) und der Kapitalbereitstellung (= Konsumverzichte). Es muß daher auf der intertemporalen Transformationsfunktion jener Punkt gewählt werden, bei dem die höchstmögliche Indifferenzkurve der Gesellschaft zwischen Gegenwarts- und Zukunftskonsum erreicht wird.

Verdeutlichen kann man diese Zusammenhänge wieder an einer Graphik, die in ihrer Gestalt jener ähnelt, die bei der Erläuterung des Zieles der optimalen Produktionsstruktur verwendet wurde. In diesem Falle werden allerdings auf Ordinate und Abzisse nicht zwei Güter (X, Y) abgetragen, sondern der künftige Konsum C_{t+1} und der aktuelle Konsum C_t. Ebenso repräsentiert das Indifferenzkurvenschema in diesem Fall die jeweiligen Nutzenniveaus aus Kombinationen von Gegenwarts- und Zukunftskonsum, nicht solche aus Güterkombinationen.

Der Punkt optimaler Einkommensverwendung der betrachteten Gesellschaft liegt im Tangentialpunkt P der intertemporalen Transformationskurve TT mit der gerade noch erreichbaren sozialen Indifferenzkurve U_2. Alle anderen Kombinationen sind entweder nicht erreichbar (U_3), oder suboptimal (U_1 in den Punkten A und B). Formal ist hier die soziale Zeitpräferenzrate identisch mit der internen sozialen Verzinsung.

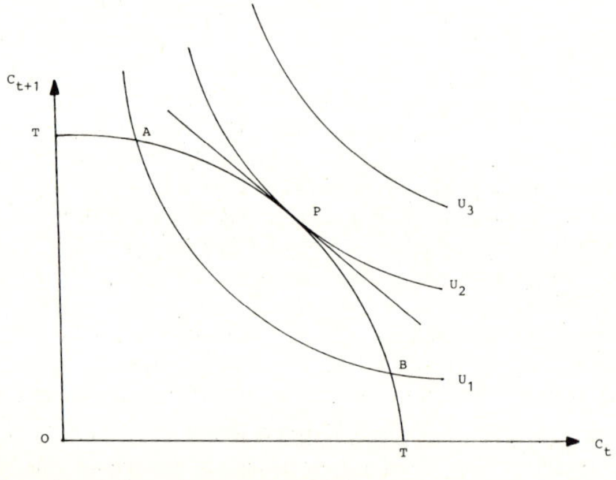

Abbildung 6.4 Optimale Einkommensverwendung

6.2.4 Interdependenz der Ziele

Die drei erläuterten Ziele sind theoretisch ökonomischer Natur und gelten allgemein für alle Volkswirtschaften, unabhängig von ihrem Entwicklungsstand. Allgemeines Oberziel für Entwicklungsländer bleibt die Beschleunigung der Entwicklung. In diesem Zusammenhang stellen die drei genannten Ziele operationale Größen dar, die als Unter- bzw. Teilziele durch ihre Erfüllung zur Verwirklichung des Oberzieles beitragen können.

Unter dem Dach dieser drei Ziele lassen sich grundsätzlich alle Bestrebungen behandeln, die als entwicklungsökonomische Ziele angesehen werden können. Es sind dies z. B. Ausweitung der Beschäftigungsmöglichkeiten, Eindämmung der Inflation, Steigerung der Kapitalbildung, Ausgleich von regionalen und interpersonellen Verteilungsungleichgewichten bis hin zu

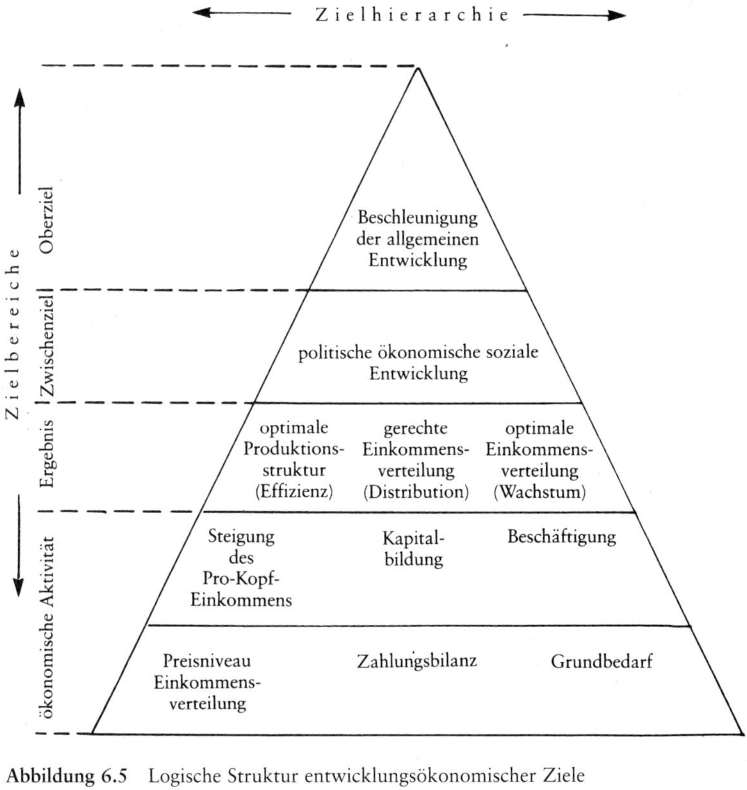

Abbildung 6.5 Logische Struktur entwicklungsökonomischer Ziele

größerer ökonomischer Unabhängigkeit. Sie sind nahezu alle in der einen oder anderen Form einem oder mehreren der drei allgemeinen Ziele zuzuordnen.

So dient die Erhöhung des Beschäftigungsgrades einerseits der besseren Ausnutzung der Ressourcen, trägt also zur Erreichung des Effizienzzieles bei. Auf der anderen Seite werden aber auch neue Einkommen geschaffen und somit eventuell Verteilungsdiskrepanzen verringert. Schließlich können Anteile dieser zusätzlich entstandenen Einkommen gespart werden, was wiederum die Kapitalbildung ermöglicht und dem Wachstumsziel dient.

In ähnlicher Weise können auch andere geläufige Ziele zugeordnet werden (Verringerung der Inflation – Anreiz zur Kapitalbildung, höhere Realeinkommen; Förderung des Bildungswesens – Verbesserung des Humankapitals und damit der Effizienz u. v. a.m.).

Ebenso augenscheinlich ist aber auch, daß diese Unterziele nicht isoliert voneinander gesehen werden können, sondern eng miteinander verflochten sind. Diese gegenseitige Verflechtung wird in Abbildung 6.5 veranschaulicht.

Nahezu alle diese Zielsetzungen sind interdependent, wie es schon am Beispiel des Beschäftigungsaspekts deutlich wurde. Diese Interdependenzen können sowohl positiv miteinander verbunden sein, d.h. die Bemühungen zur Zielerreichung ergänzen sich oder verstärken sich noch, als auch einen negativen Zusammenhang aufweisen, wenn die Ziele inkompatibel sind bzw. zueinander in einem Konflikt stehen.

Beispiel für positiven Zusammenhang sei wiederum der Beschäftigungsaspekt, da, wie oben gezeigt, die Verbesserung der Beschäftigungssituation der Erreichung aller drei allgemeinen Ziele dienen kann.

Demgegenüber kann im Rahmen des Wachstumszieles eine Politik zur Erhöhung der Kapitalbildung mit dem Ziel einer gerechten Einkommensverteilung konkurrieren, wenn man unterstellt, daß die Sparneigung der oberen Einkommensschichten größer ist. Ebenso sind Konflikte zwischen einer Verbesserung der Beschäftigung und der Eindämmung der Inflation denkbar.[7] Konkurrenzsituationen sind auch denkbar zwischen dem Effizienzziel und dem Verteilungsziel, wenn beispielsweise eine stärkere Gleichverteilung dazu führt, daß die Leistungsbereitschaft der von der Umverteilung Benachteiligten abnimmt und die Leistungsbereitschaft der Begünstigten nicht in gleichem Maße wächst oder gar sinkt.

Schließlich ist auch eine gemeinsame Verbesserung des Zielerreichungsgrades möglich. Praktisches Beispiel sind Enteignungen brachliegender Latifundien in manchen Staaten Lateinamerikas. Die Zuteilung dieses Landes an besitzlose Landarbeiter dient sowohl einer gerechteren Verteilung als auch der Verbesserung des Produktionsergebnisses. Hier wird auch der Konflikt zwischen Planungsnotwendigkeit in Hinsicht auf die Erreichung von entwicklungsökonomischen Zielen und herrschender Gesellschaftsordnung besonders deutlich. Für die Verbesserung des Zielerreichungsgrades wäre eine

[7] Zu denken ist hier z.B. an den oft behaupteten «trade-off» zwischen Inflation und Arbeitslosigkeit, wie er von PHILLIPS graphisch dargestellt wurde.

Tabelle 6.1 Zielbereiche der Wirtschaftspolitik und mögliche Konfliktfelder

Politische Ziele	mögliche Konfliktbereiche
A) Statische Effizienz (kurzfristig)	
1) Befriedigung privater Konsumbedürfnisse	D, 2, 3, 4
2) Befriedigung öffentlicher Bedürfnisse*	D, 3, 4
3) Zahlungsbilanzausgleich*	4
4) Preisstabilität*	D
5) Abbau von Marktunzulänglichkeiten (siehe auch Nr. 6)	
B) Soziale Gerechtigkeit	
6) Beschäftigungswachstum*	D, 3, 4
7) Abbau interpersoneller Einkommensunterschiede	D
8) Abbau interregionaler Einkommensdisparitäten	D
C) Nationaler Zusammenhalt	
9) Wirtschaftliche Unabhängigkeit	A, D
10) Sicherung ökonomischer Symbole des Nationalitätsgefühls (siehe auch Nr. 2, 6 und 7)	A
D) Wirtschaftliche Entwicklung (langfristig)	
11) hohe Ersparnisbildung	A
12) maximaler Kapitalzufluß aus dem Ausland	C
13) struktureller Wandel (Modernisierung)	A, C
14) Senkung des Bevölkerungswachstums (siehe auch Nr. 2,3 und 5)	

Erläuterung: Oberziele werden durch Buchstaben gekennzeichnet, Unterziele werden nummeriert. Ein Stern kennzeichnet ein Hilfsziel, welches potentiell mehr als einem Oberziel dient.

Quelle: Killick, T., Policy Economics. A. Textbook of Applied Economics on Developing Countries, London-Nairobi-Ibadan 1981, p. 33 (eigene Übersetzung).

Enteignung, wie sie oben geschildert wurde, ökonomisch notwendig. In der Praxis steht dieser Notwendigkeit gerade in Lateinamerika in nicht wenigen Fällen der Widerstand der herrschenden Oligarchien, die häufig mit der besitzenden Klasse identisch sind oder von dieser gestützt werden, entgegen.

Alle Aspekte der vielfältigen und zahlreichen Interdependenzen im Zielbereich hier aufzuführen, würde erheblich zu weit führen. Einen kleinen Eindruck der Komplexität in diesem Bereich mag abschließend die Tabelle 6.1 vermitteln. Sie bietet einen Überblick über wichtige entwicklungsökonomische Zielsetzungen, nach Bereichen geordnet, und weist auf mögliche Konfliktbereiche zwischen den Zielen hin.

6.3 Wirtschaftsordnung

Nach der grundsätzlichen Erörterung der allgemeinen entwicklungsökonomischen Zielsetzungen stellt sich die Frage, in welchem ordnungspolitischen Rahmen das Erreichen der Ziele am ehesten verwirklicht werden kann, welche Wirtschaftsordnung für Entwicklungsländer die beste Basis zur Beschleunigung des gewünschten Entwicklungsprozesses bietet.

Unter einer Wirtschaftsordnung versteht man grundsätzlich alle Organisationsprinzipien, Normen, Lenkungs- und Entscheidungsmechanismen, die das wirtschaftliche bzw. wirtschaftspolitische Handeln aller Mitglieder einer Gesellschaft bestimmen und ihre wirtschaftliche Aktivität steuern.

Als idealtypische Wirtschaftsordnungen lassen sich zwei Formen dieser Ordnungsmechanismen identifizieren: **Marktwirtschaft und Zentralverwaltungswirtschaft**. Der populärere Begriff «Planwirtschaft» ist irreführend. In jeder Wirtschaftsordnung wird geplant, auch in einer idealtypischen Marktwirtschaft. Entscheidender Unterschied ist nicht die Existenz des Planens überhaupt, sondern die Träger und die Ebene der Planung. Hier liegt ein fundamentales Unterscheidungsmerkmal zwischen Marktwirtschaft und Zentralverwaltungswirtschaft.

Erstere beruht auf dem Planungsprinzip der völligen **Dezentralisation**, d.h. alle Individuen planen und treffen ihre ökonomischen Entscheidungen selbständig. Die einzelnen Pläne werden durch einen gemeinsamen Koordinationsmechanismus, den Preismechanismus, gesteuert. In der idealtypischen Zentralverwaltungswirtschaft wird die Planung ausschließlich von einer zentralen Stelle vorgenommen. Sie schreibt für alle Gesellschaftsmitglieder verbindlich die ökonomischen Aktivitäten vor. Dieses Planungsprinzip ist völlig **zentralisiert**. Auch die Koordination liegt im Aufgabenbereich der zentralen Planungsstelle, es existiert kein Automatismus wie in der idealtypischen Marktwirtschaft.

6.3.1 Idealtypische Marktwirtschaft

Üblicherweise versteht man unter einer Marktwirtschaft ein interdependentes System von Märkten für Faktoren, Güter und Dienstleistungen, in dem die Kräfte von Angebot und Nachfrage die Allokation der ökonomischen Ressourcen und andere ökonomische Abläufe bestimmen. In der Regel kann man davon ausgehen, daß sich die Produktionsmittel im Privateigentum befinden, also ein kapitalistisches System vorliegt.

Idealtypische Marktwirtschaften müssen dem Kriterium der vollkommenen Konkurrenz genügen, d.h.

- es existieren viele einzelne Anbieter und Nachfrager, deren individuelle Variationen von Angebot oder Nachfrage keinen Einfluß auf den Preis am jeweiligen Markt haben;
- die gehandelten Güter, Faktoren und Dienstleistungen werden jeweils als homogen betrachtet;
- es herrscht vollständige Transparenz für alle (potentiellen) Marktteilnehmer bezüglich Preisen und Qualitäten;

- es gibt keine Marktzugangsbeschränkungen;
- gemäß dem ökonomischen Rationalprinzip handeln die Produzenten gewinnmaximierend und die Haushalte nutzenmaximierend.

Dieses System nennt man auch polypolistisch. Es führt zu einheitlicher Preisbildung auf allen Märkten, an die sich alle Teilnehmer mit ihren Mengenentscheidungen anpassen; sie verhalten sich also als Mengenanpasser.

Es wird deutlich, daß alle Mitglieder einer Marktwirtschaft in idealtypischer Form völlig machtlos sind. «Macht» wird allein vom «Markt» ausgeübt. Auch der Staat ist insofern ohne Einfluß, als sich seine Aktivität auf die Sicherung des reibungslosen Ablaufs des Marktmechanismus beschränkt: Er garantiert das Privateigentum an Produktionsmitteln, die Vertragsfreiheit, die uneingeschränkte individuelle Haftung sowie ein einheitliches Geld-, Maß- und Gewichtswesen. Hierfür benötigt er eine leistungsfähige Verwaltung.

In Hinsicht auf die drei allgemeinen entwicklungsökonomischen Zielsetzungen, die oben erläutert wurden, läßt sich nun feststellen, daß durch den Preis- bzw. Zinsmechanismus des Marktes zwei der drei Ziele, nämlich das der optimalen Produktionsstruktur und das der optimalen Einkommensverwendung automatisch erfüllt werden können.

Wir erinnern uns: Das Effizienzziel verlangt effiziente Produktion bei optimaler Abstimmung auf die Bedürfnisse der Gesellschaft, d.h. die Produktion auf einer durch Faktorausstattung und Produktionstechnologie gegebenen Transformationskurve ausgerichtet auf die höchst erreichbare soziale Indifferenzkurve. Auf den Faktormärkten bilden sich in der idealtypischen Marktwirtschaft ebenso wie auf den Gütermärkten einheitliche Preise, denen sich alle Marktteilnehmer mit ihren Mengenentscheidungen anpassen. Aufgrund des unterstellten gewinnmaximierenden Verhaltens der Produzenten und des nutzenmaximierenden Verhaltens der Haushalte, die sich individuell an diese Preise mit ihrer Nachfrage nach Faktoren bzw. Gütern und mit ihrem Angebot an Gütern bzw. Faktoren anpassen, bewirkt der Marktmechanismus – wohlgemerkt, in idealtypischer Form – über den Preis die Räumung aller Märkte, da jeder Marktteilnehmer zum herrschenden Marktpreis alle Mengen absetzen bzw. erwerben kann, die er geplant hatte. Daraus folgt die Erfüllung des Effizienzzieles.

Analog läuft der Koordinationsmechanismus auf den Märkten für Kapital ab, also jenen Märkten, die für die Erreichung des Wachstumszieles bedeutsam sind. Auch hier bewirkt ein Automatismus, der Zinsmechanismus[8], die optimale Abstimmung der Investitionsentscheidungen der Kapitalnachfrager (Investoren) auf der intertemporalen Transformationsfunktion auf die soziale Präferenzstruktur der Kapitalanbieter (sparende Haushalte) zwischen Gegenwarts- und Zukunftskonsum. Der für alle einheitliche Marktzins führt zur Übereinstimmung von interner Rendite und sozialer Zeitpräferenzrate, der Bedingung zur Erreichung des Wachstumszieles.

Das Erreichen des Zieles der gerechten Einkommensverteilung muß im

[8] Der Zins ist für Kapitalanbieter und -nachfrager einheitlich, da idealtypische Marktbedingungen unterstellt werden.

Referenzsystem einer idealtypischen Marktwirtschaft unbestimmt bleiben, da der Prozeß des Entstehens und Verteilens von Einkommen über Märkte abgewickelt wird. Dementsprechend werden alle Produktionsfaktoren gemäß ihrer Leistung entlohnt. Die Gerechtigkeit des Leistungsprinzips hängt aber, wie beschrieben, von der interpersonellen Verteilung der Produktionsfaktoren auf die Mitglieder einer Gesellschaft ab. Hierfür legt die idealtypische Marktwirtschaft keine Kriterien fest.

6.3.2 Idealtypische Zentralverwaltungswirtschaft

Die zentrale Steuerung des gesamten arbeitsteiligen Prozesses einer Volkswirtschaft, auf der das Ordnungsprinzip der Zentralverwaltungswirtschaft beruht, ist idealtypisch nur denkbar, wenn folgende Voraussetzungen erfüllt sind:

- die zentrale Entscheidungsstelle kennt alle verfügbaren Faktoren und Ressourcen einer Gesellschaft in Qualität und Quantität sowie alle Produktionsfunktionen;
- sie verfügt über die Möglichkeit, alle Informationen zu erfassen und auszuwerten;
- sie ist in der Lage, eine konsistente Wohlfahrtsfunktion für die Gesellschaft zu bestimmen, und arbeitet auf die Nutzenmaximierung gemäß dieser Wohlfahrtsfunktion hin;
- sie hat umfassende Machtbefugnis, um alle Entscheidungen auch bei den Gesellschaftsmitgliedern durchzusetzen.

Im allgemeinen ist die Zentralverwaltungswirtschaft eine solche Wirtschaftsordnung, in der die wichtigen wirtschaftlichen Entscheidungen durch Direktiven einer zentralen Einheit (i.d.R. einer Regierung) erfolgen. Die Produktionsmittel sind weitgehend in öffentlichem Besitz, entsprechend einer sozialistischen Eigentumsordnung.

Die Staatsfunktion ist in Quantität und Qualität eine gänzlich andere als in der Marktwirtschaft. Als alleiniger Bestimmungsfaktor ökonomischer Aktivität beseitigt der Staat alle individuellen ökonomischen Freiräume. Die Individuen sind wie in der Marktwirtschaft völlig machtlos. Ordnen sie sich dort den Marktzwängen unter, so unterliegen sie hier gänzlich den Richtlinien der Planungsinstanz.

Als weiterer bedeutender Unterschied der Systeme kristallisiert sich auch die Verschiedenartigkeit der Bestimmung der gesellschaftlichen Wohlfahrtsfunktion heraus. In der Marktwirtschaft ist sie ableitbar aus den individuellen Zielfunktionen, gewichtet mit den jeweiligen Einkommensniveaus. Die soziale Wohlfahrtsfunktion ist Resultat einer «Abstimmung über den Markt». In der Zentralverwaltungswirtschaft bestimmt die zentrale Instanz die gesellschaftliche Zielfunktion. Dies kann «diktatorisch» erfolgen, ist aber ebenso als Ergebnis einer demokratischen Abstimmung denkbar.

Sind nun alle angeführten Kriterien einer idealtypischen Zentralverwaltungswirtschaft erfüllt, so ist diese Ordnungsform ebenso wie die idealtypische Marktwirtschaft in der Lage, alle drei allgemeinen Zielsetzungen zu erreichen. Dies geschieht zwar nicht durch einen Automatismus, wie ihn der

Preis-/Zinsmechanismus darstellt, sondern erfolgt über definitive Entscheidungen der Planungseinheit darüber, wie, was und wieviel produziert wird, und wie es verteilt wird. An der theoretischen Möglichkeit zur gleichzeitigen Verwirklichung des Effizienzzieles, des Verteilungs- und Verwendungszieles in einer idealtypischen Zentralverwaltungswirtschaft ändert das nichts.

6.3.3 Marktwirtschaft in Entwicklungsländern

Mißt man die Realität an den Kriterien der idealtypischen Wirtschaftsordnungen, so stellt sich heraus, daß die realen Gegebenheiten weder in den Entwicklungsländern noch in den Industrieländern mit den Idealtypen von Marktwirtschaft oder Zentralverwaltungswirtschaft vereinbar sind. Es sind oft dieselben Hinderungsgründe, es gibt aber auch solche, die entwicklungsländerspezifisch sind.

Das Grundkriterium der idealtypischen Marktwirtschaft war, daß alle Güter, Dienstleistungen und Faktoren über Märkte in vollkommener Konkurrenz gehandelt werden. Dieses ist nicht erfüllt, da in realen Volkswirtschaften Güter erstellt werden, die nicht über Märkte unter den oben genannten Bedingungen gehandelt werden, z.B. öffentliche Güter, externe Effekte und meritorische Güter, deren Auswirkungen sich überschneiden können.

Öffentliche Güter werden nicht über Märkte gehandelt, da prinzipiell jedes Mitglied einer Gesellschaft in gleicher Weise in ihren Genuß kommen kann, ohne direkte Nachfrage ausüben zu müssen. Sie unterliegen nicht dem Ausschlußprinzip[9], sind daher nichtrivale Güter. In der Regel werden sie vom Staat bzw. öffentlichen Stellen bereitgestellt. Beispiele hierfür sind der staatliche Rundfunk, innere Sicherheit, Landesverteidigung. Auf der einen Seite existieren also nichtrivale Güter, die nicht auf Märkten gehandelt werden, auf der anderen Seite ist aber auch die Funktion des Staates durch die Bereitstellung dieser öffentlichen Güter größer als die eines «Nachtwächterstaates», wie er der idealtypischen Vorstellung entspräche.

Ferner kann die private Produktion zu Kosten oder Nutzen führen, die nicht der Verursacher trägt oder die ihm nicht zugute kommen. Diese Diskrepanz zwischen privaten und sozialen Grenzkosten nennt man externe Effekte. Sie führen dazu, daß der Preismechanismus im entsprechenden Fall versagt, da der Preis nicht mehr die tatsächlichen Kosten anzeigt. Jedem dürften die ökologischen Belastungen bestimmter Produktionen als Beispiel für einen negativen externen Effekt geläufig sein. Ein positiver externer Effekt entsteht z.B. einem Produzenten, der ausgebildete Arbeitskräfte einstellt, deren Ausbildungskosten andere getragen haben.

Eine dritte Kategorie von Gütern, die nicht mit der idealtypischen Vorstellung von Marktwirtschaft vereinbar sind, sind die meritorischen Güter. Es sind Güter, von denen der Staat oder eine Gesellschaft glaubt, daß sie

[9] Sie können von mehreren oder allen Mitgliedern einer Gesellschaft gleichzeitig konsumiert werden, im Gegensatz zu Gütern wie Nahrungsmittel, Autos etc., die, verbraucht von einer Person, den Konsum anderer ausschließen.

produziert und angeboten werden müssen, auch wenn keine unmittelbar identifizierbare Nachfrage für sie besteht, bzw. nicht produziert und angeboten werden dürfen, obwohl Nachfrage nach ihnen besteht, so z. B. das Verbot von Rauschgift oder bestimmten Medikamenten. Meritorische Güter sind also notwendig, weil in vielen Fällen private und öffentliche Interessen nicht konform gehen. Marktgesetze sind auch hier nicht anwendbar.

Zu erwähnen sind an dieser Stelle auch spezielle Verhältnisse in den Entwicklungsländern, wie unterschiedlich große Bereiche von Subsistenzwirtschaft, wie mangelnde Infrastruktur, die freien Marktzugang und Transparenz verhindert, aber auch gespaltene Märkte (Schwarzmärkte) und direkte Marktkontrollen von seiten der Regierung, die die Bedingungen des idealtypischen Marktes verletzen.

Ein weiteres wichtiges Kriterium war die Forderung nach ökonomisch rationalem Verhalten bei Produzenten und Haushalten. Auch hier kann man speziell in Entwicklungsländern auf Probleme stoßen. So sind auf der Seite der Konsumenten sowohl Snob- bzw. internationale Demonstrationseffekte zu beobachten wie auch Situationen, in denen wegen allzu geringer Einkommen die durch den Preismechanismus angezeigten Substitutionsvorgänge nicht möglich sind. Letzteres ist besonders bei Preisänderungen für Grundnahrungsmittel festzustellen.

Auf der Angebotsseite andererseits trifft man das Phänomen der «Basaris» ebenso an wie eine schlichte Orientierung an einem konstanten monetären Einkommen. Der erste Fall ist auf mangelnde Risikobereitschaft beim Investieren, oft aber auch auf rein konsumorientiertes Gewinnstreben zurückzuführen. Die Orientierung an einem konstanten monetären Einkommen wiederum verhindert die ökonomisch rationale Reaktion auf Preisänderungen am Faktormarkt. Steigt etwa der Preis des Faktors Arbeit, so ist es möglich, daß man sein Arbeitsangebot nun einschränkt, da das bisherige Einkommen, an dem man sich orientiert, mit geringerem Arbeitseinsatz zu erreichen ist. Analog können sinkende Faktorpreise für Arbeit zu Mehrarbeit führen, wenn keine Ausweichmöglichkeiten bestehen.

Die genannten Abweichungen vom Idealtypus bewirken, daß der Marktmechanismus zu Allokationsverzerrungen führen kann, die das Erreichen der Optimalbedingungen verhindern. Die Fehlallokationen müssen korrigiert werden vom Staat, der damit seine Aktivität ausdehnt.

Von zunehmender Bedeutung auch für die Entwicklungsländer ist vor dem Hintergrund großer Anstrengungen für die Industrialisierung, die noch immer als Motor des Wachstums und damit der Entwicklung gilt, ein weiterer, produktionstechnischer Grund für die Störung der Optimalbedingungen. Er ist darin zu sehen, daß moderne Industrien mit einem hohen Fixkostenanteil produzieren und daher nur dann effizient arbeiten können, wenn sie mit sinkenden Stückkosten produzieren. Dies ist aber mit der Theorie einer polypolistischen Produktion nicht vereinbar, sondern kann zur Entstehung eines Monopols führen. Es bleibt daher für die moderne Industrieproduktion oft nur die Entscheidung für effiziente Produktion unter monopolistischen, statt ineffizienter Produktion unter polypolistischen Bedingungen. Die Gefahr des Entstehens von Monopolen besteht insbesondere dann, wenn der

Inlandsmarkt klein und zudem durch Handelsbarrieren vor ausländischer Konkurrenz geschützt ist. Bei offenen Volkswirtschaften reduziert der internationale Wettbewerb die Gefahr der Monopolbildung auf den Bereich der nicht handelbaren Güter.

Die Signale, die eine derartig in der Realität verzerrte marktwirtschaftliche Ordnung liefern kann, werden im allgemeinen weder optimale Allokation der Ressourcen herbeiführen können, noch genügend Daten für künftige lohnende Investitionen und Produktionsbereiche bieten. Die Neutralität der Marktwirtschaft bezüglich einer gerechten Einkommensverteilung wurde bereits erwähnt. Auch in diesem Bereich, der in vielen Entwicklungsländern besonders kraß verzerrt ist, kann man von der Marktwirtschaft nur nach Korrekturen der Eigentumsrechte Fortschritte in Richtung auf eine Lösung erwarten.

6.3.4 Zentralverwaltungswirtschaft in Entwicklungsländern

Dreh- und Angelpunkt für den Erfolg einer idealtypischen Zentralverwaltungswirtschaft ist die Fähigkeit, eine leistungsfähige Verwaltung aufbauen zu können, die die umfassenden Aufgaben einer Planungsinstanz bewältigen könnte.

Die Realität zeigt, daß diese Grundbedingung in Entwicklungsländern nur mangelhaft erfüllt ist. Die Tätigkeiten der Verwaltungen dort konzentrieren sich auf mehr oder weniger rudimentäre Aufgaben wie Steuerwesen, Ordnungsfunktionen etc.

Die unabdingbare Information ist meist nur unzureichend verfügbar, da einerseits die Kapazitäten zur Erfassung und Auswertung nicht ausreichen, und andererseits oft gezielte Falschinformation von den betroffenen Unternehmen und Individuen betrieben wird. Folgen davon sind ineffiziente Ressourcenausnutzung und Konsistenzprobleme in der Planung.

Mangelnde Plankontrolle, falsche Subventionspolitik, insbesondere zur Verschleierung der Ineffizienz von öffentlichen Unternehmen, sind Gründe dafür, daß Fehlallokationen in Zentralverwaltungswirtschaften oft umfangreicher und auch verhängnisvoller sind als in dezentral planenden Systemen.

Zusammen mit hoher Korruptionsanfälligkeit des Beamtenapparates und machtpolitischer Instabilität führen die genannten Gründe dazu, daß die Realisierbarkeit einer idealtypischen Zentralverwaltungswirtschaft in Entwicklungsländern auf unüberwindliche Schwierigkeiten stößt. Hinzu kommen die hohen Lenkungskosten, die mit zentraler Planung verbunden sind, da für die an sich unproduktive Planungsarbeit kompetente und knappe, ausgebildete Fachkräfte bereitgestellt werden müssen, die der produktiven Aktivität verlorengehen.

Grundsätzlich haben die realen Bedingungen in Entwicklungsländer zur Folge, daß auch eine Zentralverwaltungswirtschaft sich weder auf korrekte Daten stützen, noch sie auswerten kann, um eine optimale Lösung der Zielprobleme zu ermöglichen. Sie läuft unter den genannten realen Umständen sogar Gefahr, die Faktoren, die Effizienz bewirken können, abzustumpfen. Dies liegt nicht zuletzt an der Erwartungshaltung der Wirtschaftseinheiten bezüglich der Direktiven der Planungsinstanz, eine Haltung, die zu individueller wirtschaftlicher Unselbständigkeit führt und im Verbund mit Fehlentscheidungen der Planungsinstanz eine Kumulierung der negativen Folgen bedeutet.

6.3.5 Wirtschaftsordnung und Entwicklungsprozeß

Die Gesellschafts- und Wirtschaftsstrukturen der Entwicklungsländer sind weder untereinander noch in sich selbst einheitlich. Ebenso sind ihre Ordnungsformen zur Lenkung der Wirtschaft differenziert und in keinem Fall mit den Idealmodellen von Marktwirtschaft und Zentralverwaltungswirtschaft deckungsgleich. Deren Grundelemente sind in der Realität in vielfältiger Form in sogenannten Mischsystemen (mixed economies) integriert.

Die Vielfalt der Ordnungen ist vor allem durch den engen Zusammenhang von Wirtschafts- und Gesellschaftssystem bedingt. Die meisten Entwicklungsländer haben ihre Form der (Wirtschafts-)Gesellschaftsordnung gefunden. Die Konzepte variieren von kommunistischen Entwicklungsmodellen marxistisch-leninistischer Prägung über Formen eines eigenständigen (afrikanischen, asiatischen) Sozialismus, diverse Arten der Entwicklungsprogrammierung (systematische Planung der Entwicklung «von oben») bis hin zu einem marktwirtschaftlich-kapitalistischen Entwicklungsweg mit vielfältigen Überschneidungen und Vernetzungen untereinander.

Im Zusammenhang mit der Wirtschaftsordnung im engeren Sinne ist zu beobachten, daß offensichtlich eine gewählte Gesellschaftsordnung den Spielraum für den Organisationsrahmen der Wirtschaft schon im vorhinein als kapitalistisch-marktwirtschaftlich oder sozialistisch-planwirtschaftlich begrenzt, obwohl dies weder praktisch noch theoretisch notwendig sein muß. Im Gegenteil ist es speziell für Entwicklungsländer mit eng begrenzten ökonomischen Möglichkeiten ratsam, neue Wege zu suchen und die Ordnungselemente selektiv anzuwenden, so daß sie in der Lage sind, die ökonomischen und sozialen Ziele, denen nach gesamtgesellschaftlichen Vorstellungen Priorität zukommt, so weitgehend wie möglich zu verwirklichen.

In bezug auf Produktions- und Versorgungseffizienz (Herstellung möglichst vieler der Güter, die einer Gesellschaft den größten Nutzen stiften), ökonomisches Wachstum und Verteilung der Einkommen, also den systemübergreifenden ökonomischen Grundfragen, läßt sich feststellen, daß in überwiegend von Wettbewerbspreisen gelenkten Volkswirtschaften bessere Produktionsergebnisse erzielt werden und ein Wechsel von zentralplanerischen zu marktwirtschaftlichen Lenkungsformen offensichtlich Effizienz und Wachstum verbessert.

Auf der anderen Seite erwarteten viele Experten noch bis in die siebziger Jahre von einer sozialistisch-planwirtschaftlichen Ordnung eine gerechtere und ausgewogenere Verteilung des Produktionsergebnisses und eine vergleichsweise bessere Versorgung mit sozialen Leistungen, wie Bildung, Gesundheitswesen etc. Das relativ große Gewicht, das Verteilungs- und Sozialziele dabei in Anspruch nehmen, ist in der Praxis jedoch meist von nur mäßigen Erfolgen begleitet. Die Gründe muß man auch in der Interdependenz bzw. dem Konflikt zwischen sozialpolitischen, verteilungsorientierten Zielen und denen eines effizienten ökonomischen Wachstums suchen. Die vergleichsweise geringe Wachstumseffizienz einer zentral gelenkten Ordnung macht auch besondere Anstrengungen im sozialpolitischen Bereich oft wirkungslos.

Marktsteuerung ist daher unter den Bedingungen, die in Entwicklungsländern vorherrschen, mehr noch als in den Industrieländern, die überlegene Ordnungsform. Das bedeutet nicht, daß bestimmte verteilungspolitische Zielsetzungen vernachlässigt werden müßten. Vielmehr eröffnet die größere wirtschaftliche Effizienz eines marktwirtschaftlichen Systems erst die Verteilungsspielräume, die erforderlich sind, Armut und Unterentwicklung nachhaltig zu bekämpfen.

Die Enttäuschung über die geringen Erfolge zentraler staatlicher Wirtschaftsplanung hat in den meisten Entwicklungsländern diese Einschätzung bestärkt. Mehr noch als die Mißerfolge eigener Etappen einer allzu weitgehenden staatlichen Intervention in den Wirtschaftsablauf hat schließlich der Zusammenbruch der Volkswirtschaften in den ehemals sozialistischen Staaten dazu beigetragen, daß fast alle Entwicklungsländer marktwirtschaftliche Ordnungsrahmen propagieren und darin auch von den internationalen Organisationen wie Weltbank und Weltwährungsfonds unterstützt werden.

Selbst in den Ländern, die noch stärker von einer sozialistisch-zentralistischen Ordnung geprägt sind, wird das Dogma der zentralen Planung zugunsten marktwirtschaftlicher Lenkungsformen aufgeweicht, spielen ökonomische Leistungsanreize zur Steigerung der Produktion eine immer größere Rolle. In der VR China begann ein solcher Umorientierungsprozeß zu Anfang der achtziger Jahre. Seitdem hat die chinesische Volkswirtschaft ein rapides Wirtschaftswachstum erzielt, das letztlich auch unter Verteilungsgesichtspunkten zu wesentlich günstigeren Ergebnissen geführt hat als die ehemalige starre, zentralistische Entwicklungsplanung.

Ebenso wie der Markt dort Steuerungsfunktionen übernehmen kann, wo zentrale Planung und Lenkung offensichtlich überfordert oder schlicht überflüssig sind, muß der Staat in marktwirtschaftlich-kapitalistischen Entwicklungsländern unerwünschte Folgen des «freien Spiels der Kräfte» (laissez faire), wie soziale Benachteiligungen, unerwünschte Verteilungswirkungen und die Tendenzen zur Konzentration der Marktmacht korrigieren. Elemente beider Lenkungsinstrumente, staatliche Regulation und Marktmechanismus, können bei der Überwindung von Schwächen des zugrundeliegenden ökonomischen Steuerungssystems nutzbar gemacht werden. Anders ausgedrückt: Auf dem sozialistischen Entwicklungsweg gilt es Maßnahmen zu ergreifen, die sozialistische Ziele erreichen können, und solche zu ersetzen, die gegen diese Ziele wirken. Entsprechend kann der staatliche Eingriff u.U. der Marktlösung überlegen sein, wenn im Rahmen einer kapitalistisch-liberalen Ordnung gesamtgesellschaftliche Ziele durch die Ergebnisse des Marktes unterlaufen werden.

In der Realität ergeben sich daraus Ordnungsformen der Volkswirtschaft, die als Mischsysteme sowohl bezüglich des Eigentums an Produktionsmitteln als auch in Hinblick auf die praktizierte Wirtschaftslenkung bezeichnet werden und in den Entwicklungsländern vielfältige Formen entwickelt haben. Sie beruhen als sogenannte mixed economies auf der auch innerhalb eines Landes differenzierten Eigentumsordnung. Diese beinhaltet in unterschiedlicher Zusammensetzung und Gewichtung privates Eigentum, genossenschaftliches oder kommunal-kollektives und staatliches Eigentum an produktivem Sachkapital und landwirtschaftlichem Grundbesitz. Als «flexible Lenkungssysteme» sind sie gekennzeichnet durch das Nebeneinander von frei agierenden, staatlich beeinflußten und regulierten Marktbereichen bis hin zu eigener Produktionstätigkeit des Staates durch staatseigene Unternehmen.

Die Problematik liegt letztlich in der Bestimmung des «richtigen Ausmaßes» der staatlichen Aktivität sowohl zum Ausgleichen des Marktversagens in bezug auf gesamtwirtschaftliche Ziele und gesellschaftliche Prioritäten als auch in Hinsicht auf bestmögliche ökonomische Leistungsentfaltung gemäß dem Gebot des Wachstums- und Effizienzziels.

Voraussetzung aller Lenkungssysteme sind Leistungsstärke und politisch-moralische Integrität der Staatsverwaltung. Sie soll sich am Gemeinwohl orientieren und das Ausmaß der Planungseingriffe gemäß den ökonomischen Gegebenheiten flexibel handhaben, indem sie den eigenen Handlungsbedarf für den ökonomischen Ablauf zurückhaltend einschätzt, gegebenenfalls aber auch ihr Handlungsinstrumentarium entschlossen einzusetzen und durchzusetzen vermag: kurz, die in der Lage ist, einen funktionalen ordnungspolitischen Rahmen zu organisieren, und sich verläßlich in diesen Rahmen einpaßt. Aber eine autokratische Regierung ist nicht notwendigerweise eine starke Regierung. Ein politisch stabiler Staat in den Entwicklungsländern jedoch kann eine größtmögliche dezentrale Steuerung durch den Marktmechanismus und die weiterhin notwendigen Eingriffe des Staates in den Wirtschaftsablauf miteinander vereinbaren. Welches unterschiedliche Ausmaß die Steuerungselemente jeweils annehmen können bzw. in welcher Relation sie angewandt werden, hängt dann in der Hauptsache von sozioökonomischen Bedingungen in den jeweiligen Entwicklungsländern ab.

6.4 Gesamtwirtschaftliche Analyse und Programmierung

Für die gesamtwirtschaftliche Programmierungs-, Projektions- oder auch Prognosetätigkeit[10] bedient man sich als Hilfsmittel verschiedener Analysemethoden und -modelle. Der Ablauf stellt sich prinzipiell so dar, daß man zunächst Hypothesen erarbeitet, die bestimmte ökonomische Größen mittels anderer erklären sollen. Diese Hypothesen müssen dann auf ihre Realitätsbezogenheit hin überprüft werden. Schließlich wird die weitere Entwicklung der Variablen in die Zukunft projektiert. Fundamentale Bestandteile solcher

[10] Alle Begriffe sollen hier synonym gebraucht werden im Sinne von systematischer Schätzung.

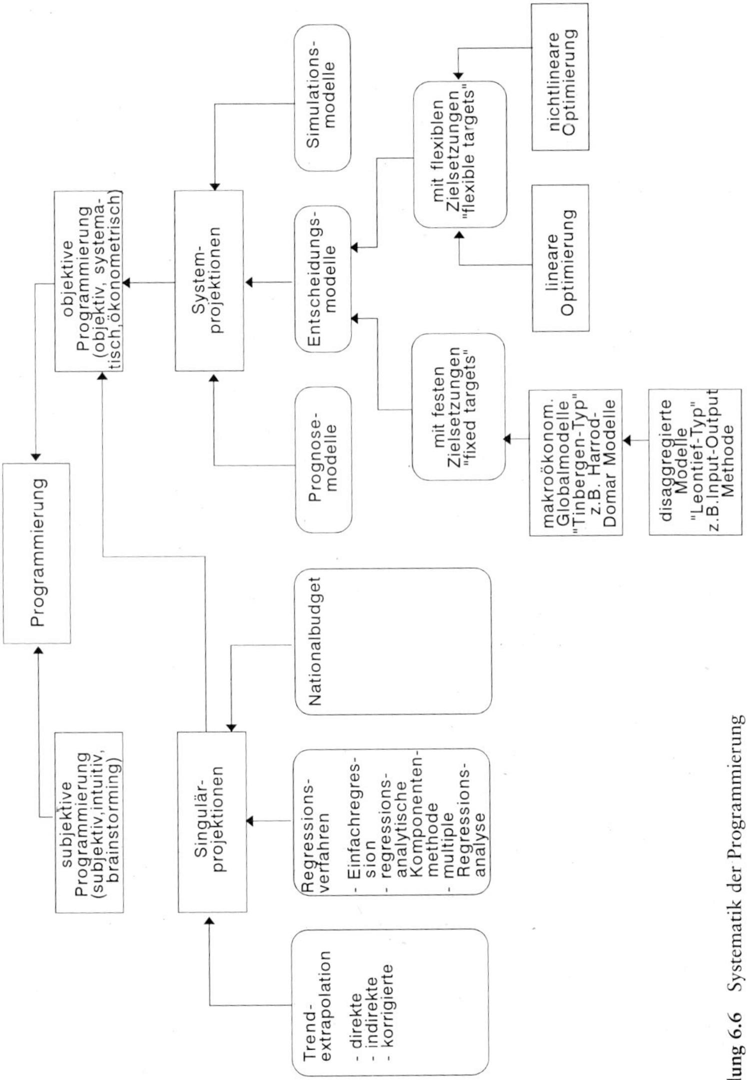

Abbildung 6.6 Systematik der Programmierung

Modelle sind also Variablen, die man noch in unabhängige oder exogene und abhängige oder endogene differenzieren muß.

Geht man aus von den sogenannten «fixed target policy models» des TINBERGEN-Typs, so können die erstgenannten die Zielvariablen sein, die exogen von der Entscheidungseinheit festgelegt werden können, z.B. ein bestimmtes angestrebtes niedriges Niveau der Geldentwertung, die gewünschte Höhe des Pro-Kopf-Einkommens, eine maximal tolerierte Arbeitslosenquote. Die endogenen Variablen sind in diesem Fall Instrumentvariablen, die jeweils in der Lage sind, die Zielvariable zu beeinflussen. Sie sind hier deshalb endogen oder im System abhängig, weil zur Erreichung eines bestimmten, exogen vorgegebenen Zielwertes ein ganz bestimmter Instrumenteinsatz erforderlich ist. Geht man z.B. von der Annahme aus, nur der Steuersatz sei in der Lage, die Zielvariable «Einkommensverteilung» zu beeinflussen, so gibt es nur einen Steuersatz, der zu einer exogen festgelegten Einkommensverteilung führen kann.

Allerdings können in diesen Modellen auch die Instrumente zu exogenen Variablen werden. Bestehen für die Regierung Freiheitsgrade in der Auswahl der Instrumentwerte, ist die Zahl der Instrumente also größer als die der Ziele, so kann die Regierung vorab so viele Instrumentwerte festlegen, bis die Zahl der Instrumente wieder der der Ziele entspricht. In jedem Fall aber müssen Instrumente von der Entscheidungseinheit kontrolliert werden können.

Hier treten zwei Problemkreise wieder in Erinnerung. Der erste verlangt, wie oben erwähnt, zumindest je ein Instrument für eine Zielgröße. Eine Unterzahl von Instrumenten macht das System unlösbar.

Der zweite Problemkreis führt zurück zur Interdependenz der Ziele. An der Aufspaltung in Ziel- und Instrumentvariablen wird der ambivalente Charakter der Ziele selbst deutlich. Sie können sowohl Endziele als auch instrumentale Zwischenziele sein. Eine Erhöhung des Beschäftigungsgrades kann demnach ein letztlich angestrebtes Ziel sein als Endziel einer entwicklungspolitischen Maßnahme. Sie kann aber auch ein Instrumentalziel zur Erreichung anderer Ziele, wie größere Effizienz, ausgewogenere Einkommensstruktur u.a., sein. Die klare Trennung in Ziel- und Instrumentvariablen ist also mit Schwierigkeiten verbunden, soll aber hier zur theoretischen Verdeutlichung des Modellaufbaus beibehalten werden.

Weitere Basiskomponenten von Modellen sind funktionale Beziehungen zwischen den endogenen und exogenen Variablen, ausgedrückt durch ein System von Strukturgleichungen, die kausale Verbindungen zwischen den Variablen herstellen. Dies geschieht mit Hilfe einer Reihe strategischer Koeffizienten, die beschreiben, mit welcher Intensität eine Variable die andere, mit der sie kausal verknüpft ist, beeinflußt. Als Beispiel für diese Größen soll ein vereinfachtes keynesianisches Investitionsmultiplikatormodell dienen:

(1) $Y = C + I$

(2) $C = a + b\,Y$

(3) $I = \bar{I}$ (= exogen)

(1) ist die Identitätsgleichung des Volkseinkommens (Y), das konsumiert (C) oder investiert (I) werden kann. (2) ist die Verhaltensgleichung bezüglich

des Konsums, der aus einem autonomen Anteil (a) sowie einem von Y abhängigen Teil (b Y) besteht, mit der Konsumquote (b)[11].

Faßt man nun zusammen, so erhält man

(4) $Y = a + b\,Y + I$ oder $Y = \frac{1}{1 - b}(a + I)$;

setzt man $\frac{1}{1 - b} = d$, so erhält man

(5) $Y = d\,(a + I)$;

An dieser letzten Gleichung kann man nun anschaulich die Basiskomponenten eines Modells erläutern. Es besteht aus der unabhängigen Variable I und der abhängigen Y. Ferner existiert eine funktionale Beziehung zwischen I und Y, die durch den Koeffizienten d, den sogenannten Investitionsmultiplikator, ausgedrückt wird. Er beschreibt die Intensität der funktionalen Beziehungen zwischen I und Y. Die additive Konstante a hat auf die Lösung des Modells keinen Einfluß. Folglich wird die Höhe des Volkseinkommens ausschließlich von der Höhe der Investitionen bestimmt.

Nachdem die Basiskomponenten eines Modells kurz umrissen sind, müssen noch die Forderungen bzw. die Kriterien, die an ein Modell angelegt werden müssen bzw. die es erfüllen muß, kurz wieder aufgegriffen werden. Ein gesamtwirtschaftliches Optimierungsproblem verlangt **Konsistenz, Durchführbarkeit** und **Optimalität** des Programms.

Dieser Kriterienkatalog verlangt sowohl Deckungsgleichheit der Angebots- und Nachfragegrößen sowie Übereinstimmung von sektoraler und globaler Projektion wie auch die Anwendbarkeit des Modells auf das Projektionsproblem und schließlich die Möglichkeit zur Auswahl der bestmöglichen Handlungsalternative unter den gegebenen Rahmenbedingungen. Auch an diesen Kriterien werden die im folgenden aufgeführten Programmierungsmethoden zu beurteilen sein.

6.4.1 Allgemeine Grundlagen

Die Methoden der Programmierung sind sehr zahlreich und lassen sich nach verschiedenen Kriterien klassifizieren. Ein mögliches Kriterium unterteilt in subjektive und objektive Verfahren. Bei der ersten Kategorie werden Voraussagen aufgrund subjektiv-intuitiver Vorstellungen getroffen. Die Gefahr der Fehleinschätzung liegt auf der Hand. Dennoch kann diese Methode, insbesondere wenn andere Methoden nicht anwendbar sind, durchaus zu sinnvollen Ergebnissen führen. Die objektiven Programmierungsmethoden lassen sich nun als wesentlich wichtigere Gruppe in zwei große Untergruppen teilen.

Die erste wird von den **Singulärprojektionen** gebildet. Es werden sukzessive Partialprojektionen einzelner Variablen ohne Berücksichtigung der si-

[11] Aus Gründen der Einfachheit wird hier wie auch im folgenden nicht unterschieden zwischen marginaler und durchschnittlicher Konsum-, Spar- oder Investitionsquote. Diese werden ebenso wie weiter unten der Kapitalkoeffizient als marginal gleich durchschnittlich angenommen.

multanen, funktionalen und intersektoralen Verflechtung der Größen untereinander vorgenommen. Hierzu gehören sowohl die Methoden der Trendextrapolation als auch die Regressionsverfahren.

Die Trendextrapolation sieht die betrachtete Variable i.d.R. als allein von der Zeit abhängig an. So ist das Projektionsproblem bei der **direkten** Trendextrapolation in der einfachsten Form als schlichte Geradengleichung

$Y = a + b\,t$, mit t als dem Symbol für die Zeit,

ausdrückbar. Die Entwicklung des Einkommens Y wird als linear und allein zeitabhängig angesehen. Analog verfährt man bei der **indirekten** Trendextrapolation. Hier schreibt man die einzelnen definitorischen Komponenten (z.B. von $Y = C + I$) fort.

Beide Verfahren sind als reine Fortschreibung von Größen in die Zukunft für Entwicklungsplanungsvorhaben nur sehr begrenzt geeignet, da durch die Planung die Entwicklung gezielt beeinflußt und verändert werden soll.

Einen Schritt weiter geht die **korrigierte** Trendextrapolation. Sie versucht zumindest eine ökonomisch-kausale Analyse der Abweichungen vom extrapolierten Trend.

Demgegenüber erfassen die Regressionsverfahren einseitige Kausalbeziehungen zwischen einer abhängigen Variablen (Y) und einer erklärenden unabhängigen Größe (X). Man unterscheidet die **Einfachregression** in der Form $Y = f(X)$ sowie die **regressionsanalytische Komponentenmethode**, bei der der Kausalzusammenhang durch Addition der einzelnen Komponentenkausalitäten einer bestimmten Größe aufgezeigt wird, z.B.

$$Y = Y_1 + Y_2 + Y_3;\ Y_1 = f(X_1),\ Y_2 = f(X_2),\ Y_3 = f(X_3),$$

und schließlich die **multiple Regressionsanalyse**, die in der Lage ist, mehrere Einflußfaktoren gleichzeitig zu berücksichtigen:

$$Y = f(X_1, X_2, X_3, \ldots).$$

Alle genannten Singulärprojektionsmethoden haben den Vorteil, mathematisch relativ anspruchslos zu sein. Sie sind aber nicht in der Lage, die Kriterien der Konsistenz und der Optimalität zu erfüllen. Sie haben nur erklärende Funktion und lassen keine entwicklungspolitischen Handlungsalternativen erkennen.

Die zweite Gruppe der objektiven Programmierungsmethoden bilden die weitaus wichtigeren **Systemprojektionen**. Es handelt sich um ökonomische bzw. ökonometrische Modelle, die die funktionalen Wechselbeziehungen der Variablen untereinander aufzeigen und somit eine konsistente und simultane Schätzung der Systemgrößen im gesamtwirtschaftlichen Zusammenhang ermöglichen. Sie stellen an die gesamtwirtschaftliche Analyse in Entwicklungsländern wesentlich höhere Anforderungen und lassen daher die Hauptprobleme der Programmierung in Entwicklungsländern, die statistische Informationslücke, die Administrationsmängel in der Implementation und das Auswertungsproblem deutlich werden.

Grundsätzlich unterscheidet man bei Systemprojektionen Prognose- und Entscheidungsmodelle. Die **Prognosemodelle** schreiben, ausgehend von der Frage «Was wird sein?», ebenfalls den in der Diagnosephase festgestellten

Trend der Wirtschafts- und Sozialentwicklung als für die folgende Planperiode bei unveränderter Politik weiterhin gültig fort. Sie sind damit für eine Programmierung in Entwicklungsländern, in deren Entwicklung ja gezielt eingegriffen werden soll, weniger sinnvoll. Wir wenden uns daher sofort der wichtigen Gruppe der **Entscheidungsmodelle** zu. Sie sind wiederum teilbar in solche mit festen Zielsetzungen (fixed target policy models) und solche mit flexiblen Zielen (flexible target policy models). Die Modelle mit festen Zielsetzungen basieren auf dem Rechenschema der volkswirtschaftlichen Gesamtrechnung und gehen von festen, vorgegebenen Planzielen aus. Die Instrumentvariablen werden von den Entscheidungsträgern kontrolliert. Wichtigste Modelltypen sind makroökonomische Wachstumsmodelle, von denen das oft angewendete HARROD-DOMAR-Modell näher erläutert werden soll, und die gleichfalls für die Praxis der Programmierung sehr wichtigen disaggregierten Modelle. Als Beispiel für diese Modellkategorie wird die Input-Output-Methode von LEONTIEF in der Entwicklungsplanung vorgestellt.

Die Grundmängel der Entscheidungsmodelle mit fester Zielsetzung sind, daß auch sie keine politischen Handlungsalternativen aufzeigen und Optimalität des Programms nur zufällig herbeiführen können. Sie können allein die Konsistenz der Lösung sichern.

Die Modelle mit flexiblen Zielsetzungen hingegen sind in der Lage, durch lineare oder nichtlineare Programmierung die optimale Lösung aufzuzeigen. Formal stellen sie ein Maximierungs- oder Minimierungsproblem einer Zielfunktion unter Beachtung von Nebenbedingungen dar. Die damit verbundenen hohen statistischen Anforderungen, aber auch die anspruchsvolle mathematische Methodik sind jedoch ein Hindernis für die systematische Anwendung in der Entwicklungsprogrammierung. Nicht weniger problematisch dürfte die Festlegung einer gesamtgesellschaftlichen Wohlfahrtsfunktion sein, die es ja auf dem Hintergrund des beschriebenen Zielkatalogs zu optimieren gilt. Auf eine detailliertere Darstellung von Optimierungsmethoden muß in diesem Rahmen verzichtet werden.

Es bleibt noch eine dritte Gruppe von Systemprojektionen zu erwähnen, die in neuerer Zeit weiter in den Vordergrund gerückt ist. Es sind die sogenannten **Simulationsmodelle**. Sie bilden eine Vorstufe zu den Entscheidungsmodellen, indem sie auf Basis einer bestimmten Datenkonstellation mögliche künftige Situationen mit jeweils geänderten Datenrahmen simulieren. Diese Simulationstechniken werden vor allem in diversen Weltmodellen[12] in Form von Szenarios angewandt, könnten aber durchaus auch in der Entwicklungsprogrammierung Verwendung finden.

Es muß nochmals darauf hingewiesen werden, daß die Wahl eines adäquaten Programmierungsmodells eng zusammenhängt mit den spezifischen Gegebenheiten in einem Entwicklungsland. Erst die Analyse aller am Entwicklungsprozeß beteiligten Faktoren, die Beurteilung der Informationssituation und nicht zuletzt die Fähigkeit der Planer selbst lassen Aussagen

[12] Z.B. vom Club of Rome, von der OECD, von der US-Regierung (Global 2000) etc.

über die Wahl eines Modells zu. Ein allgemeiner Rat für eine bestimmte Methode kann kaum sinnvoll sein.

6.4.2 Das Harrod-Domar-Modell

Das Harrod-Domar-Modell ist ein gesamtwirtschaftliches, hoch aggregiertes Wachstumsmodell, das den dualen Charakter der Investitionen berücksichtigt, der darauf beruht, daß Investitionen sowohl Einkommen schaffen als Komponente der Nachfrage, als auch auf der Angebotsseite durch Veränderung des Kapitalstocks einen Kapazitätseffekt bewirken.

Die Bedeutung gerade dieses Modells für die Entwicklungsprogrammierung liegt darin, daß einmal in ihrem Anfangsstadium kaum bessere Instrumente zur Verfügung standen und es deshalb schon früh bei Entwicklungsplänen eine zentrale Rolle gespielt hat.[13] Zum anderen ist es formal anspruchslos und leicht handhabbar und wird aus diesem Grunde auch heute noch in der einen oder anderen Form in der Entwicklungsprogrammierung genutzt. Schließlich liegt seine Bedeutung auch darin, daß das wirtschaftliche Wachstum eine zentrale Rolle im Zielkatalog der Entwicklungsplanung einnimmt und daher ein Modell, das die Bedingungen des Wachstums untersuchen und erklären will, einen wichtigen Beitrag zur Erreichung dieses Zieles leisten kann.

Das Harrod-Domar-Modell dient zur Bestimmung der Bedingungen des Wachstums des Sozialprodukts unter vereinfachten Annahmen. Es trägt der Überlegung Rechnung, daß der Mangel an Kapital einen Hauptengpaß der ökonomischen Entwicklung darstellt. Als Variablen werden ausschließlich das Sparaufkommen (S), die Investitionen (I) und das Volkseinkommen (Y) betrachtet. Formal ist das Modell wie folgt aufgebaut:

(1) $S = s\,Y$, Sparfunktion mit der Sparneigung s;

(2) $K = k\,Y$, Beziehungsgleichung für den Kapitalstock K und das Volkseinkommen mit dem Kapitalkoeffizienten k;

(2.1) $\Delta K = I_n = k\Delta Y$, positive Nettoinvestitionen In führen zu positiven Änderungen des Kapitalstocks ΔK, in gleicher Höhe und damit aufgrund der technologischen Beziehung auch zur Veränderung des Volkseinkommens ΔY;

(3) $S = I_n = \Delta K$, als allgemeine Gleichgewichtsbedingung.

Es ergibt sich durch Einsetzen

$$S = s\,Y = \Delta K = k\Delta\,Y \text{ oder } s\,Y = k\Delta Y;$$

durch Dividieren erhält man die Gleichgewichtslösung

$$\Delta Y/Y = s/k$$

oder als gleichgewichtige Wachstumsrate geschrieben

$$w_y = s/k.$$

[13] So ist in der Entwicklungsplanung Indiens, Pakistans, Koreas, Taiwans, Indonesiens, Thailands, Israels, Kolumbiens, Mexikos, Perus u. a. m.

Setzt man $\Delta Y = Y_{t+1} - Y_t$ ein, so ergibt sich aus der Differenzengleichung $Y_{t+1} = Y_t + s/k\ Y_t = Y_t\ (1 + s/k)$ die allgemeine Lösung

$$Y_t = Y_o\ (1 + s/k)^t.$$

Das Ergebnis ist eine makroökonomische Gleichgewichtsbedingung für das Wachstum, die unter den Annahmen einer gegebenen Sparneigung s und eines bekannten Kapitalkoeffizienten k unendlich viele Gleichgewichtspfade zuläßt, abhängig von den Ausgangswerten für Y_o und den Größen s und k.

Welche Aussage kann nun die Wachstumsformel von HARROD und DOMAR liefern? Ausgehend von dem Ergebnis des Modells, daß Sparquote und Kapitalkoeffizient die Wachstumsrate des Sozialprodukts bestimmen, läßt das Modell folgende Schlußfolgerung zu:

- Eine Erhöhung der Wachstumsrate ist nur möglich bei einer Steigerung der Investitionsquote (= Sparneigung s, da gilt S = I) und/oder Verringerung des Kapitalkoeffizienten;
- die für ein angestrebtes Wachstum des Sozialprodukts (ΔY) benötigten Gesamtinvestitionen sind bei gegebenem Kapitalkoeffizienten berechenbar; analog ist bei bekannter Sparneigung die nötige Höhe der Kapitalproduktivität (= Kehrwert des Kapitalkoeffizienten) für dieses Ziel bestimmbar;
- eine Formel zur Berechnung des Einkommenswachstums pro Kopf ist ableitbar: Ist $w_B = \Delta B/B$ die Definitionsgleichung für die Wachstumsrate w_B der Bevölkerung B, so lautet die Rate für das Pro-Kopf-Wachstum des Sozialprodukts $w_{Y/N} = \Delta Y/Y - \Delta B/B = s/k - w_{Y/B}$. Da sich ein positives Wachstum des Pro-Kopf-Einkommens nur ergibt, wenn die Wachstumsrate des Sozialprodukts die der Bevölkerung übertrifft, kann nun die nötige Investitionsquote für ein gewünschtes $w_{Y/B}$ bestimmt werden;
- da das Modell ausgeht von einer limitationalen Produktionsfunktion, Arbeit und Kapital also komplementäre Produktionsfaktoren sind, können auch für den Faktor Arbeit Aussagen aus dem Modell abgeleitet werden;
- eine Erweiterung des Modells um den Außensektor ist möglich, so daß auch Informationen für eine offene Volkswirtschaft ableitbar sind, was insbesondere bei der Handelsabhängigkeit und Devisenenge vieler Entwicklungsländer von Nutzen ist.

Durch Umstellung und Interpretation der Beziehungen und der Gleichgewichtsbedingungen im HARROD-DOMAR-Modell sind daher zahlreiche Ansatzpunkte der Steuerung des Wachstumsprozesses erkennbar. Zentraler Mangel des Modells ist aber, daß es keinen Aufschluß darüber gibt, wie die Instrumente einzusetzen sind und wie sich die gewünschten Werte einspielen. Es ergeben sich aus der Gleichgewichtsformel keine echten Handlungsalternativen; sie erlaubt nur Aussagen über die Konsistenz von Handlungsalternativen, die aber auf anderem Wege erarbeitet werden müssen. Formal wird dieser Mangel für die gezielte entwicklungsökonomische Aktivität deutlich daran, daß für die drei Unbekannten nur drei Gleichungen zur Lösung vorhanden sind. Es existieren also keine Freiheitsgrade für die wirtschaftspolitische Entscheidungseinheit.

Ebensowenig enthält das Modell ein Kriterium für die Optimalität eines Programms, da es auf der Basis der gewählten Parameter immer nur einen möglichen Pfad des gleichgewichtigen Wachstums gibt, der zwar konsistent ist unter den Bedingungen der hohen Aggregation, aber nicht der optimale sein muß, zumal kein gesellschaftliches Wohlfahrtskriterium aus dem Modell ableitbar ist. Diese Mängel lassen sich grundsätzlich auch nicht lösen, indem man das Modell in mehrere Sektoren disaggregiert.[14] Es können im Gegenteil noch Inkompatibilitäten zwischen kurz- und langfristigen Zielen auftreten, z.B. zwischen Abbau der Unterbeschäftigung und gezieltem Wirtschaftswachstum über die Schwerindustrie.

Zur entwicklungspolitischen Verwendbarkeit gesamtwirtschaftlicher Wachstumsmodelle vom HARROD-DOMAR-Typ, aber auch für die neoklassischen Modelle von SOLOW u.a., die mit substitutionalen Produktionsbedingungen arbeiten, kann man grundsätzlich zusammenfassen:

- sie liefern nur eine Erklärung des Wachstums im Gleichgewicht von Angebot und Nachfrage;
- sie erlauben nur rudimentäre entwicklungsökonomische Einblicke;
- ihre Funktion ist weder explikativ noch prognostisch, sondern tautologisch;
- sie lassen eine konsistente Lösung zu, aber keine Handlungsalternative erkennen;
- Aussagen über die Optimalität eines Programms sind nicht möglich;
- sie sind für spezielle Planungsprobleme, z.B. Sektoralplanung, zu hoch aggregiert.

6.4.3 Die Input-Output-Methode

Gesamtwirtschaftliche Wachstumsmodelle sind auch als Mehrsektorenmodelle für differenziertere Programmierungsaufgaben nur unzureichend geeignet. Sie sind allenfalls in der Lage, eine Dimension des Programmierungsproblems, nämlich die Konsistenz, zu gewährleisten. Zur Überwindung des hohen Aggregationsgrades, des Denkens in globalen Kreislaufströmen und zur detaillierteren, auch sektoralen Programmierung steht mit der **Input-Output-Methode** ein anderes vielgenutztes Modell der Gruppe der «fixed target policy»-Modelle zur Verfügung. Das von LEONTIEF (1935) erdachte Rechenschema ist eine Weiterentwicklung des «tableau economique» von QUESNAY (1758), der Materialbilanzen, die auf MARX zurückgehen, und des allgemeinen Gleichgewichtsmodells von WALRAS. Es trägt der Überlegung Rechnung, daß innerhalb einer arbeitsteiligen Volkswirtschaft jede Entwicklung mit zunehmender industrieller Verflechtung verbunden sein muß, ein Gedanke, auf dem auch Strategien wie das «take-off into selfsustained growth» (ROSTOW) oder «big push» (ROSENSTEIN-RODAN) aufbauen. Er läßt die Notwendigkeit erkennen, die produktionstechnische Verflechtung der

[14] So geschehen durch MAHALANOBIS für die Entwicklungsplanung in Indien, der zunächst mit einem Zweisektorenmodell arbeitete, später einen Sektor nochmals dreifach untergliederte.

Sektoren bei der Programmierung der Faktorallokation für ein beschleunigtes Wachstum zu berücksichtigen. Die Input-Output-Methode gehört heute zu den verbreitetsten Methoden der Wirtschaftsanalyse und -programmierung nicht nur in den Entwicklungsländern, wie auch aus der Tabelle 6.2 ersichtlich wird.

Tabelle 6.2 Instrumente der Wirtschaftspolitik und übliches Einsatzgebiet

Land	Jahr der Tabelle	Zahl der Sektoren	Hauptaufgabe
1) Australien	1953	120	Analyse des Außenhandels und seines Einflusses auf die australische Wirtschaft
2) Kanada	1949	42	Verbesserung der volkswirtschaftlichen Gesamtrechnung und der staatlichen Statistiken
3) Japan	1955	100	Langfristige Planungsprojektionen; Analyse des strukturellen Wandels; Import- und Arbeitskräftebedarf
4) Niederlande	1953	27	Formulierung der politischen Maßnahmen und zentrale Planung
5) Großbritannien	1950	10	Importanteil der Endnachfrage; Auswirkungen von Änderungen der Endnachfrage
6) Puerto Rico	1956	31	Effekte der wirtschaftlichen Entwicklung auf die Wirtschaftsstruktur
7) Kolumbien	1953	18	Entwicklungsplanung
8) Argentinien	1958	23	Entwicklungsplanung
9) Peru	1955	20	Entwicklungsplanung
10) Indien	1953/54	36	Entwicklungsplanung
11) Frankreich	1951	37	Strukturanalyse und Änderungen im Außenhandel; Staatsfinanzen
12) USA	1964	86	Staatsfinanzen; Projektion der Privatwirtschaft; Verteidigungsausgabenmobilisierung; Außenhandel
13) Algerien	1954	27	Entwicklungsplanung
14) Ägypten	1960	33	Entwicklungsplanung; Ressourceneinsatz
15) Mali	1959	8	Entwicklungsplanung
16) Ghana	1961	14	Projektion des Outputs und der Staatsfinanzen; Entwicklungsplanung
17) Nord-Rhodesien (Sambia)	1961	12	Projektion des Einflusses der Kupferexporteinnahmen auf die übrige Wirtschaft
18) Marokko	1958	30	Entwicklungsplanung
19) Tunesien	1957	27	Entwicklungsplanung

Quelle: Todaro, M. P., Development Planning, Models and Methods, Oxford University Press, 1971, p. 56 (eigene Übersetzung).

Ihre Möglichkeiten sind vielfältig und sollen im folgenden kurz erläutert werden.

Die Input-Output-Methode bietet prinzipiell drei Stufen der Anwendung. In Form der **Input-Output-Tabelle** stellt sie als reine ex-post Betrachtung eine Inventur der Strukturbeziehungen zwischen den einzelnen Sektoren, der Endnachfrage und den Primärfaktoren einer Volkswirtschaft zu einem bestimmten Zeitpunkt auf. Sie dient in dieser Form allein der Informationsgewinnung.

Auf der Grundlage dieser Informationen verwendet man die **Input-Output-Analyse** zur Strukturdiagnose und -prognose und damit letztlich als Basis für die Programmierung. Diese Möglichkeiten, die auch aus der Abbildung 6.7 ersichtlich werden, sollen nun kurz ausgeführt werden. Ausgangspunkt ist das offene, statische Modell von LEONTIEF[15].

6.4.3.1 Die Input-Output-Tabelle

Die Input-Output-Tabelle stellt alle intersektoralen Strukturverflechtungen einer Volkswirtschaft zu einem Zeitpunkt quantitativ dar. Sie erfaßt, je nach Disaggregationsgrad, eine bestimmte Anzahl von Produktionssektoren, zeigt deren interindustrielle Verflechtung auf und ihre Verknüpfung mit der Endnachfrage und den Anbietern von primären Produktionsfaktoren. Grundgedanke ist ein Kreislauf, in dem jeder Sektor zugleich Anbieter und Empfänger von Leistungen ist. Er liefert sowohl an andere Sektoren Vorleistungen (Zwischennachfrage) als auch Güter an die Endnachfrage. Zur Produktion benötigt er seinerseits eigene Vorleistungen und solche von anderen Sektoren sowie primäre Produktionsfaktoren wie z. B. Arbeit und Kapital. Die Endnachfrage verwendet wiederum zur Befriedigung ihrer Nachfrage Einkommen, die sie durch das Anbieten von Produktionsfaktoren erzielt. An diesem Punkt schließt sich der Kreislauf, der letztlich aus der Entstehungs- und Verwendungsrechnung der volkswirtschaftlichen Gesamtrechnung ableitbar ist. Entsprechend gliedert sich die Input-Output-Tabelle in vier Quadranten wie in Abbildung 6.8.

Im ersten Quadranten, der quadratischen **Kerntabelle** oder **Verflechtungsmatrix**, werden alle intersektoralen Ströme im intermediären Bereich erfaßt. In den Zeilen wird die Nachfrage der einzelnen Sektoren nach dem intermediären Output eben dieser Sektoren, die Zwischennachfrage, registriert. Die Spalten zeigen den Inputverbrauch derselben Sektoren auf, der auf selbsterstellten Vorleistungen und denen anderer Sektoren beruht. Jeder Sektor ist also zugleich Lieferant und Empfänger/Verbraucher von Vorleistungen. Die Summe der Zwischennachfrage der Sektoren ist dabei gleich der Summe der gesamten sekundären[16] Vorleistungen.

Im zweiten Quadranten werden in den Zeilen die Leistungen der Sektoren an die Endnachfragekomponenten (privater und staatlicher Verbrauch, pri-

[15] Zur Erklärung der Annahmen des offenen, statischen Modells siehe Abschnitt 6.4.3.3.

[16] Sekundäre Inputs sind produzierte Inputs.

Input-Output-Tabelle

Quantitative Ex-Post-Darstellung der volkswirtschaflichen Verflechtung zu einem Zeitpunkt: Inventur

Input-Output-Analyse

Strukturdiagnose der totalen volkswirtschaftlichen Verflechtung (direkte und indirekte Abhängigkeiten). Grundlagen: offenes, statisches Modell und inverse Matrix nach LEONTIEF, limitationale, linearhomogene Produktionsfunktion mit konstanten Inputkoeffizienten: Prognose.

Programmierung

Projektion der Koeffizientenmatrix einer Basisperiode für einen Planungszeitraum und Kombination mit den exogen geschätzen Werten der Endnachfragekomponenten.

Abbildung 6.7 Vorgehensweise der Input-Output-Methode

vate und staatliche Investitionen, Auslandsnachfrage) aufgeführt. Diese Komponenten sind beliebig weiter zu unterteilen. Zu beachten ist, daß die Endnachfrage im System autonom ist, also exogen bestimmt wird. Demgegenüber ist die Zwischennachfrage des ersten Quadranten eine abgeleitete, produktionstechnisch bedingte Größe. Als Zeilensummen beider Quadranten ergeben sich die Bruttoproduktionswerte der einzelnen Sektoren X_i, die sich aus den jeweiligen Werten der Zwischennachfrage Q_i und der Endnachfrage Y_i zusammensetzen: $X_i = Q_i + Y_i$.

Der dritte Quadrant gibt Aufschluß über den Verbrauch von Primärinputs in der Produktion der einzelnen Sektoren. Primärinputs sind nichtproduzierte Inputs, die im betrachteten Modell ebenfalls als autonom gelten. Sie werden üblicherweise mit ihrem Beitrag zur Bruttowertschöpfung (W) aufgeführt, also mit den Werten für Löhne und Gehälter, Gewinne und Zinsen, Kostensteuern saldiert mit Subventionen sowie Abschreibungsgegenwerten. Als Spaltensummen ergeben sich die Wertschöpfungen der aufgeführten Sektoren. Addiert man den Gesamteinsatz eines Sektors an sekundären Inputs V_j zu seiner Wertschöpfung W_j, so erhält man den gesamten Input (Gesamtverbrauch) X_j des Sektors, der wiederum dem Wert des Brutto-

Verbrauch der Sektoren (Inputs) ↓ / Produktion der Sektoren (Outputs) →	Sektor 1	Sektor 2	Zwischennachfrage Spalten	Sektor n	gesamte Zwischennachfrage	Endnachfrage					gesamter Endverbrauch	Einfuhr	Gesamter Output (Brutto-produktions-wert)
						Privat-Konsum	Privat-Investition	Staats-Verbrauch	Staats-Investition	Export			
Sektor 1	X_{11}	X_{12}		X_{1n}	Q_1						Y_1	$-M_1$	X_1
Sektor 2	X_{21}	X_{22}	Outputs für die Zwischennachfrage	X_{2n}	Q_2	Outputs an die Endnachfrage					Y_2	$-M_2$	X_2
Zeilen			Verflechtungs-matrix (I)			Endverbrauch (II)							
Sektor n	X_{n1}	X_{n2}		X_{nn}	Q_n						Y_n	$-M_n$	X_n
gesamte Vorleistungen	V_1	V_2		V_n	$V=Q$						Y	$-M$	X
Arbeit	L_1	L_2		L_n	P_L								
Kapital	G_1	G_2		Gn	P_G								
Zeilen: öffentliche Infra-struktur	T_1	T_2	Primärinputs an die Produktion (III)	T_n	P_T	Primärinputs an die Endnachfrage (IV)							
Abschreibung	D_1	D_2		D_n	P_D								
Wertschöpfung	W_1	W_2		W_n	$W=P$								
Gesamter Input (Gesamtverbrauch) V+W	X_1	X_2		X_n	X								Gesamtinput = Gesamtouput

Abbildung 6.8 Struktur einer Input-Output-Tabelle

produktionswertes X_i dieses Sektors entspricht, so daß gilt: $X_i = X_j$. Die gesamte Zeilensumme eines Sektors ($Q_i + Y_i = X_i$) stimmt daher mit der gesamten Spaltensumme ($V_j + W_j = X_j$) überein.

Der vierte Quadrant schließlich beschreibt die Wertschöpfung im Endnachfragebereich, d.h. er zeigt die Nachfrage der autonomen Endnachfragekomponenten nach Primärinputs auf.[17] Wegen der relativ unbedeutenden Anzahl dieser Transaktionen wird dieser Quadrant oft vernachlässigt. Um den Bezug zur volkswirtschaftlichen Gesamtrechnung herzustellen, muß er aber aufgeführt werden.

Die Identität der Zeilen- und Spaltensummen, Gesamtoutput gleich dem gesamten Inputverbrauch, die davon ausgeht, daß innerhalb des Kreislaufs keine Verluste auftreten, sichert die Konsistenz des Systems. Die Gegenüberstellung eines hypothetischen Zahlenbeispiels wie in Abbildung 6.9 und einer Darstellung des theoretischen Aufbaus wie in Abbildung 6.10 sollen das nochmals verdeutlichen.

6.4.3.2 Die Input-Output-Analyse

Der nächste Schritt besteht in der Auswertung der Input-Output-Tabelle, der Input-Output-Analyse. Ihr Ziel ist die ex-post Analyse der **totalen produktionstechnischen Verflechtung**, also sowohl der direkten als auch der indirekten Verflechtung der Produktionssektoren, da diese nicht nur direkt von ihren unmittelbaren Lieferanten, sondern auch indirekt von deren Vorlieferanten abhängig sind.

Produktionstheoretische Grundlage ist die Produktionsfunktion LEONTIEFS. In jedem Sektor ist der eingesetzte Sekundärinput dem Output proportional. Die Inputkoeffizienten gelten als konstant. Formal ergibt sich daher folgende Produktionsgleichung:

$X_{ij} = a_{ij}X_j$, mit den Inputkoeffizienten aij > 0.

Diese Produktionsfunktion ist limitational und linear-homogen. Die Substitution von Faktoren ist daher ebenso ausgeschlossen wie die Berücksichtigung des technischen Fortschritts. Der jeweilige Inputeinsatz X_{ij} ist durch den konstanten Koeffizienten a_{ij} proportional mit dem Output X_j verknüpft. Die Realitätsnähe dieser Annahmen ist begrenzt. Dennoch ist ein gewisser Grad an Limitationalität zumindest in der entwickelten industriellen Produktion anzunehmen, weniger im handwerklichen oder landwirtschaftlichen Bereich.

Um nun die direkte und indirekte Verflechtung zu bestimmen, ist erheblicher rechnerischer Aufwand erforderlich, der hier nur angedeutet werden soll. Auf der Basis der produktionstheoretischen Annahmen kann man für jeden Inputeinsatz einen Inputkoeffizienten bestimmen, der die Proportionalität zwischen dem Inputeinsatz und dem jeweiligen Output herstellt. Für ein Dreisektorenmodell[18] ergeben sich daher folgende Beziehungen:

[17] Zu denken ist hier z.B. an das Einkommen von Staatsangestellten, Auslandsbezüge privater Haushalte u.ä.

[18] Z.B. mit den Sektoren Landwirtschaft, Industrie und Dienstleistungen.

Verbrauch der Sektoren (Inputs) / Produktion der Sektoren (Outputs)	Land-wirtschaft	Bergbau	Industrie	Energie	Transport	gesamte Zwischennachfrage	Privater Konsum	Investitionen	Staats-ausgaben	Exporte	Gesamte Endnachfrage	Gesamt-Output
Landwirtschaft	15(x_{11})	0(x_{12})	20(x_{13})	0(x_{14})	10(x_{15})	45 $\sum_{j=1}^{5} x_{1j}$	35	10	5	30	80(Y_1)	125(X_1)
Bergbau	0(x_{21})	0(x_{22})	0(x_{23})	0(x_{24})	0(x_{25})	0 $\sum_{j=1}^{5} x_{3j}$	0	10	0	30	40(Y_2)	40(X_2)
Industrie	10(x_{31})	0(x_{32})	25(x_{33})	15(x_{34})	5(x_{35})	55 $\sum_{j=1}^{5} x_{3j}$	15	20	5	5	45(Y_3)	100(X_3)
Energie	5(x_{41})	15(x_{42})	15(x_{43})	0(x_{44})	15(x_{45})	50 $\sum_{j=1}^{5} x_{4j}$	5	10	10	0	25(Y_4)	75(X_4)
Transport	5(x_{51})	10(x_{52})	15(x_{53})	0(x_{54})	5(x_{55})	35 $\sum_{j=1}^{5} x_{5j}$	5	8	2	0	15(Y_5)	50(X_5)
Gesamte Vorleistungen	35	25	75	15	35	185	60	58	22	65	205	
Importe (m)	15(m_1)	0(m_2)	10(m_3)	30(m_4)	5(m_5)	60 (M_T)	5	5	0	0	(10)	60(70)
Kostensteuern (T)	20(T_1)	5(T_2)	3(T_3)	7(T_4)	2(T_5)	37(P_T)	(35)	(0)	(0)	(20)	(55)	37(92)
Arbeit (L)	40(L_1)	5(L_2)	6(L_2)	5(L_4)	2(L_5)	58(P_L)	1	0	12	0	13	71
Kapital (G)	5(G_1)	3(G_2)	5(G_3)	12(G_4)	4(G_5)	29(P_G)	0	0	0	0	0	29
Abschreibung (D)	10(D_1)	2(D_2)	1(D_3)	6(D_4)	2(D_5)	21(P_D)	0	0	0	0	0	21
Wertschöpfung	75	15	15	30	10	145	1	0	12	0	13	158
Gesamtinput	125	40	100	75	50	390	66	63	34	65	218	608

Abbildung 6.9 Zahlenbeispiel einer Input-Output-Tabelle

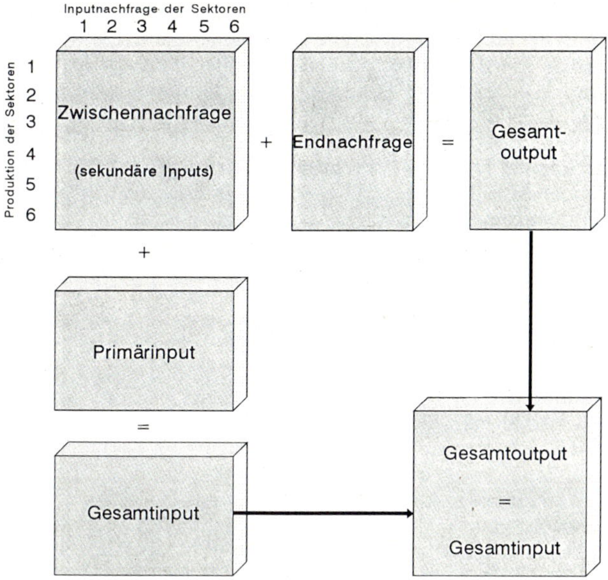

Abbildung 6.10 Konsistenzaufbau der Input-Output-Tabelle

$X_{11} + X_{12} + X_{13} + Y_1 = X_1$, mit $a_{11} = X_{11}/X_1$, $a_{12} = X_{12}/X_2, \ldots;$
$X_{21} + X_{22} + X_{23} + Y_2 = X_2$, mit $a_{21} = X_{21}/X_1$, $a_{22} = X_{22}/X_2, \ldots;$
$X_{31} + X_{32} + X_{33} + Y_3 = X_3$, mit $\ldots$, $a_{32} = X_{32}/X_2$, $a_{33} = X_{33}/X_3$.

Setzt man die allgemeine Proportionalitätsbeziehung $X_{ij} = a_{ij} = a_{ij} X_j$ in dieses Gleichungssystem ein, so erhält man die Matrizengleichung:

$$AX + Y = X,$$

mit der $n \times n$-Matrix der Inputkoeffizienten A und den n-dimensionalen Vektoren der Bruttoproduktionswerte X und der Endnachfrage Y.

Der Ausdruck AX steht gleichzeitig für den Vektor der Zwischennachfrage Q, da Zwischennachfrage Q plus Endnachfrage Y den Bruttoproduktionswert X ergeben.

Um die Matrix der totalen Inputkoeffizienten zu erhalten, multipliziert man die umgestellte Gleichung mit der Einheitsmatrix I und ermittelt die Inverse:

$$X - AX = Y$$
$$IX - AX = Y$$
$$(I - A)X = Y$$
$$X = (I - A)^{-1}Y$$

Man erhält so eine funktionale Beziehung zwischen der autonomen, exogen bestimmten Endnachfrage Y und der Produktion X. Die inverse «LEONTIEF-Matrix» $(I - A)^{-1} = R$ enthält nun die totalen Inputkoeffizienten. Da die Endnachfrage im LEONTIEF-System autonom bestimmt wird und die technische Matrix A als produktionstechnisch gegeben angesehen wird, kann man nun folgende Analyseprobleme lösen:

- Berechnung der Produktionsniveaus zur Befriedigung der autonom vorgegebenen Endnachfrage bei bekannter Inputkoeffizientenmatrix mit der oben erarbeiteten Gleichung.
- Bestimmung der Zwischennachfrage Q: $Q + Y = X$, $Q = X - Y$; eingesetzt erhält man $Q = (I - A)^{-1}Y - Y$ und schließlich

  $$Q = \{(I - A)^{-1} - I\}Y.$$

  Anhand dieser Gleichung lassen sich die Zwischennachfragewerte einzelner Sektoren bestimmen.
- Bestimmung des Importbedarfs. Dabei ergeben sich drei Möglichkeiten. Zunächst kann man die Importe als autonom ansehen und als negative Spalte von der Endnachfrage abziehen, da in die Kerntabelle auch importierte Inputs eingehen, um die das Zahlenwerk zur Ermittlung der Bruttoproduktionswerte korrigiert werden muß: $X - AX = Y' - M$, mit M als n-dimensionalem Vektor der Importnachfrage (siehe Abb. 6.8). Die Annahme einer autonomen Importnachfrage ist aber bei der hohen Importabhängigkeit der meisten Entwicklungsländer unrealistisch.
- Ferner kann man die Importe ebenfalls als Funktion der Produktion erfassen, also eine Importkoeffizientenmatrix unter der Annahme erarbeiten, daß sich die Importe gleichfalls proportional zum Output verhalten: $M_{ij} = M_{ij} X_j$, mit $M_{ij} = M_{ij}/X_j$. Dann erhält man die Matrizengleichung $(I + M - A)X = Y$ und durch Inversion die Beziehung

  $$X = (I + M - A)-1\ Y.$$

  Die statistischen Anforderungen sind in diesem Fall allerdings erheblich. Auch ist eine konstante, proportionale Beziehung zwischen Importen und Produktion ebensowenig realistisch wie die konstante Proportionalität zwischen Inputeinsatz und Output.
- In einem dritten Schritt kann man schließlich unterscheiden zwischen selbsterstellten Inputs, kompetitiven Importvorleistungen, die durch heimische Produktion ersetzt werden könnten, und nichtkompetitiven importierten Vorleistungen, die nur im Ausland bezogen werden können. Die beiden ersten Größen erfaßt man nun wie oben gezeigt als Koeffizienten in der Kerntabelle, die nichtkompetitiven Importe werden hingegen wie Primärinputs als Zeile im dritten Quadranten der Tabelle aufgeführt (so in Abb. 6.9). Diese zwar statistisch höchst aufwendige, prinzipiell auch willkürliche Aufspaltung der Importe könnte wichtige Anhaltspunkte z.B. für eine Strategie der Importsubstitution liefern.
- Sukzessive kann man natürlich in gleicher Weise Proportionalitätsbeziehungen zwischen einzelnen Primärinputs und den Produktionswerten herstellen, d.h. Matrizen für Faktoreinsatzkoeffizienten bilden und auf diese Weise Engpaßsektoren identifizieren.

Erwähnt werden muß noch eine Technik, die sowohl rechnerische Vorteile bei der Input-Output-Analyse bietet als auch wichtige Einblicke in die gesamtwirtschaftliche Verflechtung zuläßt, die **Triangulation** der Verflechtungsmatrix. Hierzu ordnet man die Sektoren in der Kerntabelle nach zunehmendem Verflechtungsgrad hierarchisch an, also etwa von der Grundstoffindustrie (Land- u. Forstwirtschaft, Bergbau) über die verarbeitende Industrie bis zum Dienstleistungssektor usw., um die Felder der Matrix, die Daten enthalten, weitgehend auf einer Seite der Diagonalen zu konzentrieren. Eine streng trianguläre Matrix würde demnach bedeuten, daß sich alle besetzten Felder auf einer Seite der Hauptdiagonalen befänden. Dies würde einer «dependenten» Struktur der Verflechtung entsprechen. Diese streng trianguläre Form ist in der Realität nicht anzunehmen, annähernde Formen aber sind denkbar.

Mögliche andere Strukturen sind die der «Interdependenz», bei der alle Felder besetzt sind, der «Independenz», es befinden sich ausschließlich Werte auf der Hauptdiagonalen, jeder Sektor ist also autark, und die «Spezialisation», bei der jeder Sektor nur an einen anderen liefert bzw. nur von einem anderen Vorleistungen bezieht.

Vorteile dieser Technik sind einmal die rechentechnische Vereinfachung, ferner die Informationen über Strukturveränderungen durch Zeitvergleiche von triangulären Input-Output-Tabellen und schließlich die Einsicht in die Lieferstrukturen einer Volkswirtschaft, die um so größer ist, je mehr Sektoren die Tabelle enthält.

6.4.3.3 Anwendung der Input-Output-Methode

Die Strukturanalyse bildet die Grundlage für den Einsatz der Input-Output-Technik als Instrument der Programmierung. Gilt die Inputkoeffizientenmatrix als bekannt, und ist die Endnachfrage autonom geschätzt, lassen sich die erforderlichen Produktionsniveaus der einzelnen Sektoren berechnen, die die zwei Bedingungen einer konsistenten Projektion erfüllen:

- die geplante/vorausgeschätzte Endnachfrage kann befriedigt werden;
- die produktionstechnisch bedingten Lieferverflechtungen sind berücksichtigt.

Methodisch geht man so vor, daß die Strukturmatrix (Quadrant I) eines Basisjahres projektiert wird und die künftige Endnachfrage (Quadrant II) geschätzt wird. Hierbei sind Vergangenheitswerte Basis der Projektion, so daß schwerwiegende Probleme auftreten können. Da die Inputkoeffizienten wertmäßig (Menge × Preis) ausgewiesen werden, können sowohl Preisänderungen im Laufe der Planperiode als auch Änderungen der Produktionstechnik, also mengenmäßige Änderung der Inputzusammensetzung, zu Fehlprojektionen führen. Ebenso haben Änderungen in der Zusammensetzung sektoraler Outputs, z.B. Änderung der Produktionsstruktur im Rahmen eines Einfuhrsubstitutionsprozesses, unvermeidlich Änderungen in der Inputstruktur zur Folge, die in der Basisperiode schwer abschätzbar sind.

Auch bei der Projektion der Nachfrage treten Probleme auf, die die Wirkung der Schätzfehler bei den Inputkoeffizienten verstärken, theoretisch aber auch kompensieren können. Zunächst erfolgt die Schätzung der Endnachfrage autonom, modellexogen. Die Beziehung zum Input-Output-Modell muß deshalb laufend überprüft werden. Ferner ist die Projektion der Zwischennachfrage abhängig von der Genauigkeit der Schätzungen der Inputkoeffizienten. Diese müssen daher möglichst aktuell und zeitnah erfolgen. Ebenso ist die exakte Projektion des Handelsbilanzsaldos (Exporte – Importe) problematisch, aber zur Bestimmung des Importbedarfs und der dazu erforderlichen Devisen äußerst schwierig.

Letztlich dürfen also Outputschätzungen nicht als endgültige Größen genommen werden, da sie mit einer Reihe von einschränkenden Risiken einhergehen, wie z.B. Devisenengpässe, Verfügbarkeitsgrenzen, Lieferfristen, Ausreifungszeiten sowie administrative und politische Hemmnisse.

Schon an den Implikationen des Modells selbst werden Grenzen seiner Aussagefähigkeit für Programmierungszwecke deutlich. Das offene Modell ist nicht in der Lage, die funktionalen Beziehungen aller Größen untereinander zu erfassen. Es bestehen exogene, autonome Größen und endogene nebeneinander. Verwendet werden müßte daher ein geschlossenes Modell, das die autonomen Größen endogenisiert.

Auch in der Statik des Modells, die z.B. die Investitionen nur als Komponente der Endnachfrage begreift und ihren Kapazitätseffekt unberücksichtigt läßt, liegt ein Mangel für eine realitätsnahe Programmierung. Allerdings darf man die Schwierigkeiten einer Dynamisierung des Modells, also z.B. der Endogenisierung der Investitionen, nicht übersehen. Sie erstrecken sich sowohl auf die Identifizierung eines realistischen Kapitalkoeffizienten, ein Problem, das ebenso beim HARROD-DOMAR-Modell auftritt, als auch auf die Bestimmung der Richtung und Herkunft und nicht zuletzt der Ausreifungszeit von Investitionen. Das Problem der eingeschränkten LEONTIEFschen Produktionsfunktion wurde schon angesprochen.

Ein weiterer Mangel besteht in der auf Zahlenwerk angewiesenen, ausschließlich quantitativen Technik der Input-Output-Methode. Sie ist nicht in der Lage, qualitative Aspekte der Entwicklung zu erfassen. Daher sind ergänzende Projektionen, z.B. im Sozialbereich, unabdingbar.

Die Nützlichkeit der Input-Output-Methode als Programmierungsinstrument steht und fällt schließlich mit dem statistischen Datenmaterial, das man in den Entwicklungsländern vorfindet. Zwecklos ist eine aufwendige Disaggregierung der Volkswirtschaft, wenn letztlich die meisten Felder ohne Daten bleiben.

Diese Punkte dürfen aber keinesfalls zur Ablehnung der Input-Output-Methode als Instrument der Planung führen. Vielmehr sollten sie dazu beitragen, verstärkte Anstrengungen zu unternehmen, um durch Überwindung der Mängel den Sinn der Anwendung zu erhöhen.

Die Vorteile der Input-Output-Methode liegen in folgenden Punkten:

- Sie ist hervorragend geeignet, die komplizierten interdependenten Zusammenhänge im Produktionsbereich einer Volkswirtschaft sowie die Verbindungen zwischen Endnachfrage, primärem Faktoreinsatz und Produktionsniveau zu quantifizieren und zu analysieren;
- die Anwendung entwicklungspolitischer Maßnahmen wird erleichtert

durch ein Abschätzen ihrer möglichen Auswirkungen: da bei 2n Variablen (X_i, Y_i) nur n Gleichungen zur Verfügung stehen, müssen als Lösungsbedingungen n Variablen vorher festgelegt werden: das können die Werte für die Y_i, aber auch die für die X_i sein; im letzten Fall würde jeder nicht negative Y-Vektor dann ein zulässiges Produktionsprogramm bedeuten; das ist von einiger Bedeutung für sogenannte Leitsektoren;

- die Notwendigkeit und Richtung wirtschaftspolitischer Aktionen wird erkennbar, beispielsweise bei der Investitionsförderung und/oder der Importpolitik (Devisenbedarf!);
- die innere Konsistenz der Kreislaufgrößen ist mit der Input-Output-Methode umfassender zu sichern und die sektorale Allokationsproblematik operationaler lösbar;
- schließlich bietet sie die Möglichkeit zur Kombination mit Makro-Modellen, um mögliche Programmierungsvarianten abzugrenzen. Die ergänzende Funktion einer Kombination mit Makro-Modellen wird schon durch den exogenen Charakter der Endnachfrage deutlich, die außerhalb des Input-Output-Modells geschätzt werden muß. Die Ergebnisse und Schätzungen des Makro-Modells sind mit der Input-Output-Methode überprüfbar; sie zeigt die notwendige Höhe der Produktion zur Befriedigung der geschätzten Endnachfragekomponenten auf und macht Beschränkungen deutlich. Ebenso liefert sie hier Ansatzpunkte für wirtschaftspolitische Korrekturmaßnahmen. Da schließlich der Datenbedarf beider Modelltypen nicht deckungsgleich ist, zwingt die Kombination beider Methoden zur komplementären Datenbeschaffung und modelladäquaten Aufarbeitung; eine wechselseitige Kontrolle ist somit möglich.

Zusammenfassend läßt sich sagen, daß die Input-Output-Methode, besonders in Kombination mit anderen gesamtwirtschaftlichen Modellen, trotz aller angeführten Mängel unbestreitbare Vorteile bietet für eine konsistente Programmierung der wirtschaftlichen Entwicklung, vor allem auch auf der Ebene der Sektoralentwicklung. Gelingt es, die Beschränkungen, denen ihre Anwendung in manchen Entwicklungsländern weiterhin unterliegt, abzubauen und modellimmanente Schwächen zu überwinden, so dürfte sie für eine gesamtwirtschaftliche Analyse und Programmierung noch wertvoller werden, als sie es schon heute ist.

Eine Lösung des Optimierungsproblems bringt aber diese Methode noch nicht, denn auch sie enthält keinerlei Kriterien über die Optimalität einer Handlungsalternative.

Diese Anforderung an Programmierungstechniken wird erst von den Optimierungsmodellen mathematisch gelöst, die hier nicht weiter behandelt werden. Die politische Aufgabe, Anhaltspunkte für gesamtgesellschaftliche Optimalität zu erarbeiten, ist durch Modelltechnik natürlich nicht lösbar.

6.5 Steuerung und Bewertung von Entwicklungsprojekten

Die Erfüllung der entwicklungsökonomischen Zielsetzungen macht nicht nur ein Eingreifen auf der Makroebene notwendig, sondern verlangt nach einem Instrumentarium, das auf der Mikroebene einsetzbar ist.

Die zunehmenden Erfahrungen auf dem Gebiet der internationalen Entwicklungszusammenarbeit zeigen, daß Entwicklung nur über eine sorgsame Be- und Auswertung vergangener Aktivitäten und eine effiziente Steuerung gegenwärtiger Bemühungen möglich ist. Die Begriffe «monitoring» und «evaluation» tauchen nicht nur immer häufiger in der Literatur auf, sondern finden auch große Beachtung innerhalb der praktischen Umsetzung sowohl auf internationaler wie auch auf nationaler Ebene.

Dieses wachsende Interesse ist eng verknüpft mit der Erkenntnis, daß die sozio-ökonomischen Rahmenbedingungen einen weit größeren Einflußfaktor darstellen, als bisher angenommen wurde. Bezieht man diese Rahmenbedingungen in die Projektarbeit mit ein, wachsen die Anforderungen rasch an. Die einfache Formel, daß komplexe Probleme komplexe Lösungen erforderlich machen, führt zu einem integrierten Projektansatz, der verschiedenste Variablen berücksichtigen muß. Eindimensionale Erfolgsindikatoren – wie Wachstum des BSP oder Output an Gütern – werden durch qualitative Zielsetzungen ergänzt.

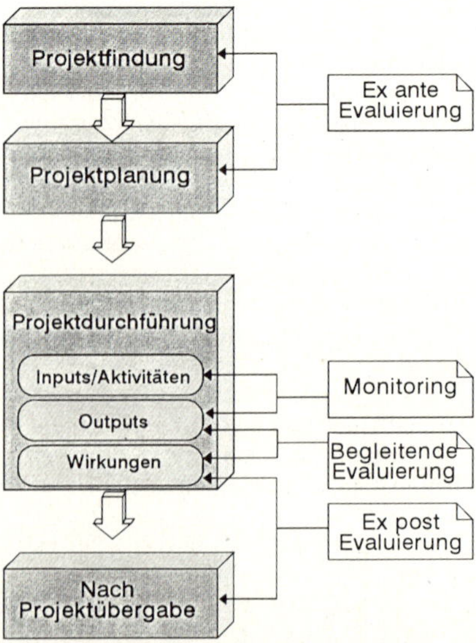

Abbildung 6.11 Monitoring und Evaluierung in Beziehung zum Projektablauf

Der Begriff **Monitoring** oder Ablaufsteuerung wird hauptsächlich für die zeitlich festgelegte, immer wiederkehrende Messung von Projektinputs, Aktivitäten und Outputs verwendet. Folglich wird Monitoring vor allem während der Durchführungsphase eines Projektes betrieben und ist ein Instrument für effizientes Projektmanagement. Zeitliche Verzögerungen bei der Lieferung von Vorprodukten oder Betriebsmitteln werden ebenso erkannt wie die finanziellen Belastungen, die während verschiedener Stufen anfallen (**performance monitoring**). Frühzeitiges Erkennen möglicher Engpässe bietet die Chance, geeignete Gegenmaßnahmen zu ergreifen. Heute wird praktisch jedes Projekt oder Programm einer mehr oder weniger geeigneten Ablaufkontrolle unterzogen. Die Durchführungsorganisationen wie auch die finanziellen Träger der Aktivitäten fordern regelmäßige Berichte, die zumindest Auskunft über den physischen Fortschritt und das Finanzwesen geben (**process monitoring**).

Unter **Evaluierung** wird ein Vorgang verstanden, bei dem Projektinputs, Aktivitäten und Ergebnisse analysiert und mit vorgegebenen Normen verglichen werden. Diese Normen stellen die Projektziele oder Zwischenziele dar. Entsprechend den verschiedenen Projektphasen können drei Arten von Evaluierungsverfahren unterschieden werden:

- **Ex-ante Evaluierung**, die vor der Projektimplementierung durchgeführt wird (prefeasibility study, feasibility study) und den Bedarf sowie das Potential der Zielgruppe abschätzt.
- Laufende Evaluierung (**ongoing evaluation**), die während der Projektimplementierung zum Einsatz kommt und hauptsächlich die Beziehungen zwischen Projektaktivitäten und deren Wirkungen untersucht. Ähnlich des Projektmonitorings können, gegebenenfalls sofort, Maßnahmen ergriffen werden, um Abweichungen zu korrigieren.
- **Ex-post Evaluierung**, als Bewertung der gesamten Projektaktivitäten nach Übergabe (oder Abschluß) des Projektes. Hier muß vor allem die Effektivität des Projektes und der Bezug zu den allgemeinen Entwicklungszielen eines Landes analysiert werden, wobei es besonders die Langfristigkeit der eventuellen Erfolge zu prüfen gilt.

Diese vorrangig nach dem zeitlichen Aspekt ihrer Anwendung geordnete Liste ließe sich auch nach inhaltlichen Gesichtspunkten gliedern. Die Abschätzung quantitativer Effekte für die sozialen und ökonomischen Bedingungen der Zielgruppe (impact evaluation) fällt auf jeder Projektstufe an und kann folglich Bestandteil jeder Evaluierung sein. Ähnlich verhält es sich mit der Analyse von Kosten und Effektivität, die sowohl vor als auch nach dem Projekt durchgeführt werden sollte.

Eine systematische Ablaufkontrolle oder -steuerung und Evaluierung ist nur dann sinnvoll, wenn sie als ein Werkzeug der Entscheidungsfindung begriffen wird. Der kontinuierliche Prozeß des Definierens, Messens, Analysierens und Bewertens muß integraler Bestandteil des Projektes sein und als solcher verstanden werden. Vor dem eigentlichen und sichtbaren Handeln steht somit ein zeit- und geldaufwendiger Schritt, der nur dazu dient, mögliche Erfolge zu erreichen und zu sichern. Diese Erkenntnis hat sich jedoch noch nicht überall durchgesetzt und stellt ein potentielles Konfliktfeld beim

Entwerfen und Implementieren von Monitoring- und Evaluierungssystemen dar.

Zwischenzeitlich besteht kein Mangel mehr an geeigneten Verfahren, Daten zu sammeln, oder an speziellen Methoden, um diese auszuwerten. Die Kluft ist vielmehr zwischen dem Kenntnisstand der Evaluierer oder Projektmanager und dem neuesten Stand der Forschung auszumachen. Häufig werden inadäquate Methoden bei der Beurteilung der Ergebnisse angewandt bzw. unangepaßte Verfahren zur Erhebung der Daten benutzt. Auch das beste Monitoringsystem bleibt sinnlos, wenn die gesammelten Daten weder vollständig noch valide sind, wenn sie nicht ausgewertet oder notwendige Maßnahmen nicht ergriffen werden.

6.5.1 Aufbau von Steuerungs- und Bewertungssystemen

Grundsätzlich gilt für den Aufbau von Steuerungs- und Bewertungssystemen auf der Projektebene, daß diese als eine Entscheidungshilfe für das Projektmanagement gedacht sind und folglich einen Bezug zum Projekt haben müssen. Informationen, die aus diesen Systemen hervorgehen, müssen operationabel im Sinne einer rationalen Entscheidung sein, d. h. relevant bezüglich den Anforderungen der Entscheidungsinstanz, zeitlich verfügbar und empirisch überprüfbar.

Für den politischen Entscheidungsträger auf der Makroebene sind diese Informationen als Teil eines gesamten Entwicklungsprogrammes von Bedeutung, da sich hieraus die Erfolge eines eingeschlagenen Entwicklungsweges ableiten lassen. Ergebnisse von Evaluierungen oder Erkenntnisse aus Steuerungsproblemen bieten Grundlagen für die Auswahl zukünftiger Entwicklungsstrategien. Der Projektplaner oder -manager ist andererseits daran interessiert, Informationen möglichst schnell zu bekommen, um rasche Entscheidungen fällen zu können, damit der Fortgang des Projektes nicht behindert wird. In diesen unterschiedlichen Betrachtungsweisen zeigt sich, daß ein Zielkonflikt auftreten kann. Während die entwicklungsstrategische Entscheidungsinstanz eher an exakter und vollständiger Information interessiert ist, benötigt der Manager schnelle Information, die unvollständig sein kann, aber verfügbar ist.

Es liegt in der Natur von Studien und Berichten, daß diese zunächst nur Papier sind und mit ihnen oder durch sie (noch) nichts produziert werden konnte außer Kosten. Es ist deshalb die Pflicht der Entscheidungsbehörde oder des Projektmanagers, eine sorgfältige Auswahl darüber zu treffen, was «überwacht» oder «bewertet» werden soll, um Arbeitszeit und Durchführungskosten zu sparen. Üblicherweise gibt es verschiedene Wege, um einen bestimmten Gesichtspunkt zu untersuchen, sei es nach dem Grad der Komplexität oder den theoretischen Anforderungen, sei es bezüglich zeitlicher Restriktionen oder der finanziellen Ausstattung.

Generell ergeben sich vier Ansatzpunkte, die je nach Projektkonzeption unterschiedliche Wichtigkeit besitzen:

(1) Bei der Steuerung der Projektinputs und den davon abhängigen Projektergebnissen stellt sich in der Regel die Frage, ob der zeitliche und finanzielle

Rahmen eingehalten werden kann. Das Überwachungssystem läßt sich hierbei von sehr einfachen Ansätzen bis zu computergestützten Planungsmethoden variieren.

(2) Mit fortschreitender Projektimplementierung ergibt sich die Notwendigkeit, eine Erfolgskontrolle einzuführen, die imstande ist, die Zielerreichung zu dokumentieren. Es liegt in der Hand des Projektmanagements, sich zu entscheiden, ob Studien nur dann in Auftrag gegeben werden, wenn offensichtliche Probleme auftreten, oder ein System zu installieren, welches in einem stetigen Prozeß alle relevanten Daten erfaßt, ganz gleich, was der äußere Anschein vorspiegelt.

(3) Bei der Überprüfung möglicher Auswirkungen auf die Zielgruppe stehen verschiedene Verfahren zur Verfügung, die dem Projektmanagement einen größeren Handlungsspielraum bieten, gleichzeitig aber auch exakte Entscheidungen verlangen. Die Wichtigkeit einer präzisen Wirkungsanalyse ergibt sich vor allem im Hinblick auf zukünftige Projekte. Ferner gilt es, eine Entscheidung darüber zu treffen, ob qualitative Schätzungen angestrebt werden oder exakt quantifizierte Ergebnisse erforderlich sind. Daraus leiten sich dann die Ansprüche an die Erhebungstechniken ab.

(4) Der Vergleich zwischen Kosten und Wirksamkeit alternativer Ansätze ist nicht nur für die Auswahl des besten Projekttyps notwendig. Verschiedene Techniken innerhalb der Kosten-Wirksamkeits-Analyse ermöglichen auch die Bewertung von indirekten Kosten oder Langzeitwirkungen, die Projekte in einen breiteren Kontext stellen können. Die Bewertung des

Tabelle 6.3 Methodische Elemente der zielorientierten Projektplanung

Beteiligtenanalyse	Direkte und indirekte Beziehungen zwischen den vom Projekt betroffenen Personen werden geklärt.
Problemanalyse	Festlegung der wesentlichen und unmittelbaren Ursachen des Kernproblems und dessen Folgen.
Zielanalyse	Problemhierarchie wird in Zielhierarchie umgewandelt und die Zielsetzung analysiert. Kausale Ziel-Mittel-Beziehungen entstehen.
Alternativen	Ansätze für alternative Problemlösungen werden analysiert. Projektansatz entsteht.
Projektplanungsübersicht	Zusammenfassende Beschreibung des Projektes (vgl. Tabelle 6.6) Projektleistungen und Zielsetzungen in Matrix-Form: - übergreifendes Entwicklungsziel, - Projektziel, - Ergebnisse, - Aktivitäten.

Projektumfeldes hängt, besonders bei sozialen Projekten, nicht nur von wissenschaftlichen, sondern auch von politischen Kriterien ab.

Gleich welcher Untersuchungsweg eingeschlagen wird, müssen Steuerungs- und Bewertungssysteme immer systematisch im Sinne einer Entscheidungsorientierung aufgebaut werden. Dies bedeutet, daß nicht nur die Entscheidungsinstanz, sondern auch der potentielle Nutznießer in die Formulierung des Steuerungs- und Bewertungssystems eingebunden werden muß. Voraussetzung hierzu ist, daß die Zielgruppen bekannt und faßbar sind. In einer frühen Phase des Projektes muß dies nicht immer selbstverständlich sein.

Der systematische und methodisch richtige Aufbau von Steuerungs- und Bewertungssystemen ist nicht gleichzusetzen mit elaborierten wissenschaftlichen Ansätzen. Das Design solcher Systeme sollte so einfach wie nur möglich gehalten werden, da nicht nur Verständlichkeit und Handhabung vereinfacht sein müssen, sondern auch der Kostenfaktor eine Rolle spielen kann. Steuerungs- und Bewertungssysteme sind immer nur Instrumente, um ein bestimmtes Ziel zu erreichen, und nicht Selbstzweck. Als Faustregel wird angenommen, daß durch Steuerungs- und Bewertungssysteme nicht mehr als 1 vH der gesamten Projektkosten absorbiert wird. Die direkt zuordenbaren Kosten reduzieren sich erheblich, wenn erhobene Daten sich für andere Zwecke mitbenutzen lassen.

Der Aufbau von Steuerungs- und Bewertungssystemen enthält einige notwendige Schritte, die im Einklang mit den genannten Imperativen vorzunehmen sind. Bevor man sich Gedanken darüber machen kann, was zu steuern und zu bewerten ist, erscheint es notwendig zu wissen, was ein Entwicklungsvorhaben bewirken soll und mit welchen Mitteln es diese Ziele anstrebt. Eine Beschreibung des Vorhabens, die Annahmen und der vorgesehene Arbeitsplan sind somit die ersten zu unternehmenden Schritte. Werden diese in methodisch sinnvoller Weise vorgenommen, entsteht ein logischer Projektrahmen.[19] Er beinhaltet die Beschreibung der Zielsetzung in überprüfbaren Größen, die Erklärung der Annahmen des Arbeitsplanes und die Auswahl an Indikatoren, die Inputs, Aktivitäten und Ergebnisse messen können. Die Darstellung innerhalb einer Matrix, die als Projektplanungsübersicht bezeichnet wird, hat sich bei der ZOPP als sehr sinnvoll erwiesen (vgl. Tab. 6.4).

Im zweiten Schritt erweist es sich als notwendig festzulegen, welcher Informationsbedarf erforderlich ist, also die Frage zu klären, was gemessen werden soll. Ein sozio-ökonomisch orientiertes Entwicklungsvorhaben ist normalerweise stark verzweigt und benötigt daher sehr viele Variablen, um es zu steuern und zu bewerten. Hier stehen sich häufig Wunschvorstellungen über die Möglichkeiten von Meßsystemen und deren Handhabung konkurrierend gegenüber. Im Sinne einer rationalen Entscheidungsfindung soll-

[19] In der bundesdeutschen Entwicklungszusammenarbeit wurde hierfür die «Zielorientierte Projektplanung (ZOPP)» entwickelt, die vor allem bei Projekten der Technischen Zusammenarbeit verbindlich eingesetzt wird. Tabelle 6.3 gibt einen Überblick über die verschiedenen ZOPP-Stufen.

ten jedoch nur die absolut notwendigen Daten erhoben werden. Wenn bekannt ist, was die Entscheidungsinstanz über das Projekt wissen möchte und wozu diese Informationen notwendig sind, ist ein kompaktes Steuerungs- und Bewertungssystem aufbaubar. Unter Berücksichtigung der zeitlichen Verfügbarkeit läßt sich ferner bestimmen, wie die Länge der periodischen Routinemessungen ausgelegt werden muß und wie die Kern-Indikatoren aussehen. Woher die Informationen beschafft werden können, hängt von den gewählten Indikatoren ab. Sekundärquellen sind in der Regel nur für makroökonomische Zusammenhänge genügend und häufig veraltet.

Steuerungs- und Bewertungssysteme greifen daher häufig auf eigene Erhebungen zurück, die im Rahmen der Feldarbeit erhoben werden. Wie Daten gesammelt werden können und wie diese zu analysieren sind, stellt eine Kernfrage einer funktionsfähigen Steuerungs- und Bewertungseinheit dar. Da Entwicklungsprojekte die Verbesserung des Lebensstandards zum Ziel haben, sind die hier auftretenden Probleme eng verknüpft mit der Diskussion, die in Kapitel 2.2 geführt wurde. Ein Überblick über die Methoden der Datenerhebung kann aus Tabelle 6.5 gewonnen werden.

Sowohl das Sammeln von Daten als auch deren Auswertung muß rasch erfolgen, da diese für den politischen Entscheidungsprozeß von Bedeutung sind. Auch hier gilt der Grundsatz, daß nicht fristgerecht zur Verfügung stehende Information wertlos ist, im Vergleich zu unvollständigen, aber verfügbaren Daten.

Die Analyse sozio-ökonomischer Daten besteht hauptsächlich in der Reduktion von Rohdaten auf empirisch gesicherte Werte oder Empfehlungen. Die «Variable für Variable» orientierten Verfahren der deskriptiven Statistik sollten durch die Untersuchung der Zusammenhänge zwischen den Variablen (erklärende Statistik) ergänzt werden.

Bei der Analyse der gewonnenen Daten müssen jedoch zwei Extreme vermieden werden: die nicht genügende Auswertung oder die Überinterpretation. Ein nicht genügend ausgewerteter Datensatz bedeutet nicht, daß Arbeit gescheut wurde, sondern daß die Allgemeingültigkeit der gewonnenen Information so groß ist, daß diese für Entscheidungen nutzlos ist. Überinterpretation läßt wichtige und unwichtige Informationen gleichgewichtig erscheinen, so daß die Erkenntnisse trivial sind.

Für spezielle Projekttypen ist es entscheidend, wann und wie oft Daten gesammelt werden. Befall durch Schädlinge läßt sich z. B. bei Pflanzenschutzprojekten sowohl im Wachstums- als auch im Erntestadium messen. Ein hoher Befall im ersten Stadium reduziert bereits die Erntemenge, kann aber auch von der Natur zum Teil wieder aufgeholt werden, wenn der Schädling beseitigt ist. Wichtig ist, daß die angewandten Meßmethoden wiederholbar sind und sich dem Projektzyklus anpassen. Der Ausreifungszeit der Projektwirkungen ist demnach große Beachtung zu schenken. Zu beachten ist ferner, daß der Personalaufwand der Steuerungs- und Bewertungssysteme häufig gerade in den Zeiten hoch ist, wo das Projektpersonal auch für andere Arbeiten gebraucht wird (vgl. Ernte).

Jedes Steuerungs- und Bewertungssystem lebt von der Kommunikation mit der Entscheidungsinstanz. Die Ausgestaltung seines Berichtswesens ist

Tabelle 6.4 Projektplanungsübersicht (PPÜ)

		Zusammenfassende Beschreibung	Objektiv nachprüfbare Indikatoren	Quellen für die Nachprüfbarkeit	Wichtige Annahmen
Entwicklungshypothese	Wenn Projektziel – dann Oberziel	Oberziel, zu dem das Projekt einen Beitrag leistet 1. Wie sollen wir, unter Berücksichtigung der Ergebnisse der Zielanalyse, das Oberziel formulieren?	Indikatoren zur Erreichung des Oberziels 9. Wie wollen wir, ggf. in Zielphasen, den Zielinhalt, d. h. den Beitrag zur Erreichung des Oberzieles meßbar definieren? **Merke:** Qualität, Quantität, Zeit, ggf. Ort und Zielgruppe	12. Welche Datenbasis bzw. welche erarbeiteten oder anderweitig vorhandenen Unterlagen stehen für den Nachweis der Zielerreichung zur Verfügung?	Für die längerfristige Sicherung der Zielsetzungen 8. Welche externen Faktoren müssen eintreten, um eine längerfristige Sicherung des erreichten Beitrages zum Oberziel zu gewährleisten?
	Wenn Ergebnisse – dann Projektziel	Projektziel 2. Mit welchem Projektziel (außerhalb der steuerbaren Größe des PM) leisten wir einen wesentlichen Beitrag zur Erreichung des Oberziels?	Indikatoren, die die erfolgreiche Projektzielerfüllung belegen 10. Wie wollen wir, ggf. in Zielphasen, den Zielinhalt, d.h. die Erreichung des Projektzieles, meßbar definieren? **Merke:** Qualität, Quantität, Zeit, ggf. Ort und Zielgruppe	13. Welche Datenbasis bzw. welche erarbeiteten oder anderweitig vorhandenen Unterlagen stehen für den Nachweis der Zielerreichung zur Verfügung?	Für die Erreichung des Oberzieles 7. Welche externen Faktoren müssen eintreten, damit der gewünschte Beitrag zur Erreichung des Oberzieles auch tatsächlich eintritt?

Steuerbare Größen Wenn Aktivitäten – dann Ergebnisse	Ergebnisse 3. Welche Ergebnisse (in ihrer Summe **und** Wirkungskombination) müssen erbracht sein, damit die erwartete Wirkung (das Projektziel) erreicht wird?	Indikatoren, die die Herbeiführung der Ergebnisse belegen 11. Wie wollen wir, ggf. in Zielphasen, die Zielinhalte für jedes einzelne Ergebnis meßbar definieren? **Merke:** Qualität, Quantität, Zeit, ggf. Ort und Zielgruppe	14. Welche Datenbasis bzw. welche erarbeiteten oder anderweitig vorhandenen Unterlagen stehen für den Nachweis der Herbeiführung der Ergebnisse zur Verfügung?	Für die Erreichung des Projektziels 6. Welche vom Projekt nicht beeinflußbaren bzw. bewußt als externe Faktoren definierten wichtigen Annahmen in bezug auf die Ergebnisse 1 müssen eintreten, um das Projektziel zu erreichen?
	Aktivitäten 4. Welche Aktivitäten (auch als komplexe Maßnahmebündel) muß das Projekt ergreifen bzw. durchführen, damit die definierten Ergebnisse 1-x eintreten?	Mengengerüst/Kosten für jede Einzelaktivität 15. Was kostet es bzw. welches Mengengerüst ist erforderlich (einschl. Personal in MM), um jede Einzelaktivität durchzuführen?	16. Welche Unterlagen belegen den Kostenaufwand, Verbrauch bzw. Einsatz von Material, Einsatz von Personal usw.?	Für die Erzielung der Ergebnisse 5. Welche vom Projekt nicht beeinflußbaren bzw. bewußt als externe Faktoren definierten wichtigen Annahmen in bezug auf die Aktivitäten 1-x müssen eintreten, um die Ergebnisse zu erreichen?

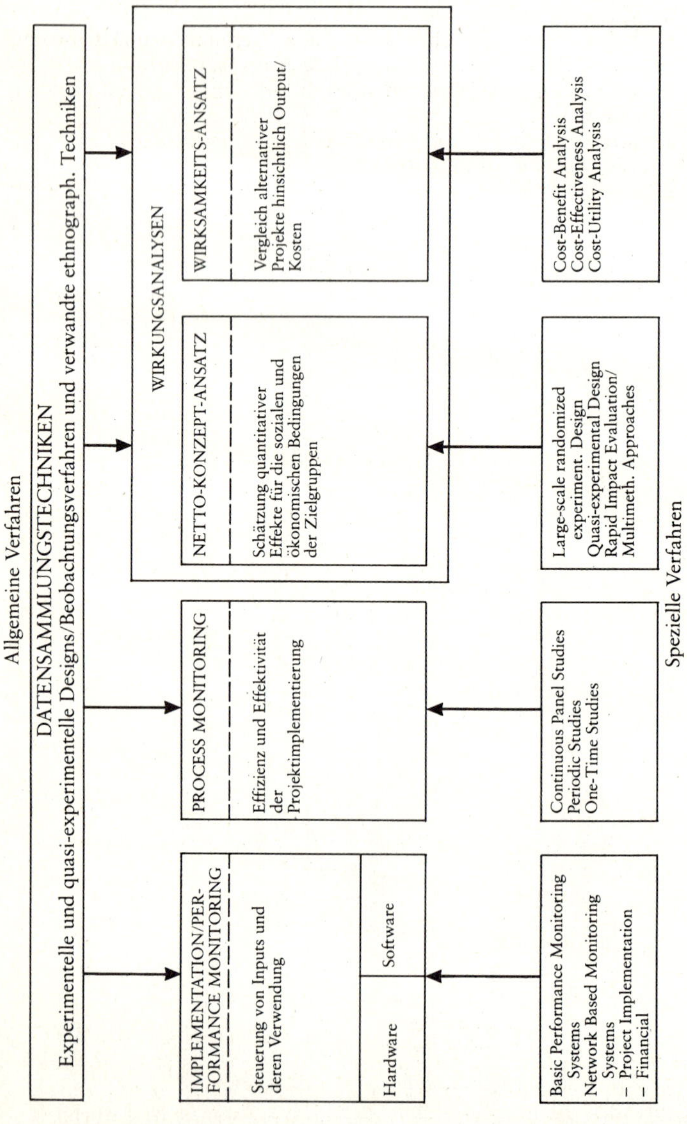

Abbildung 6.12 Monitoring und Evaluierung – Überblick über allgemeine und spezielle Verfahren

oftmals entscheidend für die Umsetzung der Erkenntnisse. Deshalb muß der Report so ausgestaltet sein, daß die Aufmerksamkeit des Politikers, Beamten oder Managers nicht nur geweckt wird, sondern die gegebene Information auch verarbeitet werden kann. Dies setzt nicht nur Verständnis für die Zusammenhänge, sondern auch Vertrauen in die gesammelten Daten voraus. Ein sinnvoller Report bereitet Entscheidungen vor, indem mögliche Handlungsalternativen aufgezeigt und in ihren Auswirkungen beschrieben werden.

Letzter Schritt bei dem Aufbau von Steuerungs- und Bewertungssystemen ist die Festlegung der Verantwortung. Da die Systeme beim Planen und Durchführen von Entwicklungsvorhaben dienlich sein sollen, kann die Verantwortung nur beim Projektteam liegen. Häufig wurde in der Vergangenheit versucht, für diese Arbeiten externe Consultants einzusetzen. Es mag durchaus seine Berechtigung haben, für spezielle technische Fragen oder für die Einführung neuer Systeme externe Berater hinzuzuziehen, doch muß dieser Einsatz zeitlich befristet sein. Niemand ist mit den spezifischen Problemen des Projektes und seines Umfeldes so gut vertraut wie das Langzeitpersonal.

6.5.2 Monitoring (Ablauf-Steuerung)

Die Durchführung eines Entwicklungsvorhabens erfordert einen Plan, der die notwendigen Schritte identifiziert, Kosten auflistet und zeitliche Sequenzen festlegt, in denen die definierten Schritte unternommen werden müssen, da diese normalerweise nicht willkürlich, sondern zusammenhängend sind. Die Handhabung eines solchen Planes macht eine zielgerichtete Ablaufsteuerung mit eingebauten Kontrollmechanismen notwendig. Ablaufsteuerung oder Monitoring ist eine interne Projektaktivität, die eine ständige Rückmeldung (feedback) über den Projektstand gewährleisten soll. Projekte ohne ein effizientes Monitoring-System laufen Gefahr, in Zeitverzögerungen zu geraten oder das finanzielle Budget zu überschreiten. Eine qualitative Überprüfung der geleisteten Arbeit wird nicht oder zu spät vorgenommen und die Durchführungsorganisation kaum angehalten, Defizite zu beseitigen.

Um handlungsorientierte Informationen zu erlangen, ist es unabdingbar, frühzeitig ein Monitoring-System in den Projektzyklus zu integrieren. Eine durchschnittliche Projektlaufzeit liegt ungefähr bei 10 Jahren. In dieser Zeit können sich die ökonomischen, institutionellen und politischen Rahmenbedingungen signifikant ändern. Die dadurch erforderlich werdenden Modifikationen lassen sich nur dann vornehmen, wenn die Auswirkungen auf das Projekt erkannt werden können.

6.5.2.1 Performance Monitoring (Durchführungs-Steuerung)

Nationale Entwicklungsvorhaben und Projekte der internationalen Entwicklungszusammenarbeit besitzen eine große Varianz bezüglich Größe und Kosten. Um den verschiedenen Anforderungen gerecht zu werden, bestehen zwei alternative Systeme des Performance Monitoring. Zum einen ein relativ einfaches Basissystem, das wenig zusätzliche Kosten und Personal benötigt und bei jedem Projekt implementierbar ist, zum anderen ein auf der Netzplantechnik aufbauendes System, das nur für komplexere Vorhaben empfohlen werden kann.

Performance Monitoring wurde ursprünglich zur Kontrolle der «Hardware»-Komponenten eines Projektes entwickelt. Als «Hardware» werden z.B. der Bau von Häusern, Straßen und Staudämmen oder der Kauf von Fahrzeugen und Maschinen bezeichnet. Im Zuge der umfassenderen Auffassung über das, was Entwicklung bedeutet, wurde es notwendig, auch «Software»-Komponenten zu berücksichtigen.

«Software» ist die Umschreibung für den Aufbau von Selbsthilfeorganisationen, Beratungsleistung, Gesundheitsprogrammen etc.. Bekanntermaßen wirft das Quantifizieren sozialer Aktivitäten Probleme auf. Die Unterstützung einer Dorfgemeinschaft bei der Organisation ihrer Versammlungen läßt sich nur schwerlich operationalisieren. Die Anzahl der abgehaltenen Sitzungen oder Besucher der Veranstaltungen können zwar Hinweise geben, sind aber auch verführerische Indikatoren. Die Berater werden eher zur quantitativen Erfüllung ihrer Aufgabe motiviert und nicht zum qualitativen Arbeiten angehalten. Aber auch für Monitoring von «Software»-Komponenten sind geeignete Erhebungstechniken vorhanden, wie Befragungen, die das Bewußtsein der Zielgruppe untersuchen oder die Dokumentation über Leistungen, die von der Zielgruppe nachgefragt werden.

Performance Monitoring unterteilt das Projekt nach physischen, finanziellen und sozialen Gesichtspunkten. Bei einem Minimalansatz sind dies:
- Infrastruktur
- Ausrüstung und Fahrzeuge
- Gemeinschaftseinrichtungen
- Projektmanagement (Löhne, Büroausstattung und -material etc.)
- Technische Leistungen
- Soziale Leistungen.

Beim Basis-System werden die einzelnen Aktivitäten aufgelistet und in einen Zeitrahmen integriert. Physischer Vollzug, finanzielle Erfordernisse und Dienstleistungen werden mit Balkendiagrammen (sog. GANTT bar charts) visualisiert, so daß der aktuelle Stand jederzeit mit dem geplanten Zeit- und Budgetrahmen verglichen werden kann. Mit Hilfe einer solchen Darstellung wird auch offensichtlich, welche Aktivitäten abgeschlossen sein müssen, bevor oder damit neue beginnen können.

Die Erkenntnisse werden gesammelt und in einem Bericht an das Management zusammengefaßt. Dieser sollte mindestens Informationen über folgende Sachverhalte beinhalten:
- Vergleich zwischen aktuellem Stand und ursprünglich geschätztem Zeitbedarf
- aktuelle oder erwartete Abweichungen und deren Gründe
- Veränderte Bedingungen, die den Projektablauf beeinflussen können und signifikante Störungen verursachen
- Neueste Kostenschätzungen, Verbindlichkeiten und Ausgaben
- Finanzquellen (Liquidität)

– Fortschritte im Bereich nicht quantifizierbarer sozialer Aktivitäten.

Neben verschiedenen Darstellungsverfahren mittels Balkendiagrammen hat fast jede Durchführungsorganisation formalisierte Standards entwickelt, die vor allem über die Varianz der Kosten einen Überblick vermitteln. Falls das Beziehungsgeflecht der Einzelaktivitäten überschaubar ist, genügen solche Darstellungen.

Bei Projekten, die eine Vielzahl simultaner Aktivitäten vorsehen, ist die Planung mit Hilfe der Netzplantechnik vorzunehmen. Die Vorarbeiten sind ähnlich wie beim Basis-System. Zielsetzung des auf einem Netzplan beruhenden Systems zur Steuerung der Projektdurchführung ist folgende:

- Darstellung von Engpässen, die kritisch sind und wo ein neuer Zeitplan überdacht werden muß
- Vorbereitung eines exakten Zeitplanes für jede Komponente
- Darstellung der Auswirkung von Verzögerungen für die Projektdurchführung
- Neuschätzung des Zeitbedarfs bei Verzögerungen
- Schlüsselpunkte, die besonderer Berücksichtigung durch das Management bedürfen.

Alle Komponenten sind mit ihren «Marksteinen» zu identifizieren und mit der zu ihrer Durchführung notwendigen Zeit zu veranschlagen (Strukturanalyse). Mögliche Verzögerungen lassen sich bereits mitplanen. Der Aufbau des logischen Netzplanes, der die Beziehungen zwischen allen Komponenten herstellt und den gesamten Zeitbedarf berechnet, läßt sich nun computerunterstützt vornehmen. Verschiedene Verfahren stehen zur Auswahl; eine vereinfachte Version der «Critical Path Analysis» mit den Verfeinerungen der PERT (Program Evaluation and Review Technique) ist wohl die gebräuchlichste. Jede abgeschlossene Aktivität (Endereignis) wird auf dem Flußdiagramm als Knoten (Pol) dargestellt und mit der dem hierarchischen Ablauf entsprechenden Nummer versehen. Logisch aufeinander abfolgende Knoten werden mit Pfeilen versehen. Diese Pfeile entsprechen in ihrer Länge (oder auch mit einer Zahl versehen) dem benötigten Zeitaufwand. Innerhalb der Knoten lassen sich weiterhin Minimal- und Maximalzeiten aufzeigen, die der Planung einen gewissen Spielraum einräumen. An manchen Knoten gehen sog. Schleifen ab, die Zusatzaktivitäten darstellen, die innerhalb oder auch außerhalb des Zeitrahmens liegen können. Die Netzplantechnik bietet hier unendlich viele Möglichkeiten. Wichtig ist, daß das entstandene Diagramm ein klares Bild darüber vermittelt, wie die Interaktion zwischen verschiedenen Projektkomponenten beschaffen ist und wie sich Verzögerungen bei Einzelaktivitäten kumulieren können und auf das Gesamtvorhaben auswirken. Entscheidend ist der sog. «Kritische Weg» vom Anfangs- bis zum Endknoten eines Projektes, der die größte Zeitdauer anzeigt. Mit dieser interessanten und wichtigen Methode steht dem Management ein Instrument zur Verfügung, das imstande ist, partielle Informationen in ein synthetisches Gesamtbild zu übertragen.

6.5.2.2 Process Monitoring (Prozeß-Steuerung)

Der Erfolg eines Projektes ist nicht nur abhängig von der Projektkonzeption und deren Durchführung, sondern wird ebenso beeinflußt von der Ausgestaltung dieser Durchführung. Projekte sind schon häufig daran gescheitert, daß das Personal nicht die ausreichende Qualifikation besaß oder administrative Prozesse nicht in gewünschter Weise abliefen. Kommunikationsprobleme zwischen Projektpersonal, zwischen ausführenden Organisationen und Behörden usw. sind ebenfalls bekannte Ursachen für mangelnde Projekterfolge. Es ist demnach notwendig, nicht nur die eigentliche Durchführung eines Projektes ständig zu beobachten, sondern auch die Art und Weise, wie ein Projekt implementiert wird, zu untersuchen. Die potentielle Leistungsfähigkeit muß mit der tatsächlichen Leistungsfähigkeit und deren Wirksamkeit verglichen werden. Process Monitoring soll dieses Abgleichen vornehmen und auftretende Defizite an das Management zur Korrektur weiterleiten. Im Gegensatz zur Wirksamkeitsanalyse, die punktuell und meist nach der Durchführung des Projektes vorgenommen wird, ist Process Monitoring als ein kontinuierliches Verfahren zu verstehen und zu betreiben. Versorgungssysteme im Bereich der allgemeinen Güter hängen hauptsächlich davon ab, wie diese Leistungen angeboten werden. Im Rahmen von Stadtentwicklungsprojekten spielt es z. B. nicht nur eine Rolle, zu welchem Preis Sozialwohnungen angeboten werden, sondern auch deren Standort und die Beschaffenheit des Wohnraumes sind von entscheidender Bedeutung. Ein weiteres Beispiel sind Wasserversorgungssysteme. Aufgrund des kostengünstigeren Leitungsbaus werden zentrale Gebiete sehr rasch erschlossen. Die Implementierung des Systems schreitet zunächst zügig voran, da die besser verdienenden Schichten in diesen Stadtteilen wohnen. Schwieriger wird es in Stadtrandgebieten, da hier die ärmere Bevölkerung nicht in der Lage ist, Anschlußgebühren zu bezahlen oder Wassergeld zu entrichten. Eine Wirkungsanalyse würde nach dem Bau der Leitungen feststellen, daß die Zielgruppe nur zum Teil erreicht wurde. Wird aber bereits während des Projektes – oder besser noch vorher – festgestellt, daß in den Squattersiedlungen am Stadtrand Probleme bestehen, kann die Implementierung auf die jeweiligen Erfordernisse ausgerichtet werden.

Die Untersuchungen, die für ein Process Monitoring notwendig sind, lassen sich zu festgelegten Zeitpunkten oder ad hoc durchführen. Periodische Studien sind immer dann empfehlenswert, wenn sich ein Projekt oder Programm in seiner aktivsten Phase befindet. Nach dem Anschluß an ein neues Sanitärsystem ist es zweckmäßig, verschiedene Haushalte in eine Befragungsgruppe (panel) einzubinden, um die Akzeptanz zu prüfen. Die periodischen Wiederholungen dieser Untersuchung zeigen, ob die sanitären Einrichtungen angenommen wurden, ob sie noch funktionsfähig sind und wie sie gewartet und gepflegt werden. Die gewonnenen Erkenntnisse sind beim Bau weiterer sanitärer Einrichtungen noch innerhalb der Projektlaufzeit anwendbar. Nur auf diese Weise ist die Langzeitwirkung gewährleistet.

Einmalige Untersuchungen können als Qualitätskontrollen nach dem Zufälligkeitsprinzip durchgeführt werden oder aber gezielt bei erkennbaren Problemen zur schnellen Information des Managements.

Ad hoc und rasch durchgeführte Erhebungen sind allerdings nur dazu geeignet, bei akutem Handlungsbedarf eine schnelle Rückkoppelung zwischen Problem und Management herzustellen. Wenn komplexe Störungen vorliegen, können nur intensive Studien die Problemzusammenhänge erfassen.

Die Methoden, die zur Datenerhebung einsetzbar sind, können Tabelle 6.7 entnommen werden. Jede dieser Methoden hat ihre Stärken und Schwächen. Wenn immer möglich, sollten deshalb mehrere Methoden zum Einsatz kommen und deren Ergebnisse auf Konsistenz geprüft werden. Dieser Multi-Methoden-Ansatz ist zwar kostenintensiver und erfordert ein breiteres Wissen, er trägt aber auch dazu bei, die bestehenden wissenschaftlichen Auseinandersetzungen zu minimieren.

6.5.3 Bewertungsverfahren

Eingriffe in bestehende soziale Gefüge, was Entwicklungsprojekte immer sind, führen zu Veränderungen positiver und negativer Art. Ganz gleich, ob diese beabsichtigt oder unbeabsichtigt, steuerbar oder nicht steuerbar sind, müssen die Auswirkungen einer Intervention dokumentiert werden. Ziel der Wirkungsanalyse ist es, mit größtmöglicher Sicherheit festzustellen, ob und wie ein Eingriff die beabsichtigten Effekte erzielt (hat). Hauptproblem ist hierbei die Isolation derjenigen Wirkungen, die durch das Projekt eingetreten sind, und jener, die aufgrund anderer Umstände, also ohne Projektaktivitäten zustande kamen. In der theoretischen Ökonomie spiegelt die «ceteris paribus Klausel» eine solche Isolation vor. Die Operationalisierung dieser Annahme bereitet jedoch große Schwierigkeiten. Die Gesamtveränderung eines Zustandes, gemessen vor und nach einem Eingriff, wird als Bruttoeffekt bezeichnet. Die allein durch das Projekt hervorgerufenen Effekte (Nettoeffekte) sind durch weitere Wirkungen beeinflußt. Diese «Residuen» sind nicht nur schwer von den Nettoeffekten zu isolieren, sondern stehen bezüglich ihres Erklärungsgehaltes diesen konkurrierend gegenüber. Erzielte Wirkungen lassen sich auf unterschiedliche Weise erklären, nur eine dieser Erklärungen allein ist nicht genügend, um den wahren Effekt eines Projektes zu messen.

Rossi, Freemann und Wright[20] beschreiben den Nettoeffekt mit folgender «Formel»:

Gross Outcome
– Endogenous Change
– Secular Drift
– Interfering Events
– Maturational Trends
– Self-Selection
– Program-Related Effects

[20] P. Rossi, H. Freeman, S. Wright: Evaluation, A Systematic Approach, Beverly Hills 1979, p. 175.

Tabelle 6.5 Methodische Elemente der zielorientierten Projektplanung

Methode	Anwendung	Beschränkung
Quasi-experimentelle Designs	Statistische Schätzung von Projektwirkungen. Korrigiert Fehler, die durch Nichtvorhandensein einer Kontrollgruppe auftreten.	Schwierig und teuer in der Durchführung. Keine Information über den Ursprung der Effekte.
Befragung durch standardisierten Fragebogen	Statistisch gesicherte ERkenntnisse über Verhalten oder Einschätzung von Gruppen. Eliminiert Fehler, die durch zu kleine und/oder einseitige Beobachtungseinheiten auftreten können.	Voreingenommenheit gegenüber Befragung. Sensible Informationen lassen sich nicht über Fragebogen abfragen.
Tiefeninterviews	Einstellung und Haltung von kleinen Befragungseinheiten.	Zeitaufwendiges Verfahren. Verallgemeinerung bzw. Übertragbarkeit problematisch. Repräsentativtät fraglich; subjektive Einschätzung.
Beobachtung	Ökonomische und schnelle Technik für Konsistenztest	Tendenz zu leicht beobachtbaren Indikatoren; Interpretationsprobleme.
Teilnehmende Beobachtung	Verständnis für Zusammenhänge von Gemeinschaften etc., die mit formellen Verfahren nicht erforschbar sind.	Zeitaufwendig. Validität und Repräsnetanz fraglich; subjektive Einschätzung des Beobachters.
Sekundäranalyse	Kostensparend und für Makroebene ausreichend	Bezugsgrößen häufig zu grob. Verfügbarkeit und Aktualität häufig nicht gewährleistet.

– Stochastic Effects
– Unreliability Effects
= Net Effects

Seit Aufkommen gezielter Evaluierungsverfahren können bezüglich der quantitativen Wirkungsanalyse zwei Hauptrichtungen beobachtet werden. Der erste Ansatz versucht, die Nettoeffekte eines Projektes bezüglich der Zielgruppe zu messen, der zweite versucht, die Wirksamkeit zweier oder mehrerer alternativer Strategien miteinander zu vergleichen.

6.5.3.1 Net Impact Approach

Der «net impact approach» untersucht die Zielgruppe nach Abschluß des Projektes (oder schätzt diese Effekte vor Beginn) und vergleicht die Ergebnisse mit der Annahme, was ohne Projekt eingetreten wäre. Die gebräuchlichste Methode ist hierbei, zwei Beobachtungsgruppen festzulegen, wobei eine voll in das Projekt integriert ist und die andere nicht (Kontrollgruppe). Bei allen Unzulänglichkeiten, mit der dieser experimentelle Ansatz behaftet sein kann, ist er praktisch nutzbar und hat in der Vergangenheit bereits wertvolle Empfehlungen ermöglicht.

Der experimentelle Ansatz ist jedoch sowohl aus technischen wie auch politischen Gründen nicht immer anzuwenden und teilweise recht kostenintensiv. Häufig sind in den Ausgangsstudien (baseline studies) wichtige Sachverhalte nicht gemessen worden, oder es ist nicht möglich, eine exakte Zufallsauswahl durchzuführen. Für diese Fälle sind quasi-experimentelle Verfahren entwickelt worden, um mit statistischen Methoden einen Ersatz zu bieten.

Jede Überprüfung des Nettoeffektes sollte auf einer Pfadanalyse aufgebaut sein, um statistische Testverfahren anwenden zu können. Bei der Pfadanalyse wird ein Diagramm erstellt (Kausaldiagramm), bei dem jede Variable, die eine andere beeinflußt, links von dieser steht.[21] Exogene Variablen stehen somit ganz links. Mit Hilfe des Pfaddiagrammes lassen sich auch indirekte Effekte sehr gut veranschaulichen. Die vermuteten Wirkungen müssen nunmehr operationalisiert werden, d.h. in ihrer Art definiert (z.B. positiv oder negativ) und spezifiziert (mit welchen Indikatoren meßbar) werden. Im nächsten Schritt ist zu klären, ob experimentelle oder quasi-experimentelle Verfahren zum Einsatz gelangen und ob mit festen Beobachtungsgruppen (panels) oder unabhängigen, «zufälligen» Befragungseinheiten (independent samples) gearbeitet wird. Die Analyse und Interpretation des Datenmaterials läßt dann wiederum eine Vielzahl verschiedener Methoden zu:

– Vergleich von Gemeinsamkeiten und Unterschieden zu zwei unterschiedlichen Zeitpunkten (u.a. T-Test)
– Multiple Regressionsanalyse
– Zeitreihenanalyse
– Pfadanalyse (unter Berücksichtigung des Regressionskoeffizienten

[21] Ähnlich wie bei den Vorarbeiten zum Netzplan.

- Hedonische Preisanalyse (Schätzungen über den fiktiven Zahlungswillen der Nutznießer für einzelne Projektleistungen)

Um ein möglichst gutes Urteil zu erhalten, sollten auch in diesem Fall nach Möglichkeit mehrere Methoden eingesetzt und die Ergebnisse verglichen werden. Nur so läßt sich eine gesicherte Aussage erreichen.

6.5.3.2 Wirkungsanalyse

Die zweite Möglichkeit, die den Vergleich alternativer Strategien über deren Wirksamkeit vornimmt, hat zum Ziel, jenen Projektansatz herauszufinden, der bei gegebenen Investitionen den größten Nutzen stiftet. Falls es möglich ist, den Nutzen zu quantifizieren, d.h. in Geldeinheiten auszudrücken («monetarisieren»), ist die Kosten-Ertrags-Analyse oder Kosten-Nutzen-Analyse das am meisten angewandte Verfahren. Bei fast allen Projekten im sozialen Bereich ist eine Monetarisierung des Ertrages oder des Nutzens jedoch nicht möglich. Mit Hilfe der Kosten-Wirksamkeits-Analyse werden dann die Kosten alternativer Projekte bei gegebenem Output verglichen.

Der Vorteil der Wirkungsanalyse ist eindeutig, da hier die entstehenden Kosten in bezug auf den erzielten Nutzen gesetzt werden. Die implizite Annahme des Nettoeffekt-Ansatzes, daß alle Projekte, die die gewünschten positiven Wirkungen mit sich bringen, finanzierbar seien, mag zwar in der entwicklungspolitischen Zusammenarbeit nicht falsch sein, widerspricht aber dem Prinzip des rationalen Haushaltens.

Das Vorgehen bei der **Nutzen-Kosten-Analyse** erfolgt in drei Stufen. Zunächst werden alle relevanten Kosten und Nutzen, die mit dem Projekt verbunden sind bzw. durch es erbracht werden, ermittelt. Das sind sowohl die direkten Kosten und Nutzen, also z.B. Ausgaben für Material, Arbeitskräfte, Verwaltung und Ausrüstung sowie die Erlöse des direkten Outputs eines Projektes, als auch die indirekten, sekundären Kosten und Nutzen, die nicht unmittelbar mit dem Projekt in Zusammenhang stehen. Auf der Kostenseite handelt es sich hierbei insbesondere um notwendige Infrastrukturleistungen für das Projekt, z.B. Ausbau von Straßenverbindungen. Indirekte Nutzen fallen in der Regel bei nicht unmittelbar vom Projekt Betroffenen an. Zu denken ist hier z.B. an Verschleißminderung durch den Straßenausbau, aber auch an sogenannte «stemming from»-Effekte – Umsatzzuwachs als mittelbare Folge des Projektoutputs – und «induced by»-Effekte – Zusatzgewinne im Bereich der Projektzulieferer. Schließlich müssen auch die intangiblen Nutzen und Kosten weitmöglichst erfaßt werden. Diese Effekte sind monetär schwer zu ermitteln, da es sich meist um ökologische Auswirkungen, soziokulturelle Veränderungen, aber auch um Phänomene wie verbesserte Erholungs- und Freizeitmöglichkeiten handelt, die auf das Projekt zurückzuführen sind. Sie sind zumindest qualitativ zu bestimmen und verbal aufzuführen, um eventuell bei der Entscheidung zwischen alternativen Projekten Anhaltspunkte geben zu können.

Sind alle Nutzen- und Kostenarten ermittelt, so müssen in einem zweiten Schritt preis- und mengenmäßige Korrekturen durchgeführt werden, um die ermittelten Größen im volkswirtschaftlichen Sinne korrekt quantifizieren zu können.

Theoretischer Hilfsansatz ist das Wohlfahrtskriterium, demzufolge die Wohlfahrt durch Konsum und Arbeitsleistung bestimmt wird. Nimmt man die Arbeitsleistung als gegeben an, erklärt allein der Konsum die Höhe des Wohlfahrtsstandes. Investitionsgüter werden als Möglichkeit für zukünftigen Konsum betrachtet. Die Preiskorrekturen erfolgen über die Bestimmung von Verrechnungspreisen, den sogenannten Schattenpreisen, für die Größen, die Nutzen und Kosten beeinflussen. Schattenpreise werden ermittelt für internationale und nationale Güter, für Arbeitseinsatz und für Devisen.

Internationale Güter sind solche, die entweder tatsächlich ein- und/oder ausgeführt werden oder gehandelt werden könnten. Es ist dies die Menge der handelbaren Güter. Nationale Güter haben demgegenüber keine Zahlungsbilanzwirkung, da sie international nicht gehandelt werden.

Für den Arbeitseinsatz werden Schattenpreise errechnet, da dieser Faktor nicht als knapp angesehen werden kann und zudem fast ausschließlich als Input Verwendung findet.

Devisen müssen zu Verrechnungspreisen bewertet werden, da in EL häufig durch staatliche Manipulationen wie Überbewertung, multiple Wechselkurse u. ä. die offiziellen Wechselkurse nicht die korrekte Relation der heimischen Währung zu anderen Währungen wiedergeben, Exporterlöse und Importpreise also nicht die realen volkswirtschaftlichen Erträge und Kosten ausdrücken.

Als Schattenpreis für **internationale Güter** werden die für das Land relevanten Weltmarktpreise angesetzt. Bewertungsgrundlage für Importe ist der Weltmarktpreis cif[22] Projektland, für Exporte dagegen fob[23] Projektland. Zölle, Steuern und Subventionen werden als inländische Umverteilungsmaßnahmen nicht berechnet.

Die Weltmarktpreise geben die Opportunitätskosten des Landes in Devisen wieder, da sie aufzeigen, auf welche Mengen anderer Güter man verzichtet, die man mit den veranschlagten Devisen hätte erstehen können. Bedingung ist allerdings, daß durch das Projekt die Weltmarktpreise selbst nicht verändert werden, das Land also den Bedingungen der vollkommenen Konkurrenz am Weltmarkt unterliegt.

Auch die Schattenpreise für **nationale Güter** werden auf Umwegen über die Weltmarktpreise ermittelt. Man geht davon aus, daß auch die nationalen Güter letztlich mit einer Kombination von «internationalen» Inputs und Arbeitsleistungen produziert sind. Unterschieden werden nationale Inputgüter und nationale Outputs. Die nationalen Inputs werden mit der Summe aller Kosten der enthaltenen internationalen Vorleistungen zu Weltmarktpreisen und den Arbeitskosten bewertet.

Bei den nationalen Outputs muß man noch einmal in Investitionsgüter- und Konsumgüteroutput trennen. Erstere werden mit der von ihnen bewirkten Produktionssteigerung auf der nachgelagerten Stufe bewertet, also mit dem Schattenpreis des Mehrprodukts abzüglich des Schattenpreises für

[22] cost, insurance, freight.
[23] free on board.

den notwendigen Mehreinsatz komplementärer Inputleistungen. Das Ergebnis ist der volkswirtschaftliche Ertrag des nationalen Investitionsgutes.

Nationale Konsumgüter sind zum größten Teil intangible Güter, deren Nutzen man monetär schwer ermitteln kann. Es sind soziale Werte wie gesteigerte Lebenserwartung u.ä. oder Kollektivgüter wie z.B. Parkanlagen. Hilfsweise kann man die Methode des «willingness to pay» heranziehen, um die potentielle Zahlungsbereitschaft der Konsumenten als monetären Gegenwert des Nutzens solcher Güter zu bestimmen. Praktikabel aber erscheint vor dem Hintergrund des hohen soziokulturellen Einflusses bei der Bewertung solcher nationalen Konsumgüter allenfalls eine verbale Erläuterung, die bei sonst gleichbewerteten Projekten den Ausschlag geben kann.

Der Schattenpreis der **Arbeit** wird für drei Gruppen von Arbeitsleistungen errechnet. Ausländische Fachkräfte werden zu effektiven Kosten in Devisen angesetzt. Bei einheimischen Arbeitskräften kommt wieder das Prinzip der Verzichtskosten zur Anwendung. Angesetzt wird das Grenzprodukt, das die für das Projekt abgezogenen Arbeitskräfte in ihrer alten Verwendung erzielten. Dieses soziale Grenzprodukt – in internationalen oder nationalen Gütern gemessen – ergibt multipliziert mit den entsprechenden Schattenpreisen die volkswirtschaftlichen Arbeitskosten. Für bisher unbeschäftigte, unterbeschäftigte und ungelernte Kräfte wird ein geringes Grenzprodukt zugrundegelegt, auch wenn ihre Beschäftigung im neuen Projekt keinen Produktionsausfall an anderer Stelle zur Folge hat. Da sie aber zumindest ein Subsistenzeinkommen erwirtschaftet haben, ist die Annahme eines positiven, wenn auch geringen Grenzproduktes berechtigt.

Schließlich versucht man durch einen **Schattenwechselkurs** die Verzerrungen der Währungsrelationen, die auf Überbewertung und andere währungspolitische Manipulationen zurückzuführen sind, auszugleichen.

Insgesamt kann man also feststellen, daß alle Güter direkt oder indirekt zu Weltmarktpreisen bewertet werden, die für internationale Güter unschwer zu ermitteln sind. Probleme treten allerdings auf bei der Bestimmung des Anteils internationaler Inputs in nationalen Gütern. Hier wird man sich oft auf nur geschätzte Anteilswerte stützen müssen.

Für eine korrekte Bewertung müssen ferner die relevanten volkswirtschaftlichen Mengeneffekte ermittelt und Abweichungen zwischen einzel- und gesamtwirtschaftlichen Mengen ausgeglichen werden. Diese Abweichungen können durch «spill overs» der Projekte entstehen, m.a.W. durch ihre externen Effekte. Diese externen Effekte sind zu untergliedern zum einen in **technologische** und zum anderen in **marktmäßige** oder **monetäre externe Effekte**. Die letztgenannten sind solche, die durch Verknüpfungen des Projekts mit vor- und/oder nachgelagerten Wirtschaftsbereichen über den Markt entstehen. Durch die Nachfrage nach Faktoren und das Angebot der Produkte im Rahmen des Projekts können auf den entsprechenden Märkten Preis- und Mengenänderungen induziert werden. Dies bedeutet aber keine Abweichung von einzelwirtschaftlichen und gesamtwirtschaftlichen Mengeneffekten, sondern ist eine reine Umverteilung. Verluste, die hier Marktteilnehmern entstehen, werden durch entsprechende Gewinne anderer Marktteilnehmer kompensiert. Diese Umschichtung der «Wohlfahrtsmengen» ist aber schon bei der Ermittlung der volkswirtschaftlichen Kosten und Erträge erfaßt. Die Preisänderungen sind wegen der Bewertung zu Weltmarktpreisen zu vernachlässigen. Marktmäßige externe Effekte kommen daher in der Nutzen-Kosten-Analyse eines gesamtwirtschaftlichen Projektes nicht zum Ansatz, um Doppelzählungen zu vermeiden. Sie können allerdings stellvertretend – nicht zusätzlich – für direkte Input- bzw. Outputmengen bei der Bewertung nationaler Güter angesetzt werden.

Technologische externe Effekte hingegen müssen erfaßt und entsprechende Mengenkorrekturen vorgenommen werden. Technologische Externalitäten implizieren eine Beeinträchtigung der Produktionsmöglichkeiten anderer, die auf das Projekt zurückzuführen ist, ohne daß eine marktmäßige Verknüpfung mit den Betroffenen existieren muß. Diese mengenmäßigen Abweichungen gehen nicht in die einzelbetriebliche Investitionsrechnung ein, müssen daher entweder direkt quantifiziert und mit Schattenpreisen bewertet werden oder mit den minimalen Kosten, die der Erleider zur Abwendung der Nachteile aufwenden muß, angesetzt werden. Exakt ist dies in der Praxis nur schwer durchführbar. Daher wird man eine Quantifizierung auf der Basis von empirischen Erfahrungen und Kausalitätsüberlegungen versuchen und zu Marktpreisen oder, falls ermittelbar, mit Schattenpreisen bewerten.

Im dritten und letzten Schritt wird nun die Vorteilhaftigkeit des Projekts ermittelt. Die korrekt bewerteten Nutzen und Kosten, die mit dem Projekt einhergehen, werden einander gegenübergestellt. Dabei tritt als Schwierigkeit auf, daß sie im Zeitablauf anfallen und man sie daher für den Entscheidungszeitpunkt vergleichbar machen muß.

Dies geschieht durch die Ermittlung des Gegenwartswertes (s.o.) der künftig anfallenden Nutzen und Kosten mit Hilfe der Abdiskontierung. Im allgemeinen benutzt man hier dieselben Verfahren wie die betriebliche Investitionsrechnung.

Das Problem liegt in der Wahl der Diskontrate als jener Größe, die möglichst genau den Wertverlust von Nutzen und Kosten ausdrücken soll, dem sie in der Einschätzung der Betroffenen mit zunehmender Zeitferne vom Entscheidungszeitpunkt unterliegen. Es bieten sich drei mögliche Größen an.

Zunächst könnte man als Diskontrate den landesüblichen Zinssatz verwenden. Das scheidet aber in der Praxis aus, da ein einheitlicher Zinssatz auf den meist in Entwicklungsländern sehr unvollkommenen Kapitalmärkten nicht existiert. Ebenso unpraktikabel ist die Verwendung der privaten Rendite als Diskontierungsfaktor. Eine einheitliche private Rendite kann aufgrund der nichtpolypolistischen Angebotsstruktur nicht erzielt werden. Vielmehr werden je nach Betriebsgröße bzw. Marktmacht die Unternehmen unterschiedliche Renditen erzielen. Drittens bietet sich die Möglichkeit, die Opportunitätskosten der Kapitalbereitstellung zu verwenden, also den Schattenpreis des Kapitals zu bilden. Dieser würde die zu erwartenden Gewinne anzeigen, wenn das Kapital im privaten oder öffentlichen Sektor einer anderen Verwendung als der im Projekt zukommen würde. Offensichtlich ist aber auch diese Möglichkeit mit so vielen Unabwägbarkeiten und Risiken verbunden, daß auch dieser Ansatz in der Praxis ausscheidet.

Als Konsequenz bleibt nur der Weg, die Diskontrate sozial festzulegen, um so zu versuchen, sich der Zeitpräferenzrate der Gesellschaft zu nähern. Er wurde von zahlreichen Regierungen und internationalen Organisationen begangen. So nennt die Weltbank als kritische Größe der Kapitalrentabilität 8 vH, die OECD 10 vH. Unterhalb dieser Werte gilt ein Projekt als unrentabel. Zwischen 8 vH und 10 vH empfehlen sich Sensitivitätsanalysen. Das sind Vergleichsanalysen der Vorteilhaftigkeit des Projekts mit alternativen Ansätzen. Oberhalb 10 vH gilt ein Projekt als rentabel und damit vorteilhaft für die Gesellschaft. Die OECD nennt als untere Grenze 6–7 vH, da sie die Chance auf eine Kapitalrentabilität von 10 vH in der überwiegenden Zahl der Entwicklungsländer für sehr gering hält. Generell empfiehlt sie, die Rechnung mit denkbaren alternativen Renditeansätzen durchzuführen, um Fehlerquellen möglichst auszuschließen.

Je nach entwicklungspolitischer Zielgewichtung kann man nun in der Nutzen-Kosten-Analyse auch Schwerpunkte der Entwicklungspolitik mitberücksichtigen, die nicht allein auf die Rentabilität eines Projektes abzielen. Liegt ein Schwerpunkt beispielsweise in dem Beitrag eines Projekts zur Überwindung ungleicher Einkommensverteilung, so kann man die Nutzen und Kosten für die beteiligten Gruppen nach ihrem Einkommensstand gewichten. Bezieher niedriger Einkommen erhielten einen höheren Gewichtungsfaktor als die Bezieher höherer Einkommen. Entsprechend fielen auch Nutzen und Wohlfahrtsverluste unterschiedlich ins Gewicht bei der Entscheidung über die Vornahme eines Projektes. Natürlich müssen sich die Gewichtungsfaktoren zu 1 aufsummieren. Problematisch ist die Frage der «gerechten» Gewichtung sowohl hinsichtlich der ökonomischen Effizienz, Hauptgegenstand der Evaluierung mit der Nutzen-Kosten-Analyse, als auch gegenüber sozialpolitischen Erwägungen.

Die Anwendung der Nutzen-Kosten-Analyse in der Evaluierung ist nicht ohne Probleme. Sie basiert auf Erwartungen über die Zukunft, die als unsicher angesehen werden müssen. So sind bei den Verkaufserwartungen für den Output unbedingt Bedarfsanalysen und Marktforschungen notwendig, um realistische Aussagen machen zu können.

Ferner ist eine Änderung der Weltmarktpreise, auf denen ja die Schattenpreisbildung beruht, durch Verschiebungen im Angebot und/oder in der Nachfrage am Weltmarkt denkbar. Die Preiskalkulation wird damit zu einem Unsicherheitsfaktor.

Gesetzliche, administrative und budgetäre Beschränkungen können die Verfügbarkeit aller notwendigen Inputs beeinträchtigen. Dies wird besonders daran deutlich, daß aufgrund von Zahlungsbilanzproblemen der Import von Vorleistungen für das Projekt begrenzt werden kann. Die Folge sind qualitative und/oder quantitative Schwankungen bei den Produkten der Zulieferindustrie.

Große Schwierigkeiten treten auch auf bei der Erfassung aller indirekten Effekte und Externalitäten. Diese können aber für das Entscheidungskalkül sehr bedeutsam sein, so daß zumindest eine verbale Qualifizierung dieser Effekte erfolgen muß. Hier liegt wohl auch das grundsätzliche Problem der Nutzen-Kosten-Analyse, als Instrument zur Ermittlung von Wohlfahrtswirkungen öffentlicher Projekte auf die monetäre Dimension als Vergleichsgröße angewiesen zu sein.

Ihre Vorteile für die Entwicklungsplanung sind dennoch gewichtig. Sie zwingt zu alternativem Denken im Rahmen des Einsatzes knapper Ressourcen für Projekte zur Förderung der Entwicklung eines Landes. Sie führt möglicherweise zu größerer Transparenz über die Mittelverwendung in diesem Bereich. Schließlich ist sie als Entscheidungsinstrument im Verbund mit anderen verwendbar und somit ein brauchbarer Beitrag zur Entscheidungsfindung. Sie ist in der Entwicklungsplanung, sowohl in der Projektplanung als auch in der Evaluierung, in ihrer Nützlichkeit anerkannt; leider aber ist ihre Anwendung noch keineswegs selbstverständlich.

Die Hauptmängel der Nutzen-Kosten-Analyse, ihre vorrangige Ausrichtung auf die Effizienz und der Zwang, alle Größen auf einen einheitlichen monetären Nenner zu bringen, versucht ein weiteres Instrument der Projektplanung und -evaluierung zu überwinden. Die **Kosten-Wirksamkeits-Analyse** verzichtet weitgehend auf die Verwendung eines einheitlichen monetären Indikators für die erzielten Outputs. Sie untersucht die Effektivität eines Programms in der Erreichung von gegebenen Zielen und setzt diese Effektivität in Beziehung zu den absorbierten Ressourcen im Programm, die allerdings wieder monetär gemessen werden.

Auf diese Weise können Programme mit ähnlichen Zielsetzungen bewertet und die Kosten alternativer Programme zur Erreichung derselben Ziele verglichen werden, so daß eine Rangfolge von Programmen, ausgedrückt in den unterschiedlichen Kosten zur Verwirklichung gegebener Ziele oder durch den unterschiedlichen Inputbedarf für unterschiedliche Zielerreichungsgrade, aufgestellt werden kann.

Hier liegt aber auch die Schwäche der Kosten-Wirksamkeits-Analyse. Sie erlaubt nur Vergleiche der relativen Effizienz von Programmen mit gleichen oder ähnlichen Zielsetzungen untereinander, wobei die Effizienz sich als Funktion der geringsten Kosten ergibt. Da sie für den Programmoutput, also den Nutzen des Programms, keinen einheitlichen Maßstab verwendet, ist es weder möglich, den Wert oder das Ergebnis eines bestimmten Projektes mit anderen zu vergleichen, noch zu bestimmen, welches von mehreren Projekten auf verschiedenen Gebieten bessere Erträge erwirtschaftet.

Daher kann man die Kosten-Wirksamkeits-Analyse als reine Ausweitung der Nutzen-Kosten-Analyse auf Projekte mit multiplen und nicht einheitlich meßbaren Zielen betrachten. Ansonsten benutzt sie dieselben Konzepte und Methoden wie die Nutzen-Kosten-Analyse. Für die Bewertung vor allem sozialer Produkte erscheint jedoch die Ergebnisbewertung als Rate aus Effektivität in der Zielerreichung und involvierten, monetär ausgedrückten Kosten geeigneter als die gänzlich monetäre Analyse von Nutzen und Kosten.

Auf dem Boden der Kritik an der einseitigen Ausrichtung der Nutzen-Kosten-Analyse, aber auch weitgehend der Kosten-Wirksamkeits-Analyse auf dem Effizienzaspekt, wurden in neuerer Zeit auch methodische Ansätze zur Bewertung anderer Planungsaspekte – wie z.B. Verteilungswirkung, Zielkonformität, sozio-ökonomische Folgewirkung, Umweltverträglichkeit etc. – entwickelt.

Die bedürfnisorientierte Evaluierung setzt ihren Schwerpunkt bei der Untersuchung des Projektoutputs hinsichtlich Angebots- und Verteilungsgesichtspunkten. Im Vordergrund stehen die sozialen Effekte von Entwicklungsvorhaben auf der Ebene gesellschaftlicher Gruppen (Zielbevölkerung). Dieser Produktpfadanalyse geht eine Bestandsaufnahme über den Entwicklungsstand eines Landes voraus (Makroperformance-Analyse). Als Schema wird eine Informationserfassung nach den Komponenten des Grundbedarfskonzeptes vorgeschlagen. Die Operationalisierung dieses Konzeptes erfolgt über die Erstellung eines sog. «Rationalen Budgets», einem Warenkorb von Endverbrauchsgütern, der die Bedürfnisse befriedigt. Der Warenkorb soll wissenschaftlich begründet und sozial akzeptiert sein sowie den Produktionskapazitäten der Projektregion entsprechen. Monetäre, produktionstechnische, ernährungsphysiologische und soziale Faktoren setzen die Rahmenbedingungen für ein rationales Budget. Die Aufdeckung von Versorgungsdefiziten (Bedarf) ergibt sich aus der Konfrontation von objektivierbaren Bedürfnissen und tatsächlichem Konsum. Für die Beurteilung von Projekten ist es nun ausschlaggebend, ob diese zur unmittelbaren oder mittelbaren gruppenspezifischen Bedarfsdeckung oder Reduktion von Defiziten beitragen. Hier setzt die eigentliche Produktpfadanalyse ein. Sie verfolgt den Verwendungszweck eines Projektoutputs bis hin zum sozio-ökonomisch differenzierten Endverbrauch. Methodisch wird dabei so verfahren, daß zunächst die Hauptfunktionen eines Projektes prozentual in Relation zum Gesamtoutput ausgewiesen werden. In einem zweiten Schritt wird der tatsächliche oder wahrscheinliche Nutzeffekt für jede Funktion ermittelt und stufenweise weiterverfolgt, bis die Endverbrauchskategorien ermittelt sind.

Nationale und internationale Entwicklungsvorhaben durchschreiten einen langen Weg des Lernens. Dieser Weg ist mühsam und von vielen Rückschlägen gezeichnet. Besonders gefordert sind die Entwicklungsländer selbst. Nicht nur die knappen finanziellen Mittel wirken beschränkend, sondern auch mangelndes Wissen und funktionsunfähige Verwaltungsstrukturen. Die Planung von Vorhaben, die den Lebensstandard einer breiten Armutsbevölkerung heben sollen, findet unter «suboptimalen» Rahmenbedingungen statt. Eine Realität, die stets, auch bei der Beurteilung der entwicklungspolitischen Zusammenarbeit, gesehen werden muß. Der Aufbau von effizienten Steuerungs- und Bewertungssystemen ist eine wesentliche Erkenntnis aus Fehlern der Vergangenheit – Fehler, die nicht wiederholt zu werden brauchen.

6.6 Ansatzpunkte der nationalen Entwicklungspolitik

In diesem abschließenden Abschnitt sollen nun noch einige Felder und Ansatzpunkte der nationalen Entwicklungspolitik erörtert werden, die in den letzten Jahren im Zentrum der entwicklungspolitischen Aktivitäten stehen. Die folgende Erörterung erhebt nicht den Anspruch der Vollständigkeit, denn die Rahmenbedingungen und Erfordernisse in den Entwicklungsländern sind zu verschieden. Gleichwohl handelt es sich um zentrale Bereiche, an denen nationale Maßnahmen ansetzen können und müssen. Sie bilden aufgrund ihrer zentralen politischen und wirtschaftlichen Bedeutung ein wesentliches Potential, den entwicklungsökonomischen Zielen näher zu kommen.

6.6.1 Wachstum – Verteilung – Armut

Ökonomisches Wachstum und gleichmäßige Verteilung sind Prozesse, die parallel erfolgen können, aber nicht müssen. Trotz beachtlichen Wachstums ist es in den Entwicklungsländern weder gelungen, das Ausmaß der «relativen» Armut (ein besonders geringer Anteil am Volkseinkommen der 40 Prozent mit den niedrigsten Einkommen) noch das der «absoluten» Armut (jährliches Pro-Kopf-Einkommen von unter 75 US-$ zu Preisen von 1971) zu reduzieren, geschweige denn zu beseitigen. Daß die beiden Ziele, ökonomisches Wachstum und gerechtere Verteilung, vereinbar sind, hat nicht zuletzt die Entwicklung der VR China gezeigt, der es gelang, eine sehr gleichmäßige Verteilungsstruktur (allerdings bei niedrigem Pro-Kopf-Einkommen von 330 US-$ 1988) mit beachtlichen Wachstumsraten des Bruttosozialprodukts (BSP/Kopf 1965–88: 5,4 Prozent) zu verbinden. Eine Politik, die Wachstum und Abbau der Verteilungsungerechtigkeiten mit Überwindung der absoluten Armut gleichermaßen positiv beeinflussen kann, ist demnach nicht nur notwendig, sondern auch möglich.

Grundsätzlich bieten sich zwei Ansatzpunkte an: Zum einen kann der Staat Einkommensunterschiede durch reine Umverteilung ausgleichen (statische Umverteilung), zum anderen Einkommenszuwächse im Zuge wirtschaftlicher Entwicklung unter Gesichtspunkten einer gerechteren Verteilung gezielt auf benachteiligte Gruppen umleiten (dynamische Verteilungspolitik oder «redistribution with growth»). Auch eine Verbindung der rein statischen Umverteilung mit dem dynamischen Ansatz bietet sich an, indem für benachteiligte Zielgruppen neue Möglichkeiten geschaffen werden, Einkommen zu erwerben.

Der statische Ansatz erfordert eine zwangsweise Überführung von Einkommen oder der Faktoren, die das Einkommen schaffen, in die Verfügungsgewalt der Gruppen, die durch diese Politik besser gestellt werden sollen. Dies ist sowohl direkt als auch auf dem Umweg über den Staat denkbar (Enteignung oder Verstaatlichung von Betrieben). Die entwicklungsfördernde Wirkung ist größer, wenn durch eine solche Politik zusätzlich die Produktivität gesteigert werden kann und die Entschädigungsaufwendung an die Enteigneten möglichst gering ist. Verteilungswirkung und Wachstumsimpuls ergänzen sich z. B., wenn die Enteignung zu einer Aufteilung von feudalem Großgrundbesitz auf bisher landlose Landarbeiter und Kleinpächter führt, und es diesen gelingt, die Erträge pro Hektar durch intensive Bewirtschaftung zu steigern. Ein solcher Effekt kann durch flankierende Maßnahmen des Staates wie Beratung, Vermarktungshilfen, Kreditbereitstellung usw. unterstützt werden. Zur Überwindung feudaler Abhängigkeiten erscheint eine solche Vorgehensweise auch für politische Mischsysteme möglich. Es ist jedoch mit erheblichem Widerstand der Großgrundbesitzer zu rechnen. Üben diese, als regierungstragende Schicht, Druck auf die Verwaltung aus und werden unangepaßte Entschädigungszahlungen oder nur halbherzige Landreformen durchgeführt, schwindet der entwicklungsfördernde Effekt oder verpufft gänzlich.

Eine indirekte Umverteilung kann als Kontrolle des Staates über das Produktivkapital und als entwicklungsfördernde Nutzung der Erlöse stattfinden. Das Steuer- und Transfersystem bietet hierzu Möglichkeiten. Ein effizientes Steuersystem, konsequent angewandt, kann Erträge an die benachteiligten Gruppen umleiten. Dies kann in Form von Geldzahlungen wie Sozialleistungen, Arbeitslosenhilfe, Renten- und Pensionsgeldern usw. geschehen oder in Form von Sachleistungen wie Gesundheitsversorgung, Bildungseinrichtungen, Wohnungsbau usw. vorgenommen werden. Die Erfolge eines solchen Systems sind jedoch abhängig von den bestehenden Verwaltungseinrichtungen und dem Durchsetzungsvermögen der Regierung. Ferner ist häufig der Umfang des Steueraufkommens zu gering, als daß entscheidende Umverteilungen vorgenommen werden können. Fraglich ist auch, ob die Zielgruppe tatsächlich in den Genuß der öffentlichen Übertragungen kommt. Nicht selten profitieren eher die (städtischen) Oberschichten vom kostenlosen Schulbesuch, von staatlicher Gesundheitsfürsorge durch moderne Kliniken und der Versorgung mit Strom, Gas, Wasser usw., während diese Leistungen die Stadtrandbevölkerung und die ländlichen Armutsgruppen nicht erreichen oder ihnen ohne Begleitmaßnahmen kaum nützen.

Die Gefahr der Fehlleitung, die Frage der Durchsetzbarkeit bei den durch die Umverteilung benachteiligten Gruppen und nicht zuletzt die Möglichkeit, daß sehr arme Länder auf diese Weise die Armut allenfalls breiter verteilen können, ohne eine nachhaltige Besserung der allgemeinen Entwicklung erreichen zu können, sprechen gegen eine rein statische Umverteilungspolitik. Ihr fällt allerdings eine wichtige ergänzende und intensivierende Rolle für den zweiten Ansatz staatlicher Verteilungspolitik zu, der ausgewogeneren Streuung eines wachsenden Wirtschaftsergebnisses. Zudem ist sie wichtig für die unmittelbare Verbesserung der Lage der Elendsbevölkerung und als Maßnahme zur Schaffung neuer Einkommensquellen und -möglichkeiten für benachteiligte Gruppen der Bevölkerung, insbesondere durch Zuteilung von Land.

In den Vordergrund getreten ist seit einigen Jahren der dynamische Aspekt des Verteilungsziels, der die Vereinbarkeit und unter Umständen sogar wechselseitige Verstärkung von gerechter Verteilung und wirtschaftlichem Wachstum für die Gesamtentwicklung zum Ansatzpunkt entwicklungspolitischer Maßnahmen macht. Grundlage dieser Vereinbarkeit ist die Erkenntnis, daß Wachstum verteilungsorientiert gefördert werden kann – mittelfristig ohne intolerierbare Wachstumsverluste, langfristig gar mit zusätzlichen Wachstumschancen. Hinzu kommt die Erfahrung, daß dem Agrarsektor im Entwicklungsprozeß eine wichtige Rolle zufällt. Die in diesem Sektor lebende und arbeitende Masse der Bevölkerung der Kleinbauern, Landarbeiter, Kleinhändler und Handwerker kann direkt – zielgruppenorientiert – erreicht werden, so daß sich die Armut ohne Umwege bekämpfen läßt.

Für diese Vorgehensweise können Maßnahmen der statischen Umverteilung mit solchen verbunden werden, die

- ein möglichst hohes Wirtschaftswachstum fördern, an dem die Armutsgruppen vor allem durch Ausweitung der Einkommens- und Beschäftigungsmöglichkeiten gezielt beteiligt werden;
- öffentliche Investitionen und/oder private Investitionen in Form besserer Gesundheits- und Bildungseinrichtungen, Finanzierungsmöglichkeiten, Beratungs-, Transport- und Vermarktungsgelegenheiten umleiten;
- steuerpolitisch die Einkommen und den Verbrauch umverteilen zugunsten der Armutsgruppen, unter Umständen durch direkte Sachzuteilungen;
- Produktivvermögen zu den Gruppen, die bisher keinen Zugang dazu hatten, transferieren (z.B. durch Landreform, Industrieansiedlung, Aufbau von handwerklicher und industrieller Kleinproduktion).

Diese Politik zielt in einem ersten Schritt auf den Aufbau und die Entwicklung von Humanvermögen (Know-how) durch Bildungs-, Ernährungs- und Bevölkerungsmaßnahmen, die die Produktivkraft und das Selbstwertgefühl der Armutsgruppen zur Entfaltung bringen sollen. Ein zweiter Schritt besteht darin, diese geschaffenen Kapazitäten auch zum Einsatz zu bringen. Dies kann geschehen durch vermehrten Arbeitseinsatz, Lenkung von Investitionen zur Verfügung der genannten Armutsgruppen (Bewässerungssysteme, Saat- und Düngemittel usw.), aber auch Technologieförderung, Entwicklung arbeitsintensiver oder effizienter Produktionsverfahren. Wachstum ist nun nicht mehr eine Zielgröße, deren Erfüllung indirekt auch die Armut reduzieren und die Verteilung egalisieren soll (trickle down), sondern wird dem Hauptziel der Armutsreduzierung untergeordnet.

Von entscheidender Bedeutung ist, daß die politischen Maßnahmen zum Ausgleich von Wachstum und Verteilung auf zwei Seiten ansetzen. Einmal müssen sie die Produktion von Gütern fördern, die dem Massenkonsum dienen. Dies sind alle Waren und Dienstleistungen, die zur Deckung des Grundbedarfs dienen. Auf der anderen Seite gilt es aber auch, Voraussetzungen zu schaffen, damit eine Umstellung der Produktionsstruktur auf solche Güter möglich ist. Dies bedeutet, daß die Bevölkerung die angebotenen Güter nachfragen kann, was eine Zunahme des Einkommens bzw. der Kaufkraft der Bevölkerung voraussetzt. Es genügt nicht, grundbedarfsorientierte Güter zu produzieren, diese müssen auch so verkauft werden können, daß eine weitere Produktion lohnend erscheint. Folglich ist ein ausgewogenes Politikpaket erforderlich, das eine Umwandlung der Produktions- und Verbrauchsstrukturen anstrebt und ein schrittweises Wachstum der Wirtschaft fördert, das einerseits von Armutsgruppen auf dem Land und in der Stadt mitgetragen wird und andererseits diesen Zielgruppen im besonderen zugute kommt. Dieses Paket läuft auf die Zusammenfassung verschiedener bereits praktizierter Einzelstrategien (strategy mix) hinaus. Eine Art «armutsreduzierende Wachstumsverteilungsstrategie» könnte den entwicklungspolitischen Teilzielen, sozialer Gerechtigkeit und Wachstum, Rechnung tragen.

6.6.2 Industrie und Landwirtschaft

Obwohl bereits früh durch die Wissenschaft die Kenntnis verbreitet wurde, daß es der landwirtschaftliche Sektor sei, in dem der Kampf um eine langfristige ökonomische Entwicklung gewonnen oder verloren würde, herrschte in den fünfziger, sechziger und bis weit in die siebziger Jahre eine Politik vor, die Entwicklung vorrangig über eine forcierte Industrialisierung erreichen zu können glaubte. Heute besteht breite Übereinkunft darüber, daß angesichts der Konzentration von Armut und Rückständigkeit, aber auch wegen des hohen Bevölkerungsanteils und -wachstums, der Förderung der Landwirtschaft und des Kleinhandwerks sowohl im ländlichen Raum als auch in den städtischen Randgebieten eine Schlüsselrolle für die wirtschaftliche und soziale Entwicklung zufällt.

Bei der Überlegung, welche politischen Handlungsansätze möglich sind, um eine ökonomische und soziale Verbesserung in den ländlichen und städtischen Armutsbereichen zu ermöglichen, erheben sich viele Fragen:

1. Wie können die landwirtschaftlichen Erträge und die Produktivität der eingesetzten Arbeitskräfte erhöht werden, damit die Masse der kleinen Landbesitzer und besitzlosen Landarbeiter direkt davon profitiert? (Ebenso müssen noch genügend Überschüsse erwirtschaftet werden, um den ständig wachsenden industriellen Sektor versorgen zu können.)
2. Auf welche Weise ist es möglich, die traditionellen Subsistenzlandwirte mit geringer Produktivität zu einer Produktion für den Markt hinzuleiten?
3. Genügen ökonomische Anreize, um die gewünschten Prozesse einzuleiten, oder ist es notwendig, umfangreiche Begleitmaßnahmen zu ergreifen?
4. Führt eine Steigerung der landwirtschaftlichen Produktion zu einer ausreichenden Verbesserung der Situation der Armen, oder müssen zusätzliche soziale Dienstleistungen angeboten werden?

Die Antworten auf diese Fragen sind abhängig von den unterschiedlichen Strukturen der Landwirtschaft in den jeweiligen Regionen der Dritten Welt und von den besonderen Bedingungen im Land selbst. Diese sind in Lateinamerika und Asien noch in groben Zügen vergleichbar. In beiden Regionen läßt sich ein stufenweiser Abstieg von ehemals kleinen Landeignern zu Pächtern bzw. Teilhabern, zu landlosen Arbeitern, dann zu beschäftigungslosen oder saisonal beschäftigten Wanderarbeitern bis hin zu landflüchtigen Slumbewohnern in den Elendsquartieren der großen Städte feststellen. Die bedrückende Armutssituation und die geringen Aussichten auf Besserung treiben die Arbeitskräfte, meist jüngere Frauen und Männer, in die Stadt («push-Effekte»). Von den vermeintlich größeren Beschäftigungsmöglichkeiten und den höheren Löhnen werden sie angelockt («pull-Effekte»), um letztendlich ein menschenunwürdiges Dasein in den Ghettos der Großstädte zu führen.

In Lateinamerika sind es in der Regel Großgrundbesitzer der Oligarchie, die eher aus Prestigegründen als zu Produktionszwecken auf Latifundien residieren, in Asien findet man eher das sogenannte «absentee ownership», Großgrundbesitz von in Städten ansässigen Geldverleihern und «landlords», die die Abhängigkeit und Armut der sehr zahlreichen Landbevölkerung ausnutzen. Auf einen kurzen Nenner gebracht ist das Hauptproblem der Agrarentwicklung in Lateinamerika eine Kombination von zuviel Land in der Verfügungsgewalt zu weniger Leute, in Asien eine von zu vielen Leuten auf zu wenig Land. Demgegenüber spielen die ländlichen Besitzverhältnisse in den Agrarstrukturen Afrikas eine weitaus geringere Rolle. Hier dominiert noch Subsistenzwirtschaft im Rahmen von Dorfgemeinschaften. Landbesitz aus Prestigegründen oder als ökonomische Machtbasis hat meist geringere Bedeutung als in den anderen Erdteilen. Die weiten, zum Teil ungenutzten Räume ermöglichen einen Wanderanbau mit extensiver Bewirtschaftung.

In Lateinamerika liegt die geringe Produktivität vor allem in der im Vergleich zu den «minifundios» geringen Ertragsmenge eines feudal bewirtschafteten Großgrundbesitzes begründet. In Afrika hingegen ist vornehmlich die technologische Rückständigkeit der Subsistenzproduktion für die geringe Produktivität verantwortlich zu machen. Hinzu kommt, daß extensive ländliche Bewirtschaftung und Wanderwirtschaft bei Aussaat und Ernte sehr viele Arbeitskräfte erforderlich machen, die bei den saisonalen Anforderungen selbst in Afrika knapp werden können.

Für eine Förderung der ländlichen Entwicklung ergeben sich somit zwei Hauptansatzpunkte. Einmal eine Reform der Besitz- und Nutzungsverhältnisse, die das Land denen zuweist, die es bebauen und von bzw. auf ihm leben müssen. Zum anderen ist eine spezifische Technologie (angepaßte Technologie) notwendig, die geeignet ist, die Agrarerträge stufenweise zu steigern. Bei dieser Ertragssteigerung gilt es zu berücksichtigen, daß sich nicht nur die landwirtschaftliche Selbstversorgung verbessert, sondern auch die Stadtbevölkerung in ausreichendem Maße versorgt werden kann, damit ein Industrieaufbau möglich ist.

Eine Reform der ländlichen Besitzverhältnisse ist in unterschiedlichen Formen möglich. Einmal ist eine direkte Übertragung von Eigentums- und Nutzungsrechten denkbar. Beispiele hierfür sind die Agrarreformen, die in Kuba, Äthiopien, Japan und Taiwan durchgeführt wurden. Eine zweite mögliche Form besteht darin, Land von großen Plantagen auf kleine, intensiv bewirtschaftete Farmen aufzuteilen, wie z. B. in Mexiko, oder es diesen, wie in Kenia, durch Neubesiedelung zuzuführen. Schließlich bieten Tansania und die VR China Beispiele für eine Qualitätssteigerung (Erschließung, Bewässerung, Düngung usw.) und nachfolgende Umwandlung großer privater oder staatlicher Ländereien in bäuerliche Kooperativen, die allerdings in Tansania aufgrund der Zwangsproletarisierung bisher unabhängiger Kleinbauern, die der Kollektivbewirtschaftung in sogenannten Dorfkommunen (ujaama) wenig Interesse entgegenbrachten, nicht von dem erhofften Erfolg begleitet waren. Gemeinsame Zielrichtung aller Ansätze ist es, die Landnutzung in die Hände derer zu legen, die das Land als kleinbäuerliches Privateigentum in genossenschaftlichen oder kommunal-kollektiven Eigentumsformen bebauen.

Diese Reformansätze müssen von Ausbildungs- und Beratungsmaßnahmen unterstützt werden, die zunächst helfen sollen, einen Produktivitätsrückgang in Grenzen zu halten, da viele bisher landlose Arbeiter kaum über

Nacht eigenverantwortlich und rentabel einen landwirtschaftlichen Betrieb führen können. Daran anschließen sollte sich die Förderung eines schrittweisen Übergangs von der Subsistenzbewirtschaftung zu einer Mischproduktion mit Marktanteil, die den Lebensstandard der Landbevölkerung verbessert und durch die neu entstehende Kaufkraft aus der Vermarktung der Produkte den Aufbau einer komplementären Kleinindustrie hervorrufen kann. Beispiele hierfür wären die Weiterverarbeitung der Agrarprodukte, Kleinhandwerk, Geräteherstellung und -wartung, Transportunternehmen usw..

Die Ansatzpunkte einer solchen Politik liegen sowohl im ökonomischen als auch im sozialen Bereich. Ökonomische Infrastrukturmaßnahmen wie landwirtschaftliches Beratungswesen, Ausbau der Lagerungs-, Vermarktungs-, Verkehrs- und Transportmöglichkeiten sowie eine erweiterte Kreditversorgung sind ebenso notwendig wie bessere Gesundheitsfürsorge und Bildungseinrichtungen, die zu einer physischen und beruflich-fachlichen Verbesserung des Humankapitals beitragen. Wichtig ist ferner, daß eine Preispolitik betrieben wird, die nicht einseitig die Stadtbevölkerung begünstigt. Regulierte Preise für Grundnahrungsmittel führen zwar dazu, daß die städtische Bevölkerung sich billig mit dem täglichen Bedarf eindecken kann, bieten jedoch keine Anreize für die Landwirte, ihre Produktion zu steigern. Verbilligtes Kapital und unflexible Lohnsätze haben die Tendenz, Produktionsverfahren zu begünstigen, die den tatsächlichen Preisen von Arbeit und Kapital nicht entsprechen.

Im Bereich der technologischen Neuerungen und der Anpassung ausländischer Technologien obliegt dem Staat die Aufgabe, solche Konzepte zu fördern, die den physikalischen, klimatischen und menschlichen Möglichkeiten in der Agrarproduktion Rechnung tragen. Die Ergebnisse der Forschung und Anpassung müssen den Bauern zugänglich gemacht werden, indem die Anwendung vermittelt und unterstützt wird. Eine solche Förderungspolitik setzt die Einrichtung entsprechender landwirtschaftlicher Forschungsinstitutionen voraus, die engen Kontakt zu den Produktionsbedingungen der Bauern halten und mit deren Vertretern, Genossenschaften usw. zusammenarbeiten.

Den im Rahmen der entwicklungspolitischen Zusammenarbeit ausgebildeten Stipendiaten aus Entwicklungsländern fällt hier eine wichtige Rolle zu. Die in den Industrieländern vermittelte Technik des Landbaus muß umgesetzt werden für die im Heimatland benutzten traditionellen Anbaumethoden. Sowohl die Technologie der eingesetzten Maschinen und Geräte als auch die Innovationen im biologisch-chemischen Bereich wie Düngemittel-, Saatgut-, Pestizid- und Herbizideinsatz müssen den kleinbäuerlichen Zielgruppen entsprechen. Eine schrittweise Niveauerhöhung ist nur dann möglich und von anhaltender Dauer, wenn die eingesetzte Technologie nicht nur einfach handhabbar und billig, sondern auch leicht zu warten und zweckentsprechend ist. Eine solche auf Neuerungen ausgerichtete Förderungspolitik ist nur schwer durchsetzbar. Ein am Existenzminimum lebender Bauer hat mit Recht große Vorbehalte gegen eine für ihn nicht abschätzbare Änderung seiner überlieferten Anbaumethoden. Das Wissen um den notwendigen Beitrag der Landwirtschaft zur allgemeinen Steigerung der Lebenssituation eines Landes ist meist nur beim Entwicklungsplaner vorhanden.

Der landwirtschaftliche Sektor kann einen komplementären Industrieaufbau stützen, da die langfristig zu erwartenden Überschüsse und Einkommenssteigerungen sich auch als Nachfrage nach handwerklichen und industriell erzeugten Grundbedarfsgütern nichtlandwirtschaftlicher Art niederschlagen werden. Dieser schrittweise, «organische» Auf- und Ausbau von Handwerk, Kleinindustrie und industrieller Massenkonsumgüterproduktion ist wichtig für den Übergang von einer «on-farm»- zu einer «non-farm»-Beschäftigung, die überschüssiges Arbeitskräftepotential aus dem Agrarsektor produktiv verwenden kann. Der Aufbau einer komplementären Industrieproduktion kann zudem durch entsprechende Infrastrukturvorleistungen des Staates gefördert werden. Durch Ausbau und Verbesserung des Verkehrswesens (Straßen, Eisenbahn, Binnenschiffahrt, See- und Flughäfen) und die Errichtung von Industriegebieten mit vollständiger Energie- und Wasserversorgung können gezielt bestimmte Gebiete gefördert werden.

Die VR China gilt als Beispiel einer von Landwirtschaft und Industrie getragenen Gesamtentwicklung, die folgende Faktoren umfaßt:

- eine umfassende Mobilisierung un- und unterbeschäftigter Arbeitskräfte für Landverbesserung, Damm- und Deichbau, den Bau von Bewässerungsanlagen, Straßenbau und intensivere Landbewirtschaftung;
- eine Diversifizierung der ländlichen Produktion von Landwirtschaft über Forst- und Fischereiwesen bis hin zur Klein- und Mittelindustrie;
- Kapitalbildung und Industrialisierung im ländlichen Raum durch Bindung von 15–20 Prozent des kommunalen Einkommens in eigenen Akkumulationsfonds, die der Finanzierung von industriellen, aber auch landwirtschaftlich-mechanischen Investitionen sowie dem Ausbau der Infrastruktur dienen;
- eine beispielhafte Versorgung der Bevölkerung in den ländlichen Kommunen mit Sozialdiensten wie Gesundheits- und Ausbildungswesen;
- eine Planung im ländlichen Raum, die ihr Schwergewicht auf eine maximale Ausschöpfung der lokalen Ressourcen zur Abdeckung der örtlichen Bedürfnisse legt und dabei der Eigeninitiative und -verantwortlichkeit der Kollektive Spielraum läßt;
- die Errichtung einer klassenlosen Gesellschaft mit geringen Ungleichgewichten, die sich auf ein hohes Maß an politischem und ideologischem Bewußtsein stützt und auf das Wohlergehen jedes Gesellschaftsmitglieds angelegt ist.

Dieser Weg verlief nicht ohne abrupte Sprünge und Rückschläge. Dennoch bietet er einiges strategisches Anschauungsmaterial für sehr arme landwirtschaftlich strukturierte Länder und zeigt, daß es möglich ist,

- eine verarmte und ländliche Klassengesellschaft in lebensfähige Produktionsgenossenschaften zu überführen, die in der Lage sind, die Nahrungs- und Grundbedürfnisse ihrer Bevölkerung (in China der größten der Welt) zu befriedigen;
- aus einer reinen Agrarwirtschaft ein diversifiziertes ökonomisches System zu entwickeln, in dem arbeitsintensive Kleinindustrie und Landwirtschaft sich funktionell ergänzen;

- ein soziales System zu etablieren, das auf den Prinzipien von Gleichheit und sozialer Gerechtigkeit fußt;
- eine anfänglich strikt zentrale Verwaltung und Planung zu dezentralisieren, die so problemnah die Wünsche und Bedürfnisse der Bevölkerung einbeziehen kann, aber auch deren Kreativität und Verantwortlichkeit nutzen will.

Ohne Frage wurde dies in der VR China mit erheblicher Einschränkung der individuellen Freiheit erkauft und war wohl nur in weitgehender Eigenständigkeit und Unabhängigkeit möglich. Dies ist für die meisten anderen Entwicklungsländer nicht nachzuvollziehen, da ihre Ausgangsbedingungen hinsichtlich Ressourcenausstattung, Entwicklungspotential, aber auch bezüglich der Staatsautorität ungünstiger sind. Einige südostasiatische Staaten wie Südkorea, Taiwan oder Singapur haben einen anderen Entwicklungsweg eingeschlagen. Durch eine starke Integration in den Weltmarkt und einen exportorientierten Industrieaufbau wurden beachtliche Entwicklungserfolge erzielt, die zu einer nachhaltigen Verbesserung des Lebensstandards führten, der bereits weit über dem des Grundbedarfs liegt. Aber wie im Falle Chinas können auch die Entwicklungsstrategien dieser Ländern nicht den Anspruch auf Allgemeingültigkeit erheben.

Die meisten Entwicklungsländer werden einen Weg zwischen diesen Polen wählen müssen, um ihre Entwicklung über Landwirtschaft und Industrie, über Eigenständigkeit und Nutzung der Handelsmöglichkeiten zu forcieren. Eine verstärkte Binnenmarktorientierung, ausgerichtet auf Bedürfnisse der breiten Bevölkerung, auf der Grundlage einer lebensfähigen, produktiven Landwirtschaft und einer beschäftigungsintensiven, diversifizierten Industrie, ist jedoch wichtiger Baustein für die Mobilisierung und effiziente Nutzung eigener Kräfte und Möglichkeiten, für eine verbesserte Eigenversorgung und für eine auch ökonomisch größere Unabhängigkeit.

6.6.3 Bevölkerungspolitik

Das rapide Wachstum der Bevölkerung in der Dritten Welt ist ein bedrängendes Problem für die wirtschaftliche und soziale Entwicklung[24]. Eine staatliche Bevölkerungspolitik, die dem entgegenwirken will, muß auf der Grundlage expliziter demographischer Ziele direkte und indirekte Maßnahmen zur Beeinflussung der hohen Fruchtbarkeit umfassen und über eine reine Unterstützung von Familienplanungsprogrammen hinausgehen. Die Erfahrung zeigt, daß hohes Bevölkerungswachstum sowohl Ursache als auch Folge von Armut und Elend ist.

Daraus lassen sich zwei Handlungsanweisungen ableiten: zum einen die

[24] Dies unterstreichen sowohl der Themenschwerpunkt «Bevölkerungsentwicklung» des Weltentwicklungsberichtes der Weltbank 1984 als auch die Weltbevölkerungskonferenzen der UNO, zuletzt 1984 in Mexico City, in der Stadt, deren Bevölkerung bei gleichbleibendem Zuwachs im Jahr 2000 auf über 30 Millionen angewachsen sein wird – mehr als die Hälfte der heutigen Gesamtbevölkerung in der Bundesrepublik Deutschland – und sie damit zur bevölkerungsreichsten Stadt der Welt machen wird.

direkte Einflußnahme auf die Familienentscheidungen durch staatliche Anreize für kleinere Familien bzw. Benachteiligung von Familien mit großer Kinderzahl, zum anderen die Verbesserung der wirtschaftlichen und sozialen Situation als Quelle für hohes Wachstum. Dadurch entfällt die individuelle Notwendigkeit für eine große Kinderzahl. Dies geschieht vorrangig dort, wo der Zuwachs am höchsten und die Motivation zur Senkung am geringsten ist, in den ländlichen Armutsregionen und in den Elendsgürteln der Metropolen. Hier gilt es, für gesundheitliche Mindestversorgung, Schul- und Ausbildungsmöglichkeiten für Jugendliche, vor allem auch für Mädchen, und für eine Reduzierung des Analphabetentums unter Erwachsenen zu sorgen, so daß sich die Kinder- und Säuglingssterblichkeit verringert und sich die Berufs- und Beschäftigungschancen – auch für Mädchen und damit der Status der Frau insgesamt – verbessern. Die sozialen Maßnahmen müssen ökonomisch von einer Förderung der ländlichen Produktivität und einer Anhebung der niedrigen Einkommen flankiert werden.

Dieser indirekte Ansatz zur Beeinflussung des generativen Verhaltens ist vergleichbar mit den bereits ausgeführten Überlegungen zur Armutsreduzierung. Aufgrund der Tatsache, daß sich im Bereich der Demographie Veränderungen nur langsam auswirken (demographisches Moment), und der nur mittel- und langfristig möglichen Änderung traditioneller Verhaltensweisen ist ein sofortiges Absinken der Geburtenrate unwahrscheinlich. Deshalb ist es notwendig, über Investitionen im Produktionsbereich zusätzliche Arbeitsplätze zu schaffen, um das wachsende Überangebot an Arbeitskräften abzubauen.

Mehr Beschäftigung schafft zusätzliche Einkommen und steigert das Pro-Kopf-Einkommen gerade der Ärmsten. Dies kann kurzfristig zu höherer Kinderzahl, insbesondere unterhalb eines bestimmten Niveaus des Pro-Kopf-Einkommens, führen, da nun mehr Kinder ernährt und ausgebildet werden können. Mittel- und langfristig ist jedoch eine Abnahme der Familiengröße zu erwarten, da andere Aktivitäten, vor allem für die Frauen, die primär mit der Kinderversorgung befaßt sind, an Bedeutung gewinnen, wie z. B. eigene Berufstätigkeit, Entwicklung eigener Interessen und Fähigkeiten. Nicht die Tatsache hoher Pro-Kopf-Einkommen als solche verändert dabei die Fruchtbarkeitsziffer, sondern die Veränderungen, die höhere Einkommen im Leben der Menschen bewirken können.

Der unmittelbare Zusammenhang zwischen hohen Pro-Kopf-Einkommen und geringerer Fruchtbarkeit wird durch die Beispiele von Korea, Singapur und Hongkong in den sechziger Jahren unterstrichen. Die Zahlen der folgenden 20 Jahre sprechen dafür, daß der Fruchtbarkeitsrückgang neben der Minderung von Armut mit Verbesserungen auf den Gebieten Bildung, Gesundheit, vor allem aber des erweiterten Zugangs zu Familienplanungsleistungen und deren Verteilung wesentlich enger verknüpft ist. Die Erwachsenenbildung (Alphabetisierungsgrad) und eine höhere Lebenserwartung erwiesen sich in hohem Maße als positiv für einen Geburtenrückgang. So erzielten z. B. Ägypten, China, Indien (Kerala), Indonesien, Kolumbien, Korea, Sri Lanka und Tunesien geringere Zuwachsraten, als nach dem Niveau ihrer Pro-Kopf-Einkommen zu erwarten gewesen wäre. Demgegenüber liegen sie in den vergleichsweise reichen Staaten Algerien, Mexiko und Venezuela deutlich über dem Durchschnitt.

Gleichrangig neben einer sozioökonomischen Förderung des Geburtenrückgangs durch Armutsverminderung stehen daher im Rahmen der staatlichen Bevölkerungspolitik Maßnahmen, die durch Programme sowie durch direkte und indirekte Lenkung Einfluß auf die Familienplanung nehmen. Ländervergleiche der Ursachen für einen Geburtenrückgang in den Jahren 1965 bis 1975 zeigen, daß dieser im Durchschnitt zu 33 Prozent auf einen bereits früher erfolgten Rückgang zurückzuführen war (demographisches Moment). 27 Prozent waren durch sozio-ökonomische Änderungen bedingt. 40 Prozent jedoch, und damit der größte Anteil, waren auf die Verfügbarkeit und die Qualität von Familienplanungsprogrammen zurückzuführen.

Ansatzpunkte einer solchen umfassenden Bevölkerungspolitik sind:

- Verringerung der Säuglings- und Kindersterblichkeit durch bessere Gesundheits- und Nahrungsmittelversorgung von Müttern und Kindern;
- Einrichtung alternativer, wirksamer Alters- und Sozialversicherungsmöglichkeiten;
- Einkommensverbesserungen durch staatliche Maßnahmen zur Armutsreduzierung und Anhebung der Beschäftigung;
- bessere Schulbildung von Eltern und Kindern, vor allem auch der Frauen und Mädchen, durch erweiterte Ausbildungseinrichtungen und Grundschulpflicht;
- Förderung der Berufstätigkeit von Frauen durch Schaffung von Arbeitsplätzen auch im nichtlandwirtschaftlichen Bereich, um die Zeit für die Kinderversorgung zu beschneiden bzw. diese mit hohen Alternativkosten zu belasten;
- Änderung des Status der Frauen durch eigene Rechtsstellung (Heirats-, Scheidungs-, Erb- und Vermögensrechte) und Verringerung der in der Tradition verwurzelten Abhängigkeit von Frauen;
- Anhebung des Heiratsmindestalters, das in Entwicklungsländern im Durchschnitt wesentlich niedriger liegt als in Industrieländern;
- Anreize und Sanktionen zur Beeinflussung der Familiengröße, wie z. B. steuerliche und soziale Vergünstigungen/Benachteiligungen bei Einhaltung/Überschreitung der Kinderzahl (Stipendien, bessere Ausbildungsmöglichkeiten, Schulpflicht, zweckgebundene Darlehen mit familienplanerisch gestalteten Konditionen usw.);
- Aufklärung über Stillverhalten, Kontrazeption, Anwendung und Versorgung mit entsprechenden Präparaten, Hygieneberatung und andere Familienplanungsleistungen.

Obwohl heute etwa 90 Prozent der Bevölkerung in den Entwicklungsländern einer staatlich geförderten oder tolerierten Politik der Geburtensenkung unterliegen, ergibt sich regionalspezifisch, vor allem im sozioökonomischen Kontext des Problems, die Notwendigkeit, unterschiedliche Schwerpunkte zu setzen.

In den südlich der Sahara gelegenen Teilen Afrikas, die das höchste Bevölkerungswachstum und die größte Fruchtbarkeit der Welt aufweisen und zugleich deren ärmste Regionen darstellen, ist zunächst ein grundsätzlich größeres Engagement des Staates in der Bevölkerungspolitik notwendig, da nur etwa die Hälfte dieser Länder über ein staatliches Angebot von Familienplanungsleistungen – wenn auch ohne explizite demographische Angaben – verfügt. Viele Staaten, vor allem im französischsprachigen Afrika, betreiben weder Bevölkerungspolitik noch unterstützen sie Familienplanungsprogramme.

Die Priorität in den Ländern Nordafrikas, des Nahen und Mittleren Ostens, deren Einkommensgefälle von den Ölemiraten bis hin zu Afghanistan reicht, muß auf der ländlichen Versorgung und besonders auf der Verbesserung der Möglichkeiten für Frauen liegen, deren benachteiligter Status hauptsächlich auf kulturellen, religiösen und gesetzlichen Zwängen beruht, teils aber auch in der gegenüber dem Einkommenswachstum vergleichsweise langsamen sozialen Entwicklung zu sehen ist.

Das insgesamt hohe Bevölkerungswachstum in Lateinamerika und der Karibik und die besonders hier ausufernde städtische Slumbildung machen eine Verringerung der sozialen Ungerechtigkeiten zur wichtigsten Aufgabe einer Bevölkerungspolitik, da in kaum einer anderen Region Vermögen, Chancen und öffentliche Leistungen so unausgewogen sind.

Trotz geringer Einkommen ist die Bevölkerungszunahme im südasiatischen Raum schon wesentlich zurückgegangen. Verantwortlich dafür sind in erster Linie bildungspolitische Fortschritte, aber auch Bemühungen zum Ausbau der Familienplanungsleistungen, so daß bestehende Programme durch eine breitere Angebotspalette und verbesserte Folgeleistungen – vor allem in den ökonomischen Komponenten – ausgeweitet werden können.

In Ostasien, wo die Bevölkerungspolitik einen vergleichsweise hohen Standard erreicht hat, sind zusätzliche Anstrengungen zur Verbesserung und verstärkten Anwendung von Anreizen und Sanktionen für Ein- bzw. Zweikindfamilien nötig. Die VR China gilt hier als Beispiel für ein differenziertes, wenngleich drastisches Anreiz-, Sanktions- und Kontrollsystem.

Das Elend großer Bevölkerungen in der Dritten Welt muß bei einer «One-World-Betrachtung» auch als internationales Verteilungsproblem begriffen werden, nimmt doch jeder Bewohner in Industrieländern im Vergleich zu einem in den Entwicklungsländern für sich das 24-fache an Ressourcen in Anspruch. Das erspart der Dritten Welt nicht die bevölkerungspolitischen Anstrengungen, zeigt aber auch, daß die Hebung der «Bevölkerungsqualität» nicht allein durch weniger Menschen in den Entwicklungsländern zu sichern ist, sondern vor allem durch Menschen in weniger Entwicklungsländern.

6.6.4 Beschäftigungspolitik

Wie der vorausgegangene Abschnitt zeigte, birgt der Bevölkerungsdruck die Forderung nach zusätzlichen Arbeitsplätzen. Die Einlösung einer solchen Forderung muß jedoch nicht zur Belastung einer Volkswirtschaft werden. Neben Boden und natürlichen Ressourcen ist die menschliche Arbeitskraft die zweite Quelle für den Reichtum einer Nation. Da in den Entwicklungsländern etwa 400 Millionen Menschen offen und etwa 36 Prozent der erwerbsfähigen Bevölkerung verdeckt arbeitslos sind – wobei sich die Erwerbsbevölkerung in diesen Ländern bis zum Jahr 2000 nochmals um 500 Millionen vermehrt –, ist eine nachhaltige Anhebung der Beschäftigung von entscheidender Bedeutung für den Entwicklungsprozeß. In der Regel sind die Teile der Bevölkerung, die verarmt und unterernährt sind, oft identisch mit denen, die keine ausreichende Beschäftigung haben. Die von der Unterbeschäftigung betroffenen Menschen sind sowohl auf dem Land als Land- und Saisonarbeiter als auch im informellen urbanen Sektor als Straßenhändler und Kleinhandwerker zu finden. Vielfach folgen die letztgenannten Erwerbsformen auf die ersten, wenn das Land keine Möglichkeiten mehr bieten kann und eine Abwanderung in die Städte erfolgt. Bevölkerungszunahme, forciertes Wachstum über kapitalintensive Industrialisierung, verzerrte Preise, falsche Technologiepolitik, Vernachlässigung der Landwirtschaft als Hauptursachen sowie verschärfte soziale Probleme in ausufernden Städten ohne Minderung der Armut auf dem Lande als Folgen seien hier nochmals in Erinnerung gebracht.

Maßnahmen, die eine beschäftigungserhöhende Wirkung haben, sind um so dringlicher, als sie auch direkt auf die Einkommenssituation armer Bevölkerungsgruppen wirken und damit eine sozial und ökonomisch bessere Chancenverteilung begünstigen können. Neben direkten Arbeitsbeschaffungsprogrammen, z.B. als *food-for-work-Projekte* beim Ausbau der Infrastruktur und ähnlichem, sollten solche Maßnahmen

- verstärkt auch Investitionen auf das Land lenken;
- Vorhaben mit arbeitsbindender Technologie gegenüber kapitalintensiven, arbeitsfreisetzenden Maschinen- und Anlageinvestitionen fördern;
- zu wachsender industrieller, handwerklicher und landwirtschaftlicher Produktion von lebensnotwendigen Gütern führen;
- den Menschen durch Verbesserung ihrer Arbeits-, Bildungs- und Lebensbedingungen Vorrang einräumen; hier können alle Instrumente sozialer und ökonomischer Ausrichtung greifen, die im Rahmen der Ansätze zur Armutsreduzierung und ländlichen Entwicklung aufgeführt werden.

Die erforderlichen Investitionen müssen ein ökonomisches Wachstum induzieren, das von der Produktivkraft eines wachsenden Arbeitskräfteangebots getragen wird. Das bedeutet Ausschöpfung der reichlich vorhandenen Arbeit und Verbesserung ihrer Qualität durch Neuorientierung auf Produktionsbereiche im primären, sekundären und tertiären Sektor, die binnenwirtschaftlich mit großem Arbeitsanteil rentabel produzieren können. Neben sozialen und ökonomischen Ansätzen zur Reduzierung des Bevölkerungswachstums, Forschung und Beratung über alternative Technologien sowie finanziellen Anreizen zu ihrer Anwendung (z.B. günstige Kreditkonditionierung) spielt die realistische Gestaltung der Preise für Arbeit und Kapital eine entscheidende Rolle, um mehr Menschen produktiv zu beschäftigen.

6.6.5 Bildungswesen

«Clearly, a country which is unable to develop the skills and knowledge of its people and to utilize them effectively in the national economy will be unable to develop anything else.»[25] Die Verbesserung des Bildungswesens ist zugleich wesentliche Voraussetzung für die direkte Erfüllung entwicklungspolitischer Zielsetzungen und indirektes Hilfsmittel zur Erreichung von Teilzielen auf diesem Weg. Deshalb darf das Bildungswesen nicht allein als Humankapitalausbildung unter ökonomischen Gesichtspunkten betrachtet werden. Bildung muß Chancengleichheit und Partizipation der unterprivilegierten Bevölkerungsgruppen und die Entwicklung der Menschen ermöglichen.

Der Anteil von etwa 18 Prozent, den die Ausgaben für das Bildungswesen zu Beginn der zweiten Entwicklungsdekade (1971–1980) an den staatlichen Gesamtausgaben der Entwicklungsländer ausmachten, ist relativ hoch. Zweifel sind allerdings angebracht darüber, ob die hohen Ausgaben zu den gewünschten Ergebnissen geführt haben. Vor allem für die Probleme im ländlichen Raum, wo über 70 Prozent der Kinder in den Entwicklungsländern die Schule besuchen, erscheint die klassische dreigliedrige, aus der Kolonialzeit übernommene Bildungsstruktur (Primar- und Sekundarstufe, Hochschule) mit ihren formalen Lehrinhalten unangebracht. 80 Prozent dieser ländlichen Schulkinder werden ihren Lebensunterhalt direkt vom Land bzw. als landlose Arbeiter bestreiten. Dafür benötigen sie ein Basiswissen, das weniger auf schöngeistige Dinge ausgerichtet ist. Wissen über landwirtschaftliche Methoden, Hygiene, Ernährungsregeln oder Genossenschaftswesen sind zur Lösung der aktuellen Probleme weit dienlicher.

Hohe Desertionsraten in vielen Entwicklungsländern, das heißt ein prozentual hoher Anteil von Kindern und Jugendlichen einer Altersgruppe, die ihre Ausbildung vor Erreichen einer bestimmten Klasse oder eines Abschlusses verlassen (müssen), sind eine Folge eines an den Verhältnissen und Bedürfnissen im ländlichen Raum vorbeigehenden Bildungsangebots. In der Regel brechen etwa 15 Prozent dieser Kinder in der Grundschule im ersten Jahr, weitere 10 Prozent im zweiten den Schulbesuch ab. Mehr als die Hälfte der Grundschulanfänger wird die ersten vier Jahre nicht beenden. Weniger als 10 Prozent erreichen die Sekundarstufe, und hiervon werden wiederum 60 Prozent diese nicht abschließen. Nur 20 Prozent derer, die diese Stufe abschließen, werden die Universität besuchen. Die Chancen der anderen 80 Prozent, eine Arbeit zu finden und zwar im modernen Sektor, auf den ihre Sekundarstufenausbildung sie vorbereiten soll, verschlechtern sich mit jedem Jahr ihres Schulbesuchs.

Zudem läßt sich feststellen, daß das formale Schulsystem eher dahin tendiert, soziale Unterschiede und Chancenungleichheit zu zementieren oder gar zu vergrößern als abzubauen. Zum einen sind reiche Eltern eher in der Lage, eine längere Schul- oder gar Universitätsausbildung zu finanzieren.

[25] F.H. Harbison, Human Ressources as the Wealth of Nations, New York 1973, S. 3.

Ärmere Eltern sind auch bei freiem Schulbesuch oft genug auf die Mitarbeit der Kinder für das Haushaltseinkommen angewiesen, so daß diese weniger Zeit und unter Umständen auch geringere Konzentration für die Anforderungen der Schule mitbringen. In diesem Kontext spielen neben der Einkommenshöhe auch Einflüsse wie Bildungsgrad der Eltern, soziales Umfeld, Zahl der Geschwister, Geschlecht, aber auch Gesundheits- und Ernährungsbedingungen eine Rolle. Verglichen mit dem Verzicht auf eine Arbeitskraft entstehen armen Eltern bei längerem Schulbesuch ihrer Kinder ungleich höhere Kosten. Zudem sind die Aufstiegschancen von vornherein geringer. Der formal gleiche Zugang zu Bildungsmöglichkeiten ist noch nicht ausreichend, um die bestehenden Strukturen zu ändern. Schaffung von Einkommen für ärmere Schichten sowie Umverteilungsmaßnahmen sind für eine erfolgversprechende Bildungspolitik unverzichtbarer Bestandteil.

Gesamtgesellschaftlich ergibt sich als günstigste Strategie die Konzentration auf eine breite Grundschulversorgung, da die sozialen Lasten mit dem Marsch durch die Bildungsstufen zunehmen, während die zu erwartenden Nutzen für einen breiten Entwicklungsprozeß abnehmen. Besonders deutlich wird dies, wenn Entwicklungsländer Forschung in ihren Universitäten finanzieren, die sich mit abstrakten Problemen der Mathematik, Physik, Wirtschaftstheorie usw. auf einem Niveau befaßt, das keinen Bezug mehr zu den aktuellen Problemen der Entwicklung im Lande hat. Dieser *internal brain drain* erscheint nicht minder widersinnig als der *external brain drain*, das Abwandern oder das Nichtzurückkehren von Fachkräften aus dem Ausland, die dort unter Umständen mit staatlicher Unterstützung eine teure Ausbildung absolvieren konnten.

Der Staat muß daher Reformen des Bildungswesens einleiten, die das Bildungsangebot mit der Qualität der Ausbildung in Einklang bringen. Das Bildungsangebot des Staates muß ferner auf die Bedürfnisse der Menschen in ihrer speziellen sozialen und ökonomischen Umwelt abgestimmt sein. Wenn Partizipation nicht nur ein politisches Schlagwort sein und bleiben soll, muß den Bewohnern eines Landes gelehrt werden, ihre eigene Lage zu erkennen. Die Vermittlung der Fähigkeiten, selbständig und aus eigener Kraft eine Änderung dieser Lage herbeizuführen, dient als Grundlage der Verbesserung der Lebensbedingungen.

Reformansätze im Bildungswesen sollten auf folgende Ziele gerichtet sein:

- Neuorientierung der ökonomischen und sozialen Signale außerhalb des Bildungssystems, die Umfang, Struktur und Ausrichtung der privaten Nachfrage nach Bildung und das allgemeine Angebot an Ausbildungsmöglichkeiten beeinflussen;
- Verbesserung der Effektivität und Chancengleichheit im Bildungssystem durch Änderung der Lehrinhalte, der Strukturen privater und öffentlicher Finanzierung der Ausbildung und der Methoden von Auswahl und Förderung.

Außerhalb des Bildungssystems sollten dafür Akzente gesetzt werden, die

- die Aufstiegschancen sozial und politisch erleichtern;
- soziale und ökonomische Ungleichgewichte mit ihren falschen Signalen abbauen und der Landflucht entgegenwirken;

- die Beschäftigungsmöglichkeiten verbessern und realistische Qualifikationsanforderungen beachten, aber auch befriedigen können;
- durch Besteuerung, Auflagen oder gar physische Beschränkungen den *brain drain* abmildern und
- vor allem auch strikt die Rentabilität einzelner Investitionen im Bildungsbereich für den gesamten Entwicklungsprozeß beachten und Alternativen prüfen.

Im Erziehungsbereich selbst sind Maßnahmen zu ergreifen, die

- das Schwergewicht auf eine kostengünstigere, dezentralisierte Grundschulausbildung, Erwachsenenbildung (Alphabetisierung), informale «learning-by-doing-Ansätze» und problemorientierte Trainings- und Ausbildungsprogramme verlagern und den Beziehern kleiner Einkommen die eigene Ausbildung und die ihrer Kinder erleichtern;
- die Lehrinhalte dem spezifischen Bedarf an ausreichender formaler und informaler Bildung vor allem auch im ländlichen Bereich anpassen durch Curricula über neue landwirtschaftliche Techniken, Finanzierungs- und Farmmanagement, Verwaltung, Vermarktungs-, Transport- und Lagerungsabwicklung, ökologische Zusammenhänge usw.;
- die Sozialisationskraft und das Erlernen einer eigenen, nicht zentral verordneten Problembewältigung in der jeweiligen Gemeinschaft begünstigen, z.B. durch finanzielle und ideelle Unterstützung von Selbsthilfeeinrichtungen, genossenschaftlichen und anderen kollektiven Wirtschaftsformen mit aktiver Partizipation, organisierter Willensbildung und gemeinsamer Teilnahme an Entscheidungen über und Durchführung von Verbesserungsmaßnahmen im eigenen ökonomischen und sozialen Umfeld.

Bildungsreformen, die großes Gewicht auf lebens- und arbeitsnahe Lehrprogramme legten und die Verbindung von Lernen und Arbeiten, Schulerziehung und außerschulischer Jugend- und Erwachsenenbildung fördern sollten, sind bisher z.B. aus Mozambique, Kuba, Peru, der VR China, Nordkorea und neuerlich aus Nicaragua bekannt. Wenngleich ideologische Indoktrination in einigen der vorgenannten Beispiele realer Bestandteil des Bildungswesens ist, erscheinen Reformen mit derart weitgefaßter Zielrichtung auch in anderen Entwicklungsländern notwendig, denn trotz erheblicher finanzieller Aufwendungen konnte der überkommene Bildungsdualismus noch nicht aufgehoben werden. Nach wie vor existieren zwei Bildungssysteme ohne Verbindung nebeneinander: auf der einen Seite eine zentralisierte (Städte), formale, vom Westen geprägte elitäre Bildung und auf der anderen Seite eine unzureichende funktionale Grund- und Breitenausbildung. Auch hierin spiegeln sich die sozialen Verhältnisse der Entwicklungsländer. Die durch die Statistiken veröffentlichten Erfolge im Bereich der Alphabetisierung lassen kein abschließendes Urteil über den tatsächlichen Bildungs(-not)stand zu, da die Verteilung der «Erfolge» zu unterschiedlich ist.

6.6.6 Gesundheitsvorsorge

Wie durch die Darstellung verschiedener Teufelskreise vermittelt oder durch Abhängigkeitsnetze gezeigt wird, fällt dem gesundheitspolitischen Bereich immer eine zentrale Rolle zu. Der enge Zusammenhang von Gesundheit, Ernährung, Erziehung, generativem Verhalten und Armut legt deshalb einen abgestimmten Einsatz unterschiedlicher Maßnahmen aus diesen Bereichen nahe. Die bevölkerungspolitischen, gesundheitspolitischen, armutsreduzierenden Instrumente und die Verteilungsmaßnahmen sollten dabei vorrangig gerichtet sein auf:

- eine breitenwirksame ländliche Entwicklungsstrategie, die zu Produktivitätssteigerungen führt, die Einkommensverteilung verbessert und über erweiterte Möglichkeiten der Einkommenserwirtschaftung die Nachfrage und damit auch die Produktion von Nahrungsmitteln erhöht;
- eine Verbesserung der Quantität, der Qualität und der Vielfalt der produzierten Nahrungsmittel, ihrer Zusammensetzung, Verarbeitung und Verteilung sowie ihres Nährwertes;
- die Einrichtung von Notprogrammen zur Nahrungsmittelversorgung besonders gefährdeter Gruppen oder bei unvorhersehbaren Entwicklungen wie Naturkatastrophen, Mißernten usw.;
- Sicherstellung einer landwirtschaftlichen Eigenversorgung, die, wo immer möglich, Vorrang haben muß vor einer devisenorientierten Produktion landwirtschaftlicher Erzeugnisse, die sowohl in Hinsicht auf die Entwicklung der Weltmarktpreise als auch durch ihre Anbauweise (Plantagen, kapitalintensive Technologie, hoher Bewässerungs-, Düngemittel-, Herbizid- und Pestizidbedarf) Abhängigkeit und Risiken schafft;
- bessere Versorgung mit Elementargütern wie reinem Wasser, Wohnungen, Energie usw. auch in städtischen Randbezirken;
- umfassendes öffentliches Bildungsangebot.

Die für die Gesundheitsvorsorge zuständige Stelle der Vereinten Nationen, die WHO, plädiert im Zuge dieser Maßnahmen für eine dezentrale, vorbeugende und heilende Versorgung. Nur so ausgerichtete, direkte Gesundheitseinrichtungen können den derzeitigen Anforderungen der Entwicklungsländer entsprechen. Hochspezialisierte Krankenhäuser sind meist nur für einige wenige erreich- und verfügbar. In Form sogenannter Basisgesundheitsdienste (Primary Health Care, PHC) könnten kostengünstig auch bisher mangelhaft versorgte Gruppen in den Armutsregionen erreicht werden, da diese Dienste auf wenige einfache Schwerpunkte konzentriert sind wie:

- Mutterschaftsbetreuung vor und nach der Geburt (u.a. durch Beratung und Unterweisung),
- Familienplanungsleistungen,
- Vorbeugung gegen Fehlernährung und Infektionskrankheiten,
- Gesundheits- und Ernährungserziehung,
- einfache Heilungsmaßnahmen,
- öffentliche Gesundheitsvorsorge (Hygieneberatung usw.) sowie
- die Sammlung von gesundheitsrelevanten Daten.

Nahezu 80 Prozent aller Behandlungsprobleme können mit angelernten

Mitarbeitern schon vor Ort gelöst werden. Der Vorteil gegenüber herkömmlicher Gesundheitspolitik liegt einmal in der größeren Effizienz im Vergleich zu teuren, modern ausgerüsteten Kliniken. Deren hoher Mittelbedarf steht in der Regel in keiner Relation zu ihrer Wirkung, da die Unterweisung der Basisgesundheitsdienste und der vergleichsweise geringe medizinische Geräte- und Medikamentenbedarf kostengünstiger für den Staat sind als Ausbildung und Bezahlung von spezialisierten Ärzten in klinischen Zentren mit aufwendiger Diagnose- und Therapietechnologie, die in der Mehrheit der auftretenden Fälle den Bedarf übersteigen.

Zum anderen wird durch die Dezentralisierung und die Umkehrung der Versorgungsrichtung – die Gesundheitsdienste gehen zu und/oder rekrutieren sich aus den Menschen in ihrer jeweiligen Umgebung und sind den von ihnen betreuten Gemeinden rechenschaftspflichtig – sowohl eine breitere Versorgung erreicht als auch eine realitätsnähere Beurteilung der Ursachen von Krankheiten und von therapeutischen oder anderen Abhilfemaßnahmen. Anspruchsvollere medizinische Versorgung kann im Einzelfall in *rural clinics* und *maternal-and-child-care-centers* geleistet werden, die als mobile Gesundheitsstationen mit weitergehenden therapeutischen Möglichkeiten ausgestattet sind und nach Bedarf den Standort bei vertretbarem Aufwand wechseln können. Die hohen jährlichen Investitionen der Entwicklungsländer von etwa 75 Milliarden US-$ im Gesundheitsbereich, die vielfach in hochmoderne Einrichtungen in den großen Städten fließen, könnten so zumindest breitenwirksamer eingesetzt werden.

Bekanntestes Beispiel für eine derart organisierte, dezentrale Gesundheitsversorgung sind die «Barfußärzte» in der VR China. Diese Bezeichnung ist seit Beginn der sechziger Jahre für medizinische Helfer gebräuchlich, die, anfangs als Provisorium, nach medizinischen Schnellkursen zur Behebung des akuten Ärztemangels auf dem Land eingesetzt wurden. Mittlerweile sind sie zur festen Einrichtung und zum Vorbild dezentraler Gesundheitsversorgung geworden. Ihre Zahl beläuft sich in China nach heutigen Schätzungen auf etwa 3,2 Millionen.

Investitionen in die Erziehung und Ausbildung von Menschen und in ihr körperliches, seelisches und soziales Wohlbefinden sind auch Investitionen in die Zukunft. Sie bedeuten eine zeitliche Umverteilung knapper Ressourcen auf künftige Generationen und konkurrieren mit der Verwendung dieser Ressourcen zur Bedürfnisbefriedigung durch Konsum bzw. mit Investitionen in unmittelbar produktives Sachkapital. Aus diesem Grunde muß ihr Kosten-Nutzen-Verhältnis beachtet werden. Angesichts der hohen Investitionen in diese Bereiche und dem eher bescheidenen Einfluß, den deren Ergebnisse auf die sozioökonomische Entwicklung gehabt haben, stellt sich die Frage, ob nicht weniger mehr sein könnte, weniger Modernisierungsambition, dafür mehr Breitenwirkung bei einem der hohen Bedeutung von Gesundheit und Bildung angemessenen Ausgabenniveau.

6.6.7 Umweltpolitik

Die Erkenntnis, daß natürliche Umweltbedingungen einen Einfluß auf die Entwicklung eines Landes haben können, ist eine wichtige, wenngleich bereits alte Feststellung. Wie bedeutsam die Erhaltung der Umwelt für ein ökologisches Gleichgewicht ist, wird nachdrücklich vor allem in den Industrieländern durch Forschung und politische Forderungen in jüngster Zeit erst betont. Stichworte wie Desertifikation (Verwüstung), Erosion, Waldvernichtung, aber auch regionale ökologische Katastrophen, die sich mit Namen wie Sahelzone oder Amazonasbecken verbinden, sind im Zusammenhang mit ökologischen Problemen in Entwicklungsländern ebenso geläufig wie das Waldsterben in Europa, zumal wenn sie mit Hungersnöten wie Anfang der siebziger Jahre und Mitte dieses Jahrzehnts in der Sahelregion verknüpft sind. Die Ursachen für eine derartige Entwicklung sind nicht nur natur- und klimabedingt, sondern auch und vor allem Menschenwerk (man made desert).

Auf die trockenen und mitteltrockenen (ariden/semiariden) Gebiete in der Welt entfallen etwa 43 Prozent der Landmasse. In ihnen wohnen mit 628 Millionen Menschen rund 16 Prozent der Weltbevölkerung. Mehr als 20 Prozent der kontinentalen Erdoberfläche sind von fortschreitender Verödung bedroht, was weitere 80 Millionen Menschen, davon zwei Drittel in Entwicklungsländern betrifft. Versucht man, die Kosten des jährlichen Landverlustes inklusive landwirtschaftlicher Produktionsverluste, Unterstützungskosten für die betroffenen Bevölkerungen und die zukünftigen Kosten ihrer wirtschaftlichen und sozialen Reintegration zu schätzen, so bewegen sie sich weltweit bei etwa 30 Milliarden DM jährlich. Die Gefährdung des landwirtschaftlichen Bodens betrifft aber nicht nur Gebiete wie die Sahelzone, wo die Wüste jährlich zwischen 7 und 10 km nach Süden voranschreitet, sondern zunehmend auch Landstriche in Chile, im Nordosten Brasiliens, in Süd- und Ostafrika, in der VR China, Teile Indiens und die Himalayastaaten Nepal und Bhutan.

Hintergründe dieser Entwicklung sind tiefe Armut und hoher Bevölkerungsdruck auf dem Lande, die zu Übernutzung, Überweidung und zum Abholzen des notwendigen, schützenden Baum- und Strauchbewuchses führen, da Holz als Bau- und Brennstoff für die Masse der Armen noch immer elementarer Grundstoff ist. Der zurückgehende Baumbestand kann die fruchtbaren Bodenschichten, die auch in Tropengebieten dünn und wider allen Schein schier unendlicher Fruchtbarkeit gegenüber Übernutzung äusserst empfindlich sind, nicht mehr gegen Sonne, Wind, starke Regenfälle usw. schützen. Erosion, Abtragung der Humusschichten, Absinken des Grundwasserspiegels, Verkarstung, Versteppung, Verwüstung und mit ihnen Unfruchtbarkeit sind die Folgen.

Ein Beispiel für einen derartigen Verödungsprozeß ist auch die Wanderbewirtschaftung einiger Gebiete in Ostafrika durch Nomaden. Kamen diese früher im Zyklus von 15 Jahren, um Teile des Waldes durch Brandrodung urbar zu machen und für etwa 2 bis 3 Jahre landwirtschaftlich zu nutzen, so ist dieser Zyklus mittlerweile aufgrund der steigenden Anzahl dieser Menschen auf 7 bis 8 Jahre geschrumpft, so daß den genutzten Flächen nicht mehr genügend Zeit zur Regeneration bleibt. Als Folge treten immer häufigere Wechsel und damit eine fortschreitende Über- und Abnutzung der Anbaugebiete auf. Gleiche Wirkung zeigt eine extensive Landnutzung durch die wachsende Bevölkerung, da die Böden, für die jährlich laut Angaben der FAO etwa 11 Millionen Hektar Wald gerodet werden, mangels professioneller Wiederaufbereitung durch Bewässerung, Düngung, Brachwirtschaft usw. schon bald erodieren und unfruchtbar werden.

Weitere Ursachen des ökologischen Raubbaus liegen in der forcierten Industrialisierung, intensiver Plantagenbewirtschaftung und dem willkürlichen Besiedeln von Schutzgebieten. Unsachgemäße Ableitung von ungeklärten Schmutz- und Abwässern, Überdüngung und Überwässerung stellen eine ernsthafte Bedrohung der hydrologischen Kreisläufe (Flüsse, Binnengewässer, Küsten) und der Trinkwasserversorgung dar. Die ländlichen Bereiche leiden zum Teil unter starker Bodenversalzung, die Städte unter Luftverschmutzung und starker Lärmbelästigung. Je nach Entwicklungsstand des Landes verstärken sich die Probleme und führen zu einer Verlagerung vom Land in die Stadt. Das kurzfristig dringlichere Problem bleiben die Desertifikation und Verödung der Böden, denn sie führen unmittelbar zur Beeinträchtigung der Nahrungsmittelversorgung.

Umweltpolitik bedeutet jedoch ein Denken in langfristigen Zusammenhängen. Politische Praxis ist es, den kurzfristigen Erfolg zu fördern, um Machtpositionen zu erhalten und eine Legitimation vor dem Volk zu erreichen. Umweltpolitische Maßnahmen, die heute ergriffen werden, sind häufig in ihrer Auswirkung und Notwendigkeit erst übermorgen zu erkennen. Trotzdem ist es im Sinne einer langfristigen Verbesserung der Lebensbedingungen gerade für die Entwicklungsländer unabdingbar notwendig, heute Gegenmaßnahmen zu ergreifen. Diese könnten sein:

- die direkte Bekämpfung von Armut und Bevölkerungsdruck auf dem Land;
- Aufklärungskampagnen und Unterweisungen über ökologische Zusammenhänge und Nahrungsmittelversorgung;
- die Stärkung einer traditionellen Busch-Feld- oder Wald-Feld-Wechselwirtschaft (shifting cultivation) und der Methoden des *eco farming* (Verknüpfung von Feld-, Forst- und Viehwirtschaft, Bodenkonservierung mit Pflanzenanbau, Fruchtwechselwirtschaft und Mischkulturanbau, hohe Biomassenproduktion und -nutzung, sekundäre Nutzung von bedrohten Waldgebieten [Sammeln von tierischen und pflanzlichen Produkten statt Abholzung], Erhaltung der pflanzlichen und tierischen Artenvielfalt zur Stützung ökologischer Kreisläufe);
- Finanz- und Sachleistungen für die Landbevölkerung zur Umstellung ihrer Verhaltensweisen, z. B. Abschlachtprämien für unwirtschaftliche Tierhaltung, die unter anderem aus Prestigegründen noch verbreitet ist, Ausstattung mit hitzewirksamen Öfen, die eine rationellere Energieverwertung als offene Feuerstellen ermöglichen;
- Hangeindämmungs- und Schutzwallbauten gegen die Bodenerosion, Wiederaufforstung usw.;

- wo möglich und ökonomisch vertretbar die Nutzung alternativer Energiequellen wie Solar-, Wasser-, Biogasenergie;
- die Entwicklung und Anwendung sogenannter weicher, die Umwelt weniger belastender Technologien;

Allerdings erscheinen diese Gegenmaßnahmen nur dann erfolgversprechend, wenn sie von internationaler Unterstützung begleitet und vor allem auch regional- und raumpolitisch eingebunden werden. Größere Anstrengungen in dieser Richtung, wie sie von der UN-Konferenz gegen die Verwüstung 1977 in Nairobi (UNCOD) und den Umweltsonderkonferenzen 1972 in Stockholm und 1982 in Nairobi angeregt wurden, fanden bisher nur bescheidenen Widerhall.

6.6.8 Umsetzung nationaler Entwicklungspolitik

Vergleicht man die dringendsten Probleme der Entwicklungsländer sowie die Erklärungsansätze für Unterentwicklung mit den in diesem Kapitel aufbereiteten möglichen Handlungsanweisungen, ist zu erkennen, daß sich Ursachen und Auswirkungen und somit auch Instrumente und Maßnahmen überschneiden und ineinandergreifen.

In dieser Multidimensionalität liegt das Grundproblem nationaler und internationaler Entwicklungspolitik. Sie erfordert das Zusammenwirken ökonomischer, sozialer und politischer Anstrengungen für wirtschaftlichen Fortschritt und sozialen Wandel. Voraussetzung hierfür ist eine politische (Selbst-) Bewußtseinsbildung, die die Menschen fähig und willens macht, die Notwendigkeit von Veränderungen zu erkennen und sie durchzusetzen. Ziel der Entwicklung sollte sein, die Sicherung und Entfaltung menschenwürdiger Existenzbedingungen für alle Bevölkerungsschichten zu erreichen. Die binnenwirtschaftliche Entwicklungspolitik muß die Grundlage für die Erwirtschaftung von Überschüssen schaffen, die Programme und Projekte für ökonomischen und sozialen Fortschritt erst ermöglichen. Nationale Entwicklungspolitik unterliegt dem Einfluß von weltwirtschaftlicher Entwicklung. Daher muß sie in besonderem Maße mit der Außenwirtschaftspolitik harmonieren.

Das Haupthindernis einer ausgewogenen sozialen Entwicklung im Lande selbst ist ohne Zweifel die große Chancenungleichheit zwischen den Bevölkerungsgruppen. Für diese Unterschiede sind weniger Außenbeziehungen als mangelnde Fähigkeiten innerhalb des Landes verantwortlich zu machen. Nationale Entwicklungspolitik bedeutet nicht nur, mit politischer und ökonomischer Vernunft soziale Veränderungen zu erkennen und einzuleiten, sondern auch die Fähigkeit, diesen Prozeß der breiten Bevölkerung verständlich zu machen. Nur so entsteht ein politisch, ökonomisch und sozial stabiles Fundament für die zukünftige Entwicklung.

Die erheblichen Managementprobleme, die den Entwicklungsländern bei der Umsetzung ihrer angestrebten Zielvorstellungen im Wege stehen, lassen sich nur durch Veränderung der Organisation und Führung der zentralen Bürokratie lösen. Viele Länder haben institutionelle Entwicklung mit einer Ausuferung ihrer Bürokratie vor allem im öffentlichen Sektor gleichgesetzt.

Ein solcher Prozeß bedarf heute dringender Revision, so verständlich er auch unter den gegebenen historischen Umständen gewesen sein mag.

In den meisten Entwicklungsländern stellt der Staat einen Großteil der Beschäftigten im modernen Sektor. Dadurch besteht eine mächtige Gruppe, die ein Anwachsen der Bürokratie wünscht und sich Veränderungen, die die Effizienz steigern würden, widersetzt. Personell überbesetzte Bürokratien und mühselige Verwaltungsabläufe haben oft noch mächtigere Befürworter als jene, die ihren Lebensunterhalt dort verdienen: Dies sind diejenigen, die die Protektion steuern oder von den Bestechungen profitieren, die mit administrativer Kontrolle einhergehen.

Verwaltungsreformen, die die Leistungsfähigkeit steigern und das Verhalten der Bürokratie ändern, sind nur in kleinen Schritten möglich. Für viele Entwicklungsländer scheint es sinnvoll, ihre Reformen auf zwei Prinzipien aufzubauen. Zum einen muß der mit Entwicklung verbundene Managementaufwand verringert werden, statt einer bereits überforderten Bürokratie zusätzliche Führungslasten aufzubürden, zum anderen müssen die Reformen die Bürokratie gegenüber der politischen Führung und gegenüber der breiten Öffentlichkeit aufgeschlossen machen. Nur so kann die Verwaltung eines Landes als sinnvoller Mittler der nationalen Anstrengungen auftreten.

Jede Entwicklung ist Schein, wenn es nicht gelingt, den Prozeß fortschreitender Marginalisierung aufzuhalten und umzukehren. Er macht nicht mehr nur (ethnische, religiöse, rassische oder sonstige) Minderheiten, sondern die Mehrheit der Bevölkerung in vielen Entwicklungsländern zu «Randgruppen», die weder an Entwicklungsfortschritten passiv teilhaben noch aktiv Einfluß auf entwicklungsrelevante Entscheidungen ausüben können. Hier müssen in Selbsthilfegruppen, Genossenschaften, Verbänden, Vereinigungen, Gewerkschaften usw. Formen gemeinsamer, kollektiver Interessenvertretung an der Basis gebildet, ein- und ausgeübt werden, die eine passive und aktive Partizipation am Entwicklungsprozeß von «unten» aufbauen und den Widerstand gegen eine höhere soziale Durchlässigkeit überwinden.

Auf politischer und administrativer Ebene bietet sich eine Dezentralisierung von vorwiegend zentralstaatlich ausgerichteten Systemen als eine Möglichkeit an. Zentralen Fehl- und/oder Interessenentscheidungen mit ihren umfassenden, gesamtgesellschaftlichen Auswirkungen kann dadurch begegnet werden, daß die vertikale Entscheidungsstruktur durch horizontale Ansätze ergänzt und unter Umständen abgelöst wird. Zu denken ist hierbei an föderative Verwaltung, gesellschaftlich-pluralistische Organisationen (Parteien, Verbände, Interessengruppen) oder andere Formen der Öffnung von Entscheidungswegen.

In der Fähigkeit, eigene Interessen als nicht isoliert zu erkennen und sie gemeinsam mit anderen wahrzunehmen, liegt ein wichtiger Schritt sozialer und politischer Emanzipation, der einen Weg aus sozialer Abhängigkeit und Einflußlosigkeit weist und bewußt macht, daß Menschen mit ihrem Verhalten und ihren Entscheidungen «Entwicklung» sowohl behindern als auch bewirken können.

Literatur

Allgemeine Literatur

BAUER, P. T., Dissent on Development, London 1976.

DONGES, J. B., Außenwirtschafts- und Entwicklungspolitik. Die Entwicklungsländer in der Weltwirtschaft, Berlin – Heidelberg – New York 1981.

HEMMER, H. R., Wirtschaftsprobleme der Entwicklungsländer, Eine Einführung, 2. Auflage, München 1988.

HIRSCHMAN, A. O., Die Strategie der wirtschaftlichen Entwicklung, Stuttgart 1967.

KAISER, M. und N. WAGNER, Entwicklungspolitik, Grundlagen – Probleme – Aufgaben, 3. Auflage, Bonn 1991.

MEIER, G. M., Leading Issues in Economic Development, 4th ed., New York 1984.

NOHLEN, D. und F. NUSCHELER (Hrsg.), Handbuch der Dritten Welt, 8 Bde., 3. Aufl., Hamburg 1982/83.

NOHLEN, D., Lexikon Dritte Welt, Reinbek 1984.

TODARO, M. P., Economic Development in the Third World, 3rd ed., New York – London 1985.

Zeitschriften

Die Weltwirtschaft, Institut für Weltwirtschaft, Kiel.

Economic Development and Cultural Change, Chicago.

Entwicklung und Zusammenarbeit, Deutsche Stiftung für Internationale Entwicklung, Bonn.

Europa-Archiv, Bonn.

Finanzierung und Entwicklung, Vierteljahresschrift des Internationalen Währungsfonds und der Weltbank in Zusammenarbeit mit dem HWWA-Institut für Wirtschaftsforschung, Hamburg.

GATT, International Trade, Genf.

IMF, Annual Report, Washington, D. C.

IMF, World Economic Outlook, Washington, D. C.

Intereconomics, HWWA-Institut für Wirtschaftsforschung, Hamburg.

Internationales Afrikaforum, Köln.

Internationales Asienforum, Köln.

Journal of Development Economics, Amsterdam.

OECD, Development Co-operation, Efforts and Policies of the Members of the Development Assistance Committee, Paris.

Research Observer, World Bank, Washington, D. C.

The Journal of Development Studies, London.

Weltbank, Jahresbericht, Washington, D. C.

Weltbank, Weltentwicklungsbericht, Washington, D. C.

Weltwirtschaftliches Archiv, Tübingen.

Wirtschaftsdienst, HWWA-Institut für Wirtschaftsforschung, Hamburg.

World Development, Oxford.

Nachschlagewerke

IMF, Balance of Payments Statistics, Washington, D. C.

IMF, Direction of Trade Statistics, Washington, D. C.

IMF, Government Finance Statistics, Washington, D. C.

IMF, International Financial Statistics, Washington, D. C.

IMF, World Economic Outlook, Washington, D.C.
OECD, Financing and External Debt of Developing Countries, Paris.
OECD, Geographical Distribution of Financial Flows to Developing Countries, Paris.
UNCTAD, Handbook of International Trade and Development Statistics, New York.
United Nations, Demographic Yearbook, New York.
United Nations, Monthly Bulletin of Statistics, New York.
United Nations, Statistical Yearbook, New York.
United Nations, Yearbook of International Trade Statistics, New York.
United Nations Development Programme, Human Development Report, New York
World Bank, World Bank Atlas, Washington, D.C.
World Bank, World Debt Tables, Washington, D.C.
World Bank, World Development Report, Washington D.C.

Literatur zu Kapitel 2

BASTER, N. (ed.), Measuring Development, London 1982.

BAUMANN, G., Die Blockfreien-Bewegung. Konzepte – Analyse – Ausblick, Melle 1982.

BERGMANN, C., Schwellenländer. Kriterien und Konzepte. Köln 1983

BESTERS, H. und E.E. BOESCH (Hrsg.) Entwicklungspolitik. Handbuch und Lexikon. Stuttgart-Berlin 1966.

BRAUN, G., Nord-Süd-Konflikt und Entwicklungspolitik. Eine Einführung, Opladen 1985.

Bundesministerium für wirtschaftliche Zusammenarbeit und Entwicklung, Journalisten-Handbuch Entwicklungspolitik lfd. Jahrg.

CASSEN, R. et al. (ed.), Rich Country Interests and Third World Development. London 1982.

EKLAN, W., An Introduction to Development Economics, Bungay 1978.

ELSENHANS, H., Nord-Süd-Beziehungen, Stuttgart usw. 1984.

ENGELHARD, K. und C.D. GRUPP, Entwicklungspolitik, Köln 1984.

FREI, D. und D. RULOFF, Handbuch der weltpolitischen Analyse. Methoden für Praxis, Beratung und Forschung, Diessenhofen 1984.

FRITSCH, B. (Hrsg.), Entwicklungsländer, Köln-Berlin 1968.

HAUFF, M. VON und B. PFISTER-GASPARY, Entwicklungspolitik. Probleme, Projektanalysen und Konzeptionen, Saarbrücken-Fort Lauderdale 1984.

HEMMER, H.-R., Wirtschaftsprobleme der Entwicklungsländer. Eine Einführung, 2. Aufl., München 1988.

KAISER, K. und H.-P. SCHWARZ, Weltpolitik. Strukturen, Akteure, Perspektiven, Bonn 1987. KAISER, M. und N. WAGNER, Entwicklungspolitik. Grundlagen – Probleme – Aufgaben, Bonn 1991.

KEBSCHULL, D., K. FAŞBENDER und A. NAINI, Entwicklungspolitik – Eine Einführung, Opladen 1976.

KIRSCH, G. und W. WITTMANN (Hrsg.), Nationale Ziele und Soziale Indikatoren, Stuttgart 1975.

KNALL, B. und N. WAGNER, Entwicklungsländer und Weltwirtschaft, Darmstadt 1986.

LANGHAMMER, R.J. und B. STECHER, Der Nord-Süd-Konflikt, Würzburg 1980.

LÜTKENHORST, W., Zielbegründung und Entwicklungspolitik, Tübingen 1982.

MCGRANAHAN, D.V. et al., Measurement and Analysis of Socio-Economic Development. An enquiry into international indicators of development and quantitative interrelations of social and economic components of development, Geneva 1985.

MCGRANAHAN, D.V. et al., Contents and Measurements of Socioeconomic Development, New York – Washington – London 1972.

MIKUS, W., Wirtschaftsgeographie der Entwicklungsländer, Stuttgart – Jena 1994.

MORRIS, M.D., Measuring the Condition of the World's Poor. The Quality of Life Index, Oxford (Washington) 1979.
NOHLEN, D. (Hrsg.), Pipers Wörterbuch zur Politik, Band 5, Internationale Beziehungen, 3. Aufl. Bonn 1993.
NOHLEN, D. und F. NUSCHELER (Hrsg.), Handbuch der Dritten Welt, Band I, Theorien und Indikatoren von Unterentwicklung und Entwicklung, Hamburg 1974.
NOHLEN, D. und F. NUSCHELER (Hrsg.), Handbuch der Dritten Welt, Band I, Unterentwicklung und Entwicklung, Theorien – Strategien – Indikatoren, 2. überarbeitete und ergänzte Auflage, Hamburg 1982.
NUSCHELER, F., Lern- und Arbeitsbuch Entwicklungspolitik, Bonn 1985.
OCHEL, W., Die Entwicklungsländer in der Weltwirtschaft, Köln 1982.
OPITZ, P. (Hrsg.) Grundprobleme der Entwicklungsländer, München 1991.
OPITZ, P.J. (Hrsg.), Weltprobleme, München 1982.
Organisation for Economic Co-operation and Development, Development Co-operation, Report, lfd. Jahrg.
PFETSCH, F. und M. KAISER, Wirtschafts- und gesellschaftspolitische Aktionsprogramme der Entwicklungsländer, Köln 1981.
SEERS, D., Was heißt «Entwicklung»?, in: D. SENGHAAS (Hrsg.), Peripherer Kapitalismus, Analysen über Abhängigkeit und Unterentwicklung, Frankfurt am Main 1974.
STORKEBAUM, W., Entwicklungsländer und Entwicklungspolitik, Braunschweig 1977.
STREETEN, P., Grenzen der Entwicklungsforschung, München 1975.
WELTBANK, Weltentwicklungsbericht, Washington lfd. Jahrgänge seit 1978.
WENDORFF, R., Dritte Welt und westliche Zivilisation, Grundprobleme der Entwicklungsländer, Wiesbaden 1984.
WURZBACHER, G., Störfaktoren der Entwicklungspolitik. Empirische Materialien zur Entwicklungsländerforschung, Stuttgart 1975.

Literatur zu Kapitel 3

ALBERT, H., Probleme der Theoriebildung. In: H. ALBERT (Hrsg.), Theorie und Realität. Tübingen 1964. S. 3–70.
ALVENSLEBEN, R. VON, Der Glaubenskrieg um die terms of trade, Die langfristige Entwicklung der Austauschrelationen für die Agrarexporte der Entwicklungsländer, in: Entwicklung und Zusammenarbeit, 8/9/1987, S. 18–20.
BAUER, P.T., Dissent on Development, London 1976.
BHAGWATI, J.N., Immiserizing Growth: A Geometrical Note. The Review of Economic Studies, Vol. 35 (1968), S. 481–485.
BOEKE, J.H., Economics and Economic Policy of Dual Societies as Exemplified by Indonesia, Haarlem 1953.
BOHNET, M., Entwicklungstheorien, in: D. NOHLEN und F. NUSCHELER (Hrsg.), Handbuch der Dritten Welt, Bd. I, Unterentwicklung und Entwicklung, Theorien – Strategien – Indikatoren, 2. Aufl., Hamburg 1982.
BOSERUP, E. Population and Technological Change, A Study of Long-Term Trends, Chicago 1981.
BOSERUP, E., The Conditions of Agricultural Growth, London 1965.
CHENERY, H., S. ROBINSON, M. SYRQUIN, Industrialization and Growth. A Comparative Study, Washington, D.C. 1986.
CLARK, C., The Myth of Overpopulation, Houston 1975.
DRÈZE, J. and A. SEN, Hunger and Public Action, Oxford 1989.
FEI, J. and G. RANIS, A Model of Growth and Employment in the Open Dualistic Economy: The Cases of Korea and Taiwan, in: Journal of Development Studies, Vol. 11 (1975), S. 32–64.

FEI, J. and G. RANIS, Agriculture in the Open Economy, in: E. THORBECKE (ed.), The Role of Agriculture in Economic Development, New York 1969.

FEI, J. and G. RANIS, Development of the Labour Surplus Economy: Theory and Policy, Homewood 1964.

GRIFFIN, K. and J. GURLEY, Radical Analysis of Imperialism, the Third World, and the Transition to Socialism: A Survey Article, in: Journal of Economic Literature, Vol. 23 (1985), S. 1089–1143.

HAGEN, E.E., The Economics of Development, rev. ed., Homewood 1975.

HEMMER, H.-R., 40 Jahre Entwicklungstheorie und -politik. Ein Rückblick aus wirtschaftswissenschaftlicher Sicht, in: Zeitschrift für Wirtschafts- u. Sozialwissenschaften, 110 (1990), S. 505–570.

HESSE, H. und H. SAUTTER, Entwicklungstheorie und -politik, Bd. I, Entwicklungstheorie, Tübingen-Düsseldorf 1977.

HIRSCHMAN, A.O., Die Strategie der wirtschaftlichen Entwicklung, Stuttgart 1967.

HOFFMANN, L. und H. SANDERS, Entwicklungspolitik, I.: Strategien, in: Handwörterbuch der Wirtschaftswissenschaften (HdWW), Bd. 2, Stuttgart 1980, S. 393–407.

KELLEY, A.C. and T. KING, The New Population Debate: Two Views on Population Growth and Economic Development, Population Trends and Public Policy Paper, No. 7, Population Reference Bureau, Washington, D.C. 1985.

KNALL, B., Entwicklungstheorien. In: Handwörterbuch der Wirtschaftswissenschaften (HdWW), Bd. 2, Stuttgart 1980, S. 421–435.

KNALL, B., Wirtschaftserschließung und Entwicklungsstufen, in: Weltwirtschaftliches Archiv, Band 88 (1962).

KUZNETS, S., Modern Economic Growth, New Haven 1966.

LEWIS, W.A., The State of Development Theory. In: American Economic Review, Vol. 74, No. 1 (1984), S. 1–10.

MALTHUS, T.R., An Essay on the Principle of Population, As it Effects the Future Improvement of Society, With Remarks on the Sepculations of Mr. Godwin, M. Condorcet and Other Writers, (London 1798), Harmondsworth 1979.

MCNICOLL, G., Consequences of Rapid Population Growth: Overview and Assessment, in: Population and Development Review, Vol. 10, No. 2 (1984), S. 177–240.

MEIER, G.M., Leading Issues in Economic Development, third edition, New York 1976.

MYRDAL, G., Economic Theory and Underdeveloped Regions, London 1957. Deutsche Übers.: Ökonomische Theorie und unterentwickelte Regionen, Stuttgart 1959.

NELSON, R.R., A Theory of Low-level Equilibrium Trap in Underdeveloped Economies, in: American Economic Review, Vol. 46, No. 5 (1956), S. 894–908.

NURKSE, R., Problems of Capital Formation in Underdeveloped Countries, Oxford (1953) 1962.

PREBISCH, R., The Economic Development of Latin America and its Principal Problems. United Nations, Economic Bulletin for Latin America, New York 1950.

PRIM, R. und H. TILMANN, Grundlagen einer kritisch-rationalen Sozialwissenschaft, Studienbuch zur Wissenschaftstheorie, 2. Aufl., Heidelberg 1975.

RANIS, G. and J.C.H. FEI, A Theory of Economic Development. In American Economic Review, Vol. 51 (1961), S. 533–565.

ROEMER, M., Dependence and Industrialization Strategies, in: World Development, Vol. 9, (1981), S. 429–434.

ROSTOW, W.W., Politics and the Stages of Growth, Cambridge 1971.

ROSTOW, W.W., The Stages of Economic Growth. A Non-Communist Manifesto. London 1960. – Deutsche Übers.: Stadien wirtschaftlichen Wachstums. Eine Alternative zur marxistischen Entwicklungstheorie, Göttingen 1960.

SAUTTER, H., Entwicklung durch Weltmarktassoziation, Unterentwicklung durch Dissoziation? Eine Nachlese zur Dependencia-Theorie, in: U.E. Simonis (Hrsg.), Entwicklungstheorie – Entwicklungspraxis. Eine kritische Bilanzierung, Berlin – München 1985, S. 265–300.

SAUTTER, H., Unterentwicklung und Abhängigkeit als Ergebnisse außenwirtschaftlicher Verflechtung. Zum ökonomischen Aussagewert der Dependencia-Theorie, in: Puhle, H.-J. (Hrsg.): Lateinamerika, Historische Realität und Dependencia-Theorien, Hamburg 1977, S. 61–101.

SENGHAAS, D. (Hrsg.), Imperialismus und strukturelle Gewalt, Analysen über abhängige Reproduktion, Frankfurt 1972.

SENGHAAS, D. (Hrsg.), Peripherer Kapitalismus, Analysen über Abhängigkeit und Unterentwicklung, Frankfurt 1974.

SENGHAAS, D.: Die Entwicklungsproblematik. Überlegungen zum Stand der Diskussion, in: Aus Politik und Zeitgeschichte, B8/87. S. 3–12.

SIMON, J. L., The Ultimate Resource, Princeton, 1981.

SPRAOS, J., The Statistical Debate On the Net Barter Terms of Trade Between Primary Commodities And Manufactures, in: Economic Journal, Vol. 90 (1980), S. 107–128.

SPRAOS, J., Inequalising Trade? A Study of Traditional North/South Specialisation in the Context of Terms of Trade Concepts, Oxford 1982.

TIMMERMANN, V., Entwicklungstheorie und Entwicklungspolitik, Göttingen 1982.

WAGNER, N. und H. C. RIEGER (Hrsg.), Grundbedürfnisse als Gegenstand der Entwicklungspolitik, Interdisziplinäre Aspekte der Grundbedarfsstrategie, Wiesbaden 1982.

World Bank, World Development Report 1984, New York 1984.

World Bank, Implementing the World Bank's Strategy to Reduce Poverty – Progress and Challenges, Washington, D. C. 1993.

Literatur zu Kapitel 4

ADEBAHR, H. und W. MAENNIG, Außenwirtschaft, Bd. II, Außenhandel und Weltwirtschaft, Berlin-München 1987.

BALASSA, B. and C. BALASSA, Industrial Protection in the Developed Countries, in: The World Economy, Vol. 7 (1984), S. 179–196.

BARON, S., H. H. GLISMANN, B. STECHER, Internationale Rohstoffpolitik: Ziele, Mittel, Kosten, Tübingen 1977.

BARON, S., Zur Instabilität auf den internationalen Rohstoffmärkten, Preisstabilisierung als Instrument der Erlösstabilisierung – Eine modelltheoretische und empirische Kritik am «Integrierten Rohstoffprogramm», in: Die Weltwirtschaft, H. 1 (1977), S. 175–190.

BEHRMAN, J. R., Commodity Price Instability and Economic Goal Attainment in Developing Countries, in: World Development, Vol. 15 (1987), S. 559–573.

BEHRMAN, J. R., Simple Theoretical Analysis of International Commodity Agreements, in: J. M. Letiche (ed.), International Economic Policies and their Theoretical Foundations, New York 1982, S. 269–286.

BEHRMAN, J. R., International Commodity Agreements: An Evaluation of the UNCTAD Integrated Commodity Programme, in: W. R. CLINE (ed.), Policy Alternatives for a New International Economic Order, New York 1979, S. 61–153.

Borchert, M., Außenwirtschaftslehre. Theorie und Politik, 2. Aufl., Opladen 1983.

BUNDESMINISTERIUM FÜR WIRTSCHAFTLICHE ZUSAMMENARBEIT, 6. VN-Konferenz für Handel und Entwicklung (UNCTAD VI), Entwicklungspolitik, Materialien Nr. 74, Bonn 1985.

BUNDESMINISTERIUM FÜR WIRTSCHAFTLICHE ZUSAMMENARBEIT, Lomé III, Entwicklungspolitik, Materialien Nr. 75, Bonn 1986.

CORDEN, W. M., Trade Policy and Economic Welfare, Oxford 1974.

DEARDORFF, A. V. and R. M. STERN, Methods of Measurement of Nontariff Barriers,

United Nations Conference on Trade and Development, UNCTAD/ST/MD/28, Genf 1985.

DEUTSCHE BUNDESBANK, Internationale Organisationen und Abkommen im Bereich von Währung und Wirtschaft, Sonderdrucke der Deutschen Bundesbank, Nr. 3, 3. Aufl., Frankfurt 1986.

DEUTSCHE WELTHUNGERHILFE, Lomé III, Bd. I, Bonn 1984, Bd. II, Bonn 1985.

DICKE, H. und H. RODEMER, Gemeinsame Agrarpolitik und Agrarhandel mit Drittländern, in: Die Weltwirtschaft, H. 1 (1982), S. 141–156.

DONGES, J.B., Außenwirtschafts- und Entwicklungspolitik. Die Entwicklungsländer in der Weltwirtschaft, Berlin-Heidelberg-New York 1981.

DONGES, J.B. und L. MÜLLER-OHLSEN, Außenwirtschaftsstrategie und Industrialisierung in Entwicklungsländern. Tübingen 1978.

ERNST, D. and D. O'CONNOR, Technology and Global Competition. The Challenge for Newly Industrialising Economies, OECD, Paris 1989.

FINDLAY, R., Growth and Development in Trade Models, in: Handbook of International Economics, Vol. I, ed. by R.W. Jones and P.B. Kenen, Amsterdam – New York – Oxford 1984, S. 185–236.

GATT, International Trade, Genf, lfd. Jhg.

GIERSCH, H. und H.D. HAAS (Hrsg.), Probleme der weltwirtschaftlichen Arbeitsteilung, Schriften des Vereins für Socialpolitik, N.F., Bd. 78, Berlin 1974.

GILBERT, C., International Commodity Agreements: Design and Performance, in: World Development, Vol. 15 (1987), S. 591–616.

GLISMANN, H. und H. RODEMER, Wohlfahrtseffekte von Bufferstocks zur Glättung von Preisschwankungen auf den Weltrohstoffmärkten, in: Weltwirtschaftliches Archiv, Bd. 115 (1979), S. 467–484.

GLISMANN, H.H., E.-J. HORN, S. NEHRING, R. VAUBEL, Weltwirtschaftslehre, Bd. I, Außenhandels- und Währungspolitik, 3. Aufl., München 1986. Bd. II, Entwicklungs- und Beschäftigungspolitik, 3. Aufl., München 1987.

HAVRYLYSHYN, O. (ed.), Exports of Developing Countries. How Direction Affects Performance, The World Bank, Washington, D.C. 1987.

HELLER, H.R., Internationaler Handel – Theorie und Empirie, Würzburg-Wien 1975.

HESSE, H. und H. SAUTTER, Entwicklungstheorie und -politik, Bd. I, Entwicklungstheorie, Tübingen-Düsseldorf 1977.

HEWITT, A., Stabex and Commodity Export Compensation Schemes: Prospects for Globalization, in: World Development, Vol. 15 (1987), S. 617–631.

INTERNATIONALER WÄHRUNGSFONDS, Jahresbericht, Washington, D.C., lfd. Jhg.

INTERNATIONALER WÄHRUNGSFONDS, World Economics Outlook, Washington, D.C.

KÖRNER, H., Der Protektionismus und die Dritte Welt, in: Ordnungspolitische Fragen zum Nord-Süd-Konflikt, hrsg. von U.E. Simonis, Berlin 1983, S. 187–203.

LIPSEY, R.E., Price and Quantity Trends in the Foreign Trade of the United States, Princeton 1963.

MACBEAN, A., Export Instability and Economic Development, Cambridge, Mass. 1966.

TANGERMANN, S., Agrarprotektionismus und Entwicklung der Weltwirtschaft, in: Probleme und Perspektiven der weltwirtschaftlichen Entwicklung, hrsg. v. H. Giersch, Berlin 1985, S. 91–111.

MAIZELS, A., Commodity in Crisis: An Overview of the Main Issues, in: World Development, Vol. 15 (1987), S. 537–549.

MEIER, G.M., International Economics, The Theory of Policy, New York-Oxford 1980.

OECD, Agriculture and the Consumer, Paris 1990.

OECD, Bewertung der Auswirkungen der Uruguay-Runde, Paris 1993.

OECD, Costs and Benefits of Protection, Paris, 1985.

OECD, Countertrade: Developing Country Practices, Paris 1985.

SCHULTZ, S., New Protectionism: Forms and Consequences in the Industrial Sector, in: Economics, Vol. 31 (1985), S. 7–25.

SIEBERT, H., Außenwirtschaft, 3. Aufl., Stuttgart 1984.

SRINIVAS, T.N., External Sector in Development: China and India, 1950–89, in: American Economic Review, Vol.80, no.2 (1990), S, 113–117.

WELTBANK, Commodity Trade and Price Trends, Baltimore-London lfd. Jhg.

WELTBANK, Weltentwicklungsbericht 1987, Washington D.C. 1987.

WHALLEY, J., The North-South Debate And the Terms of Trade: An Applied General Equilibrium Approach, in: Review of Economics and Statistics, Vol. 66 (1984), S. 224–234.

YEATS, A.J., Trade Barriers Facing Developing Countries, London-Basingstoke 1979.

Literatur zu Kapitel 5

ADEBAHR, H., Direktinvestitionen, Eine Problemskizze, Berlin 1980.

BALASSA, B., Developing Country Debt: Policies and Prospects, Discussion Paper No. 149, Development Research Department, World Bank, Washington, D.C. July 1985.

BAUM, W.C. and S. TOLBERT, Investing in Development, Lessons of World Bank Experience, Washington 1985.

BAUM, W.C., The Project Cycle, Rev. Ed., Washington 1982.

BETZ, J., Soziale Auswirkungen der Sparprogramme von Weltbank und IWF in Entwicklungsländern, in: Aus Politik und Zeitgeschichte, Beilage zur Wochenzeitung Das Parlament, B 30–31/90, S. 24–31

BUNDESMINISTERIUM FÜR WIRTSCHAFTLICHE ZUSAMMENARBEIT. Die Auslandsverschuldung der Entwicklungsländer – Fakten, Probleme, Lösungen –, Entwicklungspolitik, Materialien Nr. 76, Bonn 1987.

BUNDESMINISTERIUM FÜR WIRTSCHAFTLICHE ZUSAMMENARBEIT, Journalisten-Handbuch Entwicklungspolitik lfd. Jahrg.

CASSEN, R. et al., Does Aid Work? Report to an Intergovernmental Task Force, Oxford 1986.

CLAESSENS, S., Alternative Forms of External Finance: A Survey, in: World Bank Research Observer, Vol. 8, No. 1 (January 1993), pp. 91–117.

CLINE, W.R., International Debt: Analysis, Experience and Prospects, in: Journal of Development Planning, Vol. 16 (1985), S. 25–55.

CLINE, W.R., International Debt: Systemic Risk and Policy Response, Washington, D.C. 1984.

CLINE, W.R., Internationale Verschuldung: Fortschritt und Strategie, in: Finanzierung und Entwicklung, 6/1988, S. 9–11.

CZEMBIEL, E.-O., Weltpolitik im Umbruch. Das internationale System nach dem Ende des Ost-West-Konflikts, München 1991.

DAUDERSTÄDT, M. und A. PFAHLER, Bestandsaufnahme und Bewertung neuer entwicklungspolitischer Ansätze, München-Köln-New York 1984.

DEUTSCHE BUNDESBANK, Internationale Organisationen und Abkommen im Bereich von Währung und Wirtschaft, Sonderdrucke der Deutschen Bundesbank, Nr. 3, 3. Aufl., Frankfurt 1986.

DONGES, J.B., Außenwirtschafts- und Entwicklungspolitik, Die Entwicklungsländer in der Weltwirtschaft, Berlin-Heidelberg-New York 1981.

DORNBUSH, R. and S. FISCHER, The World Debt Problem: Origins and Prospects, in: Journal of Development Planning, Vol. 16 (1985), S. 57–81.

DUTT, A.K. und JAMESON, K.P., New Directions in Development Economics, Vermont 1992.

DUWENDAG, D., Kapitalflucht aus Entwicklungsländern, in: Die Internationale Schuldenkrise, Ursachen – Konsequenzen – Historische Erfahrungen, hrsg. v. A. Gutowski, Berlin 1986.

FREY, B.S., Internationale Politische Ökonomie, München 1986.

GIERSCH, H. (ed.), The International Debt Problem, Lessons for the Future, Symposium 1985, Tübingen 1986.

GOLDSTEIN, M., The Global Effects of Fund-Supported Adjustment Programs, IMF, Occasional Paper, No. 42, Washington, D.C. 1986.

HAJIVASSILIOU, V.A., Analyzing the Determinants of External Debt Repayment Problems of LDCs: Econometric Modelling Using a Panel Set of Data, Yale University, New Haven 1986 (mimeo).

HESSE, H. und H. SAUTTER, Entwicklungstheorie und -politik, Band I, Entwicklungstheorie, Tübingen-Düsseldorf 1978.

HÜFNER, K., Die Vereinten Nationen und ihre Sonderorganisationen, 2 Bd., Bonn 1991.

HUGHES, H., The Role of Aid and Privat Capital Inflows in Economic Development, in: S. 120–146.

IMF, The International Monetary Fund, Its Evolution, Organization and Activities, Pamphlet Series, No. 37, 4th ed., Washington, D.C. 1984.

IMF, Multilateral Official Debt Rescheduling: Recent Experience, Washington, D.C. 1990.

JUNGNICKEL, R., Neue Trends der internationalen Direktinvestitionen, in: Wirtschaftsdienst 1993/VI, S. 317–324.

KAHN, M.S. and M.D. KNIGHT, Fund-Supported Adjustment Programs and Economic Growth, IMF, Occasional Paper No. 41, Washington, D.C 1985.

KAHN, M.S. and N. UL HAQUE, Kapitalflucht aus Entwicklungsländern, in: Finanzierung und Entwicklung, 24. Jhg., H. 1 (1987), S. 2–5.

KEBSCHULL, D. et al., Entwicklungspolitik, Eine Einführung, Opladen 1976.

KEBSCHULL, D. et al., Wirkungen von Privatinvestitionen in Entwicklungsländern, Baden-Baden 1980.

KILLICK, T., Policy Economics. A Textbook of Applied Economics on Developing Countries, London 1983.

KNALL, B., Problems Facing Foreign Investment in Developing Countries, in: D. Prinsloo (ed.), Transkei, Birth of a State, Pretoria 1976.

KRÄGENAU, H., Internationale Direktinvestitionen, Ausgabe 1987, Hamburg 1987.

KRIEG, H.-H., Der Tausch «Schulden gegen Umwelt», Ein Beitrag zur Lösung der Schuldenkrise und Umweltkrise der Weltwirtschaft, Marburg 1992.

MEIER, G.M., Leading Issues in Economic Development, 4th ed., New York, Oxford 1984.

NIEHANS, J., Internationale Kredite mit undurchsetzbaren Forderungen, in: Die Internationale Schuldenkrise, Ursachen – Konsequenzen – Historische Erfahrungen, hrsg. v. A. Gutowski, Berlin 1986, S. 151–179.

NUNNENKAMP, P., Die Entstehung und Bewältigung von Verschuldungskrisen in Entwicklungsländern, in: Die Weltwirtschaft, H. 2 (1985), S. 183–198.

OCHEL, W., Die Entwicklungsländer in der Weltwirtschaft, Köln 1982.

OECD, Development Co-Operation, Efforts and Policies of the Members of the Development Assistance Committee, 1987, Report, Paris 1987.

OECD, Financing and External Debt of Developing Countries, 1986 Survey, Paris 1987.

OECD, International Investment and Multinational Enterprises, Recent Trends in International Direct Investment, Paris 1987.

OECD, The Export Credit Financing Systems in OECD Member Countries, Paris 1987.

OECD, Surveillance of Structural Policies, Report by the Economic Policy Committee, Paris 1989.

OECD, Benefits Estimates and Environmental Decision Making, Paris 1992.

OECD, Internationale Direktinvestitionen, Politik und Trends der 80er Jahre, Paris 1992.

RADKE, V., Entwicklung oder Abhängigkeit? Ökonomische Effekte ausländischer Direktinvestitionen in Entwicklungsländern, Frankfurt a.M. 1992.

ROEMER, R. and J.J. STERN, Cases in Economic Development – Projects, Policies and Strategies. London 1981.

SANGMEISTER, H., Wirtschaftsreformen in Lateinamerika, in: Aus Politik und Zeitgeschichte, Beilage zur Wochenzeitung Das Parlament, B 12–13/93, S. 29–39.

SCHWANFELDER, W., Exportfinanzierung für Großprojekte. National – international – multinational, Wiesbaden 1987.

THEILE, K., Die Koppelung der Sonderziehungsrechte mit der Entwicklungshilfe, Diessenhofen 1981.

WELTBANK, Weltentwicklungsbericht, lfd. Jhg., Washington, D.C.

WORLD BANK, World Debt Tables, lfd. Jhg., Washington, D.C.

Literatur zu Kapitel 6

BAMBERGER, M. und E. HEWITT, Monitoring and Evaluating Urban Development Programs. A Handbook for Program Managers and Researchers, Washington 1986.

BAUM, W.C. and S.M. TOLBERT, Investing in Development: Lessons of the World Bank Experience, Washington D.C. 1985.

BEHRENS, W. und HAWRANEK, P.M., Manual for the Preparation of Industrial Feasibility Studies, Vienna 1991.

BEIMDIEK, F., Wirtschaftssysteme, in: D. Nohlen (Hrsg.), Pipers Wörterbuch zur Politik, Band 6, Dritte Welt. Gesellschaft – Kultur – Entwicklung, München 1987.

BULMER-THOMAS, V., Input-Output-Analysis in Developing Countries. Sources, Methods and Applications, Chichester/Sussex 1982.

CASLEY, D.J. and D.A. LURY, Monitoring and Evaluation of Integrated Development Programmes: A Source-Book, New York 1978.

-, Data Collection in Developing Countries, Oxford 1981.

CASLEY, D.J. and K. KUMAR, The Collection, Analysis, and Use of Monitoring and Evaluation Data, Baltimore 1988.

CASLEY, D. J. and K. KUMAR, Project Monitoring and Evaluation in Agriculture, Baltimore 1988.

CASSEL, D., Wirtschaftspolitik in alternativen Wirtschaftssystemen. Begriffe, Konzepte, Methoden, München 1984.

CERNEA, M. and B.J. TEPPING, A System for Monitoring and Evaluation Agricultural Extension Projects, World Bank, Staff Working Papers No. 277, Washington 1977.

FISCHER, K., Ländliche Entwicklung. Ein Leitfaden zur Konzeption, Planung und Durchführung armutsorientierter Entwicklungsprojekte, Köln 1981.

FREEMAN, H., ROSSI, P. and S. WRIGHT, Evaluating Social Projects in Developing Countries, Paris 1979.

FRIEDRICHS, J., Methoden empirischer Sozialforschung, Opladen 1980.

HALBACH, A. et al., Wirtschaftsordnung, sozio-ökonomische Entwicklung und weltwirtschaftliche Integration in den Entwicklungsländern, BMWI, Studienreihe 36, Bonn 1982.

-, Economic System and Socio-Economic Development of Developing Countries, München Köln-London 1983.

HAMMEL, W. und H.-R. HEMMER, Zur Methode der Cost-Benefit-Analyse bei Entwicklungsprojekten, in: Voraussetzungen einer globalen Entwicklungspolitik und Beiträge zur Kosten- und Nutzenanalyse, Schriften des Vereins für Socialpolitik, N.F., Bd. 59, Berlin 1971.

HELMSCHROTT, H., R. OSTERKAMP, S. SCHÖNHERR, Stagnation in der Dritten Welt. Hat die Wirtschaftspolitik versagt? Empirische Untersuchungen über den Zusammenhang von Staat, Markt und Entwicklung. Ifo-Studien zur Entwicklungsförderung, München–Köln, 1992.

HEMMER, H.-R., Wirtschaftsprobleme der Entwicklungsländer, 2. Aufl., München 1988.

KARY, M., Evaluierung von Entwicklungsprojekten, Analyse und konzeptionelle Vorschläge am Beispiel der bundesdeutschen Finanziellen Zusammenarbeit, Hamburg 1992.

KENNESY, Z., The Process of Economic Planning, New York 1978.

KILLICK, T., Policy Economics. A Textbook of Applied Economics on Developing Countries, London-Nairobi-Ibadan 1981.

KNALL, B., Grundsätze und Methoden der Entwicklungsprogrammierung, Wiesbaden 1969.

LAMPE, H.-E., Dezentralplanung und Wettbewerbspolitik als Mittel der Entwicklungspolitik, Baden-Baden 1990.

OECD, DAC Principles for Effective Aid, Paris 1992.

OPP, K.-D. und P. SCHMIDT, Einführung in die Mehrvariablenanalyse. Grundlagen der Formulierung und Prüfung komplexer sozialwissenschaftlicher Aussagen, Reinbek bei Hamburg 1976.

POMFRET, R., Paths of Economic Development, Hertfortshire 1992.

ROSSI, P.H. und H.E. FREEMAN, Evaluation – A Systematic Approach, 2nd. ed., Beverly Hills 1982.

SCHAUM, F., Entwicklungspolitik durch ordnungspolitische Beratung, in: Orientierungen zur Wirtschafts- und Gesellschaftspolitik (1987), S. 65–69.

Schönherr, S., Armutsorientierte Entwicklungspolitik, Ansatzpunkte zur Verbindung von Wachstum und Armutsreduzierung durch Förderung kleinbäuerlicher Zielgruppen, Berlin 1983.

SCHWEFEL, D. (Hrsg.), Soziale Wirkungen von Projekten in der Dritten Welt, Baden-Baden 1987.

TODARO, M.P., Economic Development in the Third World, 3rd ed., New York-London 1985.

UNITED NATIONS, Systematic Monitoring and Evaluation of Integrated Development Programmes: A Source-Book, New York 1978.

WISSENSCHAFTLICHER BEIRAT BEIM BMZ, Wirtschaftsordnung und Entwicklungserfolg, München-Köln-London 1985.

Register